DROIT D'ASILE :
LOUVOYER ENTRE DÉMAGOGIE
ET HYPOCRISIE

Logiques Juridiques
Fondée par Gérard Marcou
Dirigée par Jean-Claude Némery et Thomas Perroud

Le droit n'est pas seulement un savoir, il est d'abord un ensemble de rapports et pratiques que l'on rencontre dans presque toutes les formes de sociétés. C'est pourquoi il a toujours donné lieu à la fois à une littérature de juristes professionnels, produisant le savoir juridique, et à une littérature sur le droit, produite par des philosophes, des sociologues ou des économistes notamment.

Parce que le domaine du droit s'étend sans cesse et rend de plus en plus souvent nécessaire le recours au savoir juridique spécialisé, même dans des matières où il n'avait jadis qu'une importance secondaire, les ouvrages juridiques à caractère professionnel ou pédagogique dominent l'édition, et ils tendent à réduire la recherche en droit à sa seule dimension positive. À l'inverse de cette tendance, la collection « Logiques juridiques » des éditions L'Harmattan est ouverte à toutes les approches du droit. Tout en publiant aussi des ouvrages à vocation professionnelle ou pédagogique, elle se fixe avant tout pour but de contribuer à la publication et à la diffusion des recherches en droit, ainsi qu'au dialogue scientifique sur le droit. Comme son nom l'indique, elle se veut plurielle.

Dernières parutions

Nader ZGHAL, *L'arbitre et les méthodes de détermination du droit applicable au fond*, 2023.
Laura BAUDIN, *Cyberattaques et droit international public. De la négociation entre États à l'intégration des acteurs privés pour parvenir à la cyberpaix ?*, 2023.
Ludovic BERTON, *Penser la démocratie sociale*, 2023.
Roger K. KOUDÉ, *La justice pénale internationale : un instrument idoine pour raisonner la raison d'Etat ?*, 2023
Cătălin-Silviu SĂRARU, *Le droit administratif en Roumanie*, 2022.
Robert VINCENT, *Les fédérations sportives françaises. Analyse par la gouvernance*, 2022.

Marc Bossuyt

Droit d'asile : louvoyer entre démagogie et hypocrisie

Témoignage du premier Commissaire général belge aux réfugiés

Préface d'Emmanuel Decaux

© **L'Harmattan, 2023**
5-7, rue de l'École-Polytechnique ; 75005 Paris

http://www.editions-harmattan.fr/

ISBN : 978-2-14-034623-1
EAN : 9782140346231

A Kristien, Kristof et Anneleen,
Juliette, Celeste, Felix,
Louie et Viktor

Préface

Le témoignage passionné et passionnant de Marc Bossuyt sur son expérience de « Commissaire général aux réfugiés et aux apatrides » publié 25 ans après la fin de son mandat, méritait assurément d'être traduit en français tant son actualité est frappante. Il ne s'adresse pas seulement aux lecteurs de langue néerlandaise ni à ses « compatriotes » belges, mais à tous les lecteurs européens, quitte à susciter la controverse dans les débats politiques en cours. Il frappe avant tout par sa liberté de ton, sa fermeté de conviction et son honnêteté intellectuelle.

Ce faisant l'ouvrage est d'abord un autoportrait, tracé sans fausse modestie, depuis ses débuts d'étudiant à Gand et de doctorant à Genève jusqu'à sa consécration comme président de la Cour constitutionnelle du Royaume de Belgique. Marc Bossuyt a su mener de front une triple carrière. Avant tout comme universitaire, attaché à son indépendance intellectuelle, enseignant avec une grande pédagogie, non seulement dans son *Alma Mater* d'Anvers, mais également aux publics les plus divers de Butare à Taipei, en passant par Paris et Thessalonique. J'ai plaisir à souligner ses liens avec l'Institut international des droits de l'homme de Strasbourg, fondé par René Cassin. Il en est un des premiers diplômés et il en a été un des vice-présidents. Ses premières publications indiquent déjà les directions qu'il allait suivre, avec sa thèse sur *L'interdiction de la discrimination dans le droit international des droits de l'homme* (Bruylant, 1976) et son indispensable *Guide to the 'travaux préparatoires' of the International Covenant on Civil and Political Rights* (Martinus Nijhoff, 1987).

Son retour à Genève se fera par la voie diplomatique, en dirigeant la délégation belge à la Commission des droits de l'homme qu'il présidera en 1989, une année faste pour les droits de l'homme, avec l'adoption du second protocole au Pacte sur les droits civils et politiques qui abolit la peine de mort. Marc Bossuyt avait préparé en amont ce succès comme rapporteur de la Sous-Commission des droits de l'homme, un collège d'experts indépendants où il a siégé à diverses reprises. Pour avoir eu le privilège de travailler avec lui dans les dernières années de la Sous-Commission, je sais combien il était apprécié de tous ses collègues, y compris ceux qui étaient les plus éloignés idéologiquement, à une époque où les débats étaient particulièrement rudes. Il savait être l'ami de tous, s'exprimant avec une grande franchise, sans mettre ses opinions dans sa poche, et acceptant tout autant la critique avec bonne grâce. Il était particulièrement attaché à la Sous-Commission et fit tout pour la sauver, lors de la réforme de 2006, ne ménageant pas sa santé en présidant la dernière session de la Sous-Commission, alors qu'il n'y avait que des coups à prendre. Mais c'est une autre histoire qu'il lui faudra raconter de l'intérieur à une autre occasion. Selon un jeu subtil d'équilibre des postes entre la Belgique et les Pays-Bas, Marc Bossuyt alternait avec Theo van Boven, au sein de la Sous-Commission, quitte à se retrouver par intermittence au Comité contre les discriminations raciales où il a siégé de nombreuses années.

Vu toutes ces responsabilités internationales, toujours pleinement exercées, on imagine la force de travail et l'harmonie familiale qu'il a fallu à Marc Bossuyt pour assumer ses importantes fonctions nationales. C'est cet aspect que le livre illustre en détail, nous introduisant aux subtilités de la vie politique belge, avec ses jeux d'alliance – de « Martens VI » à « Michel I » – mêlant critères linguistiques, philosophiques et politiques. Comme en Suisse, les hauts magistrats belges affichent ainsi une affiliation politique, et Marc Bossuyt a fait toute sa carrière à l'ombre du VLD, le parti libéral démocrate flamand. C'est ainsi qu'il fut nommé Commissaire général aux réfugiés et aux apatrides, lorsque le HCR se déchargea de ses fonctions opérationnelles en Belgique pour préconiser un système influencé par le modèle français des années cinquante autour de l'OFPRA et de la commission de recours. C'était en soi un *full time job*, à la fois « administratif, juridique et international » exercé pendant près de 10 ans, entre 1987 et 1997, avant de rejoindre la future Cour constitutionnelle, sous la même étiquette.

Le cœur de l'ouvrage est ce « retour d'expérience », loin des constructions théoriques, pour examiner presque au jour le jour, les problèmes qui se posent concrètement au chef d'une administration embryonnaire, passée de 4 juristes en 1990 à 125 juristes en 1994, ce changement d'échelle se révélant lui-même toujours insuffisant. Pour ce faire, l'auteur utilise ses rapports annuels, comme les dossiers de presse constitués quotidiennement par ses services, pour raviver le climat de l'époque, avec ses controverses et ses polémiques. Il ne néglige pas les anecdotes qui peuvent sembler triviales comme les couplets de la « revue » folklorique du Commissariat général, à côté d'analyses sur « l'électrochoc » que constituent les débats sur les zones d'accueil et les « vols spéciaux » qui seront plus tard l'apanage de Frontex. Il montre l'importance de la presse qu'il distingue soigneusement de l'opinion publique, évoque les manœuvres politiques, voire les enquêtes judiciaires, comme les critiques des ONG – au premier rang desquelles la Ligue francophone des droits de l'homme, saluant au passage la « personnalité chaleureuse » de Françoise Tulkens qui sera juge à la Cour européenne des Droits de l'Homme. Mais il ne ménage pas ses coups à l'égard du responsable du Centre pour l'égalité des chances, traduisant ainsi deux approches de la question de l'asile, l'une basée sur les critères juridiques de la Convention de Genève de 1951 définissant le réfugié en tant que tel, l'autre mettant l'accent sur l'accueil social de demandeurs d'asile en attente de statut, et laissés dans une zone grise de plus en plus longue à mesure où les procédures s'engorgent et les garanties se multiplient.

Dénonçant la « politique de l'autruche » des autorités et la « démagogie bon marché », Marc Bossuyt résume dès 1991 sa position de principe dans un article de presse : « La réduction du nombre d'illégaux repose sur trois piliers : a) des contrôles réguliers du séjour des étrangers ; b) la régularisation des illégaux intégrés ; et c) l'éloignement des illégaux non intégrés » (p. 73). Dans sa dernière interview, au moment de la fin de fonctions en décembre 1997, il n'hésite pas à dénoncer « beaucoup d'hypocrisie et de démagogie » (p. 214), formule ambiguë que l'on retrouve dans le titre de son ouvrage.

A côté du bilan administratif et politique de son mandat de Commissaire général, Marc Bossuyt présente une série de dossiers emblématiques, présentant de manière concrète les problèmes de conscience qui sont au cœur de la décision individuelle à prendre. Les chapitres généraux et les études de cas alternent ainsi de manière très vivante pour le lecteur. Marc Bossuyt profite du recul du temps pour mesurer les contraintes juridiques et les enjeux diplomatiques de l'époque, tout en apportant des éclairages rétrospectifs sur les dossiers sensibles. C'est le cas d'un prêtre irlandais proche de l'IRA, Father Ryan, que le gouvernement belge refuse d'extrader en Grande-Bretagne, au grand dam de Margaret Thatcher, mais qui revendiquera lui-même plus tard son rôle dans des attentats commis en Angleterre.

Ou plus paradoxalement encore celui du chef de la gendarmerie rwandaise à qui il a appliqué la « clause d'exclusion » du statut de réfugié, mais qui après 11 ans de détention à Arusha finira par être acquitté par la chambre d'appel du Tribunal pénal international pour le Rwanda. Pour autant, les éléments sur lesquels se fond une décision administrative ne sont pas les mêmes que ceux qui doivent constituer une preuve pénale, même si cette relativité peut sembler choquante. A cet égard les pages consacrées au génocide rwandais sont particulièrement denses et sensibles. A elles seules, elles mériteraient la lecture de l'ouvrage. Il souligne la duplicité du président Juvénal Habyarimana, un « homme affable » dont l'entourage préparait le génocide par une propagande quotidienne. « Grand maître du double jeu », il ne disait pas la même chose à l'ambassadeur de Belgique et à l'ambassadeur de France. Il se montrait fervent catholique, agenouillé dans la chapelle de Laeken auprès du roi Baudouin, puis s'affichait libre penseur avec le président Mitterrand et lui récitant des poèmes de Prévert. « En français, il ne racontait pas non plus la même chose qu'en kinyarwanda » conclut Marc Bossuyt en rappelant « qu'à partir de leur naissance, tous les Rwandais étaient membres de droit du parti unique » (p. 321). Mais ce sont toutes les crises politiques, de l'ex-Yougoslavie au Maghreb, avec la montée du FIS en Algérie, qui trouvent leur écho dans les dilemmes de l'asile.

Avec le temps, les crises migratoires se multiplient et changent d'échelle, comme l'a montré la crise migratoire de 2015, illustrée par la politique d'ouverture de Mme Angela Merkel, suivie de près par le Brexit. C'est ici que l'ouvrage offre une dernière facette, avec sa dimension européenne, impliquant les politiques de l'Union européenne et la jurisprudence de la Cour européenne des droits de l'homme. Marc Bossuyt revient sur les critiques très sévères qu'il avait formulées à l'encontre des juges strasbourgeois, sous le titre, *Strasbourg et les demandeurs d'asile : des juges sur un terrain glissant* (Bruylant, 2010). Il est significatif que les Etats eux-mêmes, lors des conférences de haut niveau de Smyrne et de Brighton, aient dénié à la Cour européenne la mission d'être une « Cour du droit d'asile ». Mais il faudrait sans doute distinguer les questions de procédure et de fond. La critique du caractère systématique des mesures conservatoires a elle-même été prise en compte par la Cour, en raison d'abus qui menaçaient de paralyser tout le système, mais cela n'ôte rien à la portée du principe de non-refoulement qui a été rappelé par des traités internationaux, comme la convention contre la torture de 1984 ou la convention sur les disparitions forcées de 2006.

Passant en revue les affaires belges sur tous les terrains possibles, Marc Bossuyt se trouve lui-même parfois en terrain glissant, comme dans l'affaire zaïroise d'une mineure non accompagnée. Reste qu'au-delà de différences d'appréciation dans l'interprétation de la notion de « traitements inhumains » dans des situations particulières, c'est la contradiction entre les normes de l'Union européenne et les garanties de la Convention européenne des droits de l'homme qui est mise à nu, lorsque Marc Bossuyt déplore la jurisprudence *MSS c. Belgique et Grèce*.

Ces débats sont plus actuels que jamais, comme la crise gouvernementale belge survenue lors de la négociation du Pacte de Marrakech de 2018, qui avec son ambition à 360° ne méritait ni cet excès d'honneur ni cet excès d'indignité, en visant des « migrations sûres, ordonnées et régulières», tandis qu'un second Pacte conclu sous l'égide du HCR concerne les réfugiés, écartant ainsi tout risque de banalisation de la Convention de Genève de 1951. La crise récente de Frontex tout comme l'impasse des négociations au sein de l'Union européenne pour adopter son propre « pacte global » nous renvoient aux débats franco-français. L'immense mérite de Marc Bossuyt en récusant les « postures » comme les dénis, est de poser les problèmes sur le terrain des réalités, avec leurs ambiguïtés et leurs contradictions.

Appelé à son tour à présider une commission sur les éloignements dont le rapport a été présenté en 2020, Marc Bossuyt saluait un de ses prédécesseurs en des termes qui pourraient s'appliquer à lui-même :

« C'était un philosophe qui avait les pieds sur terre, même s'il était parfois en terrain glissant. Il n'était pas homme à tirer des conclusions hâtives sans tenir compte des réalités du monde dans lequel il vivait. Il pensait que les convictions qu'il défendait devaient être les siennes s'il voulait en assumer lui-même la responsabilité politique. Il était conscient que ses prises de position pouvaient entraîner des conséquences pour la société, ce qui représentait une préoccupation majeure pour lui. C'est tout cela qui le rendait tellement spécial » (p. 305).

C'est aussi ce qui rend Marc Bossuyt si original dans cet ouvrage écrit à hauteur d'homme, avec ses interrogations comme avec ses convictions. Il n'a pas voulu disserter dans l'abstrait sur l'opposition entre morale de la responsabilité et morale de la conviction, mais en toute transparence et sans complaisance, se livrer à un exercice d' « ego-histoire » trop rare chez les juristes pour ne pas être souligné.

Ses amis ne peuvent que souhaiter le voir prolonger cet exercice sur le volet international de sa carrière.

Emmanuel DECAUX
*Professeur émérite de l'Université Panthéon-Assas Paris II
Président de la Fondation René Cassin,
Institut international des droits de l'homme
Ancien membre de la Sous-Commission
des droits de l'homme des Nations Unies*

Avant-propos

Le 8 août 2021 au Japon, le Belge Bashir Abdi[1] obtient la médaille de bronze olympique au marathon. Son partenaire d'entraînement, le Néerlandais Abdi Nageeye lui, décroche la médaille d'argent. Également originaire de Somalie, il a encouragé Bashir jusqu'à la ligne d'arrivée. En 1999, la mère de Bashir avait été reconnue réfugiée en Belgique. C'est dans le cadre d'un regroupement familial que Bashir est arrivé à Gand en 2002. Avant que sa mère ne décède d'un cancer en 2011, il lui avait promis d'offrir une médaille à sa nouvelle patrie, en guise de remerciement. A Sapporo, Bashir a tenu sa promesse. Une histoire magnifique. Bashir et la Belgique toute entière peuvent en être fiers. Ce genre d'histoire à succès est hélas plutôt rare.

Le 23 mai 2021, environ cinq cents étrangers séjournant irrégulièrement en Belgique entament une grève de la faim. Le prêtre Daniel Alliët met une nouvelle fois, à leur disposition son église du Béguinage, à Bruxelles. L'Université Libre de Bruxelles et la *Vrije Universiteit Brussel* offrent également leur hospitalité. Les grévistes de la faim demandent une régularisation collective sans faire connaître les caractéristiques propres à leur situation personnelle. Ils souhaitent que la régularisation leur soit accordée par une commission indépendante sur base de critères fixés dans une loi. Pas un mot sur les écueils que comporte cette manière de procéder.

Une grève de la faim est le moyen privilégié pour tester si l'homme ou la femme nouvellement en charge de l'asile au sein du gouvernement résiste au stress. Elle dure tant que ses organisateurs conservent l'espoir que le politique pourrait peut-être plier devant le chantage. Cette grève s'est arrêtée le 21 juillet 2021. Malgré la pression émotionnelle (et politique), Sammy Mahdi (CD&V), le secrétaire d'Etat à l'Asile et à l'Immigration, a prouvé qu'il restait ferme sur les principes. D'autres membres du gouvernement avaient annoncé qu'ils démissionneraient dans l'heure si un des grévistes de la faim venait à décéder. La politique d'asile est fort chargée émotionnellement. Les médias se font aisément manipuler. Une politique émotionnelle est une mauvaise politique. Elle doit être fondée sur des règles juridiques déterminées par voie démocratique, dans le respect des obligations internationales contractées. Dans un Etat de droit, un chantage émotionnel ne saurait mettre ces règles de côté.

Comment tout cela s'est passé sous ses multiples aspects, c'est ce que révèle mon livre, sur base de mon expérience durant neuf ans de (premier) Commissaire général belge aux réfugiés. Plusieurs « mystères d'asile » sont ainsi dévoilés.

Avant-propos

Le 8 août 2021 au Japon, le Belge Bashir Abdi[1] obtient la médaille de bronze olympique au marathon. Son partenaire d'entraînement, le Néerlandais Abdi Nageeye lui, décroche la médaille d'argent. Également originaire de Somalie, il a encouragé Bashir jusqu'à la ligne d'arrivée. En 1999, la mère de Bashir avait été reconnue réfugiée en Belgique. C'est dans le cadre d'un regroupement familial que Bashir est arrivé à Gand en 2002. Avant que sa mère ne décède d'un cancer en 2011, il lui avait promis d'offrir une médaille à sa nouvelle patrie, en guise de remerciement. A Sapporo, Bashir a tenu sa promesse. Une histoire magnifique. Bashir et la Belgique toute entière peuvent en être fiers. Ce genre d'histoire à succès est hélas plutôt rare.

Le 23 mai 2021, environ cinq cents étrangers séjournant irrégulièrement en Belgique entament une grève de la faim. Le prêtre Daniel Alliët met une nouvelle fois, à leur disposition son église du Béguinage, à Bruxelles. L'Université Libre de Bruxelles et la *Vrije Universiteit Brussel* offrent également leur hospitalité. Les grévistes de la faim demandent une régularisation collective sans faire connaître les caractéristiques propres à leur situation personnelle. Ils souhaitent que la régularisation leur soit accordée par une commission indépendante sur base de critères fixés dans une loi. Pas un mot sur les écueils que comporte cette manière de procéder.

Une grève de la faim est le moyen privilégié pour tester si l'homme ou la femme nouvellement en charge de l'asile au sein du gouvernement résiste au stress. Elle dure tant que ses organisateurs conservent l'espoir que le politique pourrait peut-être plier devant le chantage. Cette grève s'est arrêtée le 21 juillet 2021. Malgré la pression émotionnelle (et politique), Sammy Mahdi (CD&V), le secrétaire d'Etat à l'Asile et à l'Immigration, a prouvé qu'il restait ferme sur les principes. D'autres membres du gouvernement avaient annoncé qu'ils démissionneraient dans l'heure si un des grévistes de la faim venait à décéder. La politique d'asile est fort chargée émotionnellement. Les médias se font aisément manipuler. Une politique émotionnelle est une mauvaise politique. Elle doit être fondée sur des règles juridiques déterminées par voie démocratique, dans le respect des obligations internationales contractées. Dans un Etat de droit, un chantage émotionnel ne saurait mettre ces règles de côté.

Comment tout cela s'est passé sous ses multiples aspects, c'est ce que révèle mon livre, sur base de mon expérience durant neuf ans de (premier) Commissaire général belge aux réfugiés. Plusieurs « mystères d'asile » sont ainsi dévoilés.

Introduction

1. Un job remarquable

Ce récit part de mes souvenirs en tant que Commissaire général aux réfugiés et aux apatrides (4 novembre 1987 - 5 février 1997), il y a longtemps déjà. Mais il me semble que cela valait la peine d'écrire un livre sur ce sujet afin de pouvoir en tirer des leçons pouvant servir à maîtriser des problèmes qui persistent jusqu'aujourd'hui. C'est un job remarquable et j'étais le premier à l'exercer (pendant neuf ans). Précédemment (jusqu'au 31 janvier 1988), la compétence de reconnaître des réfugiés était exercée par le Représentant en Belgique du Haut-Commissaire des Nations Unies pour les réfugiés (le HCR). Tous les trois à quatre ans, un autre diplomate des Nations Unies (souvent de nationalité étrangère) exerçait cette fonction. Quel que soit le représentant, il confiait à son collaborateur le plus proche, Luc De Smet, le traitement individuel des demandes d'asile. Il se fait que celui-ci avait été mon compagnon d'études à la Faculté de droit de l'Université de Gand (1963-1968). Depuis 1973, il travaillait à la Représentation du HCR. Progressivement, il a été assisté par un nombre croissant de collaborateurs.

Dans les années '80, le nombre des demandes d'asile en Belgique commence à augmenter. En 1977, il y en avait moins de mille. De 2.156 en 1984, le chiffre est passé à 7.456 en 1986. Ce n'est que plusieurs années après que le HCR avait demandé d'être déchargé de la compétence de reconnaître des réfugiés en Belgique, que le Gouvernement Martens VI, composé de chrétiens-démocrates et de libéraux, s'est résolu à y donner suite. Des instances belges seraient instituées, inspirées par le modèle français. En première instance, la Belgique aurait son propre « Commissaire général aux réfugiés et aux apatrides » (CGRA). Tout comme le Représentant du HCR, il serait indépendant. Ses décisions ne pourraient être réformées que par une Commission permanente de recours pour réfugiés (CPR). Le Commissaire général devrait décider si des étrangers demandant l'asile répondaient ou non à la définition juridique de réfugié au sens de la Convention de Genève du 28 juillet 1951 sur le statut des réfugiés : « toute personne craignant avec raison d'être persécutée du fait de sa race, de sa religion, de sa nationalité, de son appartenance à un certain groupe social ou de ses opinions politiques ».

Mon excellent ami Luc De Smet m'a sondé pour savoir si cela pouvait m'intéresser. La fonction m'a paru intéressante. Mon passé académique me paraissait pertinent pour la détermination du statut de réfugié. J'enseignais le droit international et les organisations internationales à l'*Universitaire Instelling Antwerpen* (UIA) depuis 1977. Le 1er décembre 1985, j'y ai été promu au grade de professeur. A l'Université de Genève, j'avais en 1975 soutenu ma thèse de doctorat en droit international des droits de l'homme. J'avais acquis à Genève une expérience dans le fonctionnement d'organes des Nations Unies en matière de droits de l'homme. Pendant deux ans (1975-1977), j'y ai été fonctionnaire des droits de l'homme au Secrétariat des Nations Unies. J'ai été pendant cinq ans (1981-1985), l'un des 26 experts indépendants de la Sous-Commission des Nations Unies de la lutte contre les mesures discriminatoires et de la protection des minorités. Depuis 1986, je représentais la Belgique à la Commission des droits de l'homme des Nations Unies.

Le job de Commissaire général se présentait sous des aspects variés : administratif, juridique et international. Il a fallu construire une toute nouvelle administration. Le plus important pour moi était mon indépendance dans la prise de décisions. Cela me paraissait fait sur mesure pour moi. J'ai pris contact avec le ministre de la Justice (1981-1988) Jean Gol (PRL). L'entretien s'est déroulé à merveille. A une amie parlementaire PRL, il a annoncé avoir trouvé « la perle rare ». Pendant longtemps, je n'ai plus rien entendu à ce sujet. Le Gouvernement Martens VI se trouvait en eaux troubles, à la suite de l'affaire Happart.[2]

Pendant ce temps, aux Nations Unies, Jan Mårtenson, un diplomate suédois, devient directeur général (1987-1992) du Bureau des Nations Unies à Genève. Il combine cette fonction avec la direction du Secrétariat des Nations Unies en matière de droits de l'homme en tant que secrétaire général adjoint. Pour la première fois, ce département est dirigé par un fonctionnaire des Nations Unies d'un rang aussi élevé. Il a souhaité me recruter pour fonctionner en tant que son « bras droit ». Au siège des Nations Unies à New York, j'ai eu un entretien à ce propos avec Kofi Annan (Ghana). Celui-ci était alors sous-secrétaire général des Nations Unies en charge du personnel (1987-1990). Dix ans plus tard, il deviendra le premier fonctionnaire des Nations Unies à monter jusqu'au sommet en devenant secrétaire général (1997-2006). A cause de difficultés budgétaires, il y avait aux Nations Unies, également, des retards dans les recrutements.

Le 21 octobre 1987, la crise gouvernementale belge prend fin avec l'avènement du Gouvernement Martens VII. Ce gouvernement a la même composition que le précédent (CVP-PSC et PVV-PRL). A ma surprise, j'apprends alors que, lors de son premier Conseil des ministres, le nouveau gouvernement a, sur l'initiative du ministre de la Justice Jean Gol, proposé ma nomination au Roi. Par arrêté royal du 26 octobre 1987, paru au *Moniteur belge* le 4 novembre 1987, je suis nommé Commissaire général. En fait, j'étais déjà entré en fonction la veille. Il ne me restait plus qu'à faire savoir au directeur général des Nations Unies Jan Mårtenson que je n'étais plus disponible. Les dés en sont jetés. L'aventure peut commencer. Heureusement, je n'ai dû exercer ma compétence que trois mois plus tard. Il y avait un arriéré de dix mille dossiers. Tous ces dossiers, introduits avant le 1er février 1988, restaient de la compétence du Représentant du HCR. Je peux donc débuter avec une table rase.

2. Comment tout cela s'est-il déroulé ?

Quels étaient les défis ? Qui étaient les alliés ? Quelles résistances fallait-il surmonter ? Quels succès ont pu être enregistrés ? Quels contretemps ont dû être encaissés ? Très vite, il ne reste plus rien de cette « table rase ». Pendant les six premiers mois, le nombre des demandes d'asile ne dépassait même pas les 360 par mois. Ceci était néanmoins plus que ce qui pouvait être traité. Sans interruption, pendant six ans, je termine chaque mois avec un arriéré plus important que le mois précédent ! Trois fois, le record mensuel de demandes d'asile est atteint : 1.339 en mars 1990, 1.736 en septembre 1991 et 2.960 en juin 1993. Le 1er octobre 1993, on arrive au triste record d'un arriéré global (Office des étrangers, Commissariat général et Commission permanente de recours) de 36.164 demandes d'asile pendantes.

Dès le début, je suis conscient qu'il y avait un risque que le politique cherche un jour un bouc émissaire. Pour être préparé à cette éventualité, je veux à tout moment savoir quel est l'état des dossiers au Commissariat général. Combien de demandes ? Combien de décisions ? Combien de décisions favorables et combien défavorables ? Pour quelles nationalités ? Et dans quel délai ? Dès le début, tout a été enregistré avec précision au Commissariat général. A la faculté de droit de l'Université d'Anvers, j'avais été le premier professeur à acquérir un ordinateur. Au Commissariat général aussi, je veux donc pouvoir disposer d'ordinateurs. Il m'a été dit ultérieurement qu'il y avait plus d'ordinateurs au Commissariat général qu'au sein du ministère de la Justice tout entier. Je fais enregistrer électroniquement tous mes avis et toutes mes décisions. Ces ordinateurs m'ont été particulièrement utiles pour confectionner des statistiques. A cette époque le ministère de la Justice, y compris l'Office des étrangers (l'OE), est peu familier de l'informatique et des statistiques. Celles-ci sont devenues un instrument important dans toute discussion relative à l'asile, aussi bien à l'extérieur qu'à l'intérieur.

Dès le début, j'écris régulièrement des lettres et des notes mettant le Ministre en garde devant l'évolution prévisible. Au moment même, je n'y donne en règle générale aucune publicité. Cependant, j'en fais fidèlement mention dans mes rapports annuels. Ceci n'est pas resté sans effet. Trop souvent, des avertissements et prévisions lancés à temps sont entretemps réalisés, avec des conséquences désastreuses. Les médias sont devenus des alliés importants. Ils savaient que ma porte était toujours ouverte. Je réponds toujours à leurs coups de téléphone. Sauf pour la présentation de mes rapports annuels, et parfois pour un rapport intérimaire, je ne leur cours pas après. Le Ministre de la Justice Melchior Wathelet (senior) en doutait : « Je sais une chose : avant, on parlait à peine de cette question ; depuis que vous êtes Commissaire général, on en parle tout le temps ».

Savoir comment tout s'est déroulé est important pour pouvoir en tirer leçon. Une meilleure connaissance est nécessaire, ainsi qu'une meilleure compréhension des questions d'asile, souvent mystérieuses. Ce récit souhaite aider à les démêler. Comment se fait-il qu'il y ait toujours de nouvelles crises de l'asile ? Comment se fait-il que la « société civile » et les instances compétentes s'engagent surtout dans des conversations stériles ? Beaucoup de discussions actuelles sont - à vrai dire - anciennes. Elles n'ont rien perdu de leur actualité. Les discussions sur l'asile font apparaître pas mal de démagogie et d'hypocrisie. J'ai dit parfois : « La démagogie vient de droite ; l'hypocrisie vient de gauche ». Louvoyer entre les deux était une mission constante. Certaines discussions ont maintenant lieu au niveau européen plutôt qu'au niveau belge. Parfois, il semble que l'Union européenne doive encore parcourir le même chemin, que celui parcouru il y a des années par la Belgique. C'est un processus difficile puisque tous les Etats membres de l'Union européenne ne sont pas confrontés dans la même mesure ni de la même manière avec la problématique d'asile.

3. Mon récit

Je raconte mon récit en toute indépendance, mais non pas sans esprit critique et non plus sans subjectivité. C'est un récit personnel. Certains n'aimeront peut-être pas se souvenir des positions qu'ils ont adoptées à l'époque. Avec des acteurs que j'ai dû combattre, souvent l'antagonisme a disparu depuis longtemps. La vérité, toutefois, conserve ses droits : « *amicus Plato sed magis amica veritas* » (Platon est mon ami, mais la vérité est un meilleur ami). Ce récit ne peut être utile que s'il met, sans ambages, le doigt sur des points névralgiques. Même des instances pour lesquelles j'ai le plus grand respect, ont parfois, à mes yeux, commis des faux pas. Les susceptibilités individuelles doivent - me semble-t-il - céder le pas devant l'intérêt général afin d'essayer d'éviter la répétition d'erreurs. Certains acteurs ont quitté cette vallée de larmes. Presque tous sont pensionnés, à l'éméritat ou non actifs. Ce récit ne pourra donc que difficilement leur nuire. Ce n'est certainement pas mon intention.

Comme il est d'usage, cet exposé est réparti en chapitres. Ils ne se succèdent pas toujours dans un ordre purement chronologique. Des chapitres « historiques » alternent avec les histoires de quelques demandeurs d'asile particulièrement connus, avant d'être suivis par des chapitres plutôt « thématiques ». Ces derniers traitent plus en détail des problèmes causés par le manque de personnel, par la législation, par les éloignements, les régularisations et la jurisprudence strasbourgeoise. Les développements législatifs ont trait aussi bien à la procédure d'asile elle-même qu'à l'aide sociale. Cette dernière est « le nerf de l'asile ». Parfois, c'était comme s'il y avait un jeu de ping-pong entre le législateur et les plus hautes juridictions.

A l'intérieur de chaque chapitre, l'ordre chronologique est en règle générale suivi. Cependant, des événements sont racontés dans certains chapitres alors que d'autres, qui ont lieu en même temps, le sont dans d'autres. Il y avait, en effet, souvent des interactions à différents niveaux avec des acteurs différents ou avec les mêmes. Les acteurs principaux étaient : « le » ministre, parfois d'autres ministres, l'Office des étrangers, le Conseil d'Etat, les juridictions du travail, les Centres publics d'action sociale (CPAS), la Commission permanente de recours, le Parlement, le Haut-Commissaire pour les réfugiés, le barreau, les médias, les organisations non-gouvernementales (ONG) et l'opinion publique. Trop souvent, l'opinion publique est confondue avec les médias et les ONG. Après que j'ai quitté le Commissariat général, des acteurs nouveaux s'y sont ajoutés, et pas des moindres, tels que le Conseil du contentieux des étrangers, la Cour de Strasbourg, la Cour de Luxembourg et la Commission européenne. Ceci n'a pas facilité les choses.

L'attention pour le traitement individuel de dossiers doit toujours se combiner avec celle pour d'autres questions. C'est du management de crise en permanence. Presque chaque jour, il faut réagir d'urgence à l'un ou l'autre problème aigu. En arrivant au Commissariat général, je pouvais toujours m'attendre à l'un ou l'autre malheur. C'était fatigant. C'était stressant. C'était souvent frustrant. C'était surtout incroyablement fascinant. Après des années au gouvernail, je me posais parfois la question combien de temps je pouvais encore continuer sans m'épuiser d'un point de vue psychique mais peut-être aussi physique. Est-ce que les efforts consentis ne risquent pas de se perdre ? Quand est-ce qu'on comprendra que le nombre des étrangers préférant séjourner chez nous plutôt que dans leur propre pays est inépuisable ? De toute façon, il s'agit d'une multitude de personnes qui - même avec la politique la plus généreuse - dépasse de loin la capacité possible. Des divergences d'opinion sur le nombre supplémentaire d'étrangers que la Belgique souhaite prendre en charge sont inévitables. Mais permettre que tout suive son cours n'est absolument pas tenable.

L'instance instituée par la nouvelle loi n'est pas « le Commissariat général » mais « le Commissaire général aux réfugiés et aux apatrides ». Ceci vaut dans la loi sur les étrangers également pour « le Ministre ». C'était d'abord le ministre de la Justice, puis le ministre de l'Intérieur et puis le ministre ou le secrétaire d'Etat à l'Asile et à la Migration. Lorsque la loi sur les étrangers accorde une compétence de décision au ministre ou au secrétaire d'Etat, les décisions sont prises par lui ou, lorsque la loi l'autorise, en son nom par son délégué. D'un point de vue juridique, ce sont toujours ses décisions à lui et non des décisions du ministère ou du secrétariat d'Etat.

D'un point de vue juridique, une seule personne est responsable de la prise des décisions : le Commissaire général. C'est le seul moyen pour pouvoir poursuivre une politique. Surtout en cas d'arriéré, il est de la plus grande importance de déterminer les priorités dans le traitement des dossiers. Les principaux facteurs dans la détermination des priorités sont : la date d'introduction de la demande, la nationalité (nombre des demandes et taux de reconnaissance) des intéressés et le fait d'être à charge ou non d'un CPAS. Pour une juridiction telle que le Conseil du contentieux des étrangers, poursuivre une politique est difficile. Chacun des 62 juges au contentieux des étrangers prend ses décisions en toute indépendance. Ils sont indépendants du gouvernement comme c'est le cas de tout juge. Espérons qu'ils le seraient aussi de la « société civile ». Mais ils sont aussi indépendants l'un de l'autre.

Malgré des tentatives méritoires du premier président et du président du Conseil du contentieux des étrangers, la jurisprudence prend de temps à autre un tournant différent selon le juge, et surtout selon leur rôle linguistique. Le Commissaire général ne peut être divisé en rôles linguistiques. Cela n'empêche pas qu'il prenne – quel que soit le titulaire – davantage de décisions positives en français qu'en néerlandais. A ses collaborateurs francophones, il peut demander de mettre leurs propositions en accord avec celles de leurs collègues néerlandophones. Il ne peut pas les contraindre à le faire. Sinon sa position deviendrait vite intenable. Tous ceux qui pratiquent le droit en Belgique, savent que ces divergences culturelles existent. Nulle part, elles ne sont aussi perceptibles qu'en matière d'étrangers. Et ceci, à quelque niveau que ce soit.

4. Quelques dossiers sensibles

Lors de mes neuf années de mandat, 124.136 demandes d'asile ont été introduites. Sous ma responsabilité personnelle, 96.798 décisions individuelles ont été prises. Des demandes ont aussi été traitées par l'Office des étrangers sans jamais arriver au Commissariat général. La toute grande majorité des décisions individuelles et des lettres accompagnantes, je les ai signées moi-même. Presque toujours, j'ai aussi signé les cartes de réfugié tant désirées. Je ne pouvais que difficilement suivre de près la préparation de toutes les décisions et de leur motivation. A vrai dire, cela n'arrivait que rarement, à l'exception des décisions sensibles d'un point de vue politique ou médiatique. Ceci était particulièrement le cas lorsque le demandeur pouvait être suspecté de terrorisme. Une certaine intuition lors de l'identification et du traitement de tels dossiers est la bienvenue. Il s'agit toutefois de dossiers très atypiques.

Parmi eux, se trouvent les cas de quelques demandeurs d'asile eux-mêmes originaires de l'Union européenne. Le premier, Patrick Ryan (en 1988), un prêtre catholique, soupçonné d'appartenir à l'Armée républicaine irlandaise (*Irish Republican Army - IRA*) prétendait craindre une persécution par le Royaume-Uni. Le couple basque-espagnol Moreno-Garcia (en 1993-1998), suivi d'un autre Basque (« Peixotin ») et, après la fin de mon mandat, d'un autre (Maiztegui), venait également de l'Union européenne. Soupçonnés d'appartenance à l'organisation *Euskadi Ta Askatasuna* (ETA), ces Basques prétendaient craindre la persécution par l'Espagne. En neuf ans, il n'y a eu qu'un seul demandeur irlandais et neuf demandeurs espagnols. Je n'en ai reconnu aucun.

Ensuite, il s'agit de deux demandeurs d'asile islamistes. Le premier, Walid Bennani (en 1992-1997), un dirigeant du mouvement tunisien *Ennahdha*, fut finalement reconnu par mon successeur, le Commissaire général (1997-2001) Luc De Smet. Des années après, Walid Bennani est devenu parlementaire en Tunisie pour son parti. Sur 54 demandeurs d'asile tunisiens, huit ont été reconnus, dont un par la Commission permanente de recours. Le deuxième demandeur d'asile islamiste, Ahmed Zaoui (en 1993-1997), un dirigeant du Front Islamique du Salut (FIS) algérien, n'a pas été reconnu, en application de la clause d'exclusion. Il aurait commis de sérieux crimes non-politiques. Après de nombreuses pérégrinations, il est devenu citoyen néo-zélandais. Sur 1.395 demandeurs d'asile algériens, il y en a eu 69 reconnus, dont sept par la Commission permanente de recours.

Il y a eu aussi deux Rwandais venus en Belgique après le génocide des Tutsi. L'un, Séraphin Rwabukumba (en 1994-1998), un cousin par alliance du président Juvénal Habyarimana, a été refusé en application de la clause d'exclusion. L'autre, le général major Augustin Ndindiliyimana (en 1995-1998), chef d'état-major de la Gendarmerie rwandaise, a été reconnu par la Commission permanente de recours. Avant 1994, il n'y eut en six ans que 202 demandes d'asile rwandaises. Après le génocide, il y en eut en trois ans 1.389. Fin janvier 1997, j'avais reconnu 897 réfugiés rwandais. Ainsi, le Rwanda occupait la troisième place après la Turquie (1.515) et le Zaïre (1.211). Il y avait cependant beaucoup plus de demandeurs d'asile de la Turquie (7.793) et du Zaïre (16.308) que du Rwanda (1.591).

Toutes les informations de cet ouvrage viennent essentiellement de sources publiques, telles que des documents parlementaires et la jurisprudence accessible. Je n'ai jamais tenu un journal. Et je n'ai pas soigneusement conservé mes agendas. Pourtant, ma mémoire est rarement la seule source. Plus importants sont mes rapports annuels et les multiples coupures de presse. Même dans le cas de ces dossiers sensibles, la presse en a rendu compte de manière extensive. Depuis 1992, une brochure (*Infojur*) contenant les coupures de presse pertinentes a été diffusée chaque jour parmi mes collaborateurs. Des références aux sources et à des informations complémentaires sont mentionnées en notes de bas de page. Toutefois, afin de ne pas trop alourdir le texte, cette information est souvent mise en notes reproduites par chapitre à la fin du livre. Une grande lacune dans mon récit sont les médias audiovisuels. D'innombrables fois, j'ai donné des explications dans les deux langues nationales à la radio et à la télévision. Puiser dans ces sources dépassait toutefois mes possibilités.

Parfois, j'ai pu compléter les sources publiquement accessibles par des précisions supplémentaires, issues de ma documentation personnelle, en vue d'assurer une plus grande vérité historique et juridique. Elles permettent de mieux comprendre la complexité de certaines questions et de certains dossiers. Ces dossiers se sont clôturés il y a 20 à 30 ans. Ils peuvent cependant avoir valeur de « précédent » pour le futur droit d'asile. Parfois, mon récit dépasse la durée de mon mandat. En effet, pour autant que ceci soit jugé pertinent, mon récit se poursuit dans la mesure du possible.

5. Les autres dossiers individuels

En neuf ans, j'ai confirmé 52.529 décisions négatives de l'Office des étrangers dans la phase de recevabilité. J'ai refusé 20.169 demandes d'asile dont 12.147 avec une décision motivée quant au fond ; les autres 8.022 ont été refusées pour des motifs techniques (tels que ne pas avoir donné suite à une convocation). Au total, j'ai reconnu *8.225 réfugiés* de 87 nationalités différentes. Ceci n'a été possible qu'en donnant à mes collaborateurs trois règles de base : a) suivre la pratique du Représentant du HCR ; b) donner un large bénéfice au doute ; c) opter pour une large interprétation de la Convention de Genève.

Dans le traitement des dossiers individuels, je concevais ma responsabilité dans l'instauration d'un système me permettant de signer les décisions en confiance. Elles étaient prises sur proposition d'au moins un collaborateur et vérifiées par un superviseur. Jamais, je n'ai pris seul une décision. Lorsqu'un collaborateur ou un superviseur me demandait une interprétation, j'indiquais sur quels éléments ils devaient se baser. En fin de compte, il leur appartenait d'appliquer en âme et conscience les directives qui leur étaient données. Dès le début du Commissariat général, j'ai confié les auditions exclusivement à des collaborateurs universitaires, docteur ou licencié en droit. Ils devaient eux-mêmes pouvoir évaluer les dossiers. Il ne s'agissait pas d'appliquer aveuglément des directives imposées par la hiérarchie.

Je n'ai que rarement dérogé aux propositions des collaborateurs. Ce sont eux qui ont interrogé les demandeurs d'asile. Ils les ont regardés dans les yeux. Ils étaient les plus familiers avec le traitement des demandeurs d'asile d'une nationalité déterminée. Moi pas. Je n'estime pas justifié d'aller à l'encontre de leurs propositions sans avoir entendu moi-même les demandeurs d'asile concernés. Or, les auditionner moi-même n'était tout simplement pas faisable. Je suis très sceptique à l'égard de juridictions qui pensent pouvoir prendre des décisions concernant des demandeurs d'asile sans les entendre.

Des auditions recueillies en toute confidentialité dans un local d'audition spécifique par des collaborateurs expérimentés, donnent le plus de chances à la découverte de la vérité. Une audience publique est moins appropriée. Une procédure d'asile n'est pas une procédure pénale. L'autorité ne doit pas prouver la culpabilité d'un demandeur d'asile. Celui-ci n'est accusé de rien. Il s'agit d'une procédure administrative dans laquelle le demandeur souhaite obtenir quelque chose de l'autorité, à savoir l'asile. C'est donc le demandeur qui doit démontrer - ou tout au moins rendre crédible - qu'il entre en ligne de compte. Ce n'est d'ailleurs pas une lourde charge de la preuve, mais leur récit doit être plausible. Dans une procédure pénale, une commission rogatoire serait envoyée pour enquêter au pays où les faits ont été commis. Pour des raisons pratiques et financières, cela n'est pas possible dans le cadre d'une procédure d'asile. Pour des raisons de principe, un recours aux autorités du pays d'origine n'est même pas permis. Un candidat-réfugié prétend qu'il est précisément persécuté par cette autorité. Pour cette raison, une large marge est attribuée dans l'évaluation de la crédibilité des demandeurs d'asile.

Comme quelqu'un qui est accusé d'un fait criminel, un demandeur d'asile a également droit au bénéfice du doute. Il doit cependant pleinement coopérer avec les instances d'asile. Il doit accorder sa confiance aux instances auxquelles il s'adresse pour obtenir l'asile. Sinon, il n'a qu'à demander l'asile dans un autre pays. Il ne peut pas faire de déclarations frauduleuses. Il ne peut pas utiliser de faux documents, à moins de mentionner qu'ils le sont. Toute tentative de tromper les instances d'asile, peut lui faire perdre son droit d'asile. Se faire démasquer par des mensonges est la voie la plus rapide au refus. Une autorité qui se respecte ne peut pas permettre qu'on se moque d'elle. Sinon la procédure d'asile perd toute crédibilité. Si tromper l'autorité était acceptable, cela deviendrait un système largement répandu.

6. L'audition des demandeurs d'asile

Est-il difficile d'auditionner des demandeurs d'asile ? Oui, mais pas à un point tel que - comme certains le pensent - cela devienne une loterie. Il y a de grandes différences entre les plus de cent pays d'origine. Il y a une grande diversité culturelle entre les demandeurs d'asile de tous ces pays. Pour cette raison, une documentation poussée et bien tenue par pays, est très importante. Pour obtenir un rendement maximal et une qualité élevée, une spécialisation par pays est indispensable. Une expérience avec les caractéristiques propres des demandeurs d'asile selon leur pays d'origine est encore plus importante. La communication verbale aussi est importante, bien qu'il soit difficile de la refléter dans un rapport d'audition. La communication verbale varie fortement en fonction de la culture du pays d'origine. Certains parlent d'une manière exubérante avec une tendance à exagérer. D'autres sont très réticents et ne parlent qu'avec timidité de ce qu'ils ont vécu. Ceux qui n'ont aucune expérience avec tout cela, se perdent désespérément.

Pour ne se tenir qu'à l'Afrique : des Rwandais et des Burundais ne sont pas des Congolais (à l'époque, c'étaient encore des Zaïrois) ; ce ne sont pas non plus des Sénégalais, ou des Nigérians, ou des Ghanéens, etc. Tous les demandeurs d'asile ne sont interrogés au Commissariat général que par des collaborateurs spécialisés dans leur pays ou leur région. Car à l'intérieur même d'un pays, il peut y avoir de grandes différences. En Turquie, il y a des Assyriens, des Arméniens, des Chaldéens, des Kurdes, des communistes, des migrants économiques, et désormais aussi des partisans de Gülen. Sans expérience, il est difficile de découvrir la vérité et de proposer des décisions en connaissance de cause. Le plupart des juridictions ne croient pas qu'une telle spécialisation soit nécessaire, avec les conséquences fâcheuses qui en découlent.

Les collaborateurs doivent connaître les techniques d'audition. Une audition est très différente d'une conversation avec un ami ou une connaissance, voire un passant occasionnel. L'interrogateur ose poser - doit poser - des questions « embarrassantes ». Il doit mettre les réponses en relation avec les documents disponibles et les déclarations antérieures. Tout inspecteur de police judiciaire sait que mentir de façon systématique est plus difficile que beaucoup ne le pensent. Il est très difficile de se tenir à une histoire fictive d'une manière constante. Il ne s'agit pas seulement du récit de la persécution. La route du voyage, y compris les moyens de transport et les dates, est aussi examinée en détail. Enfin, il y a la personnalité de l'intéressé (sa famille, son éducation, sa profession) qui est regardée sous la loupe. La réponse à la question suivante est d'importance cruciale : « Quel est l'élément décisif qui vous a incité à quitter votre pays ? ». Celui qui a inventé une histoire rencontrera des difficultés à joindre les trois volets de son histoire sans contradictions. Avec tous ces éléments, un interrogateur expérimenté saura apprécier la crédibilité du demandeur d'asile en connaissance de cause. Le bénéfice du doute lui sera accordé s'il y a une hésitation raisonnable. Le doute ne peut cependant pas être confondu avec l'incertitude, qui est inhérente aux développements futurs.

7. La « cuisine » d'asile

Ce récit essaie de donner un meilleur aperçu de la « cuisine » d'asile. Celle-ci a subi une certaine transformation. Auparavant, l'image d'un réfugié était celle d'une personne d'un courage rare qui était disposé à risquer sa liberté, son intégrité physique ou même sa vie pour manifester ses convictions. De nos jours, il s'agit plutôt de « réfugiés de guerre » qui se soustraient aux perturbations causées par des conflits armés. Pour eux, on a instauré la protection subsidiaire. Ceci a élargi considérablement le nombre des bénéficiaires de protection internationale. Cet élargissement d'échelle a contribué à des excès. La « cuisine » d'asile a été transformée en un véritable « *business* ». La forme la plus extrême est le trafic des êtres humains. Il s'agit d'un business organisé par des criminels qui manipulent des millions d'euros. Il rivalise avec le trafic des stupéfiants pour être la branche criminelle la plus lucrative au monde. Europol estime qu'il génère un revenu de €5 milliards par an. Ces trafiquants d'êtres humains sans scrupule n'ont pas le moindre respect pour la vie humaine. En contrepartie de grosses sommes d'argent, ils poussent leurs victimes sur des embarcations toujours moins sûres ou dans des camions frigorifiques. Ils exploitent leur désespoir et, pour déposer leur clientèle, ils comptent sur la crédulité et la compassion de beaucoup de personnes.

Bien que d'un tout autre ordre, tout ce qui concerne l'asile a – en Belgique également - connu une grande expansion. C'est devenu une source importante d'emploi. Songez aux multiples emplois exercés à Fedasil (plus de 2.000), à la Croix Rouge, aux CPAS et aux nombreuses organisations non gouvernementales. Il y a encore d'autres organisations y afférentes, telles qu'UNIA (le Centre interfédéral d'égalité des chances) et Myria (le Centre fédéral migration). En 2021, on a annoncé que plus de 700 collaborateurs supplémentaires seraient encore recrutés. Surtout dans le secteur juridique, il suffit de compter les conseillers d'Etat nommés en renfort, les dizaines de juges au contentieux des étrangers et leurs nombreux collaborateurs juridiques, ainsi que les quelques centaines de juristes à l'Office des étrangers et au Commissariat général. *Last but not least*, c'est une source d'emploi pour des centaines d'avocats. Beaucoup d'avocats doivent pendant leur période de stage assister des demandeurs d'asile *pro Deo*. Certains, assez nombreux, qui s'appellent « spécialistes », en ont fait un gagne-pain permanent, souvent à charge de l'Etat.

Le droit joue un rôle important dans les questions d'asile. Il s'agit, en effet, de l'application d'une convention internationale, de directives de l'Union européenne et de lois. Leur application se fait conformément à des procédures juridiques et sous la surveillance croissante de juridictions. Beaucoup d'avocats font preuve de grande inventivité. Pour aider leurs clients, ils essayent de trouver des failles dans la législation. De temps à autre, ils réussissent à convaincre des juridictions de suivre leurs thèses. Lorsque cela compromet le bon fonctionnement de la procédure d'asile, le législateur doit intervenir rapidement pour y remédier.

Fréquemment, des avocats mènent des procédures d'asile pour l'unique raison de prolonger le séjour de leurs clients en Belgique. L'objectif ultime est souvent l'obtention de régularisations de séjour. Il n'est pas rare que des procédures soient utilisées pour d'autres objectifs que ceux pour lesquels elles ont été instaurées. Elles sont parfois intentées uniquement pour obtenir ou conserver un droit à l'aide sociale. Des avocats argumentent qu'ils ont le droit, voire le devoir, de défendre les intérêts de leurs clients. Ils estiment dès lors que toutes les procédures peuvent être mises en œuvre pourvu que leurs clients en tirent un bénéfice. Le législateur n'a qu'à faire en sorte que les abus ne soient pas possibles. Cet argument serait plus convaincant si – à chaque fois que le législateur essaie de combattre des abus ou de simplifier une procédure – il n'y avait pas l'Ordre des avocats pour s'adresser à la Cour constitutionnelle afin d'obtenir l'annulation de telles modifications législatives.

Selon les règles déontologiques, l'avocat doit agir comme premier juge. Intenter en pleine connaissance des procédures manifestement infondées, soulève des interrogations. Bien que le droit d'asile ne relève pas du droit pénal mais du droit administratif, tout le monde accepte que des avocats assistent les demandeurs d'asile. L'aide juridique n'est pourtant nullement nécessaire pour être reconnu par le Commissaire général. Lorsqu'un avocat estime sincèrement qu'une décision de refus est prise à tort, un recours se justifie. Ce n'est pas le cas lorsqu'un avocat pousse son client à introduire à nouveau - même plusieurs fois - une demande d'asile ou d'autres demandes de séjour. Ceci est d'autant moins justifié lorsque ces procédures sont intentées uniquement pour bloquer un processus d'éloignement mis en œuvre. Certes, des faits nouveaux peuvent se produire à tout moment au pays d'origine. Bien qu'il s'agisse d'une hypothèse plutôt théorique que réelle, l'introduction d'une nouvelle demande ne peut être interdite pour cette raison. Sans éléments vraiment nouveaux et pertinents, il s'agit d'abus de procédure. Comment justifier que certains avocats introduisent des centaines de procédures sans jamais obtenir de succès ? Certains ne survivent que grâce à leurs actions *pro Deo* à charge de l'Etat. Pour d'autres, cela va bien plus loin que de « survivre ». D'autres encore, servent surtout des objectifs politiques, qui cadrent dans leur combat idéologique visant à déstabiliser la démocratie libérale.

Des non-juristes n'accordent généralement que peu d'attention à des controverses juridiques. Pourtant, une attention accrue devrait être de mise. Les juges portent de lourdes responsabilités dans la société. Les conséquences de leurs décisions ne touchent pas uniquement les juristes. C'est pourquoi il n'est pas déplacé de se poser des questions sur la solidité des motifs, sur lesquels reposent des décisions judiciaires à grandes conséquences. Un débat de société à ce sujet ne saurait être tabou. Des lamentations sur la séparation des pouvoirs sont trop souvent à sens unique. Les juges doivent également respecter la séparation des pouvoirs par rapport aux pouvoirs exécutif et législatif.

Le respect dû au pouvoir judiciaire exige la retenue à l'égard de jugements rendus dans des cas individuels. Des critiques sur des décisions judiciaires à portée générale ne mettent cependant pas l'Etat de droit en péril. Une résignation sans critique n'est pas exigée lorsque des juges se mettent à la place de l'autorité compétente. Cela n'est certainement pas exigé lorsque des décisions sont prises dans lesquelles des juges se comportent comme législateur. En matière d'asile, cela arrive de temps à autre. A la Cour européenne des Droits de l'Homme de Strasbourg, c'est même fréquent. Pour cette raison, les deux derniers chapitres de mon ouvrage constituent un petit extra, qui donne un aperçu de l'évolution de la jurisprudence de cette Cour en matière d'asile. D'abord, j'explique comment cette Cour est arrivée à s'engager sur la voie de la responsabilité indirecte pour violations virtuelles. A l'aide d'arrêts sélectionnés, j'illustre ensuite comment cette jurisprudence s'est développée. Sans surprise, j'accorde alors une attention particulière à des arrêts dirigés contre la Belgique.

Tout un chacun a le droit de faire du lobbying pour les causes dans lesquelles il croit. Ceci vaut aussi pour la défense des intérêts des demandeurs d'asile et d'autres étrangers. Il est frappant qu'en particulier lorsque les demandes d'asile sont maîtrisées, le « lobby des étrangers » fait preuve d'une grande disponibilité à l'action. On sort la grosse artillerie pour miner la crédibilité des décisions en matière d'asile. Les administrations et les juridictions compétentes sont accusées de prendre continuellement des décisions injustifiées. Leur incompétence ne serait surpassée que par leur inhumanité. Bien que tout cela soit assez flagrant, il y a toujours de bonnes âmes pour y croire. Et il y a toujours des médias prêts à se transformer en mégaphone. Nous ne pouvons qu'espérer que le lecteur jugera à l'avenir avec plus de lucidité.

Chapitre I
« *Vox clamantis in deserto* »
(La voix qui crie dans le désert)
(1987-1989)

L'arrêté royal du 26 octobre 1987 portant ma nomination comme Commissaire général, a été publié le 4 novembre. Déjà le jour précédent, immédiatement après le long week-end de la Toussaint, j'avais été invité au cabinet du ministre de la Justice. Il fallait aller vite. J'y ai rencontré Victor Bricout,[3] chef de cabinet (1983-1988), Jean Spreutels,[4] chef de cabinet adjoint (1985-1988), et deux autres membres du cabinet.[5] Ensuite, j'ai fait la connaissance au ministère de la Justice d'Eugène Frencken, le secrétaire général,[6] de Stéphane Schewebach, le directeur réfugiés de l'Office des étrangers et enfin de Francis Pirard, l'inspecteur des Finances. Il y a eu aussi des réunions de travail avec les responsables du ministère de la Justice pour le personnel, les bâtiments et le budget. **Ce fut le début d'une période intense** de préparations en vue de l'entrée en fonction des nouvelles instances pour les réfugiés : « Il faut rendre opérationnel un service public flambant neuf. Une course contre la montre et un combat contre un imbroglio administratif et budgétaire s'annoncent » (*HLN*, 17 novembre 1987).

1. Les préparations en « affaires courantes » (novembre 1987-janvier 1988)

Une multitude de contacts ont été établis avec des hauts fonctionnaires, d'autres partenaires importants et des futurs collaborateurs. Il a fallu prendre soin de nombreux soucis, tels que la location de locaux, l'achat de meubles, d'ordinateurs, de voitures,[7] d'une centrale téléphonique, etc. Les « affaires courantes » dans lesquelles se trouvait le Gouvernement Martens VII depuis le 9 novembre étaient un facteur de complication. Les élections devaient avoir lieu le 13 décembre 1987. Plusieurs fois, le ministre de la Justice Jean Gol a dû s'adresser au Conseil des ministres pour obtenir une dérogation aux règles et débloquer les crédits.

On mit à ma disposition le bureau d'un directeur général du ministère de la Justice, place Poelaert à Bruxelles, en face du Palais de Justice. Dès le 9 novembre 1987, je le partageais avec mon secrétaire de direction Rudi Van Hoed. Originaire de Tielt (comme mon épouse), il m'assistera fidèlement pendant neuf ans. Le 19 novembre, le ministre de la Justice m'a surpris en m'invitant à prêter serment, en présence du secrétaire général Eugène Frencken, et du chef de cabinet-adjoint Jean Spreutels. Le Ministre donnait son accord à ce que je poursuive à temps partiel ma charge d'enseignement à l'*Universitaire Instelling Antwerpen* (UIA). J'ai également pu continuer à représenter la Belgique à la Commission des droits de l'homme des Nations Unies. Le secrétaire général s'est par ailleurs engagé à faire examiner le statut social des commissaires.

Le mandat de Commissaire général se situait à l'échelle de directeur général (niveau 16), ce qui correspondait à mon rang de professeur à l'Université d'Anvers. Ma nomination n'impliquait donc pas une promotion. Le ministre de la Justice a transmis ma demande de fixer ce nouveau mandat au niveau de professeur ordinaire à Guy Verhofstadt (PVV), ministre (1985-1988) du Budget. Econome comme il l'était à cette époque, celui-ci a refusé d'y donner suite. D'autres, dans les nouvelles instances pour réfugiés, ont pu sauter de niveaux 10 et 11 au niveau 15 ou même 16, comme ce fut le cas, quatre ans plus tard, à la Commission permanente de recours pour les réfugiés.

En tant que mandataire indépendant, je n'étais pas agent de l'Etat. Rien n'était réglé à ce propos, même pas mes droits à la pension. Heureusement, ma nomination statutaire à l'université me garantissait une retraite à charge de l'Etat. Plus tard, un décret flamand du 12 juin 1991 me ferait perdre, après six années académiques, le droit au retour à une charge universitaire à plein temps. Ce qui m'aurait fait perdre également mon droit à une retraite de l'Etat à plein temps. Ce système, qui m'aurait été applicable le 1er octobre 1997, m'amènera à quitter le Commissariat général après neuf ans de mandat. Ce n'est que quelques années après mon départ que le statut des mandataires sans nomination permanente fut réglé, allant de pair avec une considérable augmentation de salaire, grâce à la réforme Copernic mise en œuvre par Guy Verhofstadt, devenu Premier Ministre (1999-2008).

Même avant l'entrée en fonction des nouvelles instances pour réfugiés, j'avertis - dans mes premiers contacts avec les médias audiovisuels[8] en novembre 1987 - que, sans les moyens nécessaires, le traitement plus rapide des demandes d'asile ne serait qu'une illusion. Dans *Demain le Monde* du 18 janvier 1988, Michel Moussalli, le Représentant du HCR, me rejoignait dans ce sens : « Je crains que le travail du Commissaire général – que d'aucuns espéraient plus rapide – ne prenne finalement un rythme bien plus lent que le nôtre ». Ce haut fonctionnaire des Nations Unies, un Suisse originaire du Liban, fort aimable à mon égard, qualifiait ma nomination de « coup de maître ».

2. Mes premiers pas en tant que Commissaire général (février 1988-janvier 1989)

Le transfert solennel des compétences au premier « Commissaire général aux réfugiés et aux apatrides » eut lieu le 4 février 1988 sous les ors du magnifique palais d'Egmont. Parmi les présents, il y avait Jean-Pierre Hocké (Suisse), Haut-Commissaire (1986-1989) des Nations Unies pour les réfugiés, Jean Gol, vice-premier ministre et ministre de la Justice, Leo Tindemans (CVP), ministre (1981-1989) des Relations extérieures, et Miet Smet (CVP), secrétaire d'Etat (1985-1992) à l'Emancipation sociale.

Au Haut-Commissaire des Nations Unies, j'ai donné l'assurance que les nouvelles instances appliqueraient la Convention de Genève aussi consciencieusement que l'avaient fait ses délégués en Belgique pendant plus de trente ans. J'ai précisé aussi compter sur le gouvernement pour me donner les moyens indispensables afin d'accomplir avec la célérité souhaitée la tâche qui m'était confiée. Le Haut-Commissaire des Nations Unies a ensuite rendu visite au siège du Commissariat général, rue de la Régence 61, tout près du palais de Justice.[9]

Ce transfert de compétences a reçu un large écho dans la presse du 5 février 1988 :
- « La Belgique décide d'une manière autonome de la reconnaissance des réfugiés politiques » (*DM*) ;
- « La Belgique décide désormais elle-même qui est réfugié politique » (*DS*) ;
- « Réfugiés : la Belgique installe son propre commissariat » (*LLB*) ;
- « Notre pays possède 'son' commissaire aux réfugiés » (*LS*) ;
- « Bossuyt veille à la frontière » (*HLN*).

A chaque occasion, j'insistais dans les médias sur la nécessité de pouvoir disposer des moyens nécessaires :
- « Je me pose déjà la question si l'effectif de mon personnel est suffisamment important » (*GvA*, 8 février 1988) ; « Traiter les dossiers rapidement est possible, si j'ai suffisamment de personnel. Mais maintenant sans gouvernement, je crie probablement dans le désert » (*HV*, 12 février) ;
- « Un 'Monsieur Droits de l'Homme' pour les réfugiés. Trois choses lui manquent cruellement : des juristes, des dactylos, des huissiers. Pour le reste, l'enthousiasme est là. 'A vous de comparer : ce que coûte une procédure

pendant un an et demi et la même pendant six mois. En engageant suffisamment de juristes, nous ferons des économies de centaines de millions de francs belges' » (*La Cité*, 18-24 février).

Lors de sa présentation des budgets du ministère de la Justice pour 1985, 1986 et 1987, le Ministre Melchior Wathelet[i] brossa le 19 juillet 1988 une image pour le moins déconcertante. Il soulignait toute une série de situations dignes du 19ème siècle : « L'Office des étrangers est totalement submergé. Avant, il y avait en moyenne 85.000 demandes de visa, maintenant plus de 200.000. En ce qui concerne les réfugiés, il y a une situation de crise. Ceci mène à un surpeuplement aigu à Zaventem où se trouve en permanence un groupe de quarante demandeurs d'asile, et ce dans des conditions pénibles ».[10]

En juin et juillet 1988, *Amnesty International* Belgique francophone mena diverses actions contre la nouvelle loi sur les réfugiés.[11] Dans une longue lettre[12] du 18 août 1988 adressée à Me Eric Gillet,[13] président de cette organisation non-gouvernementale, j'attirai l'attention sur un nombre d'initiatives prises allant au-delà de ce qu'exigeait la loi. Cela concernait la convocation par écrit des demandeurs d'asile pour audition, l'information de leurs conseils par écrit ou par téléphone, la motivation de mes avis, la communication de mes avis et décisions aux conseils des demandeurs d'asile et leur accès au dossier des demandeurs d'asile déboutés pendant le délai d'appel de 30 jours. La loi ne prévoyait cet accès que pendant les cinq jours précédant la séance de la Commission permanente de recours des réfugiés. Contrairement à l'usage à l'Office des étrangers, je permettais aussi la présence des conseils des demandeurs d'asile au cours de leur audition. Ces pratiques n'ont été inscrites qu'ultérieurement dans la réglementation. Tout cela ne m'a cependant pas valu beaucoup de reconnaissance.

Les bâtonniers du barreau de Bruxelles m'avaient assuré, lors d'un premier contact le 26 novembre 1987, que des recours à la Commission permanente de recours pourraient être évités si les avocats avaient préalablement eu accès au dossier. En pratique, il n'en fut rien. Dans la lettre susmentionnée, je faisais aussi savoir que : « Les quelques mois de fonctionnement m'avaient fait comprendre - plus que je ne pouvais l'imaginer - que nombreux étaient les demandeurs d'asile qui n'avaient pas une crainte fondée de

---

[i] Melchior Wathelet [senior] (PSC), ministre de la Justice (1988-1995), juge (1995-2003) et avocat général (2012-2018) de la Cour de Justice de l'Union européenne.

persécution au sens de la Convention de Genève ». Je faisais mention d'histoires inventées de toutes pièces, de déclarations manifestement mensongères et de l'usage de faux documents, voire d'identités plurielles.

Le 14 septembre 1988, je fis un premier bilan de mes activités. Pendant les premiers six mois de fonctionnement, 2.132 demandes d'asile ont été introduites, dont 25% du Ghana, 14% de l'Inde et 11% du Zaïre.[14] Je disais : « Sans davantage de personnel, on ne peut nullement s'attendre à une accélération de la procédure. Bien au contraire. Il est à craindre que la procédure prenne encore plus longtemps que chez le Représentant du Haut-Commissaire des Nations Unies » (*DS,* 15 septembre 1988).

Le 19 janvier 1989, je fis rapport au Centre de concertation pour l'intégration des réfugiés sur les 4.476 demandes d'asile introduites depuis le 1er février 1988. Le coordinateur de ce centre, Luk Depelchin, expliqua qu'il fallait traiter le flux des demandes plus rapidement.[15] Les titres des journaux du 20 janvier 1989 allaient tous dans le même sens :
- « Il n'y a pas de quoi pavoiser : il y a du mieux certes mais les services du Commissaire général manquent cruellement de moyens » (*LLB*) ;
- « La politique d'asile est boiteuse à cause d'un climat négatif et d'un manque de moyens » (*DM*) ;
- « Moins de réfugiés mais rien ne va plus dans leur accueil » (*LS*) ;
- « Il faut traiter plus rapidement le flux des réfugiés » (*HN*) ;
- « Les procédures d'asile durent trop longtemps » (*HBvL*).

3. Président de la Commission des droits de l'homme (30 janvier-10 mars 1989)

Le 30 janvier 1989 à Genève, je fus élu président de la Commission des droits de l'homme des Nations Unies.[16] Dans *La Libre Belgique* du lendemain, Nicolette Franck fit état du « modeste, discret et néanmoins si compétent professeur Marc Bossuyt ». Le journal français *Le Monde* du 2 février me qualifiait de « président compétent, un homme du sérail dans le bon sens du terme ». Moi-même, lors de mon accès à l'éméritat à l'Université d'Anvers, j'ai résumé cette expérience comme suit au cours de la cérémonie du 28 septembre 2007 :

« Ce fut une expérience inoubliable.[i] Cette session marquait le début d'une pratique croissante d'allocutions par des hauts dignitaires [on parlait de 'Visiteurs de marque' (ou, selon Paul Rietjens, '*de Marc*')]. Ainsi je reçus entre autres le Premier Ministre français Michel Rocard, et le secrétaire d'Etat du Saint-Siège, Son Eminence Agostino cardinal Casaroli. Un moment particulièrement impressionnant fut le discours (le 27 février 1989) du secrétaire d'Etat hongrois Gyula Horn. Il venait dénoncer en langue russe les violations des droits de l'homme en Roumanie. Quelques mois plus tard (le 2 mai), il cisaillait le Rideau de Fer entre la Hongrie et l'Autriche. Ainsi, il indiquait la voie vers l'Occident aux Allemands de l'Est dans leurs petites voitures Trabant. Ceci fit s'émietter fortement le Mur de Berlin. A la fin de la session, j'étais chargé de nommer un rapporteur spécial pour la Roumanie. Que ceci ait pu se faire sans l'opposition de l'Union soviétique et de la République démocratique allemande montre l'isolement dans lequel se trouvait Nicolae Ceaucescu. La session était dominée par la confrontation engagée par les Etats-Unis avec Cuba. Nous avons réussi à en sortir indemnes.[17] Lors de cette session, nous avons aussi réussi à faire approuver sans vote deux conventions en matière de droits de l'homme : le Deuxième Protocole facultatif se rapportant au Pacte international relatif aux droits civils et politiques, visant à abolir la peine de mort[ii] et la Convention internationale sur les droits de l'enfant,[iii] qui allait devenir le traité en matière de droits de l'homme comptant le plus grand nombre d'Etats-parties ».[iv]

---

[i] Cette expérience diplomatique intense n'a été surpassée que par mes neuf jours de présidence du Groupe de travail de la Déclaration de la « Conférence mondiale contre le racisme, la discrimination raciale, la xénophobie et l'intolérance y associée » à Durban (Afrique du Sud) du 31 août au 8 septembre 2001. Ce groupe de travail plénier était composé de 171 Etats. Ce fut la période la plus hectique de ma vie professionnelle. Trois jours plus tard, pendant l'événement connu sous l'appellation *9/11*, deux avions furent précités sur les tours du WTC à New York. Sur cette Conférence, voy. BOSSUYT, Marc, *International Human Rights Protection : Balanced, Critical, Realistic*, Cambridge, Intersentia, 2016, pp. 91-101, et (avec Stef VANDEGINSTE), « The Issue of Reparation for Slavery and Colonialism and the Durban Conference against Racism », *Human Rights Law Journal*, 2001, pp. 341-350.
[ii] BOSSUYT, Marc, « Le Deuxième Protocole facultatif se rapportant au Pacte international relatif aux droits civils et politiques, visant à abolir la peine capitale », in MANIRAKIZA, Egide, NIYONKURU, Aimé-Parfait & SAGAERT, Vincent, [Eds.], *Etat de droit, droit du développement : Pistes burundaises et leçons d'ailleurs, Mélanges en l'honneur du Doyen Stanislas Makoroka*, Bruxelles, Larcier, 2021, pp. 123-128.
[iii] BOSSUYT, Marc, « La Convention des Nations Unies sur les droits de l'enfant », *Revue universelle des droits de l'homme*, 1990, pp. 141-144.
[iv] BOSSUYT, Marc, « Témoignage d'une présence belge au sein des organes des Nations Unies en matière de droits de l'homme », *Revue trimestrielle des droits de l'homme*, 2008, pp. 329-346.

C'est un président heureux de la Commission des droits de l'homme, qui fit le bilan de la session passée au cours d'une conférence de presse au Bureau de liaison des Nations Unies à Bruxelles, le 14 mars 1989.[18] Avec 1.400 personnes présentes, la session avait connu une assistance plus large que jamais : 43 Etats membres, 74 Etats observateurs et 133 organisations non-gouvernementales. Deux traités en matière de droits de l'homme y furent approuvés, alors qu'il n'y en avait plus eu depuis cinq ans. Les négociations relatives à la Convention sur les droits de l'enfant avaient duré dix ans. Moi-même, j'avais rédigé le Protocole sur l'abolition de la peine de mort, lorsque j'étais rapporteur spécial en tant que membre (1981-1985) de la Sous-Commission des droits de l'homme. Le Premier ministre français (1988-1991) Michel Rocard avait donné le ton en se référant à « ce malheureux peuple roumain ». L'intervention sur les droits de l'homme en Roumanie par le secrétaire d'Etat hongrois des Affaires étrangères Gyula Horn fit sensation. Il devint Premier Ministre de Hongrie de 1994 à 1998.

La Commission avait fait la connaissance de la *glasnost* (ouverture). Vladimir Lomaiko, le chef (1987-1988) de la délégation soviétique, m'avait expliqué que la *glasnost* devait faire en sorte que la *perestroïka*[19] (réforme) devienne irréversible. La Belgique, qui – après une absence de 25 ans – était redevenue membre de la Commission, avait la charge de la résolution sur l'Afghanistan. Ainsi, j'étais le premier chef de délégation occidentale à qui il annonça que l'Union soviétique souhaitait quitter l'Afghanistan. Il avertissait que, si cela se faisait trop rapidement, l'Afghanistan tomberait dans les mains de fondamentalistes musulmans. Tout cela fut accueilli avec pas mal d'incrédulité. A l'issue de la session, Nicolette Franck écrivait : « Des mérites, la Commission en a eu cette année, M. Bossuyt, modeste, les attribue essentiellement au changement du climat international, en d'autres termes, à la nouvelle attitude adoptée par l'URSS » (*LLB*, 18-19 mars 1989).

Pendant ma présidence de la Commission des droits de l'homme des Nations Unies, deux événements allaient changer l'apparence du monde : le 4 juin 1989, la révolte estudiantine, qui fut matée dans le sang sur la place de la Paix céleste à Pékin ; et la chute du Mur de Berlin, le 9 novembre de la même année. Il était inusuel que le président entreprenne des actions entre les sessions annuelles de six semaines. Cela ne se fit pas non plus cette fois-ci. Le rôle destructeur joué par l'Union soviétique pendant des années en matière de droits de l'homme aux Nations Unies fut vite repris par la République populaire de Chine. Depuis le 15 novembre 1971, la représentation aux Nations Unies du Gouvernement de la République de Chine (Taiwan) avait été remplacée par celle de la République populaire. Ce n'est qu'à partir de 1982 que la Chine devint membre de la Commission des droits de l'homme des Nations Unies. La République populaire de Chine y joua un rôle plutôt discret au début. Mais cela devait changer après les événements de *Tian'anmen,* avec l'assistance technique intellectuelle d'excellents diplomates cubains. Ces événements ont même entraîné des conséquences immédiates sur les demandes d'asile en Belgique.

4. Un malentendu chinois (3-5 août 1989)

Quelques jours après la répression de la révolte des étudiants à Pékin, le ministre de la Justice fit savoir que les autorisations de séjour des ressortissants chinois résidant légalement en Belgique seraient prolongées.[i] Soudainement, le 3 août 1989, 300 à 400 Chinois se rassemblèrent devant la porte du Petit-Château. En trois jours, 1.800 Chinois sont venus se présenter.[ii] La rumeur s'était répandue selon laquelle il était facile pour les Chinois d'obtenir en Belgique le statut de réfugié. Naïvement, de nombreuses personnes avaient payé des milliers de francs belges pour se rendre à Bruxelles dans des autocars spéciaux, venant des Pays-Bas, de France et d'Allemagne. D'autres étaient venus en taxi ou en Porsche, BMW ou Mercedes, immatriculées aux Pays-Bas. Des filles de bar, parties à 4 h du matin de Maaseik, Bergen-op-Zoom et Sluis arrivèrent à l'aube, en « tenue de travail ».

A grand-peine, les gendarmes essayaient de les contenir aux portes du Petit-Château. Selon diverses informations, l'opération était montée par les Triades (des sociétés secrètes chinoises à caractère mafieux). Après une certaine confusion, l'Office des étrangers leur a distribué deux feuilles de papier : l'une contenant des explications et une autre contenant une convocation. A l'exception des mots « Wathelet », et « Peut se présenter le … / *Kan zich aanbieden op* … », ces documents étaient rédigés en chinois. Un cachet avec la date

---

[i] « Réfugiés : 'péril jaune' à Bruxelles », *LS,* 4 août 1989.
[ii] « Réfugiés chinois en masse », *LS,* 5-6 août 1989 ; « La filière jaune », *Le Vif/L'Express,* 25 août.

de la convocation remplaçait les points de suspension. Il y avait tellement de candidats que les convocations couraient jusqu'en janvier 1990. Toutefois, la plupart de ces gens ne sont jamais revenus. Une vérification des statistiques fit apparaître que, sur les neuf premières années du Commissariat général, 71% (587/827) de toutes les demandes d'asile chinoises enregistrées avaient été introduites en 1989. En neuf ans, 87 Chinois obtinrent le statut de réfugié dont quatre auprès de la Commission permanente de recours. Les Ghanéens étaient un autre groupe de demandeurs d'asile occupant une place tout à fait spéciale.

5. Filières de demandeurs d'asile ghanéens (avril-décembre 1989)

En avril 1989, le parlementaire européen Willy Kuijpers (VU) faisait savoir qu'il avait rapporté des éclaircissements de son voyage au Ghana. Il y était allé afin de comprendre pourquoi 25% de tous les demandeurs d'asile en Belgique venaient de ce pays :

« Le Ghana est un pays très pauvre. Des milliers de Ghanéens quittent le pays pour aller gagner de l'argent en Europe. Cet argent[20] est collecté par tous les membres de la famille qui sacrifient parfois leurs dernières possessions. Des gars futés organisent des faux documents et des billets d'avion. Ils leur apprennent quelles histoires ils doivent raconter. Il y a quelques mois, la police anversoise découvrit 88 prostituées ghanéennes. Elles étaient mises au travail dans 22 'établissements' différents de la cité scaldienne. J'estime que cette traite d'esclaves moderne est inadmissible » (*GvA*, 27 avril 1989).

Dans une lettre ouverte[21] adressée au ministre de la Justice, Willy Kuijpers s'était plaint de la situation au Centre de transit à Zaventem, de l'énorme manque de personnel au Commissariat général, de la fraude des demandeurs d'asile et de l'existence de filières organisées. Il conclut : « Personne n'est servi par cette manière de faire ».

Dans *De Standaard* du 3-4 juin 1989, je confirmai que le groupe le plus important de demandeurs d'asile (1.196 en 1988) venait du Ghana. Seulement deux d'entre eux avaient été reconnus réfugiés :

« Les histoires qu'ils racontent sont souvent très stéréotypées. Les Ghanéennes viennent raconter qu'elles travaillaient dans l'une ou l'autre boutique. Un jour, des caisses y sont livrées. Le lendemain, la police fait un raid et il s'avère ensuite qu'il y avait dans ces caisses des armes pour commettre un coup d'état. Les dames sont mises dans une cellule. Elles peuvent cependant s'échapper et s'enfuir vers la Belgique. Elles disent avoir perdu leurs pièces d'identité ou que celles-ci ont été volées ».

Je contestais que la Belgique fût pour eux la terre promise. La plupart étaient des malchanceux qui avaient été interceptés à leur descente d'un avion Sabena à l'Aéroport national, en route depuis Lagos (Nigeria) vers Montréal (Canada). Je me référai à Willy Kuijpers selon lequel c'étaient des motifs économiques plutôt que politiques qui étaient en jeu. Des recruteurs étaient disposés à payer d'importants montants pour aider des demandeurs d'asile ghanéens à réaliser leur rêve de gagner beaucoup d'argent en Occident.

J'y revins encore plusieurs fois :
- « S'il faut en croire les Ghanéens, il doit y avoir au Ghana chaque jour des dizaines de tentatives de coup d'Etat » (*GvA*, 22 novembre 1989) ;
- « Chez les Ghanéens, il y a les éternelles tentatives de coup d'Etat, qui toutes seraient commises par des coiffeuses ou des couturières, ayant caché des armes dans leur *beauty case*. Beaucoup de brodeuses et de couturières, à qui on a fait croire qu'elles pouvaient trouver un job ici, finissent dans la prostitution » (*Knack*, 13 décembre 1989) ;
- « S'il fallait croire tout cela, le Ghana serait un grand dépôt de munitions. Le nombre de tentatives de coup d'état serait au moins quotidien. Comment veut-on que nous croyions que des coiffeuses, des brodeuses et des couturières ont toutes commis des tentatives de coups d'Etat ayant malheureusement échoué » (*Veto*,[22] 18 novembre 1991).

Plus tôt, Chris De Stoop avait consacré tout un article dans le *Knack* du 18 avril 1990. On pouvait y lire entre autres :

« Elles sont actuellement le groupe le plus remarqué dans les quartiers chauds d'Anvers, de Gand et de Bruxelles : les prostituées de rue ou de vitrine ghanéennes. Elles demandent le statut de réfugiés politiques et sont déboutées à 99%. Il y a une rotation énorme. Elles ont souvent des bons avocats, et toujours les mêmes. Elles les payent *cash*. En introduisant leur demande d'asile, elles servent leurs histoires prémâchées de persécution pour trafic d'armes, de tentative de coup d'Etat ou d'appartenance aux témoins de Jéhovah ».

Le 24 janvier 1992, *De Morgen* fit savoir que Bob Cools[23] (SP), le bourgmestre (1983-1994) d'Anvers, avait communiqué au ministre de la Justice, le 15 novembre 1991, une liste de trois cents prostituées ghanéennes qui avaient demandé l'asile. Le Ministre avait réclamé un traitement prioritaire de ces dossiers. Je répondis que je donnerais suite avec plaisir à cette suggestion. Je faisais remarquer que ces dossiers étaient d'ailleurs déjà traités avec une certaine célérité.

La première année de fonctionnement du Commissariat général, plus d'un quart du total des demandeurs d'asile venait du Ghana (1.144/4.476). Pendant les quatre premières années, il y avait en moyenne 1.419 demandeurs d'asile ghanéens par an. En 1992-1993, ce nombre est descendu à 986 en moyenne par an. Les trois dernières années, ils n'étaient plus en moyenne qu'à peine 159. La dernière année (1996) leur pourcentage dans le total du nombre des demandes d'asile n'atteignait plus que 0,5% (67/12.395). Sur un total de 8.129 demandes d'asile ghanéennes, il y avait eu - en neuf ans - 64 reconnaissances, auxquelles la Commission permanente de recours en a ajouté 10. Le taux global de reconnaissance de Ghanéens s'élevait donc à peine à 0,78%.

En donnant une priorité au traitement des demandes d'asile ghanéennes, leur part dans le total des demandes d'asile pouvait être ramenée de 25% en 1988 à 0,5% en 1996. Pendant des années, j'ai cependant dû voir comment des centaines de jeunes ghanéennes pouvaient abuser de la procédure d'asile pour exercer la prostitution. Le tolérer était considéré comme faire preuve d'humanité. Il est incompréhensible que cette situation ait pu proliférer pendant si longtemps. Les demandeurs d'asile ghanéens arrivaient en Belgique à l'aéroport de Bruxelles National, où - même avant l'entrée en vigueur de la nouvelle loi sur les réfugiés - l'accueil était une source de grande préoccupation.

6. L'accueil « criant vengeance au ciel » à l'Aéroport National

La nouvelle loi sur les réfugiés prévoyait que le Ministre ou son délégué (l'Office des étrangers) pouvait refuser l'accès au territoire aux demandeurs d'asile qui ne disposaient pas des documents requis pour entrer dans le Royaume. Contre une telle décision de refus, une « demande urgente de réexamen » pouvait être introduite auprès du Ministre ou de son délégué. Dans ce cas, un avis du Commissaire général était sollicité. Un avis favorable liait le délégué s'il avait pris la décision, mais non pas le Ministre si celui-ci l'avait prise lui-même.

La pratique a démontré qu'il n'y avait en Belgique qu'une seule frontière où les demandeurs d'asile ne pouvaient entrer sans contrôle, c'était à l'Aéroport National. La loi imposait des délais très brefs (24 h), aussi bien aux demandeurs d'asile pour introduire leur demande urgente de réexamen qu'au Commissaire général pour donner son avis. Ce qui n'empêchait pas qu'il pût se dérouler pas mal de temps entre l'introduction de la demande d'asile et la prise d'une décision exécutoire, surtout en cas de demande urgente de réexamen. Ce temps pouvait encore s'allonger si, en cas de décision négative, il fallait recourir à l'éloignement de l'étranger concerné. Entretemps ces étrangers devaient rester à l'Aéroport national sans qu'aucun accueil décent y soit organisé.

*a. Les « affaires courantes » sous Martens VII
   (novembre 1987-mars 1988)*

Le 10 novembre 1987 déjà, une semaine après ma nomination, j'avais écrit au ministre de la Justice Jean Gol au sujet du besoin d'un accueil à l'Aéroport National : « Il est indispensable que les mesures nécessaires pour garantir l'accueil des candidats réfugiés dans des conditions compatibles avec la dignité humaine soient prises en temps utile afin d'éviter des situations qui pourraient porter atteinte à la réputation de notre pays et compromettre le fonctionnement de la nouvelle loi ».

Je me suis rendu à l'Aéroport National, le 15 décembre 1987, accompagné de mes deux Commissaires-adjoints, Christian Bayi et Marc Bonte, nommés le jour même. Le lendemain, des lettres furent envoyées à Herman De Croo (PVV), ministre (1981-1988) des Communications, au ministre de la Justice et à la secrétaire d'Etat à l'Emancipation sociale. J'écrivis que les possibilités d'accueil ne répondaient même pas aux conditions minimales.

Le 5 mars 1988, j'avais attiré l'attention de Wivina Demeester (CVP), secrétaire d'Etat (1985-1988) à la Santé publique, sur la situation très inquiétante dans le local « S.O.S. » à Zaventem : « Aussi bien du point de vue moral que du point de vue de la santé publique, cette situation est totalement injustifiable et la combinaison des deux facteurs est franchement préoccupante ». Ce local était antérieurement utilisé pour l'accueil de voyageurs bloqués à Zaventem. Il y avait encore deux petits locaux de Saniport, qui s'acquittait des fonctions qui lui étaient confiées en vertu du Règlement sanitaire international. D'une capacité de maximum huit personnes, ces locaux n'étaient nullement adaptés à l'accueil de dizaines de demandeurs d'asile. Le 18 mars 1988, la secrétaire d'Etat à la Santé publique exprima le souhait de rendre disponible, le plus tôt possible, pour les demandeurs d'asile le bâtiment préalablement utilisé en cas de quarantaine (bâtiment 127).

Dans les médias du 19-20 mars 1988, le Représentant du HCR dénonça la situation à l'Aéroport National. Il disait que les autorités belges auraient pu prévoir depuis longtemps les problèmes d'accueil à Zaventem.[24] Interrogé le 19 mars sur La Une de la radio RTBF, j'expliquai qu'au moins un centre d'accueil provisoire aurait dû être disponible depuis le 1er févier. On ne pouvait plus attendre. Le 25 mars, le Comité interministériel décidait que trois jours plus tard des travaux nécessaires seraient entamés qui allaient durer environ 45 jours.[25]

Ce même soir, j'étais invité dans un programme de la Fédération humaniste diffusé en direct par la BRTN TV. L'hôte, Johan Anthierens, essaya de me faire porter le chapeau pour ces conditions d'accueil « criant vengeance au ciel ». Il me demanda si j'allais démissionner au cas où ce centre n'était pas prêt dans les 45 jours. Non sans irritation, je répondis que ce n'était pas moi, mais le gouvernement qui devait en assumer la responsabilité. Immédiatement après ma nomination, j'avais déjà attiré l'attention sur cette situation indécente.

b. Repousser les responsabilités sous Martens VIII (mai 1988-décembre 1989)

Le Centre de transit 127 avec 28 places, décidé le 25 mars 1988, n'a finalement été inauguré que le 1er décembre 1988. L'expansion à 80 places, décidée le 22 décembre 1989, deviendrait opérationnelle en mars 1990. Ce fut un long calvaire.

Le Gouvernement Martens VIII entra en fonction le 9 mai 1988. Le 31 mai, j'exprimais dans une lettre au nouveau ministre de la Justice, Melchior Wathelet, l'espoir que ce centre d'accueil s'ouvre rapidement. Du 1er juin au 1er novembre compris, l'entrée en fonction du nouveau centre d'accueil fut reportée de mois en mois. Le 21 octobre un lecteur de *Het Laatste Nieuws* décrivit la situation à Saniport comme suit : « Grande fut ma stupéfaction lorsque j'ouvris la porte et je n'y trouvai rien d'autre que des gens de couleur avec peu de vêtements (hommes et femmes). Une odeur horriblement désagréable me saisit. Le local n'était pas à voir. La saleté s'entassait. Indigne d'un aéroport international ! ». Dans les médias[26] du 2 décembre, j'appris que le ministre de la Justice et la secrétaire d'Etat à l'Emancipation sociale avaient le jour précédent enfin inauguré à Melsbroek un Centre de transit pour demandeurs d'asile à l'aéroport. Il pouvait recevoir 28 personnes.

Dans le cadre des demandes urgentes de réexamen de décisions de refus d'entrée sur le territoire, je rendais toujours mes avis dans le délai légalement prescrit de 24 h. Le Ministre prit généralement ces décisions lui-même. Une première décision ministérielle négative était presque toujours suivie par une seconde, après demande urgente de réexamen. Ceci avait pour effet qu'une décision de refus ne devienne exécutoire qu'après des dizaines de jours. L'Office des étrangers assuma la responsabilité pour les 28 places prévues au Centre de transit. Pour le surplus, il essaya de repousser cette responsabilité sur d'autres départements ministériels.

Ceci a de nouveau mené à des situations inacceptables. Le 19 octobre 1989, le ministre de la Justice qualifiait la situation humanitaire et sanitaire dans la zone de transit d'« intolérable ». L'arrivée simultanée d'une quarantaine de demandeurs d'asile angolais et ghanéens avait provoqué une panique :

> « Les demandeurs d'asile vivent dans leur propre saleté. C'est une histoire ancienne et monotone. A côté du petit local de Saniport, la Belgique se vante avec ses chocolats fins et nous vendons des bières spéciales. Ici, on est saisi par des odeurs de sueur humaine, de restes de nourriture et d'odeurs de toilette. Dans un coin, il y a un demi-mètre de hauteur d'ordures puantes. Une toilette semble ne pas avoir été nettoyée depuis une éternité. Peut-être ces gens avaient-ils un passeport valable au départ. Cependant ils les avaient perdus lors de leur arrivée ».[27]

En concertation avec le ministre (1988-1991) des Communications Jean-Luc Dehaene, le ministre de la Justice fit appel à la Croix Rouge de Belgique. Une cinquantaine de lits de camp furent installés dans l'aéroport. Les 15 et 29 novembre 1989, la Chambre de mises en accusation de Bruxelles se rendit à l'aéroport pour se prononcer sur la « privation de liberté » de 37 demandeurs d'asile déboutés.[28] Entretemps, neuf d'entre eux avaient été remis dans un avion, huit étaient parvenus à s'évader et cinq autres obtinrent que leur demande soit déclarée recevable. Il y avait alors environ 70 demandeurs d'asile dans la zone de transit. Le 30 novembre, la Chambre des mises jugeait que les demandeurs d'asile déboutés ne se trouvaient pas dans un état de privation de liberté puisqu'ils pouvaient monter dans n'importe quel avion.[29]

Le 31 octobre 1989, j'avais écrit au ministre de la Justice qu'il était nécessaire d'attribuer avec précision, au sein du gouvernement, les responsabilités en la matière. Seul le ministre de la Justice disposait des moyens pour exercer une influence sur la durée et le nombre des personnes retenues à la frontière. Il pouvait le faire par le refus ou non de l'accès au territoire, en suivant ou non mes avis favorables, par l'affectation d'un nombre suffisant de membres du personnel et en prenant l'initiative d'une modification législative. Le 24 novembre, le ministre de la Justice répondit qu'il n'était pas compétent en ce qui concerne les infrastructures à Zaventem, ni en ce qui concerne l'accueil concret des demandeurs d'asile. Le Ministre estima ne pas pouvoir supporter davantage d'être systématiquement le bouc émissaire de certaines situations sur lesquelles il n'avait aucune prise, ni budgétairement, ni juridiquement.

Ce même 24 novembre, le Conseil des ministres avait donné mandat au ministre de la Justice de constituer, en collaboration avec ses collègues des Communications et de l'Emancipation sociale, un groupe de travail chargé de proposer une extension des capacités pour l'hébergement des demandeurs d'asile. Le 22 décembre 1989, le Conseil des ministres décida une extension de 80 lits du Centre de transit pour demandeurs d'asile.[30] Cette extension qui devint opérationnelle en mars 1990, fut suffisante pour accueillir temporairement le nombre des demandeurs d'asile retenus cette année-là.

7. « La politique des réfugiés s'effondre » (mai-décembre 1989)

Les 11 mai et 8 juin 1989, je présentai mon *Premier Rapport annuel* (année d'activité 1988), respectivement à la Chambre des représentants[31] et au Sénat. En comparaison avec l'année 1987, le nombre des demandes d'asile avait légèrement baissé (-9%). A l'Aéroport National, il y avait beaucoup moins de demandes d'asile (- 86%). Je me plaignais du déroulement trop lent de la procédure : « Dès le départ, M. Bossuyt (fiche signalétique : pas facile à décourager) a crié casse-cou.[32] 'Nous devrions traiter 230 dossiers par mois, nous ne pouvons en prendre que 120, par manque de personnel' ».[33]

Le 24 mai 1989, le ministre de la Justice répondit à la Chambre à des questions lors de l'échange de vues sur ce rapport. Il s'opposait surtout à ce qu'on touche à ses compétences. Il estima que la procédure n'était plus crédible puisqu'un demandeur d'asile n'était que rarement expulsé du pays. Il convint que la procédure prenait trop de temps. Il dit aussi qu'il se heurtait à l'inspecteur des Finances. Celui-ci trouvait que l'arriéré n'était pas suffisamment sérieux pour justifier des recrutements temporaires.

Dans *De Standaard* des 3-4 juin 1989, Pol Van Mosseveldt écrivit que la nouvelle loi sur les réfugiés fonctionnait autrement que ce qui avait été envisagé au Palais d'Egmont. Le manque de personnel restait un obstacle sérieux au traitement d'une montagne toujours plus élevée de dossiers en attente. Le 7 juin, Piet Van Brabant écrivit dans *Het*

Laatste Nieuws : « Wathelet sonne l'alerte. L'Office des étrangers surchargé ne maîtrise absolument pas la situation. Le Ministre considère que la situation est dramatique ».

Dans ce même journal, le 27 juin 1989, je mis en doute la faisabilité d'une proposition de Guy Verhofstadt, président (1989-1992) du PVV, qui souhaitait faire une distinction entre les migrants selon leur degré d'intégration. Je préférai quant à moi faire une distinction entre étrangers selon qu'ils séjournent légalement ou illégalement dans le pays. Cette distinction repose sur un critère juridique qui peut être vérifié d'une manière objective. J'estimais qu'il était inquiétant que, comme l'avait relevé le ministre de la Justice, l'Office des étrangers s'était effondré. Dans un éditorial du même jour, Piet Van Brabant écrivit : « C'est un état de choses hautement malsain et dangereux que des milliers d'illégaux errent dans notre pays, par défaut d'une administration bien équipée, dans la marginalité, à la limite de la criminalité ».

Dans *Le Vif/L'Express* du 8 décembre 1989, sous le titre « La cote d'alerte. Une situation explosive ... », je reconnaissais que « la situation était catastrophique ». Dans le même article, Bernard Detry, qui suivait les questions d'asile au cabinet du ministre de la Justice, disait à Carine Vassart : « En 1988, sur plus de 2.500 décisions concernant l'ensemble des étrangers, il n'y a eu que 400 rapatriements effectifs. Seule la fermeté permet de décourager les arrivées massives, mais elle est difficilement conciliable avec les principes humanitaires ... Les structures d'accueil sont rapidement saturées ». Ce même jour, la secrétaire d'Etat à l'Emancipation sociale Miet Smet dit dans *Le Soir* : « En fait, on ne réagit que lorsqu'il y a des difficultés ».

Les yeux de Bernard Detry, magistrat au parquet de Mons, se sont ouverts en participant aux consultations internationales concernant l'asile. Ainsi il découvrit que, non seulement la Belgique, mais d'autres pays européens également, étaient confrontés à une forte croissance des demandes d'asile. Ces autres pays étaient cependant plus conscients de la nécessité de prendre d'urgence des mesures drastiques. Il s'efforcera de convaincre progressivement le Ministre – et non sans peine – que mes signaux d'alerte n'avaient pas pour objectif de miner sa position. Le seul objectif était d'essayer de préserver le Ministre - et le pays - de davantage de malheurs.

Dans le *Knack* du 13 décembre 1989, Chris De Stoop[34] écrivit, sous le titre « Il n'y avait plus de place dans l'auberge » : « Comme il était attendu et prévu, la politique belge des réfugiés s'est effondrée.

Depuis les premiers jours de sa nomination, M. Bossuyt, criant dans le désert, avait annoncé la catastrophe actuelle ». Et il me cita :

« Ils ne découvrent le problème que lorsque les journaux en parlent. Les premiers deux mois de la nouvelle loi sur les réfugiés un demandeur d'asile pouvait entrer le matin et recevoir le même jour déjà un ordre de quitter le territoire. Maintenant, l'Office des étrangers leur donne un petit papier qu'ils doivent retourner dans les six mois. En Suisse et aux Pays-Bas, il a un renforcement *automatique* de personnel en fonction de l'augmentation du nombre des demandeurs d'asile. Ici, on arrive toujours cinq ans en retard. On retarde toujours d'une guerre. Les Suisses reçoivent 175 membres supplémentaires de personnel. Cela coûterait un demi-milliard de FB [€12,5 millions], mais économiserait un milliard [€25 millions] pour l'accueil. La Belgique n'est pas encore le pays le plus désastreux. La Suisse court vers 25.000 demandeurs d'asile, la France vers 60.000 et l'Allemagne vers 100.000 ».

8. La crise d'asile en Suisse

Il est frappant qu'en ce qui concerne les deux premières années d'activité (1988-1989) du Commissariat général, il y ait plus de coupures de journaux disponibles concernant la situation d'asile en Suisse qu'en Belgique. L'asile en Suisse était en crise permanente. Les médias y accordaient une grande attention. L'abonnement au *Journal de Genève* se révélait un bon investissement. Peter Arbenz, le Directeur (1985-1993) de l'Office fédéral des réfugiés de la Confédération helvétique, remplissait en tant que premier « Monsieur Réfugiés » un rôle peu enviable.

J'étais très familier de la Suisse. J'ai vécu six ans à Genève. J'y avais été étudiant de doctorat (1969-1973) à l'Institut Universitaire de Hautes Etudes Internationales (IUHEI). J'ai travaillé en tant que fonctionnaire des droits de l'homme pendant presque deux ans (1975-1977) à la Division des droits de l'homme du Bureau des Nations Unies à Genève. J'y ai fait la connaissance de mon épouse, Kristien, sage-femme à l'Hôpital cantonal. Notre fils Kristof y est né, le 12 février 1976. A partir de 1981, j'y séjournais au moins quatre à six semaines par an afin de participer à des sessions des Nations Unies en matière de droits de l'homme. Je savais quel sort attendrait la Belgique si des mesures nécessaires n'étaient pas prises en temps utile. Entretemps, le traitement des demandes d'asile se poursuivait. Il y en avait une très particulière : celle de Patrick Ryan.

Chapitre II
Patrick Ryan, un demandeur d'asile irlandais
(7 septembre – 25 novembre 1988)

Dès ma première année d'activité en tant que Commissaire général, j'ai été confronté à une demande d'asile bien particulière. Le 7 septembre 1988, un citoyen irlandais, Patrick Ryan (°1930), demandait l'asile en Belgique. Il était prêtre catholique en République d'Irlande et plus tard en Grande-Bretagne. De retour en Irlande, il y collectait de l'argent pour des pays africains. Il le faisait également pour appuyer des activistes irlandais s'opposant à la présence britannique en Ulster. En 1977, il fut arrêté à Genève et expulsé vers Madrid.[i]

Le 28 juin 1988, à Benidorm il prit un autobus à destination de Bruxelles. Deux jours plus tard, la police communale d'Uccle procéda à son arrestation.[35] La police trouva en sa possession entre autres des manuels sur les explosifs, 52 montres et 5 « memo Park ». Le 1ᵉʳ juillet 1988, un mandat d'arrêt lui fut délivré pour falsification de documents et infractions à la loi du 28 mai 1956 relative aux substances et mélanges explosifs. Le 6 septembre 1988, le juge d'instruction délivra un mandat d'arrêt fondé sur l'annonce d'une requête d'extradition britannique.[36] Le lendemain, Ryan demandait l'asile.

1. La demande d'asile entrecroise la requête d'extradition

Le 15 septembre 1988, un nouveau mandat d'arrêt lui fut délivré pour conspiration et association de malfaiteurs en vue de commettre des crimes. Le 20 octobre, l'ambassade du Royaume-Uni lui notifia une requête d'extradition. Il était suspecté de complot en vue de meurtre et d'avoir en sa possession des substances explosives dans l'intention de mettre des vies ou des biens en danger au Royaume-Uni.

Le 20 octobre 1988, l'Office des étrangers lui refusa le séjour, considérant qu'il pouvait compromettre l'ordre public ou la sécurité nationale. Il était soupçonné d'être un membre actif de l'Armée républicaine irlandaise (IRA) et porteur d'un faux passeport. D'autres motifs de refus étaient invoqués : avoir demandé l'asile alors qu'il ne

---

[i] BOSSUYT, Marc, « Father Ryan, an Irish asylum seeker in Belgium (1988) », in LEMMENS, Koen, PARMENTIER, Stephan, & REYNTJENS, Louise, [Eds.], *Human rights with a human touch : Liber amicorum Paul Lemmens,* Anvers, Intersentia, 2019, pp. 223-231.

répondait pas aux critères justifiant l'octroi de l'asile ; avoir séjourné dans plusieurs pays, à savoir en Italie, en France et en Espagne et avoir quitté ce dernier pays en l'absence de crainte au sens de la Convention de Genève; avoir présenté sa demande après l'expiration des huit jours ouvrables suivant son entrée dans le Royaume ; avoir tenté de tromper délibérément les autorités belges par des déclarations confuses et incomplètes concernant ses multiples activités et voyages.

Emprisonné à la prison de Saint-Gilles, Ryan comparut devant la Chambre des mises en accusation de la Cour d'appel de Bruxelles. Il se référait à l'article 6 de la loi sur l'extradition du 1er octobre 1833 qui stipule que « l'étranger ne pourra être poursuivi et puni pour aucun délit politique antérieur à l'extradition ». La Belgique s'était tenue à ce principe dans l'article 7 du Traité d'extradition qu'elle avait conclu avec le Royaume-Uni le 29 octobre 1901 et dans sa réserve à la Convention européenne du 27 janvier 1977 sur le terrorisme. Ryan déclarait que le Royaume-Uni demandait son extradition afin de le poursuivre et de le punir sur base de sa conviction politique, idéologique, nationale ou religieuse. Il se référait à nombre de publications dans la presse britannique qui le qualifiaient de dangereux terroriste. Ceci empêcherait « un procès équitable », tel que requis par l'article 6 de la Convention européenne des droits de l'homme (CEDH).

2. Mon avis du 14 novembre 1988 : envoyez Ryan en Irlande

Le 28 octobre 1988, Ryan introduisait auprès du ministre de la Justice Melchior Wathelet une demande urgente de réexamen de la décision de refus de séjour en Belgique. Dans mon avis[37] (non contraignant) du 14 novembre, j'examinais les motifs invoqués par l'Office des étrangers pour refuser le séjour de Ryan sur le territoire. Sa demande n'ayant pas été introduite plus de trois mois après la survenance du fait l'ayant amené à se déclarer réfugié (la demande d'extradition), le séjour de plus de trois mois dans un ou plusieurs autres pays ne pouvait valablement être invoqué. Introduite le lendemain de la prise de connaissance de la demande d'extradition, sa demande n'était pas non plus tardive. On ne pouvait pas s'attendre à ce qu'il demande l'asile avant la date de survenance des événements l'ayant incité à l'introduire. L'intéressé faisant l'objet d'une demande d'extradition et ne sachant pas s'il aura ou non accès à la procédure d'asile, ses déclarations confuses et incomplètes concernant ses nombreuses activités et voyages ne devaient pas être nécessairement considérées comme procédant d'une volonté délibérée de tromper les autorités belges. Invoquant des motifs tels que sa religion, sa nationalité, son appartenance à un certain groupe social ou ses opinions politiques, il n'était pas possible, à ce stade de la procédure, de conclure que sa demande était manifestement étrangère à l'asile.

Qu'il soit en possession d'un faux passeport (britannique) pouvait difficilement mener à la conclusion qu'il pourrait compromettre l'ordre public ou la sécurité nationale. Puisqu'il était soupçonné d'être un membre actif de l'IRA, j'estimais que le Ministre n'avait pas excédé sa compétence discrétionnaire en la matière. La responsabilité pour l'ordre public ou la sécurité nationale incombe en cette matière au ministre de la Justice. Toutefois, Ryan n'avait pas demandé l'asile par crainte fondée de persécution par l'Etat dont il avait la nationalité (la République d'Irlande). Rien ne permettait d'affirmer *a priori* que les autorités irlandaises lui refuseraient leur protection. Je me référais au « Guide des procédures et critères à appliquer pour déterminer le statut de réfugié » (1979) dans lequel il est écrit que :

> « la question de savoir si l'intéressé craint avec raison d'être persécuté doit être examinée par rapport au pays dont celui-ci a la nationalité. Tant que l'intéressé n'éprouve aucune crainte vis-à-vis du pays dont il a la nationalité, il est possible d'attendre de lui qu'il se prévale de la protection de ce pays. Il n'a pas besoin d'une protection internationale et, par conséquent, il n'est pas un réfugié ».

Pour tous ces motifs, j'ai donné au ministre de la Justice un avis défavorable au séjour de l'intéressé en Belgique en qualité de demandeur d'asile. Quant à son éloignement, j'ai ajouté ce qui suit à mon avis défavorable :

> « Cependant, eu égard au fait que ce dernier prétend craindre une persécution du fait de sa religion, de sa nationalité, de son appartenance à un certain groupe social ou de ses opinions politiques au Royaume-Uni en raison de ses activités contre la politique de ce pays en Irlande du Nord, il paraîtrait indiqué, en cas d'éloignement, que l'intéressé soit plutôt dirigé vers le pays dont il a la nationalité, à savoir la République d'Irlande dont les autorités sont d'ailleurs mieux à même d'apprécier le bien-fondé de cette crainte que les autorités belges ».

Le Ministre a pris connaissance de cet avis via les médias le 16 novembre. Comme il apparut de son communiqué de presse, cela l'avait indisposé. Pourtant, l'avis lui avait été envoyé, comme d'usage par fax, le lundi 14 novembre à 16 h 45, la veille de la Fête du Roi. Bien que cela ne fût pas usuel, il lui avait, en outre, été communiqué à peine 15 minutes plus tard par porteur à son Cabinet. J'avais attiré son attention sur le fait que je ne considérais pas que mes avis étaient confidentiels. A la demande expresse d'un des avocats belges de Ryan, Me Georges-Henri Beauthier, l'avis avait été transmis par fax à celui-ci le 16 novembre à 11 h 54. Il l'avait immédiatement envoyé aux médias. Le 17 novembre 1988, le ministre de la Justice rejetait la demande urgente de réexamen.

3. Avis favorable pour l'extradition vers le Royaume-Uni (17 novembre 1988)

Les plaidoiries concernant la requête d'extradition britannique eurent lieu le 3 novembre 1988 devant la Chambre des mises en accusation. Les conclusions dans cette affaire furent soumises par trois avocats du barreau de Bruxelles,[i] deux du barreau de Londres, un du barreau de Paris et un du barreau de Dublin. Le 17 novembre, la Chambre des mises en accusation émettait un avis favorable à la demande d'extradition de Patrick Ryan.[38] La Chambre estimait que les faits auxquels le Gouvernement britannique se référait pouvaient constituer la prévention d'association de malfaiteurs, punie en vertu des articles 323 et 324 du Code pénal. Une telle infraction est aussi visée dans l'article 1er, 1°, du Traité d'extradition du 29 octobre 1901. L'activité avait eu lieu en dehors du territoire du Royaume-Uni, mais elle s'était matérialisée sur le territoire du Royaume-Uni. L'un des éléments constitutifs de l'infraction ayant été commis sur ce territoire, l'infraction était supposée y avoir été commise en son intégralité.

En ce qui concerne l'article 6 de la loi d'extradition du 1er octobre 1833,[39] la Chambre considérait que les faits n'étaient ni une infraction politique « par sa nature », ni une infraction « connexe » à une infraction politique, ni une infraction qualifiée de délit politique « mixte », puisqu'ils n'avaient pas porté directement atteinte aux institutions politiques du pays ou à l'ordre politique de l'Etat requérant. La Chambre se référait aussi à la Convention européenne pour la répression du terrorisme qui stipule en son article 13 que tout Etat peut se réserver le droit :

> « de refuser l'extradition en ce qui concerne toute infraction énumérée dans l'article 1er qu'il considère comme une infraction politique, comme une infraction connexe à une infraction politique ou comme une infraction inspirée par des mobiles politiques, à condition qu'il s'engage à prendre dûment en considération, lors de l'évaluation du caractère de l'infraction, son caractère de particulière gravité ».[40]

---

[i] Les autres avocats belges étaient Me Jacques Hamaide et Me Luc Walleyn.

La Chambre estimait que la possession de matériel électronique dans le but d'attenter aux personnes et aux biens était un élément permettant de constater le caractère de particulière gravité de ce comportement. Enfin, il ne paraissait pas que sa situation risquait d'être aggravée par sa remise à l'Etat requérant en raison de considérations de race, de religion, de nationalité ou d'opinions politiques. Attendu que les conditions prévues par la loi du 15 mars 1874 et par le Traité d'extradition entre la Belgique et le Royaume-Uni étaient remplies, la Chambre émettait un avis favorable à l'extradition de Patrick Ryan.

4. Ryan pas extradé au Royaume-Uni : Thatcher est furieuse sur Martens

Malgré l'avis favorable de la Chambre des mises, le ministre van Justice Melchior Wathelet décidait, le vendredi 25 novembre 1988, de ne pas extrader Ryan au Royaume-Uni.

a. Le transfert vers l'Irlande (25 novembre 1988)

Ce même soir, Ryan, qui était dans sa troisième semaine de grève de la faim,[41] était transféré vers le pays dont il avait la nationalité (l'Irlande) où il arriva vers 22 h 50. Précisons que depuis le 3 novembre, Ryan (58 ans) refusait de se nourrir et depuis le 24 novembre de boire. Il avait perdu 12 kg. A Melsbroek, il fut mis dans un avion militaire avec - selon les mots de l'ancien ministre Jean Gol[i] - « les honneurs dus à son rang ».[42] Dans la nuit de lundi à mardi 29 novembre 1988, il quittait la clinique où il avait pris quelque repos, pour se rendre dans une institution religieuse.[43]

Bien que ce fut formellement une décision du ministre de la Justice, celle-ci fut en fait prise le même jour par le Conseil des ministres.[44] Selon le communiqué du cabinet du Premier Ministre Wilfried Martens, qui se référait « aux décisions et à l'avis des juridictions belges et à l'avis du Commissaire général », les faits étaient circonscrits de manière très imprécise et les mandats d'arrestation ne contenaient pas les éléments constitutifs du fait punissable d'association de malfaiteurs. C'était d'ailleurs la seule charge qui sur base de l'exequatur aurait pu permettre l'extradition au Royaume-Uni.

---

[i] Jean Gol a été ministre de la Justice du 17 décembre 1981 au 9 mai 1988.

Dans ses *De Memoires*,⁴⁵ le Premier Ministre Wilfried Martens écrivait que cela fut fait « après une délibération brève mais intense ». Selon le ministre des Relations extérieures Leo Tindemans, les vice-premiers Philippe Moureaux (PS) et Hugo Schiltz (VU) étaient les plus opposés à l'extradition.⁴⁶ Lui-même était partisan de l'extradition mais il ne put pas en informer les Britanniques avant que l'avion militaire n'ait atterri en Irlande. Lorsque le ministre britannique des Affaires étrangères, Sir Geoffrey Howe, a pris connaissance de la décision, il a soudainement raccroché sur un « *'Thank you'* fin de l'histoire ».⁴⁷

Le samedi 26 novembre 1988 à 3 h du matin, le Commissaire de la police municipale de Dublin reçut quatre requêtes d'extradition concernant Ryan. Les motifs invoqués étaient les mêmes que ceux des requêtes adressées à la Belgique. Avant que le Procureur général irlandais John Murray[i] ait eu l'occasion d'étudier le dossier, les médias tablèrent sur le fait qu'il allait rejeter ces requêtes pour défaut de preuve suffisante. *The Sunday Tribune*⁴⁸ et le *Sunday Independent* du 27 novembre se référèrent pour cela à une source gouvernementale. *The Sunday Press* du même jour écrivit : « Le Procureur général bloquera la requête britannique d'extradition du Père Ryan. Cette nuit-là, il y avait à Dublin des indications que le procureur général rejetterait la requête ».

b. *Margaret Thatcher furieuse et Jean Gol déchaîné*

La décision belge fut fort critiquée au Royaume-Uni.⁴⁹ La Première Ministre (1979-1990) Margaret Thatcher était furieuse. Le 29 novembre 1988, un Jean Gol « déchaîné » critiquait, au cours de la Commission des Affaires étrangères de la Chambre, la décision de ne pas extrader une personne accusée de terrorisme au Royaume-Uni vers ce pays.[ii] Il estimait que cela allait à l'encontre de la politique menée jusqu'alors en matière de coopération européenne afin de combattre le terrorisme dans le cadre de l'Espace juridique européenne.

---

[i] John Murray, *Attorney-General* (1987-1991), juge de la Cour de Justice de l'UE (1992-1999), juge de la Cour suprême (1999-2015), *Chief Justice* (2004-2011). En 1995, Melchior Wathelet l'a rejoint à Luxembourg.
[ii] *LLB*, 30 novembre 1988 : « *Déchaîné, Jean Gol a parlé d'Eurotrouille, d'Europanique, d'Eurodérobade, d'Euroblabla* » ; *Le Monde*, 1ᵉʳ décembre. Chambre, *Doc. parl.*, SS 1988, pp. 18-30.

Le ministre de la Justice Melchior Wathelet déclara que la décision fut inspirée par des motifs juridiques. La Chambre du conseil du Tribunal de première instance de Bruxelles avait accordé les 22 et 26 septembre 1988 l'exequatur aux requêtes d'extradition. Ceci fut confirmé par la Chambre des mises le 12 octobre. Toutefois, l'exequatur se limitait à la charge relative à l'association de malfaiteurs. Cette charge est vague et pourrait même être considérée en droit belge comme *obscuri libelli* (formulation pas claire). En outre, la notion britannique de « conspiration » ne correspondait pas entièrement à celle d'association de malfaiteurs qui exige une organisation. D'autres charges étaient certes moins vagues mais n'avaient pas reçu l'exequatur.

Une mission à Londres les 29 et 30 novembre 1988 de huit sénateurs belges pour étudier des méthodes pour combattre le terrorisme, reçut un accueil particulièrement froid. En rencontrant cette délégation, le ministre britannique de l'Intérieur Douglas Hurd exprimait sa « déception » causée par la décision et son « amertume » de n'avoir été informé que lorsque Ryan était déjà en route pour l'Irlande.

Pendant le week-end des 2 et 3 décembre 1988, le Conseil européen avait lieu sur l'île de Rhodes (Grèce). En vue de cette réunion, Manu Ruys[50] publiait une opinion dans *De Standaard* du 1er décembre sous le titre « Fierté déplacée ». Il estimait qu'il n'y avait aucune raison pour le Premier Wilfried Martens « de reculer ou de s'excuser ». Il fit observer entre autres qu'on n'avait pas oublié que

> « Madame Thatcher avait à l'époque, dans sa haine à l'égard du séparatisme irlandais, décidé de sang-froid de laisser mourir dans leur cellule des combattants de l'IRA - emprisonnés en grève de la faim [...] et comment des nationalistes irlandais sans armes - dont il n'était pas prouvé qu'ils allaient commettre un attentat - ont été assassinés dans la rue à Gibraltar par des agents secrets britanniques ».

Manu Ruys se référait ainsi à la mort le 5 mai 1981 (après 66 jours de grève de la faim dans la prison de Maze en Irlande du Nord) de Bobby Sands et d'encore de neuf autres nationalistes irlandais, ainsi qu'au meurtre par le *Special Air Service* britannique de trois membres de l'IRA à Gibraltar le 7 mars 1988.[i]

---

[i] Dans son arrêt *McCann e.a. c. le Royaume-Uni* du 27 septembre 1995, la Grande Chambre de la Cour européenne des Droits de l'Homme à Strasbourg condamnerait (par 10 voix contre 9) le Royaume-Uni dans cette affaire en raison d'une violation de l'article 2 CEDH (le droit à la vie).

Au Conseil européen de Rhodes, la Première Ministre britannique Margaret Thatcher eut des mots durs à l'égard des gouvernements belge et irlandais qu'elle accusait de lâcheté. Elle était consternée : « notre confiance est ébranlée ».[51] Après l'entretien, le Premier Ministre Wilfried Martens disait : « L'entretien a été animé et chaleureux, en tout cas pour moi ».[52] Il était « content » d'avoir eu l'occasion de lui fournir tous les éléments qui devaient lui permettre de comprendre le système juridique belge.[53] Le Premier Ministre irlandais, Charles Haughey,[i] n'avait pas du tout apprécié les propos agressifs que Thatcher avait prononcés à la Chambre des Communes : « De quoi réduire les chances que Ryan soit extradé vers la Grande-Bretagne ... ».

5. Réactions virulentes aux Parlements irlandais et britannique (décembre 1988)

Lors d'un débat au Parlement irlandais, le 6 décembre 1988, des parlementaires irlandais se demandèrent si dans un tel climat Ryan pouvait s'attendre à un procès équitable au Royaume-Uni. La Première Ministre britannique ne mentionna pas son nom sans utiliser le mot « terroriste » dans la même phrase. Le membre du Parlement irlandais Barry déclara :[54]

> « Dans les circonstances actuelles, il est très difficile d'autoriser l'extradition de personnes vers la Grande-Bretagne parce qu'elle occupe encore toujours une partie de notre territoire national. Dans ces circonstances, j'éprouve des difficultés parce qu'à mon sentiment, l'extradition de personnes à l'Irlande du Nord ou à la Grande Bretagne reconnaît le droit des Britanniques d'être en Irlande et d'imposer à notre pays leur volonté et leurs lois et de brimer ainsi nos aspirations et la position constitutionnelle de cet Etat ».

Déjà le 28 novembre, des critiques s'étaient élevées au Parlement britannique au sujet des déclarations de la Première Ministre Margaret Thatcher concernant Ryan. On craignait qu'elles rendent impossible un procès équitable. Tony Benn[ii] se référait à ce que son collègue Mates avait dit le jour précédent : « un terroriste des plus recherché est libéré et beaucoup croient que la République irlandaise est un refuge sûr pour certains terroristes ». Se référant à la réaction de

---

[i] Charles Haughey, Premier Ministre (*Taoiseach*) (1979-1982 ; 1987-1992) d'Irlande pour la *Fianna Fáil*.
[ii] Tony Benn, homme politique de Labour, membre de la Chambre des Lords (1960-1963) en tant que vicomte de Stansgate, membre de la Chambre des Communes (1963-2001), Ministre (1961-1966 et 1974-1979).

Thatcher (« Je suis entièrement d'accord avec mon honorable collègue »),[55] il concluait : « lorsqu'un membre important de ce Parlement dit, et ceci est confirmé par la Première Ministre, que la personne qui est recherchée pour une charge sérieuse est un terroriste, il n'est pas possible à partir de ce moment d'obtenir un procès équitable pour cette personne. La BBC a diffusé ces observations et tous les journaux les ont relevées ».[56]

Après Rhodes, il y eut également beaucoup de critiques au Parlement britannique. Le 5 décembre 1988, le chef des *Liberal Democrats* Paddy Ashdown[i] déclara : « Ce qu'a fait la Première Ministre a été applaudi et répété par ceux qui souhaitent que les relations entre le Gouvernement irlandais et le Gouvernement britannique s'aggravent autant que possible parce qu'ils savent que cela nuira au combat contre le terrorisme ».[57]

Le 6 décembre, Tony Benn, se référant aux « colères » de Margaret Thatcher, déclara : « la confusion, qui a débuté par l'évasion politique du Gouvernement belge, a résulté dans un chaos la semaine passée à cause des colères nuisibles de la Première Ministre britannique ».[58] Thatcher répondait qu'il était clair que la procédure d'extradition entre le Royaume-Uni et l'Irlande ne fonctionnait pas convenablement. Elle estimait qu'il fallait y porter attention.[59]

5. La rage britannique empêche un procès équitable : pas d'extradition

Au Parlement irlandais, le Procureur général[60] déclara, le 13 décembre 1988, qu'il estimait que, pour deux des charges, il y avait suffisamment de preuves pour poursuivre Ryan.[61] Cela pourrait se faire en Irlande, sans jury.[62] Il soulignait aussi les références à Ryan dans les médias britanniques (« souvent exprimées dans un langage incontrôlé et fréquemment en forme de titres usant des formules extravagantes »).[63] Il ne pouvait pas non plus ignorer les déclarations au Parlement britannique. Les médias en ont largement fait écho et elles portent un poids spécial auprès d'un jury. Il estimait qu'elles avaient pour effet de créer une animosité manifeste à laquelle il était impossible d'échapper, au point qu'il ne serait pas possible pour un

---

[i] Paddy Ashdown, membre de la Chambre des Communes (1983-2001), chef des *Liberal Democrats* (1988-1999), Haut Représentant en Bosnie-Herzégovine (2002-2006).

jury d'approcher la culpabilité ou non de Ryan sans préjugé. Il estimait que le préjudice qu'il en résultait était « irréparable ». Le droit constitutionnel et fondamental de Ryan à un procès équitable serait violé.[64]

Le 14 décembre 1988, le chef du Labour Neil Kinnock[i] déclara au Parlement britannique au sujet de Margaret Thatcher : « Il est clair que, par sa manière de faire au Parlement et à Rhodes, l'honorable Dame avait gaspillé la possibilité d'obtenir l'extradition de Patrick Ryan ».[65]

Dans ses mémoires,[ii] Thatcher, écrivait que le cas de Patrick Ryan montrait « à quel point combien nous pouvions peu attendre des Irlandais ». Elle ne pouvait pas comprendre que le Gouvernement belge n'ait pas suivi l'avis de la Cour d'appel de Bruxelles et avait ramené Patrick Ryan en Irlande avec un avion militaire :

« Ryan, un prêtre catholique non pratiquant bien connu des services de sécurité, avait joué un rôle important dans les liens entre l'IRA provisoire et la Libye. Les charges qui pesaient sur Ryan étaient d'une extrême gravité : complicité de meurtre et d'attentats. En juin 1988, nous avions demandé à la Belgique de le placer sous surveillance. Les autorités belges nous encouragèrent à demander son extradition. La demande fut donc faite en étroite collaboration avec celle-ci. Le tribunal belge chargé du dossier donna un avis consultatif que nous savions favorable - ce que le Gouvernement belge n'a jamais nié - au ministère de la Justice. Ce dernier transmit le dossier au gouvernement qui décida d'ignorer l'opinion du tribunal et d'expulser Ryan en Irlande. Nous ne fûmes avertis qu'après coup. Cette décision fut sans doute prise par crainte de représailles terroristes en cas de coopération avec nous.

Nous demandâmes alors à la République d'Irlande l'extradition de Ryan. Elle fut refusée, au début sur ce qui apparaissait un détail, mais le Procureur général irlandais suggéra que Ryan n'aurait pas eu droit à un procès équitable devant un tribunal britannique. J'écrivis une lettre de protestation vigoureuse à M. Haughey. J'avais discuté de cette question avec lui et avec le premier ministre belge, M. Martens, lors du Conseil européen de Rhodes, les 2 et 3 décembre 1988. Je leur fis part de ma consternation. Je rappelai avec colère à M. Martens combien l'attitude de son gouvernement contrastait avec la coopération dont nous avions fait preuve lors de l'affaire du stade du Heysel. Les explications de M. Martens ne me parurent guère convaincantes. Son gouvernement avait clairement pris une décision en contradiction avec ses autorités judiciaires. Comme je l'en avais averti, je fis part de mes opinions à la presse. Mais comme devait le montrer l'attitude du Gouvernement belge, dirigé par le même

---

[i] Neil Kinnoch, membre de la Chambre des Communes (1970-1995), chef du *Labour Party* (1985-1992), Commissaire de l'UE (1995-2004), membre de la Chambre des Lords (depuis 2005).
[ii] THATCHER, Margaret, *10, Downing Street*, Paris, Albin Michel, 1993, pp. 360-361.

M. Martens, lors de la guerre du Golfe, il leur en fallait davantage pour afficher quelque fermeté. Aujourd'hui, Patrick Ryan est toujours libre ».

7. *PS* : Pas de lâcheté mais un partage équitable de responsabilité

En octobre 1989, le Directeur des poursuites publiques en Irlande faisait savoir qu'il avait décidé de ne pas intenter de procédure à l'égard de Ryan. En 1989, Ryan fut candidat au Parlement européen dans la circonscription électorale de Munster avec l'appui du Sinn Fein (un parti de gauche œuvrant pour la réunification de l'Irlande). Malgré plus de 30.000 voix obtenues, il ne fut pas élu. Accusé d'avoir reçu des biens volés, il a été jugé en 1993 par une cour pénale spéciale en Irlande, mais il fut acquitté.

Le 24 septembre 2019, plus de 30 ans après son renvoi vers l'Irlande, Ryan (alors 89 ans) s'est fait entendre. Et comment ?! Dans une interview à la BBC,[i] il a reconnu avoir été associé à la plupart des attentats dont il avait été accusé par Margaret Thatcher, tels que ceux à *Hyde Park* et à Brighton. L'attentat à *Hyde Park*, le 20 juillet 1982, coûta la vie à quatre cavaliers de la *Horse Hold Cavalry*. Un attentat, 2 h 15 plus tard le même jour à *Regent's Park*, tua sept membres d'une chapelle musicale militaire. L'attentat du 12 octobre 1984 sur le *Grand Brighton Hotel* coûta la vie à cinq participants à la conférence qu'y tenait le Parti conservateur.

Dans son interview à la BBC, Ryan déclara que son seul regret était de ne pas avoir été plus efficace :
- « Pour revenir à ce dont Thatcher vous a accusé, est-ce que vous étiez associé à un quelconque incident dont elle … » :
- « *Je dirais à la plupart d'entre eux, d'une manière ou d'une autre, oui, j'y étais associé. Oui, elle avait raison* ».
- « Donc, lorsqu'elle vous mettait en rapport avec *Hyde Park*, avec Brighton, elle avait raison ? » :
- « *Absolument, 100%, Oh, oui* ».
- « Et maintenant, en rétrospective, avez-vous des regrets ? » :
- « *Oh, j'ai des regrets, oui, beaucoup de regrets. De quelle nature ? Je regrette de ne pas avoir été plus efficace. Oh oui, absolument. J'aurais voulu être beaucoup plus efficace que je ne l'ai été, mais nous ne l'avons pas fait trop mal, non* ».

Pendant des années Ryan parcourut toute l'Europe avant d'être arrêté en Belgique à la demande des autorités britanniques.[66] En sa

---

[i] BBC, *Spotlight on The Troubles. A Secret History*.

qualité de citoyen irlandais, non persécuté par le Gouvernement irlandais, il n'avait pas besoin d'une protection internationale. Si les autorités britanniques avaient réussi à apporter des preuves solides de sa responsabilité pour des activités terroristes, on aurait pu s'attendre à ce que l'Irlande n'ait rien pu faire d'autre que l'extrader au Royaume-Uni. Auprès de moi, ses avocats avaient plaidé contre son renvoi éventuel en Irlande.[i]

Malgré le caractère vague[ii] de la charge retenue, l'instance compétente belge émit un avis favorable à la demande britannique d'extradition. Moi, je ne pouvais pas admettre Ryan à la procédure d'asile en l'absence de persécution par ses autorités nationales. Toutefois, je ne voulais pas que mon avis défavorable soit utilisé pour soutenir son extradition au Royaume-Uni. C'est la raison pour laquelle mon avis tendait à le renvoyer en Irlande plutôt qu'au Royaume-Uni. Cet avis fut suivi - après une discussion animée[67] - par le Conseil des ministres. En l'arrêtant,[iii] la Belgique coopéra avec les autorités britanniques pour combattre le terrorisme. Les autorités irlandaises étaient sans aucun doute mieux placées que celles de la Belgique pour évaluer sa crainte. C'était plutôt à elles qu'il appartenait de décider de l'extrader ou non au Royaume-Uni.

La décision belge n'était pas guidée par une crainte de représailles. Elle était fondée sur un partage équitable entre ses propres responsabilités et celles du pays dont Ryan avait la nationalité. Ainsi, la Belgique s'acquittait pleinement de ses obligations internationales aussi bien à l'égard du Royaume-Uni qu'à l'égard des droits individuels de l'intéressé. Les réactions britanniques, aussi bien de la presse que du Parlement ainsi que - et pas la moindre - celle de la

---

[i] Dans une note du 9 novembre 1988, l'avocat irlandais de Ryan écrivait : « *I have no doubt that Fr. Patrick Ryan, if deported from Belgium to Ireland, would eventually be extradited to England if the Authorities in England so requested* ».

[ii] Wathelet : « les qualifications telles que libellées par les autorités britanniques étaient fort vagues » (*LLB,* 30 novembre 1988). « Or, les demandes britanniques ne parlent que de divers jours et d'avoir conspiré avec des personnes inconnues en vue de commettre un meurtre sur d'autres personnes. Ces accusations sont donc trop vagues, juge le gouvernement belge », S. de W., *LS*, 30 novembre 1988. Wathelet : « Personne ne peut contester que les inculpations étaient on ne peut plus vagues », *LS,* 1er décembre.

[iii] Jean-Claude Matgen, *LLB,* 1er décembre 1988 : « Et dire que toute cette affaire aurait pu ne point se produire si les forces de l'ordre belges n'avaient pas arrêté Ryan mais s'étaient contentées, comme les Anglais le leur avaient demandé, de surveiller sa retraite uccloise dans l'attente d'une possible réunion d'activistes de l'IRA ».

Première Ministre, furent particulièrement virulentes. Ceci empêcha le Gouvernement irlandais de donner une suite favorable à la demande britannique d'extradition. En Belgique, cette affaire eut pour effet de mieux faire connaître l'existence d'un Commissaire général aux réfugiés et aux apatrides qui exerçait son mandat d'une manière indépendante, comme c'était prévu par la loi.

Chapitre III
« Les nerfs sont de plus en plus tendus »
(1991-1992)

Une lourde procédure d'asile et un manque pénible de personnel conduisirent à des arriérés toujours plus larges. Ceci s'aggrava lorsque, fin 1991, des demandeurs d'asile de l'Europe de l'Est arrivèrent en nombre croissant. La pression de plus en plus forte sur les structures d'accueil exigea une répartition des demandeurs d'asile partout dans le pays. Ce qui a provoqué une résistance croissante de la population à la politique menée. Les nerfs furent de plus en plus tendus. Petite lueur d'espoir cependant : l'entrée en vigueur des simplifications de procédure et les renforts de personnel, devenus opérationnels à partir du 1er octobre 1991, qui rendirent possible un nouveau départ.

1. « Le Commissaire général a des idées mais pas de personnel » (1990)

Dans le *Knack* du 10 janvier 1990, je déclarai que le problème de l'asile avait une dimension européenne et que c'était à ce niveau qu'il fallait trouver la solution. Ce même jour, Vic Anciaux (VU), Secrétaire d'Etat bruxellois (1989-1995), rendit visite au Petit-Château accompagné de Miet Smet, secrétaire d'Etat à l'Emancipation sociale, et de moi-même. Le Secrétaire d'Etat bruxellois expliqua que les demandeurs d'asile qui n'étaient pas reconnus réfugiés devaient être expulsés du pays sans délai.[68] Dans une Tribune libre du journal *Le Soir* du 28 janvier, sous le titre « Les réfugiés politiques, un vrai problème », il insista sur la mise à la disposition du ministre de la Justice et du Commissariat général d'un personnel suffisant.

a. « Le temps de l'action » (mars-juillet 1990)

Une préoccupation croissante :
- Miet Smet, secrétaire d'Etat à l'Emancipation sociale : « Elargir continuellement l'accueil des demandeurs d'asile n'est pas une solution. La seule mesure d'aide est une procédure juridique rapide qui sépare les vrais réfugiés des autres. Et qu'on renvoie les autres sans plus » (*Knack*, 28 mars 1990) ;

- Dirk Achten (« Le temps de l'action ») : « Le gracieux ministre de la Justice Melchior Wathelet est de nos jours le membre le plus assiégé du gouvernement. L'afflux de candidats réfugiés politiques gonfle très fort. La situation devient vite intenable. La procédure pour la reconnaissance de réfugiés politiques doit être raccourcie d'une manière drastique. '*It's time to deliver*' [Il est temps de fournir des résultats]. La situation se détériore trop rapidement » (Editorial, *DS*, 2 avril 1990).

Dans *Le Soir* du 11 mai 1990, Martine Vandemeulebroucke se référa à mon *Deuxième Rapport annuel* (année d'activité 1989). Ce rapport parlait d'un an et demi d'arriéré à l'Office des étrangers et de quatre ans au Commissariat général. Dans *Le Vif/L'Express* du même jour, je déclarai, sous le titre « *L'asile en pagaille* » :

« En avril 1989, on a enlevé à l'Office des étrangers les miliciens[i] mis à sa disposition. Résultat : les arrivants se voient proposer un rendez-vous neuf mois plus tard. Pour réduire le nombre de demandes, il faut encore accroître le personnel de l'Office des étrangers et du Commissariat général. Le gouvernement en est aujourd'hui conscient. Ce n'était pas le cas, il y a six mois. Enfin, il faudrait éloigner effectivement les personnes dont la demande a été rejetée. Cela ne sert à rien de mettre sur pied des procédures si personne n'a, ensuite, le courage de les appliquer ... ».

Sur base d'un bilan rendu public par la secrétaire d'Etat à l'Emancipation sociale, *La Dernière Heure* du 25 mai 1990 fit mention des 8.112 demandes d'asile de 1989 comme « Le record de la décennie ». Le 1er juin, le Conseil des ministres approuvait un projet de loi du ministre de la Justice en matière d'asile.[69] A l'avenir, les demandes urgentes de réexamen seraient introduites directement auprès du Commissaire général. Dans le numéro d'*Amnesty Nieuws* de juillet 1990, je fis valoir, sous le titre « Le manque de personnel au Commissariat général coûte beaucoup d'argent à l'Etat », que l'année 1989 avait été « catastrophique ». Je déclarai aussi remarquer que la Belgique était le seul pays européen qui ne prenait pas un contingent fixe de réfugiés reconnus sous le mandat du HCR.

b. « *Le Commissaire aux réfugiés au mur des Lamentations* »
   (2 octobre 1990)

Les journaux du 3 octobre 1990 firent écho au bilan intermédiaire que j'avais présenté la veille. Les principaux titres étaient :

---

[i] Le terme par lequel en Belgique étaient désignés les conscrits faisant leur service militaire.

- « Le Commissaire aux réfugiés au mur des Lamentations. Bossuyt : 'Wathelet tient les ficelles trop serrées dans ses mains'. Procédure trop lourde, pas assez de personnel » (*DM*) ;
- « Des chasseurs de fortune coûtent très cher. L'administration trop faible ne peut pas faire face aux flux de faux réfugiés politiques » (*HLN*) ;
- « S.O.S. du Commissariat général qui croule sous les dossiers » (*LM-LL*) ;
- « Les demandeurs d'asile causent une année record » (*DS*) ;
- « Il y a du mieux mais ce n'est pas Byzance » (*LLB*).

Le message du 2 octobre 1990 se résume comme suit :
- « Dès le début, j'ai lancé des mises en garde. Il y avait risque de dérapage à cause d'un manque pénible de personnel. Je n'ai pas été entendu. Un dérapage s'est produit ».
- Depuis Pâques 1990, la procédure se déroule plus aisément, mais pas assez pour résorber l'arriéré. Les huit premiers mois de 1988, j'avais pris 707 décisions ; les huit premiers mois de 1990 2.751. L'audit de la Fonction publique estime que 46 fonctionnaires statutaires sont nécessaires alors qu'il n'y en a qu'à peine 16. Des 39 fonctionnaires temporaires requis, il en manque 10. Des 40 juristes nécessaires, il n'y a que 4 fonctionnaires juristes et 20 miliciens juristes.
- La procédure est trop lourde. Le Ministre tient trop à ses compétences. Cela ralentit la procédure. Des simplifications viendront mais pas en suffisance. Beaucoup de demandes d'asile doivent être examinées deux fois par l'Office des étrangers, deux fois par mes services et encore une fois par la Commission permanente de recours. Très compliqué et prenant trop de temps.
- Le Commissariat général coûte (l'équivalent de) €1,25 million et l'accueil des demandeurs d'asile (l'équivalent de) €50 millions. Chaque franc investi au Commissariat général rapporte une économie de 10 FB à l'Emancipation sociale. En France, le budget a été triplé à un équivalent de €37,5 millions. Le nombre des dossiers traités s'élevait de 3.000 à 9.000. Le nombre des demandeurs d'asile est descendu de 7.000 à 4.000.

Un commentaire clairvoyant vint de la journaliste Gabrielle Lefèvre (« Réfugiés : un casse-tête ») : « A l'Office des étrangers, il y a un peu plus de personnel, pas suffisamment d'ordinateurs et pas beaucoup d'idées. Au Commissariat général, il y a des idées, des ordinateurs mais pas de personnel … » (*La Cité*, 11 octobre 1990).

2. « Des grandes hordes d'Européens de l'Est » (novembre-décembre 1990)

Pour empirer les choses, beaucoup de demandeurs d'asile vinrent de l'Europe de l'Est, surtout de Pologne et de Roumanie. Le 21 novembre 1990, je donnais une interview à l'agence *Reuters*. En s'y référant, *Het Belang van Limburg* du 22 novembre posait la question suivante : « Faut-il un nouveau 'rideau' contre la sortie de masse des Européens de l'Est ? ». Mettant en garde à propos de la migration de l'Europe de l'Est, je répondis : « J'ai le sentiment que cela surviendra, alors que nous ne sommes nullement préparés. Cela pourrait devenir une crise importante ». Dans la *Gazet van Antwerpen* du même jour, je soulignai que la plupart d'entre eux venaient en Belgique pour des raisons économiques. Le lendemain, la secrétaire d'Etat à l'Emancipation sociale ajouta que la plupart des Européens de l'Est devaient être aidés dans leur propre pays. Le même journal écrivit : « Depuis qu'il exerce cette fonction, le Commissaire général crie en vain que notre pays ira tout droit vers une véritable catastrophe ».

En 1989, il y avait 253 demandeurs d'asile polonais. Un record annuel allait être atteint en 1990 avec 1.089 demandes d'asile polonaises. En neuf ans, il y aura, sur 2.678 demandes d'asile polonaises, 25 reconnaissances (0,9%). De ceux-ci, 20 concernaient des demandes introduites avant le 31 décembre 1989.

En 1989, il y a eu 234 demandeurs d'asile roumains. Ce nombre croissait chaque année (1.755 en 1990, 2.384 en 1991 et 3.338 en 1992) pour atteindre un record annuel en 1993 avec 5.071 demandeurs d'asile roumains. En neuf ans, il y eut sur 15.831 demandes d'asile roumaines, 427 reconnaissances, dont 51 par la Commission permanente de recours. Le taux de reconnaissance des Roumains, qui était de 14% (286/2.055) pour les demandes introduites avant le 31 décembre 1990, ne sera plus que de 1% (141/13.752) pour les demandes ultérieures.

A la question de *Humo* du 5 décembre 1990 qui me demanda s'il y avait des « grandes hordes d'Européens de l'Est » qui faisaient la file et s'ils ne pouvaient pas être traités rapidement, je répondis :

« Ce sont surtout les demandes polonaises et roumaines qui ont connu une forte hausse. Il faut les interroger tous. On ne peut pas se contenter de dire : 'Ah, monsieur est Polonais. Je ne me donne pas la peine de vous interroger'. En plus, nombre de Roumains font mention de persécution politique. Lors de mon entrée en fonction, j'ai dit que nous ne pouvions pas traiter 5.000 demandes d'asile. Il y en aura le triple. La chance est grande que cela prendra deux, trois ans avant que nous soyons capables de dire aux nouveaux venus : 'En fait, vous n'êtes pas un réfugié'. Mais, entretemps ils sont ici. C'est étrange que les autorités n'aient toujours pas compris qu'il s'agit d'une matière dans laquelle on ne peut pas se permettre un arriéré ».

Le 13 décembre 1990, le Prince Philippe tint une réunion de travail sur la politique des étrangers au Palais royal de Bruxelles. Stéphane Schewebach, directeur réfugiés de l'Office des étrangers et moi-même y participions. Monté sur le trône le 21 juillet 2013, le Roi Philippe me recevra le 17 janvier 2014 au même Palais royal en audience d'adieu. Une semaine plus tôt, j'avais été admis à l'éméritat en tant que président de la Cour constitutionnelle.

Le 14 décembre 1990, S. M. Baudouin, le Roi des Belges (1951-1993), m'a reçu en audience au Château de Laeken. C'était la deuxième audience qu'il m'accordait. La première fois, ce fut le 20 septembre 1985 au Palais royal de Bruxelles, à la suite de ma nomination, en tant que Représentant de la Belgique à la Commission des droits de l'homme des Nations Unies, sur proposition de Leo Tindemans, ministre des Relations extérieures, moins d'un mois après la signature de l'arrêté royal (le 27 août 1985) portant ma nomination et plus d'un mois avant sa publication (le 22 octobre).

Ma première conversation avec le Roi Baudouin date du 9 octobre 1967. C'était lors d'une réception à l'occasion du 150ème anniversaire de la fondation de l'Université de Gand par S. M. Guillaume Ier, le Roi des Pays-Bas Unis (1815-1830). En tant que Secrétaire général de l'Association générale des étudiants de Gand (*Gents Studentenkorps*), je fus - et encore, non pas sans protestation - le seul étudiant à être invité. On était avant mai 1968. Le Roi Baudouin avait remarqué qu'il y avait parmi les invités quelqu'un, sans toge, âgé d'au moins une vingtaine d'années de moins que tous les autres. Comme lors de toute rencontre avec le Roi Baudouin, je fus fort impressionné.

Fin décembre 1990, je tins les propos suivants :
- « La Belgique est débordée » : « Depuis Pâques, la situation s'est améliorée. L'Office des étrangers a reçu des autorités les moyens de fonctionner. Depuis juillet 1990, les choses se sont compliquées en raison essentiellement de l'afflux d'Est-Européens, surtout des Roumains. Il ne faudrait pas oublier que, si mille Roumains sont arrivés chez nous, 10.000 se sont installés en Autriche et plus de 30.000 en Allemagne » (*LLB*, 19 décembre 1990) ;
- « J'ai averti à temps » : « L'absence d'arriéré des nouvelles instances des réfugiés était une chance unique pour maîtriser le problème des demandeurs d'asile. Cette chance a été ratée par la myopie des administrations du Budget et de la Fonction publique et par l'incapacité du système belge de réagir vite à des problèmes urgents. Je reconnais les problèmes de la Secrétaire d'Etat Miet Smet. Chez moi, avoir de l'arriéré signifie 'des dossiers qui s'entassent' ; chez Mme Smet 'des gens qui errent dans la rue'. Moi, j'ai un problème d'armoires pour y mettre des dossiers. Mme Smet a un problème de lits pour y mettre des gens » (à Ann Ghijs, *HV*, 29-30 décembre 1990).

Finalement, il y eut en 1990 12.915 demandes d'asile (une croissance de 58%). Les Ghanéens (1.541) avaient reculé et étaient devancés par les Turcs (1.674) et les Roumains (1.755). La moitié des demandeurs d'asile venait de l'Europe de l'Est. Cela pesait fortement sur les structures d'accueil. La secrétaire d'Etat à l'Emancipation sociale plaida en faveur d'une procédure plus souple pour des demandeurs d'asile originaires de pays qui ne sont « pas dangereux ».[70] Ceci se fera avec la « règle du double 5 % » introduite par la loi du 18 juillet 1991 (voy. *infra*, pp. 75 et 260-264).

3. *Troisième Rapport annuel* (9 avril 1991) : « Une générosité extrême ne résout rien »

Le 10 avril 1991, les journaux firent écho à la présentation la veille de mon *Troisième Rapport annuel* (année d'activité 1990). Quelques titres :
    « Cinq années d'attente » (*DS ; HBvL*) ; « Afflux croissant ... » (*LLB*) ; « La longue attente continue » (*LS*) ; « Montagne croissante de dossiers » (*HLN*) ; « Les dossiers d'asile s'entassent » (*HV*) ; « Afflux inquiétant » (*LDH*) ; « L'arriéré monte à 15.000 » (*GvA*).

Selon *Le Soir,* « le graphique de l'arriéré du Commissariat général avait l'allure d'un Himalaya dont on ne verrait jamais la pente descendante ».

Je considérais que la situation était inacceptable d'un point de vue politique et budgétaire. Il fallait travailler intensivement dans quatre domaines :
   a. Une extension du cadre du personnel à 60 membres statutaires ;
   b. Une modification de la loi permettant une simplification de la procédure de reconnaissance ;
   c. Une ratification rapide des Conventions de Dublin et de Schengen ;
   d. Un éloignement effectif des demandeurs d'asile refusés.

Je qualifiai ce dernier domaine comme étant « le plus délicat mais néanmoins inéluctable ». J'y ajoutai :
  - « La problématique des réfugiés est une matière trop dangereuse pour faire de la démagogie. Je me garde de l'extrémisme d'un Vlaams Blok, par exemple. Mais une générosité extrême ne résout rien non plus. La Secrétaire d'Etat Miet Smet reçoit pour l'accueil de demandeurs d'asile 4 milliards de FB (= €100 millions), alors qu'elle se trouve confrontée uniquement aux conséquences d'une situation biaisée. Quasi rien n'est fait concernant les véritables causes de cette situation » (*DM*) ;
  - « Les drames humains lors des refus n'en deviennent que plus aigus lorsque les demandeurs d'asile ont dû attendre si longtemps et que leurs enfants sont complètement intégrés » (*HV*) ;
  - « Si tous ceux qui ont reçu mes rapports, les avaient lus, la situation serait totalement différente » (*GvA*).

6. Eloigner les étrangers illégaux et répartir les demandeurs d'asile (1991-1992)

En ma qualité de professeur d'université, je publiai dans *De Standaard* du 21 avril 1991 une Opinion[i] élaborée, sous le titre « Réduire le nombre d'étrangers illégaux par une politique active » :

> « Il est temps d'abandonner la politique de la résignation. Jusqu'à présent, on a adopté la politique de l'autruche : ne pas effectuer de contrôles sur le séjour, ni régulariser les illégaux, ni les éloigner du territoire. La réduction du nombre d'illégaux repose sur trois piliers : a) des contrôles réguliers du séjour des étrangers ; b) la régularisation des illégaux intégrés ; et c) l'éloignement des illégaux non intégrés. Conclusion : Plus longue est l'attente de la mise en œuvre, plus le nombre d'immigrés clandestins augmente et plus grande devient la chance de voir le problème abordé d'une manière émotionnelle plutôt que rationnelle. Le risque devient ainsi d'autant plus grand que la voie sera libre pour une démagogie bon marché qui sous-estime la complexité du phénomène de l'immigration et propose des solutions qui ne sont ni humainement, ni socialement fondées ».

Plus spécifiquement sur les expulsions :

> « Les expulsions individuelles sont très coûteuses (dans la plupart des cas il faut prévoir des billets d'avion supplémentaires pour deux accompagnateurs et il suffit que la personne concernée oppose une résistance pour que le commandant de bord refuse le transport). On craint que les expulsions collectives ne suscitent beaucoup d'opposition. Pour autant qu'il s'agisse de l'exécution de décisions individuelles, cette opposition est pourtant sans fondement ».

a. Les charters d'Edith Cresson (8 juillet 1991)

Le 8 juillet 1991, Edith Cresson (PS), Première Ministre (1991-1992) de France, s'était exprimée à la télévision française TF1 sur l'éloignement des migrants clandestins :

> « Je comprends très bien qu'un pilote n'accepte pas qu'une personne extrêmement agitée entre dans son avion. Il ne faut pas prendre des lignes régulières. Vous appelez cela des charters. Les charters, ce sont des gens qui partent en vacances avec des prix inférieurs. Là, ce sera totalement gratuit et ce ne sera pas pour des vacances. Ce sera pour reconduire des gens dans leur pays lorsque la Justice aura établi qu'ils n'ont pas le droit d'être chez nous ».[71]

---

[i] Une version française abrégée a été publiée dans *La Libre Belgique* du 16 décembre 1991. La *Gazet van Antwerpen* y consacrait le 7 juin 1991 un long article sous le titre « *Het driesporenbeleid van Marc Bossuyt : illegalen regulariseren, controleren en uitzetten* ». Je déclarai : « Ce n'est pas parce qu'il y a recours à un charter au lieu d'un avion de ligne qu'il s'agit d'une déportation ».

Ses paroles provoquèrent un tollé. Trois jours plus tard, elle déclara que le choix du mot « charter » n'avait pas été le sien mais celui d'un journaliste.[72]

> Interrogé sur ces propos, je répondis :
> « Ma position est que les deux tabous (éloignement et régularisation) doivent être brisés simultanément. Renvoyer est une question d'être conséquent. *Illégal est illégal* ; agir autrement c'est méconnaître sa propre législation. D'ailleurs, le séjour illégal est aussi un facteur *criminogène*. Cela conduit automatiquement à éluder la législation fiscale et sociale. Malheureusement, la manière par laquelle les étrangers illégaux doivent être expulsés est dans les médias fort gonflée. En essence, Mme Cresson est sur la bonne voie avec ses idées. A condition, que toute décision d'expulsion soit prise individuellement, le système d'un *renvoi conjoint* est utile et probablement nécessaire. Un pilote qui s'attend à des difficultés, peut toujours refuser de transporter l'intéressé. Avec des avions 'charter' spéciaux, on n'a pas ces problèmes » (*DM*, 13-14 juillet 1991).

Me André De Becker, le président de la Ligue (néerlandophone) des Droits de l'Homme, fut indigné : « Un échantillon fort de cynisme » (*Panorama/De Post,* 19 juillet 1991).

b. *Le battage concernant le centre d'accueil à Lint (5 septembre 1991)*

Le 5 septembre 1991, une émission « Panorama » fut diffusée à la BRTN TV depuis Lint (voy. *infra*, p. 248). L'atmosphère était surchauffée. Il y avait de fortes protestations à l'égard du projet de la Croix Rouge de transformer l'ancien cloître de Béthanie en centre d'accueil pour 150 demandeurs d'asile. En conformité avec le plan de répartition des demandeurs d'asile sur les différentes communes, la commune ne souhaitait accepter que sept demandeurs d'asile. Deux rédacteurs en chef firent un commentaire sur cette émission « Panorama » :

- Paul Goossens : « L'écume conduite par Filip De Winter [Vl. Bl.] en a fait une mise en scène nauséabonde. La colère et la honte sont ici de mise. Mais il y a surtout un besoin de penser d'une manière lucide. Après le triste événement de Lint, il n'y a plus de doute possible que la problématique des migrants est aisément inflammable » (*DM*, 7 septembre 1991) ;
- Marc Platel : « Les collègues de Panorama ont prouvé d'une manière concluante avec leur audacieux reportage que la Télévision est un levier social. C'était de la bonne télévision adulte. Les excellences savent maintenant qu'il y a un conflit social. L'atmosphère dans la toute petite commune de Lint est surchauffée, maladive même. L'hospitalité est une vertu humaine, mais l'hôte doit avoir suffisamment de moyens pour recevoir les invités. Il ne doit pas envoyer trop de ses invités à ses amis et

connaissances qui peut-être ont déjà leurs propres invités ou ne veulent pas des siens » (*HBvL*, 9 septembre 1991).

Le 8 septembre 1991 (lors d'une journée dominicale d'étude à Mol sur la démocratie radicale), Louis Tobback (SP), ministre (1988-1994) de l'Intérieur, émit quelques critiques musclées envers la politique d'accueil menée.[73] Le lendemain,[74] Frank Vandenbroucke, président (1989-1994) du SP, enchaîna :

> « Ce que Louis [Tobback] a dit dimanche est le point de vue bien réfléchi, à la fois de lui-même et du SP. Tous les illégaux doivent être expulsés. Seuls les vrais réfugiés politiques peuvent encore être acceptés. Le SP accorde son appui total au Commissaire général Marc Bossuyt. Le gouvernement aussi doit mieux le soutenir. Si le premier [Wilfried] Martens avait donné l'argent pour sa nouvelle salle de presse à Bossuyt, celui-ci aurait pu recruter suffisamment de juristes ».

Ce même jour, Johan Leman, chef de cabinet de la Commissaire royale à la politique des immigrés, Paula D'Hondt (CVP), déclara que celle-ci se tenait à l'écart de toute cette affaire. « Dommage » mais elle n'avait en matière de réfugiés aucune compétence. Le 28 décembre 1991, la Commissaire royale affirma néanmoins se soucier de la problématique des réfugiés, bien qu'ils ne soient pas des migrants. Elle ne voulait pas que ces personnes soient considérées comme des migrants : « Leur présence ne peut être que temporaire. Je suis d'avis que ceux qui ne sont pas reconnus réfugiés soient renvoyés mais alors dans des conditions humaines ».[75]

La Libre Belgique du 10 septembre 1991 consacra, sous le titre « Demandeurs d'asile : une vague qui ébranle la Belgique », une page entière à la polémique déclenchée par le Ministre Louis Tobback. Celui-ci proposa de dresser une liste des pays dont les ressortissants ne pourraient plus être considérés comme réfugiés. La Secrétaire d'Etat Miet Smet expliqua qu'elle avait fait introduire dans la nouvelle loi – qui allait entrer en vigueur le 1er octobre - une procédure pour repérer ceux qui seraient des « réfugiés économiques ». Dans son commentaire, Jean-Claude Matgen fit observer :

> « On s'étonne pourtant de l'intérêt soudain manifesté par M. [Louis] Tobback à l'égard d'un problème dont le gouvernement dont il fait partie semble s'être longtemps soucié comme un poisson d'une pomme. Que l'on sache, le bouillant Louvaniste a rarement (plus rarement en tout cas que Mme [Miet] Smet) dénoncé le manque cruel de moyens attribués au Commissaire général. Répondre par un excès de naïveté tolérante au défi de l'arrivée massive d'étrangers (d'Europe de l'Est surtout), poussés hors de leur pays non par la peur mais par la faim ou l'espoir d'un avenir meilleur, constituerait une erreur. Mais un frileux repli sur soi n'aurait pas davantage de sens ».

Patrick Martens écrivait : « Sous la danse de chiffres derrière lesquels se cache beaucoup de misère humaine chez les invités et autant d'agitation officielle chez l'hôte, et apparemment aussi à cause des élections qui s'approchent, les nerfs en plusieurs endroits sont de plus en plus tendus » (*HBvL*, 10 septembre 1991). Se référant aux élections, qui étaient en perspective, le Ministre Louis Tobback déclara dans le même journal :

> « Pourquoi devrais-je me taire ? Parce qu'il y aura prochainement des élections ? Ceci impliquerait que je devrais à partir de maintenant, et jusqu'alors, partir en vacances ? En juin 1989, j'étais d'accord avec la politique proposée de répartition de 1 par 1.000 c.-à-d. 10.000 sur 10 millions d'habitants. Il y en a maintenant 1.700 par mois. Cela fait 20.400 sur une base annuelle ».

Dans le *Knack* du 24 septembre 1991, je me plaignis que dans les médias il était toujours question de « réfugiés politiques ». Pourtant, le plus souvent il s'agissait de « demandeurs d'asile ». L'expérience avait, en outre, démontré que la toute grande majorité de ces demandeurs d'asile n'étaient pas des « réfugiés ».

5. La loi du 8 juillet 1991 entre en vigueur (1er octobre 1991)

Enfin, il y eut une lueur d'espoir. Les simplifications de procédure introduites par la loi du 18 juillet 1991 entraient en vigueur le 1er octobre. Avec les renforts de personnel - décidés le 26 avril - rendus opérationnels, il s'agissait d'un nouveau départ. Pendant les mois de juillet et octobre, 28 nouveaux secrétaires d'administration–juristes et huit nouveaux miliciens juristes entrèrent en fonction. La Représentation du HCR à Bruxelles organisa à trois reprises une semaine de formation.

A l'occasion de l'entrée en vigueur de la nouvelle loi, *La Libre Belgique* consacra une nouvelle fois toute une page à cette problématique, sous le titre « Réfugiés : des moyens certes mais pour quelle politique ? ». A mon avis, la répartition des demandeurs d'asile présentait un triple désavantage : a) les instances qui tentent d'accueillir les demandeurs d'asile se découragent devant l'opposition des autorités locales ; b) la xénophobie surgit aux quatre coins du pays ; c) cela rend le refoulement, sinon impossible, du moins très difficile et pénible. Je demandais s'il était normal que nous dépensions l'équivalent de €62,5 millions pour les 15.000 demandeurs d'asile qui débarquent chez nous, et seulement l'équivalent de €625.000 pour les 15 millions de réfugiés qui hantent le monde. Pour mille fois plus de réfugiés, la contribution est cent fois moindre que pour les demandeurs d'asile : c.-à-d. par demandeur d'asile le Belgique dépensait plus de €4.000 alors que par réfugié dans le monde elle contribuait €0,04 (100.000 fois de moins par personne).

En ce qui concerne les moyens mis à ma disposition, il y avait du progrès. Il était toutefois nécessaire de simplifier davantage la procédure. J'estimai que la règle du double 5% était meilleure que le système suisse. La Suisse avait dressé une liste des pays sûrs dont les ressortissants étaient *a priori* considérés comme des profiteurs. Selon Me Vincent Lurquin, le président du Mouvement contre le Racisme, l'Antisémitisme et la Xénophobie (MRAX), la Convention de Genève était « bafouée ». Renverser la charge de la preuve par la règle des 5% constituait « une véritable bavure, c'était purement et simplement illégal ». Avec une « loi illégale », cet avocat créait une nouvelle catégorie juridique. Son point de vue était aussi en opposition avec l'avis du 3 juillet 1991 du Représentant du HCR, selon lequel la règle du double 5% n'était pas contraire à la Convention de Genève (voy. *infra,* pp. 260-264).

La *Gazet van Antwerpen* du 1er octobre 1991 consacra également une page entière à l'entrée en vigueur de la nouvelle loi. Elle parla du problème européen probablement le plus aigu des années '90. Je n'étais pourtant pas en faveur d'une adaptation de la Convention de Genève : « La Belgique reconnaît par an environ 500 réfugiés. Ce n'est pas ça le problème. Ce qui fait problème ce sont les 13.000 demandes et la loi et les procédures compliquées pour atteindre ce résultat final ».

Deux jours plus tôt, le 29 septembre 1991, les membres Volksunie du Gouvernement Martens VIII avaient démissionnés. Il y eut une forte bagarre communautaire sur l'exportation d'armes au Moyen-Orient. Ce qui restait du Gouvernement, appelé Martens IX, serait le dernier de ce nom. Les élections eurent lieu le 24 novembre 1991. Ce fut un « Dimanche noir ». Le Vlaams Blok obtint une victoire aux dépens des partis gouvernementaux. Ce parti d'extrême droite passa de 2 à 12 sièges à la Chambre des représentants. Au niveau national, il obtint 6,6% des voix (+4,7%). Dans l'arrondissement électoral d'Anvers, il devint le parti le plus important avec 20,68%. Entre les hommes politiques et les politicologues, il y eut discussion sur les causes de ce résultat. Un mécontentement sur l'immigration était généralement perçu comme un facteur de poids. Que le gouvernement ait permis le dérapage de la procédure d'asile, n'aura pas aidé. Deux mois plus tard, le 22 janvier 1992, mes propos au sujet des « charters » provoqueront tout un battage (voy. chapitre V). **Encore deux semaines** plus tard, le 7 février 1992, Walid Bennani, un dirigeant islamiste de Tunisie, introduirait une demande d'asile (voy. chapitre IV). Cela devint un duel juridique avec le ministre de la Justice. Appuyé par le Conseil d'Etat, je réussis à empêcher que ce Tunisien soit renvoyé du pays. A cause des lenteurs du Conseil d'Etat, il a dû attendre sa reconnaissance encore longtemps.

Chapitre IV
Walid Bennani, un réfugié islamiste de Tunisie
(1992-1997)

Walid Bennani (°1956) demanda l'asile en Belgique le 7 février 1992. Diplômé en 1976 de l'Ecole Nationale de l'Administration (ENA) de Tunis, il avait travaillé au ministère des Transports et des Télécommunications. Il en fut congédié en 1981.

1. *Ennahdha* : un fondamentalisme démocratique ?

Depuis le début des années '80, Bennani était un membre actif du mouvement *Ennahdha*. C'est un mouvement religieux islamique radical qui souhaite faire de la Tunisie un Etat islamique. Deux courants existaient au sein du Mouvement : certains souhaitaient un mouvement simplement religieux ; d'autres se retiraient dans la clandestinité et formaient des milices au maniement des armes et à la guérilla dans des camps militaires à l'étranger (principalement au Soudan).

Le Mouvement *Ennahdha* était installé en Belgique depuis au moins 1986. La section belge était dirigée par Mohamed Merghini, un professeur de religion islamique à Charleroi. En Belgique, le Mouvement ne posait pas de problème. Un rapport de la Sûreté de l'Etat du 24 mars 1992 décrivit le Mouvement comme suit :

> « Selon *Ennahdha*, la loi devrait être faite par des oulémas (juges de l'Islam), le tourisme peu à peu supprimé, les banques devraient prêter sans intérêt et les femmes devraient être voilées/enfermées. En matière économique, il prône un 'socialisme démocratique' qui garantira la propriété privée et la participation aux moyens de production. Il se déclare attaché à la démocratie mais place l'Islam 'au-dessus de tout'. Il vise ouvertement la prise du pouvoir, mais est divisé quant à la méthode à employer : ou bien éduquer la population, par la douceur, à adopter les valeurs de l'Islam ; ou bien, changer le régime par la 'révolution islamique' en vue d'instaurer la charia (loi musulmane) ».[76]

La Constitution tunisienne interdisait tout mouvement ou groupement fondé sur la religion, la race, la langue ou la région. Des demandes successives d'*Ennahdha* pour accorder au Mouvement un statut légal furent refusées. Lorsque les dirigeants demandèrent pour la première fois la légalisation du Mouvement, ils furent condamnés à cinq ans de prison. Bennani aussi a été arrêté en tant que membre d'*Ennahdha*. Il fut gracié, après trois ans d'emprisonnement. Entre

1984 et 1988, le Mouvement fut toléré sous supervision stricte des autorités tunisiennes.

La Cour de sûreté de l'Etat tunisienne condamna plusieurs membres d'*Ennahdha* en 1987. Bennani écopa de vingt ans de prison. Mais la loi d'amnistie générale du 27 juin 1989 bénéficia également à Bennani, même s'il lui était toujours interdit de participer à une organisation religieuse. Lorsqu'en décembre 1989, des membres d'*Ennahdha* demandèrent à nouveau la légalisation du Mouvement, plusieurs de ses dirigeants furent arrêtés. Bennani s'est alors caché plusieurs mois avant de quitter son pays pour l'Algérie. Le 27 mai 1991, alors qu'il y vivait caché, sa photo fut publiée dans le journal *La Presse* avec celles d'autres personnes recherchées par les autorités tunisiennes. Lorsqu'il apprit au début de janvier 1992, après un bref séjour illégal, que des membres de la police tunisienne s'étaient infiltrés en Algérie à la recherche de membres d'*Ennahdha,* il quitta ce pays.

2. Faux passeport : refus d'accès au territoire (14 février 1992)

Le 7 février 1992, Bennani arriva par avion d'Alger en Belgique avec un dossier impressionnant.[77] Lorsque son passeport s'est révélé faux, il communiqua sa véritable identité et se déclara réfugié. Le 12 février, *Amnesty International* adressa une lettre au ministre de la Justice Melchior Wathelet, dans laquelle cette organisation confirme les déclarations de Bennani. Le 14 février, l'Office des étrangers lui refusa l'accès au territoire. Ce même jour, Bennani introduisit une demande urgente de réexamen.[78] Le lendemain, le 15 février 1992, un télex d'Interpol Tunisie demanda son extradition et le juge d'instruction du Tribunal de première instance de Ben Arous délivra un mandat d'arrêt international. Bennani était suspecté de complicité dans un attentat contre le Centre de transmission de Ben Arous et les installations de télécommunication tunisiennes.

a. Mon avis favorable du 19 février 1992

Le 19 février 1992, je donnai un avis favorable à son accès au territoire.[i] Quant à l'usage d'un faux passeport, j'estimai que la requête de Bennani et la lettre de son conseil démontraient à suffisance que l'intention de tromper les autorités belges n'était pas établie. Bennani avait produit des documents démontrant que sa sécurité était en danger en cas de retour en Tunisie ou en Algérie. L'examen de l'applicabilité éventuelle de la clause d'exclusion[79] devait aller de pair avec l'examen du fond de sa demande. Je déclarai qu'« il était manifestement quelqu'un ayant dû fuir son pays en raison de motifs politiques. L'ouverture d'une procédure de recevabilité n'a rien à voir avec d'éventuelles sympathies pour ses idées politiques ».[80]

b. Le Ministre passe outre mon avis favorable (25 février 1992)

Il y eut une concertation étroite au sein du gouvernement,[81] avec l'ambassade tunisienne à Bruxelles et celle de Belgique à Tunis.[82] Le Ministre fut véritablement assiégé par l'Ambassadeur de Tunisie. La question se posa de savoir si ceci pèserait plus lourd que les avertissements des organisations humanitaires.[83] Le 25 février 1992, le ministre de la Justice passait outre mon avis favorable[84] en rejetant la demande urgente de réexamen. Selon le Ministre, sa demande était frauduleuse et ne se rattachait pas aux critères prévus à la Convention de Genève. Il déduisait du rapport de la gendarmerie du 7 février 1992 que Bennani n'avait communiqué sa véritable identité qu'après la constatation par les fonctionnaires chargés du contrôle des frontières de la falsification de son passeport. Ce n'est qu'à ce moment-là qu'il avait introduit sa demande d'asile. En outre, le Ministre estima qu'il fallait invoquer la clause d'exclusion. Soupçonné d'avoir commis une attaque à l'explosif, Bennani fit l'objet d'un mandat international.

Le lendemain, les instruments d'un traité d'extradition entre la Belgique et la Tunisie furent échangés.[85] Un journal francophone prit carrément partie contre la demande d'asile de Bennani. La décision du gouvernement fut qualifiée de « responsable » et mon avis favorable d'« inexplicable ».[86] La Commissaire royale à la politique des immigrés Paula D'Hondt se crut aussi appelée à se joindre au Ministre : « Le Ministre compétent doit veiller à l'intérêt de l'Etat. Et le Commissaire général Bossuyt à l'intérêt des réfugiés. Je ne suis pas

---

[i] Ses avocats étaient Me Georges-Henri Beauthier et Me Mustapha El Karouni du barreau de Bruxelles.

juriste. J'adopte une position pragmatique ».[87] Elle estimait apparemment pragmatique de sacrifier un individu à l'intérêt de l'Etat. Selon l'avocat de Bennani, la Commissaire royale était contaminée par le fantasme que tout Islamique était un intégriste.[88] Elle perdait de vue que ses compétences avaient trait à la politique d'immigration. Juger sur des demandes individuelles de reconnaissance du statut de réfugié n'en faisait pas partie.

Entre les 20 et 28 février 1992, des organisations humanitaires écrivirent plusieurs lettres en faveur de l'accès de Bennani au territoire belge. Il y était demandé de ne pas l'extrader aux autorités tunisiennes puisque cela mettrait sa sécurité et même sa vie en danger. Le 23 mars 1992, j'envoyai ces lettres au ministre de la Justice en soulignant l'importance d'une « action urgente » d'*Amnesty International* du 20 février, qui faisait état d'allégations récentes de torture de membres du Mouvement « *Al-Nahdha* » en Tunisie : « Au moins 8.000 partisans d'*Al-Nahdha* avaient été arrêtés cette dernière année. La plupart d'entre eux avaient été maintenus dans un incommunicado prolongé. Des centaines ont été tors et au moins neuf prisonniers politiques sont morts, probablement sous la torture ».[89]

c. *Le président du Tribunal vient en aide (9 mars 1992) : interdiction d'expulsion*

Le 26 février 1992, le Représentant en Belgique du HCR, Ruprecht von Arnim, adressa une lettre au président du Tribunal de première instance de Bruxelles :

« J'ai fait interviewer M. Bennani par une de mes collègues, et nous sommes arrivés à la conclusion que les éléments avancés par l'intéressé au sujet de son engagement politique sont *absolument véridiques* et certainement de nature à le faire tomber sous le bénéfice de l'article 1er de la Convention de Genève sur le statut des réfugiés. Les autorités tunisiennes ont en effet demandé l'extradition de M. Bennani sur la base d'actes dits à caractère criminel, mais rien de ceci n'a pu être vérifié. Dans cette situation, nous appliquerons la règle '*in dubio pro refugio*' ».[i]

Le 27 février, Bennani demanda au président du Tribunal de première instance de Bruxelles,[90] selon les formes du référé, la suspension de l'exécution de la décision ministérielle de refus. Il dit que sa vie et sa sécurité seraient en danger dès qu'il était renvoyé en Tunisie ou en Algérie. En attendant l'arrêt du Conseil d'Etat, il

---

[i] Pol Deltour, *DM*, 28 février 1992 : « Intégrisme n'est pas un crime ».

demanda l'autorisation de quitter le Centre de transit et d'être mis en possession d'un permis de séjour provisoire. Le 28 février, Bennani fut condamné à la peine maximale de cinq ans par le Tribunal de première instance de Ben-Arous pour « complicité passive ». Cette peine est prévue pour « celui qui, ayant eu connaissance d'un projet permettant de craindre la perpétration de [certaines infractions] n'en aura pas averti les autorités publiques ». Une telle infraction est inconnue en droit belge.

Dans son ordonnance du 9 mars, le président du Tribunal de première instance de Bruxelles releva que le demandeur était depuis de nombreuses années un militant d'*Ennahdha* en Tunisie. Ceci fut attesté par le témoignage écrit de plusieurs personnes exerçant des responsabilités au niveau des sections internationales de l'association *Amnesty International*, « dont la bonne foi et l'intégrité intellectuelle ne peuvent être mises en doute ». Des extraits de la presse internationale laissèrent entendre que les droits des prisonniers politiques en Tunisie ne seraient pas toujours garantis :

> « Attendu qu'un faisceau d'éléments concordants faisant apparaître que le demandeur se livrait à des activités politiques en Tunisie, qui lui ont valu d'être recherché par les autorités tunisiennes ; que ces éléments rendent vraisemblables les éléments avancés par lui au sujet de son engagement politique et de son droit à tomber sous le bénéfice de l'article 1er de la Convention de Genève sur le statut des réfugiés ».

Le président du Tribunal de première instance de Bruxelles, siégeant selon les formes du référé, interdit de mettre à exécution la décision de refoulement :

> « Disons qu'il existe des indices sérieux que la déclaration du demandeur selon laquelle sa vie ou sa liberté serait menacée, s'il était reconduit en Algérie ou en Tunisie, pays qu'il a fui, soit exacte ; En conséquence, interdisons de mettre à exécution la décision de refoulement prise le 25 février 1992 à l'encontre du demandeur ou de priver celui-ci de sa liberté de ce chef ».[91]

d. *Le Conseil d'Etat aussi apporte son aide (17 mars 1992) : suspension ordonnée*

Le 6 mars 1992, Bennani introduisit une requête auprès du Conseil d'Etat tendant à l'annulation de l'exécution de la décision ministérielle du 25 février, rejetant sa demande urgente de réexamen. Dans son arrêt du 17 mars,[92] le Conseil d'Etat estima, quant à l'usage d'un faux passeport, que le requérant en avait donné une explication plausible que le Commissaire général avait admise. La demande de reconnaissance de la qualité de réfugié semblait bien concomitante à la présentation du passeport. A ce moment-là, le requérant avait fourni les motifs qui justifiaient sa demande d'asile. Il était en possession des documents établissant sa véritable identité et son intention de demander l'asile. En outre, le Ministre n'avait pas pris en compte des raisons pour lesquelles le Commissaire général estimait que le requérant n'était pas un terroriste.

Sur avis conforme de l'auditeur,[i] le Conseil d'Etat conclut que le moyen paraissait sérieux et que la décision n'était pas motivée à suffisance de droit. Le Conseil d'Etat estima que le danger qu'encourrait le requérant, s'il était renvoyé dans son pays, n'était pas contesté, ni contestable et justifiait le préjudice grave difficilement réparable. Conformément à l'article 17, §2, des lois coordonnées sur le Conseil d'Etat, celui-ci ordonna la suspension de l'exécution de la décision ministérielle rejetant la demande urgente de réexamen.[93]

Conformément à l'article 18 des lois cordonnées sur le Conseil d'Etat,[94] Bennani demanda, le 21 mars 1992, au Conseil d'Etat de prendre des mesures provisoires, à savoir : « à titre provisoire, dire que le requérant pourra quitter librement le Centre de transit 127 et pourra ainsi pénétrer sur le territoire belge et que l'Etat belge sera condamné à remettre au requérant un titre de séjour provisoire ». Cette demande fut rejetée le 27 mars,[95] sur avis conforme de l'auditeur,[96] par le Conseil d'Etat, puisqu'il avait déjà, dans son arrêt du 17 mars, suspendu l'exécution de la décision de reconduite.

3. Accès au territoire, afin de le quitter dans les cinq jours (7 mai 1992)

Après trois mois de séjour au Centre de transit de Melsbroek, Bennani fut autorisé, le 7 mai 1992, à entrer dans le Royaume.[97] La loi sur les étrangers, telle que modifiée le 18 juillet 1991, disposait dans son article 74/5, §5, que la durée du maintien dans un lieu déterminé situé aux frontières ne pouvait excéder deux mois. Cependant, il y avait un accord pour dépasser ce délai, afin de permettre au Représentant des Nations Unies de trouver un autre pays qui puisse lui accorder l'asile politique.[98] Ces démarches se sont toutefois révélées infructueuses.

---

[i] PD, *DM* ; Pol Van Mossevelde, *DS, HN* ; JDW, *GvA* ; A.H., *LLB* ; Martine Vandemeulebroucke, *LS*, 12 mars 1992 : « Le ministre n'est pas le Commissaire aux réfugiés ».

Ce même jour encore (le 7 mai 1992), Bennani reçut une décision de refus de séjour. Ce refus se fondait essentiellement sur les mêmes motifs invoqués pour lui refuser l'accès au Royaume :

> « La déclaration personnelle de l'intéressé, consignée dans le rapport de gendarmerie du 7 février 1992, aux termes de laquelle 'il voulait *d'abord* demander l'asile politique en France' accrédite le fait qu'il ne s'est pas déclaré réfugié politique qu'après la découverte par la gendarmerie de la falsification du passeport dont il était porteur. Ainsi, ne demandant pas spontanément l'asile au poste de contrôle des passeports, l'intéressé a donc tenté de pénétrer dans le Royaume en tentant de tromper les autorités belges ».

Selon le délégué du ministre, la présence en Belgique d'un des principaux représentants du Mouvement *Ennahdha*, mouvement islamiste radical connu pour ses actions violentes en Tunisie, constituait, du fait de sa fonction même de dirigeant au sein de ce Mouvement, un risque certain pour l'ordre public ou la sécurité nationale pour la Belgique.

a. J'invoque tous les arguments possibles (21 mai 1992)

Le 11 mai 1992, Bennani introduisit une demande urgente de réexamen.[99] Ce même jour, l'avocat de Bennani m'adressa une lettre traitant de la situation en Tunisie et en Algérie. La lettre se référait d'une manière plus spécifique au cas de Raouf Labiri. Comme partisan d'*Ennahdha,* cet homme s'était enfui vers la Belgique après avoir été arrêté plusieurs fois. Sa demande de reconnaissance avait été refusée. En 1991, il était rentré en Tunisie, croyant aux mesures de légalisation qui étaient périodiquement annoncées. Après avoir été torturé pendant trois semaines, il est décédé en prison d'une crise cardiaque. Ces faits ont été confirmés par des rapports d'*Amnesty International*.

Bennani avait appris par des amis que des membres de la police tunisienne, infiltrés en Algérie, étaient sur sa trace. Huit membres d'*Ennahdha* furent arrêtés les 6 et 7 mai en Algérie en vue de leur expulsion. Ces faits furent d'ailleurs confirmés par *Amnesty International,* qui releva d'autres situations semblables. Bennani possédait dans ses bagages des dossiers préparés avant sa venue en Belgique. Ils justifiaient les fonctions qu'il occupait et les discriminations qu'il avait subies. Il ne pouvait pas demander l'asile en Algérie, puisque ce pays n'accorde pas l'asile aux ressortissants de l'Union du Maghreb arabe. En outre, il était recherché par des policiers tunisiens qui auraient obtenu immédiatement son extradition.

Il ne pouvait quitter l'Algérie sans être porteur de faux documents. En Belgique, il n'a jamais caché sa véritable identité. Qu'il ait souhaité d'abord demander le statut de réfugié en France, ne permet pas de dire que sa demande était frauduleuse. Cette intention démontre qu'il avait pour seul but de fuir son pays et l'Algérie pour solliciter le statut de réfugié dans un Etat de droit, en l'occurrence la Belgique. Rien, ni dans sa conduite, ni dans les rapports d'organisations internationales, n'est venu infirmer les affirmations de Bennani, bien au contraire.

Lors de son audition par mes collaborateurs, le 15 mai 1992, Bennani déclara que le Mouvement était modéré, de tendance islamique mais non intégriste et que ses membres ainsi que lui-même n'avaient jamais refusé de dialoguer. Il ajoutait que la culture islamique était la base mais la liberté d'opinion et d'expression était essentielle : « La direction du parti a toujours imposé une ligne de conduite pacifique et démocratique. Une prise de pouvoir se fera par des voies légales et démocratiques et certainement pas par la lutte armée ». Lors de cette même audition, Bennani déclara n'avoir participé en quoi que ce soit à une tentative d'attaque au Centre de transmission de Djebel. Cela ne cadrait pas du tout avec son adhésion à la Ligue des droits de l'homme à Kasserine, dont il était le trésorier depuis 1986, ni avec ses contacts avec les ambassades et *Amnesty International*.

Le 21 mai 1992, j'émis un avis favorable - amplement motivé - au ministre de la Justice sur le séjour de Bennani sur le territoire belge. En considérant sa demande frauduleuse avec référence au faux passeport de Bennani, le délégué du Ministre persistait à présenter les faits d'une manière qui était formellement contredite par les différentes instances juridictionnelles ou quasi-juridictionnelles qui avaient été appelées à se prononcer sur cette question. Pour la première fois dans cette affaire, le danger pour l'ordre public et la sécurité nationale était invoqué. Ces motifs n'étaient cités ni par le délégué du Ministre dans sa décision du 12 février, ni par le ministre de la Justice dans celle du 25 février. Ils n'ont été invoqués qu'après que le Commissaire général, le Représentant du Haut-Commissaire des Nations Unies pour les réfugiés, le président du Tribunal de première instance et le Conseil d'Etat eurent réfuté tous les autres motifs invoqués. J'estimais, pour cette raison, que la crédibilité de ce motif était gravement atteinte par le retard avec lequel il était signalé.

En outre, ces motifs ne pouvaient valablement être invoqués que dans les cas où il existait un risque que l'intéressé puisse entreprendre des actions capables de compromettre l'ordre public ou la sécurité nationale en Belgique. En prétendant que Bennani, par sa fonction même de dirigeant d'*Ennahdha,* constituait un danger pour l'ordre public ou la sécurité nationale, le délégué du Ministre en donnait une portée revenant à vider de son contenu la notion de réfugié au sens de la Convention de Genève. D'ailleurs, le rapport de la Sûreté de l'Etat du 24 mars 1992, qui me fut communiqué le 12 mai, ne mentionnait aucune participation personnelle de Bennani à des actions violentes. Pour cette raison, j'estimais que l'Office des étrangers avait excédé la marge d'appréciation discrétionnaire qui appartenait au pouvoir exécutif en la matière. Mes avis ne sauraient être influencés par les sympathies ou antipathies qu'éprouvaient le Gouvernement ou l'opinion publique belges à l'égard des courants d'opinion professés par les candidats réfugiés qui introduisaient une demande d'asile en Belgique.

b. *Le Ministre persiste (27 mai 1992)*

Passant à nouveau outre mon avis, le ministre de la Justice a rejeté, le 27 mai 1992, la demande urgente de réexamen de la décision de refus du séjour et de l'établissement sur le territoire. Le Ministre était toujours d'avis que la demande était manifestement fondée sur des motifs étrangers à l'asile, en particulier parce qu'elle était frauduleuse. Bien que la falsification du passeport tunisien et l'obtention d'un visa belge sous un faux nom pussent se justifier, il n'en restait pas moins, d'après le Ministre, que l'intention de tromper les autorités belges était établie. Il ressortait du rapport de gendarmerie qu'il voulait d'abord demander l'asile en France, ce qui fut confirmé par le fait qu'il disposait de 13.200 francs français [€2.012]. Il ne s'était déclaré réfugié qu'après la découverte de la falsification du passeport.

Le motif touchant à l'ordre public ou à la sécurité nationale n'était pas invoqué antérieurement, puisque le Ministre avait estimé que les dispositions de la Convention de Genève n'étaient pas applicables. Il estimait qu'il y avait des raisons sérieuses de penser qu'il avait commis « un crime grave de droit commun en dehors du pays d'accueil avant d'y être admis comme réfugié ».[100] Dans la mesure où le Conseil d'Etat avait jugé qu'une telle argumentation relevait de l'examen du fond, le Ministre était en droit de l'invoquer pour la première fois afin de s'appuyer sur l'applicabilité de l'article 33, par. 2, de la Convention de Genève.[101]

Le Ministre s'appuya sur la motivation suivante :
« Du fait de sa qualité de dirigeant du Mouvement *Ennahdha*, il en cautionne l'idéologie et l'action et par conséquent le recours aux actes violents. Dans cette mesure, par sa présence en Belgique, Monsieur Bennani Walid, est susceptible de compromettre l'ordre public ou la sécurité nationale en risquant d'être à l'origine d'actes violents tels qu'ils sont perpétrés par ce Mouvement ».

Cette décision ne fut notifiée à Bennani que le 29 juin 1992.[102] Il lui était donné l'ordre de quitter le territoire endéans les cinq jours avec interdiction de se rendre au Luxembourg ou aux Pays-Bas. Selon le Représentant du HCR, le renvoyer vers son pays d'origine était exclu.

Le 28 mai, il donna un aperçu des réactions de différents pays sur sa demande de reprise de Bennani en cas de refus d'asile par la Belgique. Outre quelques pays qui restaient dans l'expectative mais qui n'étaient pas pour autant encourageants, une dizaine de pays avait refusé.[i] Le siège du Haut-Commissaire des Nations Unies pour les réfugiés à Genève estima même qu'il n'y avait aucune raison de transférer le problème vers un autre pays. Le 4 juin, le Représentant du HCR avait envoyé, « à qui de droit », une lettre dans laquelle il confirmait que « Walid Bennani est *prima facie* réfugié selon la Convention de Genève, sous réserve de procédure définitive. Dans cette situation, toute autorité nationale belge est priée de (lui) fournir protection et assistance ».[ii]

Le 26 juin 1992, le Service de presse de l'Ambassade tunisienne à Bruxelles adressa une lettre au rédacteur en chef du journal *Le Soir* faisant suite à un article publié le même jour dans ce journal. Cet article se référa au Mouvement islamiste *Ennahdha* dont les membres étaient l'objet d'une forte répression en Tunisie. Selon cet article, plusieurs membres actifs d'*Ennahdha* avaient été accueillis sans difficulté par l'Allemagne, la France, la Suède et la Suisse et ceci bien après l'arrivée de Bennani en Belgique. L'article se termina avec une citation de Bennani : « Je ne suis pas ici pour nuire aux intérêts belges, mais pour travailler clairement à rendre possible le retour en Tunisie d'opposants comme moi ».

Selon l'Ambassade de la République tunisienne, le Mouvement *Ennahdha* avait fait « l'objet de beaucoup de mansuétude et de

---

[i] Benoit Franchimont, *LDH*, 16 juillet 1992 : « Le HCR a contacté une vingtaine de pays. Le seul pays qui a répondu positivement est le Luxembourg mais les Belges n'ont pas voulu parce que c'était trop près ».
[ii] « Réfugié indésirable en Belgique parce que trop politique », Martine Vandemeulebroucke, *LS*, 26 juin 1992.

nombreux gestes pour l'amener à abandonner son caractère violent et totalitaire. Nonobstant les actes criminels commis et sa collusion notoire avec une filière internationale intégriste violente, les poursuites dont fait l'objet ce Mouvement en Tunisie restent respectueuses du droit ». L'Ambassade fit observer que Bennani faisait l'objet d'une demande officielle d'extradition : « Walid Bennani n'est pas un simple 'politique' de ce Mouvement. Il a été inculpé du chef de participation à l'organisation de graves actes de sabotage de biens publics ».

c. Attendre la suspension (25 juin 1993) et l'annulation (23 septembre 1997)

Un an plus tard, le 25 juin 1993, le Conseil d'Etat se prononça sur la suspension de l'ordre ministériel du 27 mai 1992 de quitter le territoire dans les cinq jours, notifié à Bennani le 29 juin 1992 :

« Considérant que le requérant produit un dossier dont les pièces démontrent, selon lui, que s'il était forcé, d'une manière ou d'une autre, de regagner son pays, il risquerait d'y subir des traitements inhumains ou dégradants au sens de l'article 3 de la Convention européenne des droits de l'homme ; qu'il ajoute qu'entre les pays de l'Union du Maghreb arabe, dont l'Algérie et la Tunisie font partie, l'extradition n'est sujette à aucune restriction ; qu'en l'état de la cause, ces assertions n'ont pas été contredites ».[103]

La mise à exécution de la décision attaquée causant un préjudice difficilement réparable, le Conseil d'Etat ordonna la suspension de l'exécution de l'ordre de quitter le territoire.

Le 21 novembre 1994, je reconnus le statut de réfugié à son épouse et ses deux enfants : « Sa propre femme, qui avait été torturée en Tunisie, est arrivée en Belgique avec leurs deux enfants en 1994, après avoir fui clandestinement, et elle avait obtenu immédiatement le statut de réfugiée ».[104]

Le Soir[105] des 5-6 octobre 1996 annonça que le journal tunisien *La Presse*[i] mettait Bennani en rapport avec l'assassinat le 18 juillet 1991 du ministre d'Etat André Cools (PS). Deux Tunisiens étaient inculpés pour ce crime. Bennani niait y avoir été associé : « Parce que la Tunisie ne réussit pas à me faire extrader, elle essaie au moins de me traîner devant la justice belge dans une affaire avec laquelle je n'ai

---

[i] Selon *La Presse*, « l'existence de réseaux extrémistes en Belgique pourrait être en liaison avec l'assassinat. Ces réseaux, impliqués dans de nombreux trafics d'armes, compteraient des extrémistes notoires dont les dénommés Walid Bennani et T. » cité par R. Hq, *LS*, « La piste islamiste ne convainc pas en Belgique ».

rien à voir ».[i] Il refusa d'être entendu, le 24 octobre 1996, par la juge d'instruction liégeoise Véronique Ancia, en présence d'un juge tunisien.[ii]

Le 23 septembre 1997, plus de cinq ans[106] après que le ministre de la Justice eut, le 27 mai 1992, rejeté la demande urgente de réexamen de Bennani et lui ait refusé le séjour et l'établissement sur le territoire, le Conseil d'Etat annula cette décision ministérielle. En ce qui concerne le caractère frauduleux de sa demande, le Conseil d'Etat estima que, ce qui autorisait le Ministre à refuser l'accès au territoire n'était pas tant qu'il a tenté d'y accéder frauduleusement mais bien que sa demande de reconnaissance du statut de réfugié soit frauduleuse :

> « en d'autres termes, ce qui rend la demande manifestement fondée sur des motifs étrangers à l'asile, c'est la tentative de tromper les autorités 'lors de la déclaration' de réfugié, c'est-à-dire sur les circonstances de nature à fonder leur décision : preuve des persécutions alléguées, de l'appartenance politique, philosophique, ethnique ou religieuse, etc. ».[107]

Le Conseil d'Etat considérait qu'il n'apparaissait pas que le requérant avait utilisé le faux passeport pour tromper les autorités belges sur la qualité de réfugié qu'il revendiquait.

En se référant au rapport de la Sureté de l'Etat du 24 mars 1992, le Conseil d'Etat estima que le moyen dirigé contre l'invocation du danger pour l'ordre public ou la sécurité nationale était sérieux : « Considérant que ces renseignements ne permettent pas d'inférer nécessairement que le requérant a pris au sein du Mouvement *Ennahdha*, le parti de la violence dont il cautionnerait l'idéologie, et que sa seule présence en Belgique constitue une menace pour l'ordre public ou la sécurité nationale ». Cette décision fut notifiée à Bennani le 29 septembre 1997.

4. Enfin reconnu (19 novembre 1997), mais la Tunisie continue d'insister

Le 19 novembre 1997, le Commissaire général Luc De Smet reconnut à Bennani le statut de réfugié. Le 6 décembre, Bennani reçut sa carte de réfugié. Le 19 janvier 1998, le ministre de l'Intérieur

---

[i] Baudouin Loos, *ibid.* : « Walid Bennani nie toutes les accusations de Tunis en bloc : en Belgique depuis le 7 février 1992, un candidat réfugié affirme que le régime tunisien veut exploiter contre lui l'affaire Cools ».
[ii] LM, *LLB*, 25 octobre 1996 : « Cools : le Tunisien fait … opposition » ; Casper Naber, *DS*, 30 octobre.

déposa (tardivement) un recours au Conseil d'Etat afin d'obtenir l'annulation de la décision du Commissaire général du 19 novembre 1997 reconnaissant Bennani en tant que réfugié. Dès avant l'ouverture de la procédure, par lettre du 10 février 1998, le Ministre retira son recours. Dans son arrêt[108] du 30 septembre, le Conseil d'Etat décréta le désistement de ce recours.

Dans le cadre de nouvelles demandes d'extradition par les autorités tunisiennes, les autorités belges furent encore nombreuses à être sollicitées pour faire procéder à l'arrestation de Bennani. Le 5 octobre 1998, la Magistrate nationale demanda au Commissaire général davantage d'information sur les raisons spécifiques qui avaient fondé la reconnaissance de Bennani en tant que réfugié. Il répondit le 9 octobre : « Soyez assurée, qu'en son temps, le dossier a fait l'objet d'un examen extrêmement approfondi *en tenant compte* de tous les éléments *en ce compris* les éléments avancés pour argumenter la demande d'extradition ». Il n'aperçut par ailleurs pas de motif susceptible de justifier un retrait de sa décision de reconnaissance.

Le 16 mars 2000, le Commissaire général confirmait encore une fois au ministre de la Justice que l'extradition vers la Tunisie serait manifestement contraire aux obligations internationales belges au sens de l'article 33 de la Convention de Genève. Le 27 mars, le ministre de la Justice rejeta la demande tunisienne d'extradition. A nouveau sollicité par une demande tunisienne d'extradition, le ministère de la Justice demanda le 3 août 2001 au Commissaire général si l'intéressé bénéficiait toujours du statut de réfugié.

5. *PS* : Représentant du peuple en Tunisie (2011-2019)

Après que Ben Ali, qui depuis le 7 novembre 1987 était Président de la Tunisie, a été chassé du pouvoir, le 14 janvier 2011, Bennani retourna en Tunisie. Il y fut élu Représentant du peuple pour le parti *Ennahdha* dans la circonscription électorale de son lieu de naissance Kasserine du 22 novembre 2011 au 2 décembre 2014 et, à nouveau, pour un deuxième mandat à partir de cette date jusqu'au 13 novembre 2019. Lors des élections de 2011, *Ennahdha* devint le plus grand parti avec 37% des voix. En 2014, le parti obtint 27,73%, et en 2019 19,63%.

Chapitre V
De l'incident des « charters » à une revue
(janvier 1992-mai 1993)

Fin janvier 1992, certains de mes propos ont soulevé beaucoup d'émoi. J'avais dit qu'il ne fallait pas exclure *a priori* le recours à des charters pour éloigner les demandeurs d'asile déboutés et d'autres personnes en séjour irrégulier. A cause entre autres d'un afflux de demandeurs d'asile de l'ex-Yougoslavie, le progrès qui s'était manifesté depuis le 1er octobre 1991 ne se maintint pas. Le 15 juillet 1992, la responsabilité de la politique des étrangers fut transférée du ministre de la Justice au ministre de l'Intérieur. En juin 1992, toutefois, l'effet boule de neige s'enclencha à nouveau. Des efforts gigantesques seraient nécessaires pour l'arrêter. Beaucoup de jeunes juristes au Commissariat général, dont une quarantaine de miliciens, n'en eurent cure. L'arc ne pouvant pas être continuellement sous tension, ils organisèrent une « Revue du Commissariat général ».

1. « Mes charters » (22 janvier 1992)

Le soir du mercredi 22 janvier 1992, je fis, dans une salle de réunion du journal *Het Laatste Nieuws* à Bruxelles, un exposé sur le problème des étrangers séjournant irrégulièrement en Belgique, lors d'une réunion du conseil de direction du *Liberaal Vlaams Verbond* (LVV).[i] J'étais moi-même membre de ce conseil. Après avoir expliqué le fonctionnement de la procédure d'asile, j'enfourchai l'un de mes chevaux de bataille favoris : « Cela n'a pas de sens d'avoir une procédure pour déterminer qui peut rester et qui ne peux pas rester, lorsque ceux qui ne peuvent pas rester, peuvent rester quand même ». Cela fut accueilli par des murmures d'approbation.

Ensuite, j'expliquai les difficultés à mettre en œuvre une politique effective d'éloignement. Une de ces difficultés concerne le moyen de transport. Les avions sont le moyen le plus approprié mais des avions de ligne ne le sont pas toujours :

> « Pour certains pays, il n'y a pas de vols de ligne directs à partir de Bruxelles. Prenons, par exemple, le Ghana. Dans les quatre premières années d'activité du Commissariat général, il y eut plus de 5.500 demandes d'asile ghanéennes. Ceci

---

[i] Cette Fédération libérale flamande (*LVV*), fondée en 1913, était présidée (1982-1993) par Camille Paulus. Il était vice-président (1971-1993) de l'UIA (Université d'Anvers) et puis gouverneur (1993-2008) de la province d'Anvers.

fait plus que 13% de toutes les demandes d'asile. Leur taux de reconnaissance se situe à moins de 1%. Donc, 99% de ces 5.500 demandeurs d'asile auraient dû être rapatriés au Ghana. Or, il n'y a pas de vols directs entre Bruxelles et Accra.

En outre, il s'avère parfois que lorsqu'un demandeur d'asile débouté est mené à bord, il se montre récalcitrant et qu'il se mette même à chanter. Le commandant de bord dira assez facilement : 'Excusez-moi, je ne peux pas le prendre. La sécurité (et le confort) de mes passagers passe avant tout'. Pour ces raisons, il n'est pas justifié d'exclure des vols spéciaux, peu importe si vous les appelez des 'charters' ou non ».

Personne ne sembla offusqué par ces explications. Une réunion de la direction du LVV se déroule évidemment à huis clos. Seuls des membres du conseil de direction y participent. C'était une réunion entre une trentaine de « *medestanders* » (des compagnons, car les libéraux ne sont pas des « camarades »). Je m'étais exprimé en toute confiance.

Le vendredi matin 24 janvier 1992, 6 h 34, ma chambre à coucher à Edegem :

- Ring, Ring. Une voix endormie prend le téléphone et dit « Hallo ? ».
- « *M. Bossuyt ?* ».
- « Oui … ».
- « *M. Bossuyt, radio BRTN. Est-il correct que vous avez dit que les étrangers illégaux doivent être expulsés par charter ?* ».
- « Moi ? Quoi ? D'où est-ce que vous sortez ça ? ».
- « *Cela figure dans le journal, M. Bossuyt* ».
- « Comment ? Quel journal ? ».
- « *A la Une du journal* Het Laatste Nieuws *de ce matin* ».
- « Ah oui ! Oh la, la ! Sorry. Je dormais encore. Pouvez-vous peut-être me rappeler dans cinq minutes ? ».
- « *Bien sûr, M. Bossuyt, mais c'est pour le journal parlé de 7 h* ».

Je me brosse les dents. Je réfléchis un moment. En substance, ma réponse sera : « Oui, je l'ai dit. Et alors, où est le mal ? » Le téléphone sonne à nouveau. Cela sera un des jours les plus chaotiques de mon mandat de Commissaire général. Après la conversation téléphonique, je me suis hâté vers le Commissariat général : « Là, tous les médias belges me tombent dessus ».[109] Je pus m'adresser à toute la presse écrite et à toutes les stations de radio. Les quatre stations de télé (BRTN, VTM, RTBF et RTL) faisaient également la queue. Aux informations, elles diffusèrent les images des interviews que j'avais accordées.

La pierre d'achoppement fut Laurent Panneels. Dans le journal *Het Laatste Nieuws* du 24 janvier 1992, ce journaliste avait écrit un article sous le titre « Expulsion par charter. Pour le Commissaire aux réfugiés

Bossuyt : 'Le seul moyen pour réduire le nombre des illégaux' ». L'article était illustré par ma photo prise à mon bureau à côté de mon ordinateur, sous le portrait de la Reine Fabiola. Le sous-titre précisait : « Le Commissaire général aux réfugiés Marc Bossuyt dans les pas de la Première Ministre socialiste de France Edith Cresson ». Dans l'éditorial du même journal, René Adams écrivit sous le titre « Un commissaire en détresse » : « Il est frappant qu'un homme, profondément sérieux et impliqué et qui poursuit un équilibre difficile entre la législation et des principes humanitaires, lance aujourd'hui un appel au secours ».

a. Réactions à un « électrochoc » (25-26 janvier 1992)

Sous le titre « La Justice fâchée sur Bossuyt », Laurent Panneels écrivit que le cabinet du ministre de la Justice Wathelet avait réagi d'une manière « fort courroucée » à mes propos. Le cabinet avait enclenché la vitesse supérieure : « Ceci est très grave. Nous ne pouvons pas faire autrement que de réagir avec fermeté. Cela nous est très difficile. Bossuyt ferait mieux de s'occuper de l'arriéré de 9.000 dossiers qui lui est attribuable » (*HLN*). J'y répondis :
> « Ce que j'ai dit n'est pas tellement nouveau. Je ne renie pas mes propos. J'ai toujours abordé le problème de l'expulsion des illégaux dans mes rapports annuels. Cela peut résonner brutalement aux oreilles, maintenant qu'on commence à prendre un certain nombre de mesures, mais il faut être prêt à assumer les conséquences de ce qu'on décide et de ce qu'on fait. J'ai constamment soulevé la question de mon arriéré dans mes rapports annuels. C'est la conséquence du manque de moyens pour accomplir mon mandat » (*HLN*).

La Commissaire royale Paula D'Hondt déclara ne pas vouloir se prononcer sur ma proposition. Elle estima cependant que j'avais commis « une faute déontologique grave » : « La politique d'expulsion ressort entièrement de la compétence du ministre de la Justice Melchior Wathelet. Celui-ci ne peut pas réagir puisque le gouvernement est démissionnaire et le Ministre doit en tant que formateur [depuis le 19 décembre 1991] agir avec retenue » (*DS*). Le cabinet du Ministre-Formateur n'afficha pourtant pas beaucoup de retenue. La Commissaire royale dit aussi : « Il faut pouvoir discuter de ce que Bossuyt a dit, mais dans un forum approprié et discret [tel que lors d'une réunion à huis clos peut-être (MB)] » (*HV*).

La Commissaire royale alla jusqu'à prétendre que j'avais interchangé les notions de « réfugiés » et d'« illégaux ».

Heureusement, elle se souvenait encore (tout au moins le 9 septembre et le 28 décembre 1991) (voy. *supra,* p. 73) de ce qu'il y avait une distinction entre « réfugiés » et « migrants ». Son chef de cabinet Johan Leman trouvait cela « dommage ». Le 27 février 1992, elle se prononça néanmoins sur la décision individuelle concernant un réfugié (Walid Bennani) (voy. *supra*, pp. 79-80).

Déjà dans son premier rapport intermédiaire (le 1er juillet 1994), Johan Leman, qui lui succéderait en qualité de directeur du Centre pour l'égalité des chances, compta les demandeurs d'asile parmi les migrants (voy. *infra*, pp. 183-185). En sa qualité de chef de cabinet, il en remit encore une couche dans le même journal :

> « Je suis choqué qu'un collègue puisse s'exprimer de telle façon. Marc Bossuyt est descendu dans mon estime. Lui, un académique, devrait savoir qu'on ne peut pas s'exprimer sur un sujet aussi complexe avec seulement des slogans. Il doit se tenir à la séparation des pouvoirs. La fonction de Bossuyt [une autorité administrative ! (MB)] appartient au pouvoir judiciaire [*sic*]. Ses propos touchent à des compétences qui appartiennent aux pouvoirs exécutif et législatif. Où va notre système démocratique si certains pensent qu'ils peuvent tout faire et tout dire ? Est-ce que nos académiques sont tombés si bas qu'ils manquent de respect en parlant d'êtres humains ? » (*HV).*

A Laurent Panneels, il déclara qu'il avait « étudié un peu trop longtemps et qu'il se sentait trop bon intellectuel pour se prêter à certains propos et réactions » (*HLN*).

Sous le titre « Je maintiens ce que j'ai dit », je répondis comme suit :

> « C'est de ma compétence légale de dire ce que j'estime nécessaire pour une bonne politique des réfugiés. J'en parle au moins deux fois par semaine, devant n'importe quel public. Cette fois, il y avait par hasard un journaliste dans la salle. Je ne le savais pas. Je ne suis pas responsable de la manière sensationnelle dont mes propos ont été présentés. C'est aux médias de savoir comment le faire » (*HV*).

Martine Vandemeulebroucke écrivit sous le titre « Des expulsions par charter pour les immigrés illégaux ? » :

> « Les déclarations de Marc Bossuyt ont fait l'effet d'un électrochoc. Ne crée-t-on pas un risque de dérive ? Réponse de Marc Bossuyt : 'Est-ce un tabou de parler de renvoi par charter ? Il est hypocrite de dire qu'on peut expulser les illégaux un par un ; à partir de combien est-ce inadmissible ? Quatre ? Sept ? Vingt ? Il ne sert à rien d'avoir une procédure d'expulsion si 90% des illégaux restent ici » (*LS*).

Michel Marteau écrivit sous le titre « Le charter de la discorde » :

> « La façon de voir les choses de M. Bossuyt ne plaît pas à tout le monde. Au cabinet de Melchior Wathelet, on parlait de déclarations graves qui n'engagent en rien le Ministre. M. Bossuyt a parlé en son nom propre et n'a certainement

pas été mandaté pour le faire [j'étais d'ailleurs un mandataire indépendant (MB)] ».

Je répondis : « Je ne vois pas pourquoi par crainte d'être accusé de ceci ou de cela, je m'abstiendrais de tenir un langage réaliste sur le problème des illégaux. Et je ne nourris aucune sympathie pour l'extrême droite, je vous prie de le croire » (*LDH*).

Jean-Claude Matgen écrivait sous le titre « Des charters pour étrangers illégaux ? » : « Me Jean-Yves Carlier se réfère à l'article 4 du Protocol n°. 4 à la CEDH ['Les expulsions collectives d'étrangers sont interdites'] qui est clair et court. M. Bossuyt parle de décisions individuelles mais je ne crois pas qu'on puisse dissocier décision et exécution » (*LLB*).

Sous le titre « L'éloignement de demandeurs d'asile déboutés : malpropre ? », j'ai approfondi, dans une opinion du journal *De Morgen* du 28 février 1992, le contexte de l'incident « charter ». En ce qui concerne la CEDH, je me référai à une décision d'irrecevabilité de la Commission européenne des Droits de l'Homme du 3 octobre 1975. Cette décision (*Becker c. Danemark*) concernait le renvoi groupé par le Danemark de 199 enfants vietnamiens vers le Vietnam. Dans cette décision, la Commission européenne avait donné une définition de la notion d' « expulsion collective » : « toute mesure de l'autorité compétente contraignant des étrangers, en tant que groupe, à quitter un pays sauf dans les cas où une telle mesure est prise à l'issue et sur la base d'*un examen raisonnable et objectif de la situation particulière de chacun des étrangers* qui forment le groupe ».[i] Dans un entretien à la RTBF radio, mon contradicteur, Me Georges-Henri Beauthier,[ii] prétendit que ma proposition était contraire à l'interdiction d' « expulsion collective ». Il n'avait apparemment jamais entendu parler de la décision *Becker c. Danemark*. Il croyait initialement qu'il s'agissait de l'arrêt *De Becker c. Belgique*.[110]

Le 5 février 2002, la Cour européenne des Droits de l'Homme conclurait (par quatre voix contre trois) que la Belgique avait violé cette interdiction dans l'affaire *Čonka*. Le 5 octobre 1999, le Premier Ministre Guy Verhofstadt avait ordonné le départ de l'avion qui rapatrierait un couple slovaque avec des dizaines d'autres. La Cour estima problématique que de la sorte des ordres de quitter le territoire

---

[i] BOSSUYT, Marc, *Strasbourg et les demandeurs d'asile : des juges sur un terrain glissant*, Bruxelles, Bruylant, 2010, p. 97.
[ii] Voy. J-C. M., « M. Bossuyt : la suite dans les idées », *LLB*, 28 janvier 1992.

ne fassent pas d'autre référence à la situation personnelle des intéressés que le fait que leur séjour en Belgique dépassait les trois mois.[111] Dans cette affaire, le Premier Ministre avait fait preuve de grande détermination. Le Gouvernement prit connaissance ce jour à 16 h 30 d'une mesure provisoire strasbourgeoise contre leur renvoi. Ceci fut confirmé par fax à 18 h 10. A 17 h 45, l'avion était parti.

b. La fermeté appréciée (les éditoriaux du 27 janvier 1992)

Raymond De Craecker écrivit sous le titre « Expulsion et estime » :

« Notre pays vit une bagarre entre commissaires : la Commissaire royale Paula D'Hondt estime que le Commissaire général Marc Bossuyt a commis une grave faute déontologique en déclarant haut et fort son point de vue sur la politique d'expulsion défaillante dans une période durant laquelle le ministre de la Justice compétent ne peut réagir. Son chef de cabinet se dit choqué et il ajoute : 'Bossuyt est descendu dans mon estime'.

A notre avis cependant Bossuyt y est monté. Il maintient son point de vue. Il ne suit pas la piste de beaucoup d'hommes politiques, membres du cabinet, fonctionnaires, etc. qui sans scrupule suivent l'air du temps. Cette nation manque manifestement de figures d'autorité rectilignes, qui ne s'occupent pas uniquement de paperasseries mais aussi par la suite, de l'effet de leurs interventions. Le Commissaire aux réfugiés semble être de ceux-là » (*DNG*).

Michel Marteau écrivit sous le titre « Le bon sens est dangereux ... » :

« Un homme réputé modéré, qui affirme ne nourrir aucune sympathie pour l'extrême droite, dit tout haut ce que la plupart des gens pensent tout bas. Mais voilà, M. Bossuyt a eu le tort d'utiliser le mot 'charter'. Aurait-il dit 'par la voie des airs' ou 'par avion spécial' son message serait sans doute mieux passé parmi les indignés professionnels » (*LDH*).

Jean-Claude Matgen écrivait sous le titre « Maladroit, M. Bossuyt » :

« S'il a pris le risque de propos aussi musclés, c'est peut-être pour ouvrir les yeux de la classe politique sur la gravité d'un problème de plus en plus aigu. On s'étonne, et on regrette qu'il ait choisi cette voie et défendu un point de vue que tous ceux pour qui les Droits de l'Homme ont encore un sens, ne peuvent pas partager » (*LLB*).

c. La poussière retombe

L'hebdomadaire satirique *Pan* écrivit sous le titre « Charters : le faux scandale » : « Le brave Bossuyt n'a fait que répéter ce qu'il dit depuis des années et qu'il note tous les ans dans son rapport annuel. Ses propositions paraissent réalistes. Trop, sans doute, pour le couple démago-angélique [Mel]Chior-D'Hondt (29 janvier 1992).

Gabrielle Lefèvre apporta un vrai soulagement sous le titre « Faux scoop, vrai problème » :

> « Depuis vingt ans Marc Bossuyt défend et enseigne les droits de l'homme. Il a été président de la Commission des droits de l'homme aux Nations Unies. Il est vice-président de l'Institut international des droits de l'homme à Strasbourg. Il continue d'enseigner cette matière tout en assurant avec efficacité et dans des conditions très difficiles le travail ardu de défendre les droits des demandeurs d'asile. Le procès qui lui a été fait dans certains journaux était donc assez surprenant. Un journaliste du *Laatste Nieuws* assistait, sans avoir prévenu M. Bossuyt, à une réunion 'fermée' au *Liberaal Vlaams Verbond*. Il a cru tenir un scoop lorsque M. Bossuyt a parlé de la 'solution charter' pour rapatrier des demandeurs d'asile déboutés. Il avait déjà analysé son argumentation dans *De Standaard* du 21 avril 1991, la *Gazet van Antwerpen* du 7 juin, *De Morgen* du 14 juillet et dans une tribune de *La Libre Belgique* du 16 décembre. Pas de scoop donc ! » (*La Cité*, 30 janvier 1992).

Edith Cresson s'étant exprimée le 8 juillet 1991, je ne pouvais donc pas marcher dans ses pas les 21 avril (*DS*) et 7 juin 1991 (*GvA*). Présentés d'une manière moins sensationnelle, mes propos avaient à l'époque échappé à l'attention de certains.

Des lettres de lecteurs du journal *Het Laatste Nieuws* des 5 et 6 février 1992 étaient encourageantes :

- « Bravo pour Marc Bossuyt, qui tout au moins ose tirer des conclusions logiques et réalistes. L'indignation du ministre de la Justice et de Paula D'Hondt est perçue par les gens comme ridicule. Son bras droit, J. Leman, s'estimait trop intelligent pour réagir à la proposition de Marc Bossuyt » (de Tielt-Wingene) ;
- « Je ne peux que féliciter M. Bossuyt pour le courage qu'il a eu de faire de ce problème un sujet à discuter » (de Furnes) ;
- « Avec Marc Bossuyt, nous avons enfin quelqu'un qui ose faire écho à l'opinion de la majorité de la population belge et qui dit ce que les Belges pensent du problème des migrants. Je souhaite M. Bossuyt beaucoup de courage et de persévérance dans sa tâche difficile. Il mérite quand même une plume » (de St. Nicolas) ;
- « Il me fait penser à Diogène.[112] Celui-ci se promenait en plein jour avec une lampe et disait qu'il cherchait un Homme. Si Diogène rencontrait Marc Bossuyt, il dirait certainement : 'Enfin, un Homme, et même quelqu'un avec du bon sens' » (de Deurne).

d. *La Commission de la Justice de la Chambre (28 janvier 1992)*

Le mardi matin 28 janvier 1992, une douzaine de membres de la Commission de la Justice de la Chambre rendit visite au Centre de Transit 127 à Melsbroek et au Petit-Château à Bruxelles. La Commission était présidée par une jeune femme politique pleine d'avenir : Laurette Onkelinx[113] (PS). La presse du 29 janvier donna un large compte rendu de cette visite :[114]

- Patrick Martens (« Des demandeurs d'asile accueillent pour un jour des parlementaires », *HBvL*) : « La confrontation directe avec des demandeurs venus d'Afrique, d'Asie et de l'Europe de l'Est – et pour une fois non pas une conversation distante dans l'hémicycle parlementaire – a impressionné les parlementaires » ;
- Alain Vanbuyten (« Tout proche de la Terre promise », *HV*) : « Bien que les deux centres aient été profondément nettoyés, cela restait une image de désolation. Nous avons noté une grande histoire de misère humaine, de familles dispersées et de longues journées d'attente pour une réponse fréquemment négative » ;
- Alain Heyrendt (« Marc Bossuyt assume », *LLB)* : « La matinée était brumeuse et froide. Cela sentait la mauvaise cuisine, l'eau savonneuse et la résignation. La douche des femmes n'était ni éclairée, ni chauffée. Par une fenêtre, on voit sécher du linge et des ballons de foot crevés parsèment un enclos à l'herbe rare. Au Petit-Château, le décor était à peine moins désespérant ».

Dans l'après-midi, je présentai à la Commission mon *Troisième Rapport annuel* (année d'activité 1990). Ce serait mon dernier rapport annuel présenté à la Chambre et publié en tant que document parlementaire. Il était complété oralement par des données relatives à la quatrième année d'activité (1991) :

« Les députés attendaient Marc Bossuyt au coin de la tribune : il ne s'est pas défilé. Dans sa conclusion, il n'oublie pas le 'délicat mais néanmoins inéluctable éloignement du territoire des demandeurs d'asile refusés', et tant pis pour les réactions émotionnelles. 'On ne peut plus se montrer trop regardant sur les modalités pratiques d'exécution', disait-il ».[115]

Je ne revins pas sur mes propos d'il y a quelques jours sur les charters. Je déclarai qu'il n'y avait aucune solution si les demandeurs d'asile déboutés n'étaient pas contraints à quitter le territoire.[116] Je concédais que la manière par laquelle mes propos étaient présentés ne favorisait pas un débat serein sur la problématique des réfugiés :[117] « Cette matière est trop sensible pour faire du sensationnalisme ».[118]

e. PS : *Les "Vols spéciaux" de Frontex*

Qui aurait alors pu penser qu'il y aurait maintenant tous les mois des « vols spéciaux » décollant de plusieurs pays de l'Union européenne vers différents pays d'origine d'étrangers en séjour illégal ? Ceci est maintenant la politique officielle de l'Union européenne exécutée par Frontex (l'Agence européenne de garde-frontières et de garde-côtes). Ces vols sont surtout utilisés pour a) des étrangers qui ne peuvent pas, ou difficilement, être éloignés en raison d'une forte résistance ; b) de grands groupes pour une même destination ; c) des familles nombreuses qui, en raison de limitations imposées par les compagnies aériennes, ne peuvent embarquer sur un vol commercial ; d) permettre à un Etat-membre de participer avec un nombre limité de personnes lorsqu'un autre pays organise une opération de retour. Frontex finance les coûts de telles opérations à concurrence de 80%.

Il est à regretter que des vols spéciaux ne soient devenus possibles qu'après le décès d'une jeune femme nigériane, Semira Adamu (°15 avril 1978 - +22 septembre 1998), lors de la sixième tentative avortée de la ramener au Togo avec un avion de ligne. S'il n'y avait pas eu de tabou sur un éloignement par « *charter* », elle ne l'aurait pas payé de sa vie. Ce prix a été payé parce que des arguments émotionnels ont pris le dessus sur des arguments rationnels. Il fallut aussi la démission (le 26 septembre 1998) d'un ministre particulièrement compétent, Louis Tobback, qui fut l'artisan d'une politique d'immigration responsable. Ce n'est qu'ensuite qu'il est devenu clair qu'un avion de ligne n'est pas toujours le moyen le plus approprié pour éloigner du territoire des étrangers en séjour illégal récalcitrants (voy. *infra*, pp. 100 et 124 et chapitre XVIII, pp. 298-306).

2. Le progrès n'a pas pu être maintenu (juin 1992-avril 1993)

En juin 1992, je notai du progrès. Toutefois, un afflux de demandes d'asile originaires d'une Yougoslavie en dislocation contribuait à inverser cette tendance. Dans les rares cas d'un avis défavorable concernant des ex-Yougoslaves, je les fis accompagner par une recommandation de non-expulsion. Depuis le début de 1992, je donnai la priorité au traitement d'autres demandes d'asile. Je proposai d'instaurer pour les ex-Yougoslaves un statut de « personne déplacée ». Le 23 novembre 1992, le ministre de l'Intérieur y donna suite.

a. Un afflux d'ex-Yougoslaves

Le 18 juin 1992, je présentai mon *Quatrième Rapport annuel* (année d'activité 1991).[119] Grâce à une meilleure prise de conscience du monde politique et de l'opinion publique, il y eut progrès. Un point positif était le renfort en personnel, mais seulement 10% de mes collaborateurs étaient statutaires. La procédure s'était accélérée puisque, depuis le 1er octobre 1991, pour beaucoup de décisions, l'intervention personnelle du Ministre n'était plus exigée. Le nombre des demandes d'asile était tombé d'un record historique de 1.756 en septembre 1991 à une moyenne d'environ 1.200 par mois. L'arriéré était toujours important : il y avait globalement 20.000 demandes d'asile pendantes dont 12.000 au Commissariat général. J'insistai sur une plus grande accélération de la procédure. Je traitai en priorité les demandes entrées les dernières (*LiFo : Last in, First out*). L'Office des étrangers ne suivait pas cette manière de procéder. Je suggérais d'accorder temporairement un permis de séjour provisoire aux ex-Yougoslaves. En attendant, le mieux que je puisse faire était de ne pas traiter leurs recours urgents en priorité.

Le 10 novembre 1992, je reçus dans la boîte aux lettres de mon domicile privé, une lettre de menaces. Selon la *Gazet van Antwerpen* du 12 novembre, je prenais ainsi place « dans une ligne de personnes haut placées qui se dévouaient en faveur de l'intégration des étrangers ». Paula D'Hondt et les parlementaires Luc Dhoore (CVP) et Jef Sleeckx[120] (SP) en avaient reçu une également.

Le 30 décembre 1992, la *Gazet van Antwerpen* relata que je m'attendais à franchir en 1992 la barre de 17.000 demandeurs d'asile. Dans ce même journal, Boudewijn De Muynck relativisa ce nombre record :

> « Si le Commissaire général ne l'avait pas à nouveau relevé, probablement peu de gens s'en seraient aperçus. Une excitation exorbitante aurait été déplacée. Il aurait été honteux de se lamenter comme si une société généralement prospère n'était pas en mesure d'accorder un traitement humain à ces hommes, femmes et enfants. La réponse aux flux de réfugiés, c'est faire en sorte qu'ils ne doivent plus fuir ».

Le 8 février 1993, j'écrivis au ministre de l'Intérieur au sujet de la politique d'éloignement :

> « Si l'on procédait à l'éloignement effectif vers le pays d'origine, il s'avérerait que, pour un nombre considérable de cas, la durée du séjour 'légal' en Belgique a eu pour conséquence une intégration rendant toute mesure d'éloignement irresponsable au niveau social, humanitaire (et vraisemblablement aussi politique). La publicité médiatique faite autour d'ordres de quitter le territoire notifiés de manière peu judicieuse – *a fortiori* autour d'une reconduite forcée effective dans le pays d'origine - peut jeter le discrédit sur la politique des étrangers et des réfugiés. Par conséquent, la politique d'éloignement doit être appliquée *en priorité* à l'encontre des illégaux et des demandeurs d'asile déboutés ne séjournant pas depuis très longtemps en Belgique et pouvant de plus être reconduits dans des pays où la situation tant politique qu'économique n'est pas anormalement mauvaise ».[121]

b. *Un statut de personne déplacée pour les ex-Yougoslaves*

Dans *De Morgen* du 18 février 1993, je donnai des explications au sujet du statut de personnes déplacées d'ex-Yougoslavie instauré fin 1992 :

« Depuis le début du conflit (printemps 1991), je donnais pour la plupart des demandes urgentes de réexamen des avis favorables. Depuis le 1er octobre 1991, j'y ajoutai dans les rares cas d'avis défavorable la clause suivante :

'En raison des événements actuels qui se déroulent en Yougoslavie, le Commissaire général recommande toutefois de surseoir à toute mesure d'éloignement du territoire'.

Puisque l'Office des étrangers continuait, malgré la dégradation de la situation, de délivrer des ordres de quitter le territoire, j'ai décidé, début 1992, de donner la priorité aux demandes introduites par les nombreuses autres nationalités. Après l'entrée en fonction le 7 mars 1992 du Gouvernement Dehaene, j'ai proposé d'accorder aux demandeurs d'asile d'ex-Yougoslavie une autorisation de séjour provisoire. En août 1992, le ministre de l'Intérieur (compétent depuis le 15 juillet 1992) a décidé d'établir une procédure simplifiée pour l'octroi d'un droit de séjour temporaire pour les personnes déplacées en provenance d'ex-Yougoslavie. Le 3 septembre 1992, je demandais de préciser le statut des personnes dont la 'demande urgente de réexamen' était pendante. Le 23 novembre 1992, le Ministre décida de leur accorder un 'statut de personne déplacée' ».[i]

Au cours de novembre-décembre 1992, j'avais communiqué à l'Office des étrangers des listes de dossiers dont j'étais saisi, émanant de demandeurs d'asile originaires de Croatie (131), du Kosovo (229), de Bosnie-Herzégovine (270) et de Macédoine [du Nord] (379). Le 13 juillet 1993, je demandai à l'Office des étrangers de recevoir des listes de personnes ayant obtenu le statut de personne déplacée. Il me fut répondu, le 6 août 1993, qu'il n'était pas possible de donner suite à ma demande « à cause du caractère confidentiel des dossiers ». L'Office ne tenait pas de statistiques à ce sujet. Fin 1993, l'Office des étrangers avait délivré 3.880 déclarations d'arrivée de personnes déplacées.[122] Avec l'instauration d'un statut de personne déplacée, leur situation pendant la durée du conflit était réglée. Ils pouvaient rester en Belgique et ce, sans charger la procédure d'asile. Il y aurait encore beaucoup à lire dans les médias sur les ex-Yougoslaves. Il

---

[i] Un tel statut a été instauré par la directive 2001/55/CE du Conseil relative à des normes minimales pour l'octroi d'une *protection temporaire* en cas d'afflux massif de personnes déplacées. Sur ce sujet, un fonctionnaire du HCR, Periclis Kortsaris, a soutenu en 2003 à l'Université d'Anvers sa thèse de doctorat sous ma direction. Par suite de l'invasion russe de l'Ukraine, débutant le 24 février 2022, le Conseil de l'UE a décidé, le 4 mars 2022, de rendre opérationnelle cette directive.

s'agit cependant d'une histoire monotone que je ne relaterai pas davantage ici.[123]

Lors d'un débat à Louvain, le 2 avril 1993, je déclarai que l'arriéré dans le traitement des dossiers était « phénoménal ». Environ 30.000 dossiers étaient « quelque part » en traitement.[124] Début mai 1993, le *Burgerkrant,* le mensuel du VLD (les libéraux flamands), publia sous le titre « La boule de neige des demandeurs d'asile doit s'arrêter » une interview par Bart Somers dans lequel je déclarai :

> « Nous n'avons pas un problème de réfugiés mais un problème de demandeurs d'asile. [...] L'absence d'expulsions effectives fonctionne comme un aimant sur des demandeurs d'asile potentiels. [...] Nous avons une procédure pour déterminer qui peut ou non rester dans le pays. Quel est le sens d'une telle procédure si les demandeurs d'asile peuvent rester tout de même ? Supprimez alors tout ce rimram et ouvrez les frontières pour tous ».

3. La Revue du Commissariat général (8 mai 1993)

En Belgique, la création de « Revues » humoristiques est une tradition à l'Université. Dans l'administration, c'est plutôt rare. Aussi la Revue[i] (bilingue) du Commissariat général du 8 mai 1993 au centre paroissial de Kraainem fut un véritable évènement. Pas étonnant avec un personnel composé en grande partie de quarante miliciens, dont la plupart étaient juristes. Quelques extraits de la Revue donnent une impression de l'ambiance jeune, estudiantine et pleine d'humour qui y régnait.

a. La conférence de presse fictive

La Revue débutait par une conférence de presse (fictive) qui m'était attribuée sur l'ouverture d'un nouveau Centre d'accueil pour demandeurs d'asile à l'Aéroport National :

- Introduction : *« Le Centre Bossuyt, appelé du nom de son fondateur le Commissaire général aux réfugiés Bossuyt, a été ouvert aujourd'hui à Zaventem. A sa demande, nous transmettons en intégral son discours inaugural »*.
- Bossuyt : « Mesdames et Messieurs, C'est pour moi un honneur de pouvoir ouvrir le Centre Bossuyt aujourd'hui. Je remercie sincèrement mes amis de la presse pour leur soutien en ce qui concerne le choix du nom du Centre. Grâce à cette nouvelle initiative, l'étoile du CGRA scintillera encore plus. Le Centre Bossuyt est en effet un projet innovateur dans le domaine de l'asile

---

[i] Du théâtre, composé de différents éléments de nature différente, telle que le chant, la danse et des sketches, généralement à caractère comique ou satirique.

en Belgique et en Europe. Il répond à tous les besoins et nécessités du réfugié moderne. Le temps des châteaux et des containers est révolu : 'Le réfugié nouveau est arrivé'. Le Centre est divisé en trois classes. Les demandeurs d'asile les plus fortunés pourront désormais entrer dans la première classe, la classe VLD où l'ouverture est un des points essentiels. Dans la classe moyenne, le salon Paula D'Hondt, il y aura des repas pantagruéliques pour les invités. Le Centre Bossuyt pense également aux demandeurs d'asile moins fortunés. L'homme ou la femme qui souhaite tout de même un peu d'aventure peut entrer dans notre troisième classe, le salon Louis Tobback. Il s'agit de la classe sans fioritures. Chaque classe sera conduite par sa propre hôtesse. Si la Belgique veut conserver son statut actuel de pays d'asile attractif, les aspects culinaires ne peuvent pas être négligés ».

- Journaliste : « *Le rapatriement des demandeurs d'asile vers certains pays est-il bien raisonnable ?* »
- Bossuyt : « Naturellement, naturellement. Je prends un exemple pour l'Afrique. Il y a quelque temps, j'étais là-bas en mission. J'ai profité de l'occasion pour faire une enquête sur les prétendues violations des droits de l'homme dans ce pays. Eh bien, pendant un cocktail sur la terrasse de mon hôte, le ministre de l'Intérieur et de la Sûreté du pays concerné, à l'ombre des palmiers et avec le doux murmure de l'océan Indien en arrière-fond, j'ai carrément demandé des éclaircissements sur la véracité de ces plaintes internationales de torture. Il m'a formellement assuré qu'il n'était question d'aucune atteinte aux droits fondamentaux. Par conséquent : pas d'objection ».
- Journaliste : « *Pourriez-vous dire quelque chose au sujet des locaux d'interviews dans le nouveau centre ?* »
- Bossuyt : « Des locaux d'interview ? Comment ça ? Pourquoi des interviews ? Avec qui des interviews ? Je suis quand même le seul à donner des interviews au Commissariat général. Je mettrai à votre disposition l'excellente compilation de mes interviews télévisées, compilation intitulée '*The Best of the Boss*' ».
- Journaliste : « *Pouvez-vous déjà lever un coin du voile en ce qui concerne les projets d'avenir de votre Centre ?* »
- Bossuyt : « Si pendant la prochaine législature, je peux compter sur un appui suffisant du Parlement, je pense qu'un accord de coopération avec la Sabena et Air France n'est pas exclu. Après une période de participation minoritaire, le Centre Bossuyt reprendra cette compagnie aérienne privatisée. Cela conduira à la création de '*Bossuyt Airlines*' ».

Ensuite, venait une chanson entonnée par deux collaboratrices sur l'air de « *M'n Airhostess* » (Mon hôtesse de l'air) de Will Tura la chanson suivante :

« *Lorsque j'étais encore petit garçon,*
A l'école gardienne,
Je rêvais d'un avion
Avec beaucoup de personnes dedans.
J'étais naturellement le pilote.
J'étais le grand chef à bord.

Et maintenant que je suis grand,
Mon rêve se réalise :
Voici les 'Bossuyt Airlines'.
Lundi nous volons vers Accra.
Mardi soir, nous atterrissons à Kinshasa.
Mercredi, je suis déjà à Bombay.
Et jeudi, retour
À vide à la maison.
Comment devient-on passager ?
Ça commence par un dossier gris.
Tu racontes une histoire d'une petite heure.
C'est soumis à Infojur.
Tu attends alors encore un an ou deux
Et tu reçois mon cachet
Avec une lettre de Tobback en main.
Tu arrives alors aux Bossuyt Airlines.
Vendredi nous volons vers Varsovie.
Samedi, j'atterris à Islamabad.
Dimanche, à Ankara.
Et le soir, retour à Melsbroek.
Mes vols connaissent beaucoup de succès.
Il y en a six par jour.
J'ai aussi déjà organisé des charters
Avec l'appui du cabinet.
Chaque vol est plein.
Ça marche bien grâce à Lode.[125]
Moteurs à pleine puissance, toutes ailes dehors.
Voilà les 'Bossuyt Airlines' ».

b. *Un monologue sur les statistiques*

Un monologue me fut attribué concernant mes statistiques :
« Ah oui, mes statistiques. Selon moi, on peut tout faire avec les statistiques. Je dois avouer que je n'en ai pas encore convaincu Louis Tobback. La semaine passée, j'étais au cabinet, quand il m'a dit : 'Marc, mon garçon, tes statistiques, c'est comme un bikini : Ça montre beaucoup, mais ça cache l'essentiel'. De toute façon, moi je suis content de mes statistiques. Prenons cet exemple : la ligne la plus haute montre le nombre de minutes que je suis apparu au journal télévisé de VTM pour la période 1989-1990 : 19,5 minutes ; la ligne la plus basse, en revanche, montre pour la même période mes apparitions à la RTBF : pas moins de 14 minutes. A la fin de 1990, j'ai acheté un nouveau costume ... Et voilà, sur le schéma suivant, on voit directement une hausse spectaculaire de mes performances télévisées. Ce qui est étonnant, c'est que cette hausse est beaucoup plus importante à la télévision francophone. C'est pourquoi j'en conclus que mes copains wallons de la RTBF sont plus conscients de la mode que ceux de VTM : de 14 minutes à 27,5 minutes. En 1991, je suis apparu 13,5 minutes de plus à la Télé. Par minute de pellicule je dénonce deux fois le manque de personnel. Ainsi,

la Wallonie a en 1992 appris 27 fois de plus qu'en 1990 que le Commissariat général recrutait du personnel ».

Ce monologue était lui aussi illustré par une « Chanson des statistiques » sur l'air de « *Ze is mijn lief* » (Elle est mon amoureuse) de Helmut Lotti :

> « *Le soir, lorsque je suis encore là,*
> *Le soir, quand tout est calme,*
> *Je prends ma machine à calculer*
> *Et je compte mes RA's.*[126]
> *Car le soir, je suis toujours préoccupé.*
> *Donc le soir, je vérifie bien tout.*
> *Je compte toutes mes décisions*
> *Et prie Dieu de tout mon cœur d'être avec moi.*
> *Pourvu que mes statistiques soient bonnes,*
> *Sinon je suis complètement bloqué,*
> *Car je suis Commissaire général,*
> *Grâce à la langue des statistiques.*
> *Le soir, après avoir appuyé sur un bouton,*
> *Le soir, je vois où est le problème. [...].*
> *Aucun sommet trop haut*
> *Dans mes statistiques,*
> *Car je suis Commissaire général,*
> *Grâce à la langue des statistiques.*
> *Elles sont uniques*
> *Mes statistiques à deux couleurs,*
> *Exceptionnellement attrayantes.*
> *Même à l'unif,*
> *Elles sont exclusivement de moi,*
> *Mes statistiques de productivité,*
> *Mes statistiques.*
> *Je remercie le Seigneur de mes statistiques* ».

c. Les Ghanéens au Petit-Château

La Revue se clôtura avec une chanson sur les demandeurs d'asile ghanéens[127] au Petit-Château sur musique de « *I want to be in America* » de *West Side Story* de Leonard Bernstein :

> « *Accra-City, ville de l'Ashanti,*[128] *mon*
> *Pays aux fruits tropicaux,*
> *Avec beaucoup de noix de coco*
> *Et les sons du tam-tam.*
> *Accra-City, ville de la faim, mon pays*
> *Aux maladies tropicales,*
> *Avec tous tes cancrelats,*
> *Et tes uniformes verts de l'armée.*
> *Là où les balles tuent et les soldats*

Assassinent. Donne-moi, au cœur de Bruxelles,
La maison de la distraction et de Pleysier.[129]
Je suis si bien au Petit-Château.
Pour un Ghanéen c'est un vrai cadeau
De pouvoir vivre au Petit-Château.
Je ne quitterai jamais le Petit-Château.
J'aime aussi beaucoup Kumasi.[130]
Va-t'en donc, ton vol est à 2h30.
Des centaines de filles encore pures.
Des centaines de personnes dans la maison.
Comme apéritif au Petit-Château,
Pas de rhum acide mais un doux pinot ;
Plus de manioc au Petit-Château,
Tout à gogo au Petit-Château ».

Les membres du personnel qui avaient organisé cette Revue, étaient penchés - depuis trois mois déjà - sur une note de service du 26 janvier 1993 (voy. chapitre IX). Cette note avait instauré un système d'évaluation visant à mesurer leur productivité. La participation à la Revue ne leur procurait pas de points supplémentaires. Pourtant, aucun malaise n'était perceptible. Pour le dire avec une expression célèbre « L'ambiance était bonne ». Je dirais même plus : « L'ambiance était excellente ».

Trois mois après cette Revue, en juillet 1993, le couple basque-espagnol Moreno-Garcia demandait l'asile en Belgique. Les soupçonnant d'avoir prêté assistance à l'ETA, l'Espagne avait demandé leur extradition. Cette affaire créa beaucoup d'émoi et traîna encore plusieurs années.

Chapitre VI
Le couple basque-espagnol Moreno-Garcia
(1993-1998)

Le couple basque-espagnol Moreno-Garcia demanda l'asile en Belgique en juillet 1993. Luis Moreno Ramajo (°1961) et Raquel Garcia Arranz (°1962) séjournaient à Vilvorde chez des amis basques, depuis mars 1992. Ils y menaient une « vie paisible ».[131] Sur demande informelle de la *Guardia civil* du 17 juillet 1992, une mesure d'observation statique avait été entreprise à leur égard. L'observation fut arrêtée à défaut de mandat international espagnol.[132] Ce n'est que le 20 mai 1993 qu'un tel mandat fut délivré par un juge d'instruction à Madrid. Le couple y était accusé « d'être membres d'une association terroriste ETA qui, en visant la séparation des provinces basques de l'Espagne, commettait des attentats sur des personnes et des biens dans lesquels on compta 800 morts ». Ils se seraient occupés de l'infrastructure pour trois membres du « *commando Viczaya* » appartenant à cette organisation. Ils les auraient hébergés, et transporté des armes pour eux.

1. Avis défavorable aux demandes d'extradition
(23 juillet 1993)

Le 28 mai 1993, les autorités espagnoles demandèrent leur arrestation provisoire. Ils furent arrêtés, le 15 juin. Le 2 juillet, la Chambre du conseil du Tribunal de première instance de Bruxelles accorda l'exequatur « du chef d'association de malfaiteurs en vue de commettre des crimes ». Le 16 juillet, la Chambre des mises en accusation de la Cour d'appel de Bruxelles déclara exécutoires les mandats d'arrêt.[133] Le 23 juillet, cette même Chambre donna des avis sur les demandes d'extradition.[i] En se référant au caractère indubitablement politique des délits mis à charge et à l'absence de caractéristiques qui donneraient aux faits une particulière gravité, la Chambre émit un avis défavorable aux demandes d'extradition. La

---

[i] Les avocats étaient Me André De Becker et Me Marleen Vanlouwe du barreau de Bruxelles et Me Paul Bekaert du barreau de Bruges. Le lecteur de ce chapitre comprendra pourquoi le lundi après-midi 30 octobre 2017, Charles Puigdemont, président du gouvernement de la Catalogne, se trouva devant la porte de Me Paul Bekaert à Tielt. Voy. PUIGDEMONT, Charles, *De Catalaanse crisis : Een kans voor Europa. Gesprekken met Olivier Mouton,* Tielt, Lannoo, 2018, 192 p.

Chambre jugea que la réserve belge concernant des faits inspirés par des motifs politiques, tels que mentionnés dans l'article 13 de la Convention européenne sur le terrorisme du 27 janvier 1977, était d'application.[134]

En se référant à une pratique constante,[135] le ministre de la Justice Melchior Wathelet aurait pu refuser immédiatement les demandes d'extradition. L'Espagne « n'aurait pas été contente mais toutes les difficultés ultérieures auraient pu être évitées ».[i] A défaut, pour raconter la suite de l'histoire, il faudra encore plusieurs pages.

2. « Une gifle » :[ii] « examen ultérieur » des demandes d'asile (29 octobre 1993)

Raquel Garcia et Luis Moreno ont chacun introduit une demande d'asile, respectivement les 5 et 13 juillet 1993. Le 23 septembre, l'Office des étrangers les déclarait irrecevables parce qu'ils avaient introduit leur demande plus de huit jours après leur entrée dans le Royaume. Leur séjour était qualifié d'illégal parce qu'ils ne s'étaient pas présentés dans la commune pour enregistrement. Le 24 septembre, ils introduisirent contre ces refus de séjour des demandes urgentes de réexamen.[136] Le 18 octobre, ils furent auditionnés par mes collaborateurs, respectivement dans les prisons de Saint-Gilles et de Forest. Ils nièrent avoir hébergé des membres dudit commando. C'est en janvier 1992, à la suite d'une descente de la *Guardia civil* à leur domicile pendant leur absence, qu'ils avaient décidé de quitter l'Espagne.

Puisqu'en tant que ressortissants d'un pays membre de l'Union européenne, ils n'avaient pas besoin d'autorisation pour séjourner en Belgique et eu égard au caractère politique des charges, je considérai, dans mes décisions d'examen ultérieur du 29 octobre 1993,[137] que le retard invoqué de leur demande d'asile n'était pas un motif suffisant pour leur refuser le séjour. Leur crainte de persécution n'était apparue que le 2 juillet 1993, lorsque les demandes d'extradition leur ont été notifiées.

---

[i] Dans ma conversation avec Misjoe Verleyen (*Knack,* 16 mars 1994).
[ii] Les titres erronés dans les journaux du 4 novembre 1993 (Geert Van Hecke, *DS* : « Partisans de l'ETA reconnus candidats-réfugiés. La décision de Bossuyt implique que l'Espagne viole les droits de l'homme », et *HN :* « L'asile pour deux Basques. La décision autour des suspects de l'ETA est une gifle pour l'Espagne ») contribuaient à la violence des réactions espagnoles.

En outre, les demandes d'extradition se fondaient sur une déclaration de Juan Ramon Rojo, qui – tel qu'il ressortait du rapport[i] d'un médecin légiste espagnol – avait été maltraité après son arrestation. Je me référai aussi au rapport[138] du professeur Pieter Kooijmans,[139] Rapporteur spécial de la Commission des droits de l'homme des Nations Unies, ainsi qu'à l'article 3 CEDH et à l'article 15[140] de la Convention des Nations Unies contre la torture et autres peines ou traitements cruels, inhumains ou dégradants du 10 décembre 1984. Eu égard « à la gravité des charges et au caractère indubitablement politique des motifs des faits invoqués », j'estimai qu'un examen ultérieur de leurs demandes était nécessaire.[141] Le ministre de l'Intérieur Louis Tobback[142] s'est montré compréhensif à l'égard de mes décisions : « A sa place, j'aurais fait de même ». Il concédait cependant que c'était politiquement gênant pour nos relations avec l'Espagne.[143]

Après avoir relevé dans un communiqué de presse du 12 novembre 1993 qu'il y avait en Belgique chaque mois plusieurs centaines de demandes d'asile introduites par des personnes qui n'avaient manifestement aucun motif politique, je disais que refuser des demandes ayant d'évidence un motif politique pour une raison purement formelle (telle que la date tardive de la demande) sans examen du fond (avec les garanties prescrites par la loi qui l'accompagne) n'augmenterait pas la crédibilité de la procédure d'asile.[144] Je fis remarquer que je n'avais pas affirmé que l'Espagne demandait ces extraditions pour des motifs politiques. Toutefois, les faits dont les intéressés étaient accusés avaient indubitablement un caractère politique, comme la Chambre des mises l'avait d'ailleurs jugé préalablement.

En guise de protestation contre ma décision, l'Espagne bloqua, le 29 novembre 1993, toutes les initiatives en matière de droit d'asile lors du Conseil des ministres de la Justice et de l'Intérieur de l'Union européenne à Bruxelles.[145] Ce même soir à Madrid, le Premier Ministre (1992-1999) Jean-Luc Dehaene promit à son homologue

---

[i] Cette déclaration du 29 janvier 1992 parla de « mauvais traitements » : « on remarque des écorchures et des hématomes, tous récents, au visage, bras, avant-bras, main, tronc et extrémités inférieures » [Traduit de l'espagnol]. Le médecin légiste de l'*Audiencia Nacional* avait constaté « des ecchymoses, des hématomes, des écorchures ». L'*Audiencia Nacional,* un tribunal spécial à Madrid avec juridiction sur l'ensemble du territoire espagnol, est, entre autres, compétente pour des actes de terrorisme.

espagnol (1982-1996) Felipe González que le gouvernement irait en appel si je reconnaissais comme réfugiés les deux Basques emprisonnés.[146] Le ministre de l'Intérieur Louis Tobback déclara être entièrement d'accord avec le Premier Ministre. Il estimait néanmoins qu'en tant que Commissaire général - dans lequel il avait entière confiance - je devais pouvoir travailler en toute liberté.[147] Magda Aelvoet à la Chambre et Frans Lozie au Sénat (Agalev tous les deux) posaient oralement la question « comment je pouvais encore conduire une procédure d'asile de manière objective, après les propos du Premier Ministre ? ». Le Ministre Louis Tobback répondit, le 2 décembre 1993 : « Je le connais suffisamment pour savoir qu'il ne se laissera pas influencer de la sorte ».[148]

Dans *Het Volk*[149] du 2 décembre 1993, je déclarai que les propos du Premier Ministre n'étaient pas de nature à garantir la sérénité. Ils démontraient, en revanche, que j'agissais en toute indépendance. Dans un point de vue, *De Morgen* du même jour regretta la perturbation sérieuse du débat du côté politique et la rapidité avec laquelle la Belgique, présidente de l'Union européenne, avait cédé à la pression espagnole : « Pauvre, pauvre Union européenne, si elle ne peut prendre une forme structurelle que sur des cadavres ». Deux parlementaires du parti nationaliste basque *Herri Batasuna* parlèrent d'un chantage politique jamais vu de la part de Madrid.[150]

3. Un coup de tonnerre : la présidente du Tribunal les libère (8 décembre 1993)

Dans son ordonnance du 8 décembre 1993, la présidente du Tribunal de première instance de Bruxelles, siégeant en référé, se rapporta d'abord aux avis défavorables de la Chambre des mises et à mes décisions d'examen ultérieur. Elle constata que le gouvernement n'avait pas encore pris de décision sur les demandes d'extradition et que ma décision, qu'elle qualifiait d'intérêt prépondérant, pouvait prendre encore plusieurs mois. Elle ordonna la mise en liberté immédiate des deux requérants[151] et imposa une astreinte équivalente à €1.250 à payer à chacune des parties demanderesses par jour de retard. Les requérants devaient s'établir dans la province du Brabant et s'y faire enregistrer. Ils furent mis en liberté le soir même.[152]

Cela fit la Une des informations du jour dans les médias belges du 9 décembre 1993 :

« Le juge ordonne la libération des Basques », « Le juge libère des Basques », « Les Basques ont des difficultés à trouver effectivement la liberté » (PD, *DM*), « Les suspects de l'ETA sont quand même libres » (*HN*), « La Belgique libère deux suspects de l'ETA » (HEC, RB, *DS*), « La Justice libère les Basques après pas mal d'hésitations », « Après reconnaissance, l'extradition devient impossible » (JDW, *GvA*), « Une lutte à la corde au sujet de la libération des Basques », « Les Basques quand même libérés » (*HLN*) et « Le juge des référés ordonne la libération des deux Basques » (Alain Heyrendt, *LLB*).

Het Nieuwsblad du 2 décembre avait publié pour la première fois des photos du jeune couple basque (31 ans tous les deux). A partir du 9 décembre, ces photos apparurent dans plusieurs journaux, y compris dans *El País*.[i] Désormais, les demandeurs d'asile basques avaient un visage.

En Espagne, l'indignation était grande. Selon le Gouvernement espagnol, toute l'affaire était inacceptable, aussi bien d'un point de vue politique que juridique. C'était une ingérence de la Justice belge dans la Justice espagnole.[ii] *El País* publia, le samedi 11 décembre 1993, une large interview de moi, photo comprise. Je soulignai que je ne m'étais nullement exprimé sur des persécutions en Espagne. Tout cela devait faire partie de l'examen au fond sur lequel je ne pouvais donner aucune information. J'exprimai l'espoir que l'Espagne ne doutait pas que la Belgique fut un Etat de droit. Selon ce même journal, l'Association professionnelle de la Magistrature espagnole avait exprimé son indignation quant à la décision d'un juge belge, qui s'appuyait sur une mise en question inacceptable de la sûreté du système judiciaire espagnol.[153] Toujours dans le même journal, il y avait un article selon lequel le Gouvernement espagnol avait caché au professeur Pieter Kooijmans les rapports médicaux concernant Juan Ramon Rojo, le couple étant accusé sur base des déclarations de ce dernier.[154]

Puisque les déclarations du Premier Ministre belge, le 29 novembre 1993 à Madrid, pouvaient donner l'impression que les décisions que je devais prendre seraient influencées par des considérations

---

[i] Depuis le 11 décembre 1993, une photo du couple en liberté avec dans leurs mains le journal *El País* du 9 décembre 1993 est parue dans *El País* et dans plusieurs journaux belges.

[ii] *El País*, 9 décembre 1993. Selon *El País* du 10 décembre 1993 (avec la photo de Jean-Luc Dehaene) : « *La actitud belga, calificada de 'disparatada', 'insolita' y 'rechazable'* » (folle, insolite et regrettable). Selon *Knack* du 15 décembre 1993, le ministre espagnol de la Justice a parlé « d'une décision lamentable et incohérente qui ne peut être qualifiée autrement qu'un enchaînement d'absurdités. On n'a vu une erreur aussi flagrante nulle part ailleurs ».

d'opportunité politique, je posai, le 6 décembre, trois questions au Représentant du Haut-Commissaire des Nations Unies pour les réfugiés, conformément à l'article 57/23*bis*, §2, de la loi sur les étrangers. Le 13 décembre, ce Représentant, José Maria Mendiluce (par hasard, lui-même un Basque espagnol), répondit à ces questions comme suit :

    a) La Convention de Genève ne permet pas qu'une demande d'asile soit rejetée sur la seule base de la nationalité d'un requérant sans examen des données propres à sa demande d'asile ;

    b) L'octroi de l'asile ne saurait être considéré comme inamical à l'égard d'un autre Etat et ne devrait comporter aucune qualification politique de la nature du pays d'origine du requérant ;

    c) L'Espagne est un pays démocratique qui protège les droits de l'homme et est partie à l'ensemble des instruments juridiques de protection des droits de l'homme. Certains abus de droits dans le cadre de la répression du terrorisme dénoncés par des organisations non gouvernementales sont des cas isolés condamnés par les autorités espagnoles.

Ces réponses me renforçaient dans les décisions que j'avais prises et que j'allais prendre ensuite.

A l'initiative de cinq groupes politiques, le Parlement européen adopta, le 16 décembre, par 69 voix contre 13, avec 4 abstentions (et en l'absence de 449 parlementaires européens !), une résolution sur ma déclaration de recevabilité des demandes d'asile de deux membres supposés de l'organisation terroriste ETA. Selon cette résolution, un Etat membre de l'Union ne pouvait en aucun cas envisager d'accorder le statut de réfugié politique à un ressortissant d'un autre Etat membre.[i]

Dans un communiqué de presse du 17 décembre, je fis observer qu'aucune instance belge n'avait pris une décision dans cette affaire qui indiquait un manque de confiance dans la Justice espagnole. Je constatais que les réactions à ces décisions résultaient d'une

---

[i] *GvA* & *LLB*, 17 décembre 1993. Dans *De Morgen* du même jour, Willy Laes, ancien président d'AI Belgique, publiait une tribune libre sous le titre « Un Etat de droit peut également violer les droits de l'homme ». Selon le député européen Lode Van Outrive (SP), la résolution européenne allait à l'encontre de la Convention de Genève (PD/GVL, *DM*, 18 décembre 1993 : « La préoccupation pour les droits de l'homme n'est pas une ingérence ».

incompréhension causée par un manque de familiarité avec les caractéristiques spécifiques aussi bien de la procédure d'extradition que de la procédure d'asile belges, et en particulier concernant l'accès à cette dernière procédure.[i] Selon Martin Gerritsen *d'Amnesty International*, « le poids pesant sur les épaules de Marc Bossuyt était lourd ».[155]

4. Soulagement espagnol : Moreno-Garcia pas reconnus (16 février 1994)

Dans une décision largement motivée[156] du 16 février 1994, je refusai à Moreno et Garcia le statut de réfugié. Se référant à des experts en cette matière, *Knack*[157] parlait d'une décision formulée d'une manière extrêmement précise qui pourrait se retrouver telle quelle dans les manuels. La décision se référait à la doctrine, la jurisprudence et la pratique et aux antécédents déjà mentionnés, tant en ce qui concerne la procédure d'extradition que la procédure d'asile. Je relevais qu'il y a beaucoup de cas connus dans lesquels une extradition n'était pas accordée malgré un avis favorable d'une Chambre des mises, mais non l'inverse.[158] J'estimais, toutefois, qu'il ne m'appartenait pas de procéder à la reconnaissance du statut de réfugié uniquement pour empêcher une déviation de cet usage constant. Je constatais également qu'une demande d'un citoyen de l'Union européenne, qui en principe peut séjourner légalement dans n'importe quel Etat membre de l'Union, était sans objet s'il n'y avait pas de demande d'extradition. Finalement, je soulignais que, dans le cas présent, il était pour moi décisif qu'à mon avis il n'avait pas été démontré de manière convaincante, qu'en Espagne, un Etat membre de l'Union européenne, des sympathisants de l'ETA soient persécutés en raison de leur origine ethnique ou de leur conviction politique et non en raison des faits mis à leur charge.

Reconnaissant qu'à la lumière d'informations récentes,[159] l'existence d'une crainte de mauvais traitements dans le chef des intéressés ne pouvait être exclue, je considérais que l'attention publique exceptionnelle donnée à cette affaire, aussi bien dans le cadre des relations bilatérales belgo-espagnoles que dans celui du Parlement

---

[i] « Marc Bossuyt critique la pression politique dans l'affaire des Basques, 'par qui que ce soit' » (*Ibid.*) ; « Bossuyt : la Belgique ne doute pas de la Justice espagnole » (*DS*, 18 décembre 1993).

européen, permettait cependant de supposer que la crainte exprimée en l'espèce par les intéressés, n'était pas fondée dans les circonstances présentes.

A l'exception des comptes rendus – comme toujours corrects - dans *El País* (les 18 et 19 février 1994), ces décisions de refus ne donnèrent pas lieu à beaucoup de remous dans les médias belges.[160] Dans *Knack* du 6 mars, Misjoe Verleyen consacra un large article à cette affaire avec comme sous-titres : « L'affaire de deux suspects traîne. Toutes les instances se renvoient la balle ». [161] La Commission permanente de recours des réfugiés se fit attendre encore près de deux ans.

5. La Commission permanente prend son temps (jusqu'au 12 janvier 1996)

Le 18 février 1994, Moreno et Garcia introduisirent un recours devant la Commission permanente de recours contre ma décision de refus du 16 février. Lors de son audience du 17 mai, la Commission permanente de recours entendit les requérants et leurs conseils. Les débats furent encore rouverts le 12 septembre. Il fallut, toutefois, attendre jusqu'au 12 janvier 1996 pour que la Commission permanente de recours déclare les recours non-fondés. La reconnaissance de la qualité de réfugié leur fut refusée.

Dans sa décision de refus, la Commission permanente de recours se réfère en particulier à la réponse que le Représentant des Nations Unies avait donnée, le 13 décembre 1993, à mes questions. Après s'être référée encore, entre autres, aux *US Country Reports on Human Rights Practices for 1994*,[162] la Commission permanente de recours conclut que :

> « - la poursuite des appelants était de nature pénale ; l'extradition est demandée pour des faits de droit commun, à savoir faire partie d'une bande armée, joint au délit d'association illégale ;
> - il peut être admis que les faits de droit commun en question, s'ils pouvaient être démontrés dans le chef des appelants par l'autorité espagnole compétente, sont politiquement motivés mais, eu égard à l'information prévalente susmentionnée, le déroulement normal de la procédure judiciaire ne sera pas obstrué en raison d'un motif de la Convention de Genève du 28 juillet 1951, et l'exécution possible de la peine ne sera pas non plus influencée pour la même raison ».[163]

Le jour même, immédiatement après la décision de la Commission permanente de recours, le ministre de la Justice Stefaan De Clerck (CVP) fit arrêter Luis Moreno (le 12 janvier 1996).[164] Le 23 juin 1995, il avait succédé à Melchior Wathelet dans cette fonction.[165] Raquel

Garcia, qui avait réussi à entrer dans la clandestinité, fut arrêtée, le 22 janvier 1996, au siège d'Herri Batasuna à Auderghem. Une porte en verre fut brisée et leur petit garçon de huit ans fut retenu pendant six heures par des membres de la Brigade de Surveillance et de Recherche de la Gendarmerie (BSR).[166] Le Ministre Stefaan De Clerck qualifia cela ultérieurement de « malheureux ».[167] Selon Bert Cornelis,[168] la manière par laquelle le couple basque fut privé de sa liberté ne correspondait pas à la douceur habituelle de nos mœurs.

Interrogé à la Chambre des Représentants par Geert Bourgeois (VU), le 18 janvier 1996, le ministre de la Justice concéda que ce n'était pas un dossier facile.[169] C'était piquant qu'il était intervenu, en tant que membre de la Chambre, le 27 juillet 1993, à la demande de l'avocat du couple, auprès du Ministre Melchior Wathelet afin qu'ils ne soient pas extradés.[170] Le 19 janvier 1996, il devint public que deux parlementaires basques avaient informé le cabinet du ministre de la Justice que l'*Audiencia Nacional* avait jugé, le 29 décembre 1995, que Juan Ramon Rojo[171] avait fait l'objet de mauvais traitements le 29 janvier 1992. C'était sous pression physique qu'il avait fait les déclarations incriminant Moreno et Garcia.[172] Pour ces faits, le juge d'instruction de Bilbao avait, le 10 janvier 1996, mis en garde à vue huit membres de la *Guardia civil*.[i]

6. Le tournant de Stefaan De Clerck : l'extradition accordée (22 janvier 1996)

Le 22 janvier 1996, le ministre de la Justice décida néanmoins d'extrader les deux Basques vers l'Espagne.[ii] Il déclara vouloir attendre cinq jours avant de procéder à l'extradition afin de leur donner la chance d'attaquer ses décisions au Conseil d'Etat. Le 23 janvier, leurs avocats demandèrent la suspension et l'annulation de ces décisions et leur mise en liberté immédiate.[173] Ce même jour, au

---

[i] Voy. l'« Opinion » de Didier Rouget (Paris V) : « Etat de droit et raisons d'Etat » (*LLB*, 6 février 1996) et *Le Monde*, 16 février : « Franco n'est pas tout à fait mort » (A.-M. D., *VL'A*, 21 février).

[ii] Tous les journaux belges des 23 et 24 janvier 1996 en parlaient, avec des titres tels : « Des réactions courroucées partout » (PD, *DM*) ; « Une extradition très discutée » (A.H.) et « Plus de trois ans d'une attente angoissée » et « C'est le suspense » (Jean-Claude Matgen, *LLB*) ; « De Clerck décide … presque. Mais pas vraiment … Et pas toute suite » (Alain Guillaume, *LS*).

Sénat, Bert Anciaux (VU) qualifia la décision du ministre de la Justice de « scandaleuse ».[174]

Le 25 janvier, les députés Geert Bourgeois (VU), Patrick Dewael (VLD), Frans Lozie (Agalev), Serge Moureaux (PS)[175] et Francis Van den Eynde (Vl. Bl.) interpellèrent le ministre de la Justice à la Chambre.[176] Ils critiquèrent tous la décision d'extradition. Geert Bourgeois commença son interpellation avec ces mots : « Vous l'avez donc fait quand même ». Selon lui, la décision était prise par le ministre de la Justice (et non par le gouvernement), parce que le Premier Ministre avait été gravement échaudé dans ce dossier à l'époque en Espagne par son homologue Felipe González.[177] A nouveau, le ministre de la Justice admit qu'il rencontrait des difficultés émotionnelles avec ce dossier. Finalement, il dut prendre sa responsabilité politique sur base du dossier :[178] « Bien que je sache très bien qu'il faut tenir compte de beaucoup d'aspects profondément humains et que ces personnes ne constituent aucun danger pour la communauté ici, j'ai quand même invoqué nos obligations internationales ainsi que notre engagement à l'égard de nos partenaires européens ».[179]

Le 25 janvier, dans un point de vue dans *De Morgen*, sous le titre « Magistral », Yves Desmet écrivit que Stefaan De Clerck recevrait une place d'honneur dans l'histoire politique de ce petit pays. Il avait lancé un sophisme politique avec un raisonnement qui se conclut avec une beauté à glacer le sang. Dans le même journal, sous le titre « Lâche », Geert Van Istendael écrivit qu'il avait vu à la télévision un homme qui savait bien qu'il était en train de faire quelque chose dont il devrait avoir honte, mais qui ne pouvait pas le dire. Selon lui, Stefaan De Clerck agit sous la pression de Jean-Luc Dehaene, qui ne pouvait pas s'empêcher de détourner des règles de droit : « C'est un tic nerveux, chez lui ».

Le 26 janvier, cinq mille Basques marchèrent dans les rues de Bilbao en guise de protestation contre une extradition possible du couple Moreno-Garcia.[180] Dans *Het Nieuwsblad* du 27 janvier, Pol Van Den Driessche écrivit que le revirement du Ministre Stefaan De Clerck, qui trahissait en même temps quelque chose de schizophrénique, eut lieu sur instruction de Jean-Luc Dehaene pour ne pas gâcher - en indisposant l'autorité espagnole - ses ambitions européennes toujours sous-jacentes. Sous le titre « En se souvenant du duc d'Albe », il poursuivit : « Le danger est relativement mince que le Roi d'Espagne Juan Carlos envoie un descendant du duc Fernando

Alvarez de Toledo – connu comme le terrible duc d'Albe – à la tête de troupes en direction des Pays-Bas méridionaux pour venir prendre Moreno et Garcia avec la force de frappe des hallebardiers ».

Après le Conseil des ministres du 26 janvier, le Premier Ministre Jean-Luc Dehaene déclara : « Le Collègue De Clerck a pris ses responsabilités. J'ai l'habitude de couvrir les gens qui prennent leurs responsabilités ». Il dit être scandalisé par les propos de l'opposition comme si la décision d'extrader avait quoi que ce soit à voir avec ses ambitions européennes, « si jamais il en avait ».[181]

7. « Le Conseil d'Etat désavoue le Ministre »[182] (1 et 5 février 1996)

Le 29 janvier 1996, lors d'une audience après laquelle Luis Moreno a brièvement pu embrasser sa mère, venue d'Espagne, le premier auditeur du Conseil d'Etat recommanda la suspension de l'ordre d'extradition.[i] Il estima que les faits mis à charge ne tombaient pas sous la Convention européenne sur le terrorisme. Le 1er février, en extrême urgence, le président du Conseil d'Etat, Gustaaf Baeteman, ordonna la suspension de la décision d'extradition.[183] Il estimait que l'exécution immédiate de la décision attaquée entraînerait des conséquences irréversibles et priverait de tout effet un arrêt du Conseil d'Etat qui annulerait la décision attaquée.

« C'était attendu, mais pour autant cela vaut être mentionné » :[ii] quatre jours plus tard (le 5 février), le Conseil d'Etat confirma les suspensions ordonnées.[184] Il estima qu'on n'avait pas avancé de données qui devaient l'amener à un autre jugement en ce qui concerne les considérations[185] des arrêts en suspension pris en extrême urgence.[186] Le Conseil d'Etat souligna que le préjudice grave et difficilement réparable qui était pris en compte dans l'arrêt de suspension n'impliquait aucun mot de critique à l'égard de la Justice espagnole.[187] Le ministre de la Justice mit le couple basque immédiatement en liberté.[188]

---

[i] Caspar Naber, *HN*, « Nous avons un nouvel espoir » ; Désirée De Poot, *GvA* ; PD, *DM* ; S.V., *HLN* ; J.-C. M., *LLB* ; *DS* ; *El País*, 30 janvier 1996. Selon Yves Desmet dans un point de vue dans *De Morgen*, « Stefaan De Clerck avait fait preuve d'une flexibilité mentale que même une simple girouette ne pourrait pas imiter ».
[ii] Dirk Achten, *DS*, 6 février 1996 : « Ceci prouve qu'il y a encore de la place pour une jurisprudence indépendante et respectable ».

Dans un commentaire sous le titre « Un ministre blâmé », Luc Neuckermans[189] écrivit que l'humiliation publique du jeune ministre [âgé de 45 ans] par le Conseil d'Etat avait créé une grosse faille dans son autorité. Même après quelques siècles, la Flandre n'avait pas oublié l'Histoire. Le couple bénéficiait de la sympathie de certaines couches de la population en tant que combattants pour un idéal dans lequel les Flamands aussi se reconnaissent : « La brutalité des occupants et oppresseurs espagnols nous a été inculquée dès notre plus jeune âge par les livres d'Histoire et les bandes dessinées ». Sous le titre « La furie espagnole », Yves Desmet[190] écrivit que l'évidence avec laquelle l'Espagne suppose que sa logique doit être suivie, fait présumer qu'on considère encore toujours à Madrid que ce petit pays n'est qu'une lointaine province espagnole. Dans *De Morgen*[i] également, Edi Clijsters se posait la question : « Est-ce qu'une nouvelle Armada espagnole surgira bientôt devant nos côtes ? ».

L'Espagne était choquée par ces références historiques à la domination espagnole au XVIème siècle : « Qu'est-ce que le duc d'Albe vient faire dans toute cette histoire ? ».[191] Selon *El País*[ii] du 9 février 1996, le conflit avec l'Espagne avait rappelé l'ancienne époque des « *Tercios de Flandes* »[iii] dans un pays où on raconte encore aux enfants qui ne veulent pas dormir que le duc d'Albe viendra les chercher. Le Gouvernement espagnol réagit avec une violence inhabituelle :[iv] l'ambassadeur espagnol fut rappelé à Madrid

---

[i] Edi Clijsters (*ibid.*) écrivit que, selon le journal *El Mundo,* la sympathie en Flandre pour le nationalisme basque entraînait aussi une duplicité considérable à l'égard de l'ETA : « Bref : nous sommes *tous* des terroristes. Si cela n'amène pas une nouvelle Guerre de 80 ans ». Dans *Le Soir* du 12 février 1996, Leo Marynissen, rédacteur en chef de *Het Volk* écrivit : « D'un passé pas si lointain, nous savons ce que cela signifie d'être considérés comme des citoyens de seconde zone dans son propre pays. La Flandre a lutté pacifiquement pour son autonomie, sans utiliser l'arme des attentats et des meurtres. A l'inverse de l'ETA, la Flandre n'use guère de méthodes barbares pour parvenir à ces fins. Au fil des ans, elle a appris que la ténacité et la patience permettaient de grandes choses ».
[ii] Sous le titre « *Con los vascos y contra Castilla* » (Avec les Basques et contre la Castille), W. Oppenheimer s'en référa au « *fantasma del Duque de Alba* ».
[iii] L'armée du Roi d'Espagne Philippe II en Flandre.
[iv] *El País* (6 février 1996) parlait de « *El error belga* » : « Pour le plus haut Tribunal administratif, coopérer avec l'ETA et fournir couverture et transport à un de ses commandos meurtriers ne sont pas des délits prévus dans la Convention européenne sur le terrorisme » (*DS*, 7 février). Peter De Backer, *HN*, 7 février : « L'Espagne réagit furieusement » ; José Alves, *LS*, « L'Espagne très critique » et Pascale

et l'ambassadeur belge fut convoqué au ministère à Madrid.[192] Il lui fut annoncé que la coopération judiciaire entre les deux pays était temporairement suspendue.[193]

Au Parlement belge, le Premier Ministre Jean-Luc Dehaene fut interpellé, le 8 février 1996, par les mêmes députés que le 25 janvier, avec Didier Reynders (PRL-FDF) en plus, mais à l'exception de Serge Moureaux (PS).[194] Le Premier Ministre tira un coup de fusil à travers l'arc de l'Armada espagnole :[195] « En aucun cas, le Gouvernement belge n'admettra que le fonctionnement de la Justice belge soit contesté par l'Espagne. Si, à cause d'un arrêt du Conseil d'Etat, l'application de la coopération judiciaire est dénoncée et mise en danger, nous réagirons immédiatement et ferons savoir que ceci est pour nous inacceptable ».[196] Le 24 mai 1996, le ministre de la Justice aurait promis à Madrid au secrétaire d'Etat espagnol à la Sécurité que la liberté de mouvement du couple Moreno-Garcia serait restreinte pour qu'il ne puisse pas fuir la Belgique.[197]

8. Le ministre recule : l'extradition est retirée (2 octobre 1996)

Le 27 septembre 1996, les ministres de la Justice de l'Union européenne signèrent, à Dublin, la Convention relative à l'extradition entre Etats membres de l'Union européenne. Cette Convention permet l'extradition pour tout délit qui prévoit une peine d'au moins un an sans exiger la double incrimination et sans exception pour délits politiques et pour ses propres ressortissants.[198] Préalablement, le ministre de la Justice Stefaan De Clerck s'était rendu à Madrid pour y rencontrer sa collègue espagnole Margarita Mariscal de Gante. Ils avaient convenu de faire entrer cette Convention en vigueur entre eux de manière accélérée. A Dublin, la ministre espagnole de la Justice se déclara disposée à soumettre une nouvelle demande pour le couple Moreno et Garcia. Elle dit, toutefois, qu'elle attendrait l'arrêt du Conseil d'Etat belge. Me Paul Bekaert ne se fit pas de soucis pour le sort de ses clients : « La procédure devant le Conseil d'Etat ne peut tenir compte que de la situation juridique antérieure. Avec une procédure nouvelle d'extradition, on pourra s'attendre à un nouveau

---

Bourgaux, *LS* : « Madrid entre colère et incompréhension » ; *GvA* : « Madrid fâché » et « Relation tendue avec l'Espagne », 7 février.

carrousel judiciaire. La Belgique et l'Espagne veulent surtout éviter à l'avenir des répétitions de l'affaire *Moreno-Garcia* ».[199]

Le 2 octobre 1996, le ministre de la Justice Stefaan De Clerck décida de retirer l'arrêté ministériel du 22 janvier 1996 accordant l'extradition des requérants à l'Espagne : « Eu égard à la signature de la Convention relative à l'extradition entre Etats membres de l'Union européenne, fait à Dublin le 27 septembre 1996 ; Eu égard à l'ensemble des circonstances modifiées ».

Sur question orale du sénateur Bert Anciaux, le ministre de la Justice répondit, le 24 octobre 1996, que la Convention d'extradition du 27 septembre 1996 ne serait d'application qu'après ratification et uniquement sur des demandes introduites postérieurement.[200] En ce qui concerne le dossier *Moreno-Garcia*, il n'y avait, selon le Ministre, pas d'engagements pris à l'égard de l'Espagne. Le 22 mai 1997, le Conseil d'Etat[201] rejeta le recours de Moreno et Garcia, considérant que par ce retrait ministériel le recours en annulation n'avait plus d'objet. Cela prendra encore plus de six ans avant que Moreno et Garcia attirent à nouveau l'attention. Préalablement, il y aura encore deux exilés basques, l'un au Venezuela et l'autre au Mexique, qui viendront demander l'asile en Belgique.

Chapitre VII
Ne plus « passer la serpillière sous un robinet resté ouvert »
(1993-1994)

Cinq jours après la Revue du 8 mai 1993, je sonnai l'alarme à grand bruit. La procédure d'asile était submergée. Vingt jours plus tard, le 28 mai 1993, le gouvernement Dehaene I (CVP/PSC, SP/PS) décida, sous l'impulsion du Ministre Louis Tobback, de prendre des mesures fortes. A partir d'octobre 1993, il y eut des signes de progrès. Au Limbourg, les Indiens sikhs qui venaient y cueillir des fruits posaient un problème particulier. A partir de janvier 1994, le nombre de demandes d'asile diminua considérablement. Je fus candidat aux élections européennes du 12 juin 1994. A partir du 10 octobre 1994, Johan Vande Lanotte[202] (SP) succéda (jusqu'au 23 avril 1998) à Louis Tobback en tant que ministre de l'Intérieur.

1. La rupture de la digue et les sables mouvants (13 mai 1993)

Lors de la conférence de presse du 13 mai 1993, l'atmosphère fut moins bonne qu'elle ne l'avait été lors de la Revue, cinq jours plus tôt. En présentant mon *Cinquième Rapport annuel* (année d'activité 1992), je n'évitai pas les grands mots. Selon *De Morgen* du 14 mai, les superlatifs ne me manquaient pas et je n'avais pas peur d'un langage imagé. Il était question d'une rupture de digue, de sables mouvants, d'un dérapage, d'une boule de neige, d'un cri d'alarme et de la plus grande des crises d'asile.[i] Je disposais de 120 membres de personnel dont 40 miliciens et à peine 12 fonctionnaires statutaires. Je déclarai qu'il fallait tripler le nombre du personnel (*GvA, LDH*).

---

[i] Les titres des journaux étaient éloquents : « Bossuyt met en garde contre une rupture de digue », « Plus grande crise d'asile de l'histoire belge », « Bossuyt : 'préoccupé mais pas désespéré' » (PD, *DM*) ; « La pile de demandes d'asile est énorme. Le Commissaire général pessimiste » (Pol Van Mossevelde, *DS*) ; « Cri d'alerte pour plus de moyens et de personnel : Boule de neige de demandeurs d'asile » (Bert Cornelis, *HLN*) ; « Cri d'alerte : 'Ceci est la plus grande crise d'asile que la Belgique n'ait jamais connue' » (G.T., *GvA*) ; « Il faut sortir l''effet de boule de neige' de la procédure d'asile » (P.M., *HBvL*) ; « Nous nous enfonçons davantage dans les sables mouvants » (Peter De Backer, *HV*) ; « La procédure d'asile 'dérape'. Réfugiés : trente mille dossiers en retard » (Martine Vandemeulebroucke, *LS*) ; « Signal d'alarme tiré » (*Vl'A*).

Je reconnus qu'il y avait des critiques : « Pourquoi ce Bossuyt s'énerve-t-il ? ». Référence fut faite au nombre des demandes d'asile en Allemagne : elles avaient crû de 57.400 en 1987 à 443.000 en 1992. Moi-même, je pris pour référence le nombre des demandes d'asile en France : de 60.000 en 1989, il avait baissé de moitié : 27.486 en 1992.[203] La Belgique était sur le point de recevoir plus de demandes d'asile que la France qui a une superficie 20 fois supérieure (*DM, GvA*). Je me plaignis de ce que les mesures prises venaient toujours trop tard et se révélaient insuffisantes (*Vl'A*). Le sous-équipement de mes services était « un mal ancien qui m'empêchait déjà de dormir cinq ans auparavant, lorsque je présentais mon *Premier Rapport annuel* » (*DS*) :

> « Tous les cris d'alerte exprimés plus tôt ne sont rien par rapport au présent. Nous sommes désespérément aspirés par les sables mouvants. Ce n'est pas la montée des demandes d'asile qui conduit au dérapage de leur traitement. C'est l'inverse. C'est parce que le traitement des dossiers échoue, que le nombre des demandes enfle. Cet *effet boule de neige* doit être arrêté (*DM, DS, LDH*). Le Ministre compétent, Louis Tobback, est conscient des problèmes. J'ai avec lui une excellente coopération » (*DM, HV, HLN*).

Le 19 mai 1993, le Ministre me fit savoir que je recevrais suffisamment de personnel pour traiter un flux normal de réfugiés et pour absorber l'arriéré accumulé avec des contractuels : « En outre, je veux de la part de Bossuyt un engagement ferme sur le travail qui sera presté. S'il parle de quatre dossiers par jour et par collaborateur, j'exige que cela soit fait. Il ne doit pas venir se plaindre qu'il n'y en aura que deux ».[204]

Le 27 mai 1993, *Humo* publia une longue interview de moi avec Jaak Smeets. J'expliquai les raisons pour lesquelles la Belgique avait commencé à perdre le contrôle de la procédure d'asile depuis avril 1992 :

> « Grâce à la nouvelle procédure de reconnaissance qui est entrée en vigueur le 1er octobre 1991, le nombre des demandes d'asile a baissé dans la semaine de 25% et dans les trois mois, même de 45%. Les candidats-réfugiés l'avaient compris : 'Ce n'est plus comme "avant" ici'.
>
> En avril-mai 1992, deux nouveaux phénomènes surgirent : la situation se détériora au Zaïre et en ex-Yougoslavie ; le nombre des recours contre les décisions de l'Office des étrangers s'accrut de 29% à 71%. Le nombre des recours urgents introduits chez moi passa de 200 à 1.200 par mois. J'ai réussi à faire grimper le nombre de mes avis à 750 par mois. L'Office des étrangers ne parvint pas à suivre ce rythme dans ses notifications des décisions fondées sur ces avis.
>
> Le nombre des demandes d'asile monta de 1.125 par mois à 2.400. L'effet boule de neige s'était déclenché. C'était comme *passer la serpillière sous un*

robinet resté ouvert. Le grand drame était que le Ministre Louis Tobback n'était devenu compétent que le 15 juillet 1992, trois mois après que la procédure a commencé à déraper. La fameuse rupture de digue était amorcée ».

Je fis observer que les « flux de réfugiés » n'étaient pas un phénomène naturel. Les différences entre les Pays-Bas et la Belgique le démontraient. C'est comme si ces deux pays étaient séparés l'un de l'autre par un océan :

> « Il y a deux ans, il y eut 1.821 Sri-Lankais aux Pays-Bas et 91 chez nous. Les Pays-Bas avaient 1.710 Somaliens, nous 80. Les Pays-Bas avaient 816 Ethiopiens, nous 70. Alors que nous avions le record mondial de Ghanéens et que nous recevions proportionnellement beaucoup plus d'Indiens, de Pakistanais et de Nigérians. Ceci montre que les Pays-Bas ont certaines filières que nous n'avons pas et vice-versa ».

Je pointais aussi la « situation absurde » offrant aux étrangers deux voies pour venir en Belgique :

> « La voie légale : vous demandez un visa ; vous attendrez plusieurs mois ; vous n'aurez pas l'assistance d'un avocat ; vous ne pourrez pas aller en appel ; vous n'aurez pas de décision motivée et vous ne serez pas assisté entretemps par un CPAS.
>
> Et il y a la voie illégale : vous allez en Belgique ; vous vous présentez au Petit-Château et vous vous déclarez réfugié. Vous serez confronté avec quelqu'un qui vous dira : 'Je vous donne un petit papier. Veuillez revenir dans quelques mois parce que maintenant je n'ai pas le temps de vous interroger'. Entretemps, vous serez soutenu par un CPAS, vous recevrez l'assistance d'un avocat, vous recevrez une décision motivée, et, si elle ne vous plaît pas, vous pourrez aller une ou deux fois en appel ».

2. Mon cri d'alarme est entendu (28 mai 1993)

Cette fois, mon cri d'alarme fut entendu. Le 28 mai 1993, le Conseil des ministres[i] accorda une autorisation de recrutement à l'Office des étrangers de 100 contractuels dont 23 secrétaires d'administration. Pour le Commissariat général, il s'agissait de 186 contractuels dont 138 secrétaires d'administration. Afin de pouvoir assurer la formation de tous ces nouveaux collaborateurs, j'insistai pour que le recrutement soit étalé sur trois volets. Un arrêté royal du 25 juin 1993 prévoyait un recrutement étalé au 1er juillet 1993, au 1er octobre 1993 et au 1er janvier 1994. Le 2 juillet 1993, la

---

[i] « Tobback demande 200 fonctionnaires supplémentaires pour la politique d'asile » (P.M., *HBvL*, 27 mai 1993) ; « Nouvelles mesures » (*Vl'A*) ; « Davantage de personnel » (*HLN*) ; « De l'argent et des fonctionnaires supplémentaires » (*GvA*) ; « Trois cents fonctionnaires en plus » (*DS*) ; « Bossuyt reçoit du personnel supplémentaire » (*DM*, 29 mai 1993).

formation du premier volet de juristes nouvellement recrutés débuta. Les résultats du recrutement des deux premiers volets étaient particulièrement concluants. Le succès était tel, qu'à ma demande, les membres de personnel du troisième volet n'ont pas été recrutés. J'avais prédit que cela ne serait pas nécessaire mais le Ministre n'avait pas osé me croire.

Le 2 juillet 1993, le Roi Baudouin reçut en audience au Château de Laeken Stéphane Schewebach, l'administrateur général a. i. de la Sécurité publique,[205] précédé par moi-même. C'était la troisième fois que le Roi Baudouin me recevait en audience (voy. *supra*, p. 69). Lors de sa visite à Anvers à l'organisation Payoke, le 28 octobre 1992, le Roi s'était engagé en faveur des victimes de la traite des femmes. Cette fois, il fit comprendre qu'il voulait peser sur la politique d'asile. Avec son décès à Motril (Espagne), moins d'un mois plus tard, le 31 juillet 1993, cette initiative resta sans suite.

Dans une lettre au ministre de l'Intérieur, je revins encore le 23 juillet 1993 sur la politique des éloignements (voy. *infra*, chapitre XVIII, pp. 298-306) :

> « Toute improvisation doit être évitée en matière de politique d'éloignement. L'éloignement effectif d'un demandeur plutôt que d'un autre ne peut dépendre de facteurs fortuits. Une politique d'éloignement mûrement réfléchie ne peut, une fois définie, être mise en cause par un quelconque intérêt médiatique. Elle doit s'accompagner d'une politique de régularisation. Ici également, il convient de s'en tenir aux principes définis préalablement de manière objective ; sans cela, la désagrégation guette ces principes à très brève échéance. Dès qu'il devient notoire que la politique cède la place à l'intérêt médiatique, à des pétitions ou à des grèves de la faim, ce type d'actions est encouragé à un point tel que leur multiplication rend toute politique impossible. Afin de pouvoir maintenir la flexibilité requise et d'éviter de nouvelles procédures juridiques, une politique de régularisation doit être élaborée sous la forme d'une pratique administrative ou de prescriptions plutôt que sous la forme législative ».[206]

Le 30 septembre 1993, le ministre de l'Intérieur donna des explications sur un certain nombre de mesures prises tout en annonçant aussi des mesures supplémentaires.[i] La modification de la loi sur les étrangers par la loi du 6 mai 1993 et le renforcement du personnel notamment, revêtaient une grande importance. Il annonçait, en outre, la création d'un registre d'attente dans lequel tous les demandeurs d'asile seraient inscrits. Le 5 octobre, un centre fermé supplémentaire avec une capacité de 120 personnes fut ouvert à

---

[i] « Louis Tobback veut décourager les réfugiés » (*LLB*, 1 octobre 1993).

Walem.[i] Jean-Claude Matgen (*LLB*) parlait de « Mesures utiles et dangereuses ». Il compta Walem parmi les mesures dangereuses. L'installation de Printrak pour découvrir des demandes doubles ou multiples eut un résultat immédiat : les six premiers jours, sur 427 demandeurs d'asile, il en avait débusqué 54 (11%).[207]

Le 14 octobre 1993, je déclarai que les mesures prises n'étaient « ni superflues, ni excessives mais nécessaires ».[ii] J'attirai aussi l'attention sur un « effet de cascade » qui faisait que les arriérés passaient d'une instance à l'autre.[iii] Pour la première fois depuis longtemps, j'avais de l'espoir.[iv] Il y avait des « signes de progrès » :[208] le nombre des demandes d'asile avait baissé de 3.076 en août à 2.507 en septembre.[209] Je n'étais pourtant pas complètement satisfait : je regrettais qu'il y ait du retard dans certains recrutements puisque je ne pouvais pas étendre mes locaux dans le bâtiment Shell à la rue Ravenstein 60. Je dus déménager au North Gate, le 1er janvier 1994.[210] Je critiquai sévèrement les CPAS. Je trouvais « très inquiétant que des bourgmestres et des échevins[v] décidassent ouvertement de ne pas appliquer la loi. Ils continuaient à assister des personnes à qui l'asile avait été refusé et qui se trouvaient donc illégalement sur le territoire. Ils refusaient d'assister des nouveaux demandeurs d'asile qui eux étaient encore en procédure et qui séjournaient donc légalement sur le territoire ».[211]

3. Les Sikhs : des cueilleurs de fruits au Sud-Limbourg (1993-1994)

En juillet 1992, la ministre (1992-1999) de l'Emploi et du Travail Miet Smet avait, sous l'insistance de la ville de Saint-Trond, facilité l'emploi de demandeurs d'asile dans la cueillette des fruits. Je mis la Ministre en garde sur ce que cela pourrait constituer un pôle d'attraction de demandeurs d'asile n'ayant aucune crainte de

---

[i] « Un nouveau centre d'asile fermé à Walem » (Ann Ghijs, *HV*) ; « Réfugiés : le ministre de l'Intérieur contre les fraudeurs et les frimeurs » (Martine Vandemeulebroucke, *LS*, 1 octobre 1993).
[ii] « On a perdu la maîtrise des demandes d'asile. Le Commissaire général l'avait pourtant prédit » (Alain Heyrendt, *LLB*, 15 octobre 1993).
[iii] « Les demandes d'asile font du surplace » (Michaël Dominé, *Vl'A*, 15 octobre 1993).
[iv] « Une loi d'asile plus sévère porte ses premiers fruits » (FVG, *DS*, 15 octobre 1993).
[v] Des maires et des adjoints au maire.

persécution. La Ministre le réfuta dans une lettre du 9 septembre 1992. Le 14 avril 1993, le ministre de l'Intérieur fit savoir à sa collègue qu'il avait dû constater avec regret que son déni était contredit par les faits. Entretemps, le nombre de demandes d'asile de Sikhs s'était élevé d'une moyenne de 73 par mois en 1991/1992 à une moyenne de 400 par mois de mars à août 1993. L'observation faite le 23 juin 1993 par l'ambassadeur de Belgique à New Delhi, Cristina Funes-Noppen,[i] fut particulièrement pertinente : « Il y a en Inde 900 millions d'habitants ! ».

Je déclarai qu'« il y avait un lien indiscutable entre les possibilités d'emploi pour des cueilleurs de fruits venant d'Inde et la montée des demandeurs d'asile venant de ce pays ».[212] Pourtant, seulement 6% étaient déclarés recevables et moins de 0,5% reconnus réfugiés.[ii] Maintenant, la ville de Saint-Trond estima qu'il y avait trop de demandeurs d'asile sikhs sur son territoire.[iii] Selon *Het Belang van Limburg* du 15 octobre 1993, il y avait au Sud-Limbourg 1.700 candidats-réfugiés dont 1.400 à Saint-Trond. A la Croix Rouge de Halmaal, cent matelas avaient disparu ; ils étaient à vendre à 3.000 FB [€75] la pièce. Sur 20 habitations inspectées par les sapeurs-pompiers, il n'y en avait que cinq en règle. Le bourgmestre (1977-1994) de Saint-Trond, Jef Cleeren (CVP), n'inscrivit plus d'étrangers, contrairement à sept autres communes du Sud-Limbourg.[iv] Ce fut une volte-face complète : en mars 1992, il avait encore manifesté contre les rafles visant les travailleurs étrangers.[213]

Le 10 novembre 1993, le député Jan Peeters (SP) posa une question orale sur la violation massive par les employeurs du protocole conclu pour le secteur de la cueillette des fruits. La ministre de l'Emploi et du Travail était également indignée par ces abus. Depuis le 1er octobre, les candidats-réfugiés ne pouvaient obtenir un permis de travail que lorsque leur demande était déclarée recevable.[214] À la question pour quelles raisons il y avait une concentration de Sikhs dans la région de

---

[i] En 1984, elle avait fait, avec succès, à Genève du lobbying pour ma réélection à la Sous-Commission des droits de l'homme (FUNES-NOPPEN, Cristina, *Chroniques impertinentes* …, Bruxelles, 180 éditions, 2021, p. 18).
[ii] « Est-ce que la politique des réfugiés exerce une influence sur le flux des demandeurs d'asile ? » (G.T., *GvA*, 15 octobre 1993).
[iii] « Le nombre des demandeurs d'asile sikhs a décru spectaculairement » (A.G.G., *HV*, 15 octobre 1993).
[iv] « Les communes veulent un protocole avec le secteur fruitier concernant les Sikhs » (J.P./L.E., *HBvL*, 15 octobre 1993).

Saint-Trond, je répondis le 4 mars 1994 : « Les Sikhs sont excellents pour la cueillette des fruits, paraît-il. Ils se contentent d'un salaire misérable, de conditions de logement déplorables, etc. C'est en se déclarant réfugié qu'ils viennent effectuer ce travail. La procédure d'asile n'a pas été conçue pour organiser le marché de l'emploi en général, ni celui de la cueillette des fruits au Limbourg en particulier ». Selon le secrétaire de l'Organisation belge des producteurs de fruits : « on pouvait donner aux Sikhs une place pour dormir au-dessus d'un frigo. Avec des Espagnols, cela ne marcherait pas ».[215]

Dans *De Standaard* du 2 avril 1994, Jeroen Wils fit mention d'une concertation du gouverneur de la province d'Anvers et de Dirk De Winter, l'excellent ambassadeur à la politique d'immigration, qui avait eu lieu à Anvers avec la communauté indienne. Il y eut aussi une concertation à Bruxelles entre le ministre de l'Intérieur et l'ambassadeur d'Inde. J'estimai que les producteurs de fruits donnaient un mauvais signal en répétant qu'ils voulaient mettre des demandeurs d'asile au travail. Je fis observer qu'il y avait en 1993 en Belgique 3.111 demandes d'asile indiennes et 78 aux Pays-Bas. Comme s'il y avait un mur de Berlin entre les Pays-Bas et la Belgique.[216]

Le 1er juin 1994, le ministre de l'Intérieur déclara d'une manière plutôt cynique : « Les Sikhs ne viennent plus. Il n'y a là-bas plus de persécutions, ni de torture. Il n'y a plus de pauvreté non plus.[217] Entretemps, nous sommes allés en Inde pour y expliquer qu'il n'y a plus de travail en Belgique pour des demandeurs d'asile et que leurs demandes sont actuellement traitées en une demi-année ».[218]

Sur les Sikhs à Saint-Trond, je déclarai dans *Dag Allemaal* du 14 juin 1994 :

> « Le bourgmestre de Saint-Trond est venu manifester, il y a quelques années, avec les producteurs de fruits, pour pouvoir accueillir plus d'Indiens. A un certain moment, il y en avait plus que d'habitants à Saint-Trond. Il s'agit d'êtres humains et non pas de produits à jeter. On ne peut pas les utiliser, les presser un peu et puis les jeter à la poubelle ! Je ne peux pas continuer à recruter des juristes pour écouter les petites histoires de gens qui ne sont même pas persécutés, mais qui viennent récolter des fruits pour aider des cultivateurs en détresse. Je ne suis pas disposé à en payer les frais. Ce n'est pas mon métier d'offrir des travailleurs à bon marché. Que les Indiens viennent ici, n'a rien à voir avec la situation en Inde. C'est la conséquence de la situation au Limbourg où ils peuvent gagner un peu d'argent et de la manière laxiste avec laquelle nous renvoyons des illégaux. Ou plus correctement, '*ne* les renvoyons *pas*' ».

Le nombre de demandeurs d'asile indiens s'effondra complètement : de 400 par mois en 1993 à 7 en juillet 1994. Je déclarai : « Il semble qu'ils aient compris ».[219] En neuf ans d'activité, j'ai compté 8.460 demandeurs d'asile indiens. 37 Indiens ont été reconnus réfugiés (0,43%), dont cinq par la Commission permanente de recours. Songez au nombre de juristes que nous avons dû recruter pour traiter toutes les demandes de ces Indiens, assistés d'avocats et d'interprètes ...

4. Candidat aux élections européennes du 12 juin 1994

Le 28 décembre 1993, le sénateur Herman Suykerbuyk (CVP) publia une lettre ouverte dans laquelle il m'accusa de « conflit d'intérêts intellectuel ».[220] Pour lui, il était inacceptable que je prenne la quatrième place sur la liste du VLD aux élections européennes du 12 juin 1994. Le 12 janvier 1994, *De Standaard* écrivit : « Bossuyt a un problème déontologique ».[221] Le ministre de l'Intérieur Louis Tobback réagit toutefois avec le sourire : « J'ai toujours des difficultés lorsque quelqu'un figure sur une autre liste. Le Commissaire général a le droit de se porter candidat aux élections. Son job est temporaire. Personne ne peut lui en vouloir s'il explore les possibilités d'un autre job. Il prendra les mesures pour qu'il n'y ait pas de problème déontologique ».[222]

Interrogé à la Chambre le même jour par le député John Taylor (CVP), le Ministre répondit :

> « Je suis particulièrement satisfait de la manière dont fonctionne le Commissariat général et du travail du Commissaire général, c'est un partenaire loyal. En cas d'une nouvelle loi, j'organiserai le Commissariat général autrement. Maintenant, même son statut et sa pension ne sont pas réglés. A la tête d'une telle institution, il y aurait alors un Commissaire général nommé à vie. Personnellement, j'estime qu'il a choisi le mauvais parti, mais il a de toute façon le droit d'agir de cette façon ».[223]

Dans une lettre, adressée le même jour au sénateur Herman Suykerbuyk, le président (1992-1995) du VLD, Guy Verhofstadt, écrivit :

> « On ne peut pas en même temps imposer la déontologie des magistrats indépendants à quelqu'un et lui refuser le statut y correspondant. J'ai la plus grande confiance dans le sens des responsabilités de Monsieur Marc Bossuyt. Je n'ai pas de doutes que la direction, ou le fonctionnement et les décisions du Commissariat général ne seront en rien influencés par des considérations de politique partisane ».[224]

Le 14 mars 1994, le ministre de l'Intérieur m'envoya un aimable billet avec, entre autres, les mots suivants : « Comme je te l'ai déjà dit : 'Tu irais perdre ton temps en Europe'. Mais je ferai le nécessaire pour prévenir ce malheur ». Il tiendra parole. Il fut lui-même élu, tout en ne figurant qu'à la dernière place sur la liste SP.

Le 31 mars 1994, à une question du sénateur Paul Pataer (SP), le Ministre Louis Tobback répondit :

« La loi n'impose pas de restrictions à l'engagement politique du Commissaire général. Il a un statut indépendant et il n'a pas d'ordres à recevoir du gouvernement. En tant que fonctionnaire, il a le droit de parole et il n'a pas un devoir de silence. Je ne suis pas choqué par le fait qu'il va proclamer quelque part ses opinions. J'ai l'impression que M. Pataer réagirait autrement si le Commissaire général avait exprimé des points de vue lui ayant plu. Le Commissaire général a commis une erreur fondamentale en se ralliant au parti de M. Herman De Croo,[225] mais chacun a ses points faibles ».

Le *Pan* du 30 mars 1994 consacra, sous le titre « Le cynisme de Marc Bossuyt », un long article à ma candidature : « Cet ambitieux professeur de l'Université d'Anvers doit sa célébrité au fait qu'après avoir été chargé de plusieurs missions dans la défense des droits de l'homme, le gouvernement l'a bombardé ensuite Commissaire général ». Cette nomination était comparée à celle de Fons Verplaetse[226] au poste de Gouverneur (1989-1999) de la Banque nationale.

Le 20 avril 1994, le journal satirique publia ma réaction :

« En ma qualité de professeur de droit international public à l'Université d'Anvers et représentant de la Belgique à la Commission des droits de l'homme des Nations Unies, je n'ai nullement ressenti ma nomination en tant que Commissaire général comme un 'bombardement' mais plutôt comme l'occasion de rendre un service périlleux à mon pays dans des circonstances qui s'annonçaient difficiles. Je crois ne m'être trompé, ni sur le caractère périlleux de cette mission, ni sur la difficulté des circonstances. Et soit dit en passant, le poste de Commissaire général n'a vraiment que peu en commun avec celui de Gouverneur de la Banque nationale.

Je ne suis toujours pas 'ancien expert des droits de l'homme'. J'ai retrouvé en 1992, et ce pour un mandat de quatre ans, mon siège de membre de la Sous-Commission des Nations Unies de la lutte contre les mesures discriminatoires et de la protection des minorités.[227]

Le Commissaire général ne peut réformer les décisions négatives de l'Office des étrangers que dans un sens favorable aux demandeurs d'asile. Même s'il le voulait - *quod non* - il ne pourrait donc pas 'profiter de cette préséance sur l'Office des étrangers pour mener une politique très dure à l'égard des candidats réfugiés'. Ceux qui sont refusés quant au fond, peuvent toujours introduire un recours auprès de la Commission permanente de recours.

[En me référant à mes publications antérieures, je dis qu'] il n'y a aucune 'reconversion mentale', ni aucun 'discours nouveau'. Le discours ne varie pas et ne variera en rien. Je me rends toutefois compte qu'ayant accepté de me présenter aux élections, la perception que certains ont de mon discours risquera de varier. Il convient de ne pas confondre ».

En réaction à ce droit de réponse, *Pan* écrivit qu'il était malsain qu'un haut fonctionnaire de l'Etat figure sur une liste électorale. Il était antidémocratique que j'abuse de mes fonctions officielles pour faire ma propagande. *Pan* paraissait ignorer que, tout comme les Commissaires adjoints, je n'étais pas un « agent de l'Etat ». Notre statut n'était même pas réglé. Il y avait incompatibilité avec un mandat politique mais se porter candidat - un droit politique fondamental - n'était pas interdit.

Début juin 1994, *Fuga,* un bimensuel édité par le Centre de concertation pour l'intégration des réfugiés, publiait une interview avec cinq candidats aux élections européennes dont moi-même :

« Lorsque le combat contre les illégaux aura porté ses fruits, on verra qu'il faudra satisfaire certains besoins en matière d'immigration. Garder les illégaux en tant que tels est à proscrire. Pas de zone grise, mais c'est blanc ou noir. Tout illégal arrêté doit être soit régularisé, soit rapatrié.

Il est difficile de comparer les chiffres concernant les taux de reconnaissance entre différents pays. Ce n'est pas parce qu'il y a des demandes venant des mêmes nations qu'il s'agit pour autant de gens appartenant aux mêmes groupes de population. Chez les Turcs, on a à faire à une large variété d'origines : arménienne, chrétienne, communiste, économique. Chaque pays ne reçoit pas les mêmes catégories dans la même proportion.

Si les Afghans qui sont maintenant accueillis au Pakistan, arrivaient dans un centre de la Croix Rouge en Belgique, cela coûterait 120 milliards FB [€3 milliards] par mois. Cela ne coûte pas autant au Pakistan.

Si la procédure pour déterminer quel pays devra traiter une demande prend plus de temps que la procédure pour déterminer si l'intéressé est ou non un réfugié, on fera mieux d'opter pour la dernière alternative. J'aimerais beaucoup que Dublin et Schengen entrent en vigueur, pour pouvoir démontrer à quel point ces conventions ne fonctionnent pas.

Les autorités ne font pas assez pour éduquer la population, en expliquant la réalité telle qu'elle se présente sur le terrain. On a peur de toute une série d'organisations et de groupes de pression qui monopolisent l'information destinée au public. Il est souhaitable d'avoir un plus grand apport des organisations dans la définition de la politique et une plus grande participation des autorités au débat. Un dialogue est absolument nécessaire ».

Dans les semaines précédant les élections européennes, les sondages d'opinion donnaient en perspective un quatrième et même un cinquième siège pour le VLD. Le jour des élections, le 12 juin 1994, le VLD n'obtenait que 18,4% c.-à-d. 10% de moins que prévu par les sondages. Le VLD n'obtint que trois sièges : Annemie Neyts, Willy De Clercq et Mimi Kestelijn-Sierens. Cette dernière avait l'avantage d'être une transfuge du CVP. Certains pensaient que les sondeurs d'opinion s'étaient trompés. D'autres croyaient plutôt que la manière avec laquelle le VLD avait mené campagne, lui avait coûté en quelques semaines beaucoup de sa crédibilité. La campagne du VLD, confiée à Wim Schamp, resterait dans l'histoire comme celle des « 13 degrés » (la différence entre l'œil gauche et l'œil droit) : le visage de tous les candidats devait être présenté à 13% en oblique. Selon Wim Schamp,[228] Guy Verhofstadt ne reçut pour cela que des louanges lors de la présentation de la campagne aussi bien des membres du bureau que des candidats : « Seul Marc Bossuyt, qui figurait sur une place de combat, estimait que nous ne faisions pas droit à son visage en le mettant en oblique ». Dans *Het Laatste Nieuws* du 2 juin 1995, le rédacteur politique Luc Van der Kelen écrivit que tous ceux qui avaient suivi Guy Verhofstadt aveuglément, étaient doublement coupables.[229]

Toute la campagne se caractérisait par un excès d'apparences, de rhétorique et de légèreté et par un manque de contenu, de sérieux et de solidité. On prétendait, par exemple, que le nombre des demandeurs d'asile continuait à monter. En fait, ce nombre baissait de 3.058 en juin 1993 à 1.010 en mai 1994. Il n'était donc pas surprenant que les fruits de cette baisse bénéficient au Ministre Louis Tobback. Comme je le dis après les élections communales du 9 octobre 1994 : « Cela ne lui a pas fait de mal ».[230]

5. « Une petite fracture dans le Tourmalet » (3 février 1994)

Déjà le 11 janvier 1994, le ministre de l'Intérieur put annoncer une baisse considérable du nombre des demandes d'asile. Ce nombre était descendu de 3.058 en juin 1993 à environ 1.400 en novembre et décembre 1993. Le Ministre trouvait ce nombre encore trop élevé.[231] Le nombre des demandes sous une autre identité avait baissé de 13,6% lors de la troisième semaine de septembre, quand Printrak a démarré, à 3,9% lors de la dernière semaine de décembre 1993.

Non sans fierté, le ministre de l'Intérieur dit au Sénat le 3 février 1994 : « Pour la première fois, il y a dans le Tourmalet de M. Bossuyt une petite fracture ».[232] Avec cette expression plastique, il indiquait que j'étais en train de gagner mon combat contre l'arriéré du traitement des demandes d'asile.[i] Pour la première fois depuis l'entrée en fonction du Commissariat général, il y avait plus de décisions que je n'avais reçu de recours. L'arriéré global de 36.000 demandes d'asile

---

[i] Bert Cornelis, *HLN*, 4 février 1994 : « La politique d'asile est sur la bonne voie ».

pendantes au 1ᵉʳ septembre 1993 avait baissé le 1ᵉʳ février 1994 à 33.000.

La loi du 6 mai 1993 était entrée en vigueur, le 1ᵉʳ juin 1993. A partir de cette date, l'Office des étrangers ne dut plus prendre de nouvelles décisions après mes avis rendus sur recours urgent. L'introduction d'un tel recours entraînait automatiquement la suspension du caractère exécutoire de l'ordre de quitter le territoire. Une fois la décision d'irrecevabilité confirmée, l'ordre de quitter le territoire devenait – après que j'ai moi-même fait notifier ma décision confirmative – à nouveau exécutoire. Ceci conduisit à une accélération considérable de la procédure. La nouvelle loi disposait, en outre, qu'une fois que j'avais déclaré ma décision « exécutoire nonobstant tout recours », la suspension par le Conseil d'Etat n'était plus possible.

Le 3 mars 1994, le Roi Albert II me reçut en audience au Palais royal à Bruxelles. Près de vingt ans plus tard, le 21 juillet 2013 j'ai cosigné, en tant que président de la Cour constitutionnelle, son acte d'abdication.

Dans *De Standaard Magazine* du 4 mars 1994, Gilbert Roox, décrivit comme suit la route à suivre pour se rendre à une interview avec moi : « Ce n'est pas facile de trouver le Commissariat général au milieu des échafaudages de construction, derrière la gare du Nord bruxelloise. Il y a une queue devant le bureau du Commissaire général. Il travaille dans un aquarium en verre, sans rideaux. Il est fier du fait que, malgré le déménagement, son service a continué à fonctionner sans interruption ».

Lors de cette interview, je déclarai :

> « Dans les deux années qui suivront, nous refuserons plus de demandeurs d'asile que dans les six années passées. Avec toutes les conséquences que cela entraînera. Ce dont nous n'avons pas besoin, c'est d'une prolifération de comités d'action et d'initiatives de société civile comme celles qu'on a vu émerger ces derniers temps. Cela pourrait à terme rendre toute politique d'éloignement impossible. Aussi longtemps qu'une politique d'éloignement conséquente n'est pas menée, 'nous passons la serpillière sous un robinet resté ouvert'. Les illégaux continueront d'affluer et tout notre système se trouvera sur une pente descendante. Une politique d'éloignement ne peut être exécutée que si en même temps on régularise un grand nombre de demandeurs d'asile déboutés. Mais d'abord, il faut que la pression soit relâchée dans la cocotte-minute. Et malheureusement, nous ne sommes pas encore arrivés à ce stade ».

Après m'être référé à mes lettres du 8 février et du 23 juillet 1993 au ministre de l'Intérieur sur la politique d'éloignement et de régularisation, j'y ajoutai :

> « Qu'est-ce qu'un délai raisonnable ? Est-ce qu'on y inclut le recours au Conseil d'Etat ? Je pense que non. Un demandeur d'une nationalité ayant un taux de réussite de 0,1% qui introduit un recours au Conseil d'Etat, ce n'est plus raisonnable. Invoquer un long séjour, alors qu'on est débouté depuis des années, n'est pas possible, me semble-t-il. Une question importante est de savoir si le demandeur est à charge des CPAS ou non.
>
> *Tous ces critères, vous les rassemblerez dans un texte législatif ?* En aucun cas, cela doit rester une compétence discrétionnaire du ministre de l'Intérieur. Si on instaure pour cela une nouvelle procédure, il y aura encore une fois un tracas et une perte de temps administratifs sans fin. Je n'ose pas y songer : d'abord, cinq ans de procédure de reconnaissance, puis cinq ans de délibération sur les régularisations. Pour nous, cela serait la fin. Non, la décision doit continuer d'appartenir au Ministre. Il ne s'agit pas d'un droit, comme c'est le cas avec le statut de réfugié. La régularisation est une faveur ».

Dans une contribution au journal *De Standaard* du 9 avril 1994, sous le titre « Des 'réfugiés' économiques sont en fait des migrants »,[233] j'estimais qu'il n'était pas justifié que la Belgique ait dû dépenser l'équivalent de €125 millions pour l'accueil de demandeurs d'asile dont 90% n'étaient pas des réfugiés. Ceci contrastait fortement avec l'équivalent de €625.000 constituants notre contribution au Haut-Commissariat des Nations Unies pour les réfugiés afin d'aider à accueillir 17 millions de réfugiés dans le monde.

Le 1er juin 1994, quelques jours avant les élections européennes, le ministre de l'Intérieur, optimiste, annonça qu'avec moins de 1.000 demandes d'asile par mois le flux d'asile arrivait lentement sous contrôle.[234] Le 14 juin 1994, deux jours après les élections européennes, *Dag Allemaal* publia, sous le titre « Au Commissariat général, Marc Bossuyt passait la serpillière sous un robinet resté ouvert », une longue interview avec moi :

> « Pendant des années, *j'ai crié dans le désert*. Les deux premières années, nous avons dû travailler avec quatre juristes. Maintenant, il y en a 150. Mais, il ne suffit pas de refuser l'asile. Il faut aussi éloigner effectivement.
>
> Dans le monde, il y a probablement 5 milliards de gens qui ont un revenu moindre que le nôtre. Nous ne pouvons pas nous permettre d'attirer tous ces gens. Il y en a aussi qui profitent de ces travailleurs illégaux. Cela mine notre système social. Personne ne paie des charges sociales pour ces gens. Personne ne paie pour eux des contributions fiscales.
>
> A *l'âge d'or* des Ghanéennes, il s'agissait toujours de coups d'Etat ou de tentatives de coups d'Etat. Elles n'y étaient pas directement associées, mais leur partenaire l'était. C'étaient des histoires inventées de toutes pièces. Cela doit quand même être un minimum plausible.
>
> Il y a des demandeurs d'asile qui reçoivent plus par mois que des chômeurs. C'est chercher des difficultés. Le problème des demandeurs d'asile n'est pas une *fatalité* : nous ne *devons* pas subir cela. Est-ce que nous sommes en train de

construire une Forteresse européenne ? Drôle de forteresse dans laquelle 600.000 illégaux entrent par an (*rires*). C'est une forteresse très poreuse ».

Le 14 juillet 1994, la Cour d'arbitrage[i] annula la disposition législative excluant la possibilité de demander une suspension au Conseil d'Etat, lorsque le Commissaire général avait déclaré exécutoire « nonobstant tout recours » sa décision confirmative du refus de l'Office des étrangers.[235] Ultérieurement, il apparut que cet arrêt constituait un pas important vers de nouveaux dérapages de la procédure d'asile. Le 15 juillet 1994, le ministre de l'Intérieur annonça au Conseil des ministres que le nombre des demandeurs d'asile avait baissé. Le nombre des rapatriements et des retours volontaires quant à lui, avait grimpé.[236] Dans *Humo*[237] du 21 juillet 1994, Jan Hertoghs donna la parole à des avocats sur la question des demandeurs d'asile. Dans une réaction publiée deux semaines plus tard, je fis remarquer que cet article se caractérisait par « un reflet sans critique d'une présentation unilatérale et tendancieuse des choses. C'était bourré d'énormités ».

Le 10 octobre 1994, Johan Vande Lanotte devint ministre de l'Intérieur. Dans une lettre du 25 octobre 1994, son prédécesseur, Louis Tobback, qui était devenu président du SP, m'exprima « son appréciation pour la coopération mutuelle qui avait permis de forcer une percée importante dans la politique d'asile ». Cette appréciation fut réciproque. Rétrospectivement, c'est cette coopération qui en fit pour moi la période la plus captivante de toute ma carrière professionnelle.

Un an plus tôt, le 4 novembre 1993, Ahmed Zaoui, un dirigeant du Front islamique du salut (FIS) d'Algérie, avait demandé l'asile.

---

[i] Dans son arrêt n°. 61/94, la Cour d'arbitrage annulait les articles 32 en 33 de la loi du 6 mai 1993, ayant inséré dans la loi sur les étrangers un article 69*bis*, deuxième alinéa, ainsi que le deuxième alinéa de l'article 70 nouvellement inséré. Dans un commentaire juridique, je livrais une critique sévère de cet arrêt : voy. BOSSUYT, Marc, « La Cour d'arbitrage : Contrôle d'égalité ou contrôle d'opportunité ? A propos de la faculté de suspension par le Conseil d'Etat des décisions confirmatives du Commissaire général aux réfugiés et aux apatrides », *Revue trimestrielle des droits de l'homme*, 1996, pp. 467-477.

Chapitre VIII
Ahmed Zaoui, un demandeur d'asile islamiste d'Algérie
(1993-1997)

Le 4 novembre 1993, Ahmed Zaoui (°1960), un professeur en sciences islamiques à l'Université d'Alger, demanda l'asile en Belgique. Depuis 1991, il était membre du Front Islamique du Salut (le FIS).

1. Zaoui et le FIS en Algérie

Le FIS est un mouvement islamique orthodoxe qui a été fondé en 1989 en Algérie. En juin 1990, les premières élections libres furent tenues en Algérie pour les organes provinciaux et communaux. Le FIS obtint 54,2% des voix et la majorité dans plus de la moitié des communes et dans deux tiers des *wilaya's* (départements).[238] Depuis juin 1991, Zaoui était membre du Conseil national du FIS et vice-président de bureau d'information et de propagande de ce Conseil.

Au premier tour des élections législatives, le 26 décembre 1991, le FIS enregistra de très bons résultats. Zaoui obtint dans sa circonscription électorale de Cheraga 42,45% des voix. On s'attendait à ce que le FIS obtienne au second tour une majorité écrasante. Par crainte d'une dictature islamique, les élections furent annulées et le second tour supprimé. Le 11 janvier 1992, le Président (1979-1992) Chadli Bendjedid était acculé à la démission. Les militaires mirent en place un Conseil supérieur de l'Etat pour diriger le pays pendant deux ans. Après l'arrivée au pouvoir du Président (16 janvier-+29 juin 1992) Mohammed Boudiaf, Zaoui plaida, lors d'une réunion publique du 17 janvier, en faveur de la poursuite du second tour des élections législatives. Arrêté le soir même, il fut relâché 48 h plus tard. Peu de temps après, il s'enfuit au Maroc pour la première fois. Il y est resté caché par crainte d'être condamné en Algérie à une isolation complète au Sahara, comme c'était arrivé à son père. Imam et président de la *wilaya* (département) de Médéa, celui-ci avait été enfermé à partir du 18 janvier 1991 pendant cinq mois dans un camp à Reggan.

Le 9 février 1992, le Conseil supérieur de l'Etat proclama l'état d'urgence. Un an plus tard, il a été prolongé pour une durée indéterminée. Le 4 mars, le FIS était interdit et dissous par voie judiciaire. Plusieurs dirigeants du mouvement furent emprisonnés ; d'autres furent forcés de s'exiler. Le 2 avril, le Tribunal de Chera condamna Zaoui par défaut à trois mois de prison. Il interjeta appel, le 14 juillet, devant la Cour d'appel de la même ville.

Le 1er mars 1993, après avoir vécu un an dans la clandestinité en Algérie, Zaoui partit à pied, sans aucun document d'identité, à nouveau vers le Maroc. Le 24 avril, la Division de Sûreté du Territoire (DST) marocaine l'arrêta dans un hôtel à Oujda. Il fut libéré après trois jours. Lorsque le 14 juillet 1993, le jugement du Tribunal de Chera fut réformé par la Cour d'appel, il revint clandestinement du Maroc en Algérie. Pendant cette période, il vécut chez différents amis. Il resta en Algérie puisqu'il n'avait aucun moyen de transport pour aller demander l'asile en Europe.

Le 27 juillet, la Cour spéciale d'Alger condamna Zaoui à la peine capitale. Selon le journal algérien *El Moudjahid* du 28 juillet 1993, il était l'un des quatre membres en fuite d'un groupe terroriste de six individus.[239] Début août 1993, Zaoui partit de nouveau pour le Maroc. Le 28 octobre, il quitta le Maroc parce qu'il était recherché par la DST sur base d'une demande algérienne d'extradition. Un jour plus tard, il partit en bateau pour la France. Le 2 novembre, il prit la route en voiture, vers la Belgique, où il arriva le soir. Il n'avait pas demandé l'asile en France, « parce qu'il y avait beaucoup d'Algériens dans ce pays ».

2. Première demande d'asile : application de la clause d'exclusion (10 août 1994)

Le 4 novembre 1993, le jour de sa demande d'asile, l'Office des étrangers lui refusa le séjour sur le territoire belge. Il avait séjourné à partir de mars 1993 en France et avait quitté ce pays sans crainte au sens de l'article 1er, par. A, al. 2, de la Convention de Genève. Le lendemain, Zaoui introduisit contre cette décision un recours urgent.[240] Le 16 novembre, il fut auditionné au Commissariat général.[i] Le 6 mai 1994, le Commissaire adjoint Xavier De Beys décida qu'un examen ultérieur de sa demande était nécessaire :

> « Vu les éléments de preuve susmentionnés qu'il apporte à l'appui de sa condamnation par la Cour spéciale, il faut à ce stade de la procédure déclarer crédibles les craintes de l'intéressé. Seul un examen ultérieur de sa demande permettra de soulever la question de l'applicabilité de clauses d'exclusion[241] prévues par l'article 1er, par. A, al. 2, de la Convention de Genève du 28 juillet 1951 ».

---

[i] Son avocat était alors Me Georges-Henri Beauthier.

Le 10 août 1994, le même Commissaire adjoint[i] l'exclut de la qualité de réfugié. Il se référa à des informations dont il ressortait qu'il aurait depuis mai 1994 rejoint le Groupe Islamique Armée (GIA). Cette organisation visait à prendre le pouvoir en utilisant l'intimidation et la terreur. Le caractère politique de la motivation des actes de terrorisme du GIA n'empêcha pas l'application de la clause d'exclusion de la Convention de Genève. Une participation indirecte à la décision, à la préparation ou à l'exécution d'actions pouvant revêtir la qualification de crimes graves de droit commun, fut établie dans son chef. Le bénéfice des dispositions de la Convention de Genève ne pouvait lui être accordé.

3. La CPRR confirme l'application de la clause d'exclusion (18 mai 1995)

Le 24 août 1994, Zaoui introduisit un recours contre cette décision de refus devant la Commission permanente de recours des réfugiés (CPRR). Le recours relevait que la décision n'avait pas contesté les craintes de persécution qu'il avait invoquées. S'il devait revenir en Algérie, il serait immédiatement incarcéré, très vraisemblablement torturé, conduit dans un « couloir de la mort » tel que le décrit l'arrêt *Soering (*voy. *infra,* pp. 335-336) de la Cour européenne des Droits de l'Homme, et exécuté. Il tenait à dire qu'il n'avait pas rallié la cause du GIA. Puisqu'il n'avait jamais été invité à répondre aux rumeurs concernant une aussi grave accusation, il n'avait pas pu exercer son droit de défense à ce sujet.

Début 1995, Mme Zaoui et leurs trois fils arrivèrent également en Belgique. Ils s'étaient enfuis d'Algérie via la Syrie. Du 17 janvier au 28 février 1995, le ménage habita à Liège. Ils demandèrent l'asile, le 1er mars, après l'arrestation de Zaoui par les autorités belges.[ii] Ils n'auraient pas été au courant du fait que leur demande était tardive. Mme Zaoui se référa à sa situation psychique, à sa fatigue et à la maladie de ses enfants.

---

[i] J'étais empêché, étant donné ma participation à Genève à la session de la Sous-Commission de la lutte contre les mesures discriminatoires et de la protection des minorités.
[ii] « Ahmed Zaoui, dirigeant du GIA, séjournait en Belgique sans entraves pendant un an et demi » (GVL, *DM ; LLB,* 7 mars 1995). « C'est à la tête du GIA que la police belge a frappé » (Alain Guillaume, *LLB ; DS ; GvA,* 8 mars).

Zaoui était soupçonné d'association de malfaiteurs, de complicité dans la confection de faux documents et de recel de tels documents en relation avec une organisation terroriste. La presse le décrivit comme un dirigeant important du GIA en Europa.[i] Il y était question de rivalité ente le FIS et le GIA.[ii] Zaoui serait passé durant l'été 1994 du FIS au GIA.[242] Il aurait fait partie du califat, le gouvernement (de l'ombre) du GIA.[243] Le GIA professait des menaces à l'égard de la Belgique. Quatre jours plus tard, le 8 mars 1995, il fut annoncé que le FIS également, exigeait sa libération.[244] Le responsable du FIS en Belgique pourtant condamnait ces menaces.[iii] Le ministre des Affaires étrangères Frank Vandenbroucke[245] mit en garde les voyageurs à destination de l'Afrique du Nord et du Moyen-Orient, ce qui causa un vif mécontentement en Tunisie, au Maroc et en Israël.[246]

Le 18 mai 1995, la Commission permanente de recours confirma la décision d'exclusion du statut de réfugié.[iv] Elle se référa à la clause d'exclusion de la Convention de Genève et à l'article 14 de la Déclaration universelle des droits de l'homme.[247] Ces deux dispositions garantissent le droit des Etats de refuser l'accueil d'individus qui menaceraient la sécurité de leur population.

D'une attestation de M. Rabah Kebir, le représentant du FIS en Europe et aux Etats-Unis, il apparaissait que Zaoui était présenté comme « l'une des personnalités les plus importantes » du FIS. La Commission permanente de recours le tenait responsable des agissements perpétrés au nom de cette organisation. Le dossier ne contenait aucun indice d'une prise de position publique du requérant par laquelle il se serait désolidarisé des actes visés ci-avant. La frontière entre le GIA et le FIS était souvent floue : « les deux mouvements ayant recours à la violence et recouvrant en réalité une nébuleuse de groupuscules aux allégeances variables ; qu'un indice de cette ambiguïté peut être aperçu dans le fait que le requérant et

---

[i] *LLB*, 7 mars 1995 ; GVL, *DM*, 8 mars : « Ahmed Zaoui, le chef du GIA en Belgique était l'idéologue de l'intégrisme ». *Le Monde*, 9 mars.

[ii] « Entre le FIS et le GIA, les pistes se brouillent » (Eric de Bellefroid, *LLB*) ; « Le Front islamique du salut condamne les attentats en France » (*Le Monde*, 15 septembre 1995).

[iii] « Les prises belges révèlent les scissions du FIS » (Baudouin Loos, Alain Guillaume, *LS*, 9 mars 1995 ; GVL, *DM*).

[iv] Son avocat était Me Xavier Magnée du barreau de Bruxelles qui le considérait comme un homme « philosophe, aimable » (D.D.P., *GvA*, 10 mars 1995).

d'autres dirigeants du FIS ont été repris parmi les ministres du gouvernement du califat que projetait d'instituer le GIA ».

Les cibles et les procédés des membres et des partisans de la branche armée du FIS ne différaient pas sensiblement de ceux du GIA. Ils organisaient, perpétraient et revendiquaient des attentats, meurtres et autres crimes de droit commun. De tels agissements et actions relèvent incontestablement des dispositions de l'article 1er, par. F, de la Convention de Genève. La Commission permanente de recours considéra qu'il y avait des indications que Zaoui - nonobstant ses dénégations - était directement engagé dans de tels agissements :

> « La Commission retient en ce sens, outre la condamnation susmentionnée par la Cour spéciale d'Alger, des sources journalistiques présentant le requérant comme l'organisateur d'un maquis dans la région de Médéa et l'auteur d'un prêche au cours duquel il promit la mort et l'emprisonnement à tous les communistes et démocrates algériens en cas de victoire du FIS au second tour des élections législatives ».

La Commission permanente de recours n'ignorait pas que de graves violations des droits de l'homme étaient imputées aux autorités algériennes. Cela n'exonéra pas la responsabilité des opposants qui commettaient ou se rendaient complices d'agissements visés à l'article 1er, par. F, de la Convention de Genève.

4. Quatre ans avec sursis
(Cour d'appel, Bruxelles, 26 novembre 1995)

Dans le cadre d'une rafle à grande échelle effectuée par la Sûreté de l'Etat et la Gendarmerie, qui eut lieu le 1er mars 1995, 15 perquisitions eurent lieu chez des Algériens soupçonnés d'être fondamentalistes. Des armes de guerre, des grenades, des munitions et du matériel logistique ont été trouvés et confisqués.[i] Treize fondamentalistes algériens allégués – dont Zaoui – furent arrêtés. Le 14 juin, ils furent renvoyés par la Chambre du conseil de Bruxelles devant le Tribunal correctionnel de Bruxelles.[248] L'accusation à l'égard de Zaoui mentionna « association de malfaiteurs (en tant que dirigeant), recel et incitation au crime ». Le Ministère public, représenté par Michèle Coninx, requit contre lui, décrit comme

---

[i] Selon Geneviève Delaunoy, il s'agissait d'« un 'arsenal de guerre' : grenades, cartouches de divers calibres, des chargeurs et silencieux, jumelles équipées pour la vision nocturne, tenues de camouflage, menottes, téléphones, portables et émetteurs-récepteurs » *(Journal de Genève,* 6 mars 1995).

« le chef intellectuel et moral incontesté du GIA », la peine maximale de cinq ans pour association de malfaiteurs.[i]

Avant le début du procès, le 5 septembre 1995, il y eut une sorte de « psychose » en Belgique à la suite de quatre attentats[ii] commis en France les deux mois précédents.[iii] Zaoui avait admis être membre du FIS.[iv] Il avait nié[249] toute connexion avec le GIA, un mouvement musulman fondamentaliste armé qui combattait le Gouvernement algérien les armes à la main. Il était défendu par trois avocats bruxellois[v] et par l'avocat parisien Me Jacques Vergès.[vi] Le 3 octobre, le Tribunal correctionnel, sous la présidence de Claire De Gryse, condamna les cinq inculpés à des peines variant d'un an et demi à cinq ans effectifs. Deux inculpés ne reçurent que des peines légères et cinq, dont l'inculpé principal Zaoui, furent acquittés pour défaut de preuve. En ce qui concerne le fait qu'il était en possession de documents de séjour falsifiés, le Tribunal correctionnel admit l'état de nécessité, eu égard à sa situation de séjour précaire.

Des observateurs accueillirent ce jugement comme « courageux, nuancé, bien motivé, exemplaire, solide et impartial ».[250] Dans un commentaire au journal *De Morgen* du 4 octobre 1995, sous le titre « L'Etat de droit fonctionne », Pol Deltour parla « d'un jugement bien

---

[i] « Des fondamentalistes algériens devant le Tribunal correctionnel », *HBvL*, 6 juillet 1995.

[ii] Le 25 juillet 1995 dans le métro (RER Saint-Michel) à Paris (8 morts et 117 blessés), le 17 août à la place Charles de Gaulle (l'Etoile) (16 blessés) et des tentatives ratées le 26 août près de Lyon sur la voie du TGV Paris-Lyon et le 3 septembre sur un marché à Paris.

[iii] « La tension monte autour du GIA. Mais Ahmed Zaoui nous assure que la Belgique n'a rien à craindre » (Eric de Bellefroid, *LLB*, 1 septembre 1995) ; « GIA : climat tendu pour procès délicat » (Alain Heyrendt, *LLB*, 2 septembre) ; « Psychose et politique marquent le procès du GIA » (Jean-Pierre Borloo, *LS*, 5 septembre) ; « La communauté maghrébine met en garde contre l'hystérie à cause du procès GIA » (HVS, *DM*, 13 septembre).

[iv] La veille du prononcé, Alain Heyrendt écrivait un commentaire sous le titre « Justice et islamisme » : « les hommes arrêtés en mars rêvent pour le monde musulman d'une théocratie intégriste sans aucun rapport avec nos conceptions de la vie en société. […] On nous permettra de craindre que le remplacement d'un pouvoir laïc corrompu par l'autorité de dévots fanatiques n'augure pas d'un avenir radieux » (*LLB*, 3 septembre 1995).

[v] Me Xavier Magnée, Me Fernande Motte de Raedt et Me Gilles Vanderbeck.

[vi] « Le procès Gia attire les meilleurs avocats » (FKD/AdG, DS, 4 septembre 1995) ; « Selon Me Vergès, Zaoui est tel un opposant à Pinochet », « Me Vergès accuse Alger des attentats de Paris » (Jean-Pierre Borloo, *LS,* 8 septembre), avec comme réaction : « L'ambassade d'Algérie indignée » (*LS*, 11 septembre).

motivé et d'une grande sérénité, des caractéristiques qui se différencient d'une manière aiguë de l'amalgame parfois simpliste que d'autres – pourtant revêtus de l'autorité publique – ont cru devoir faire autour de cette affaire du GIA ».[i] Le parquet se pourvut en appel contre les cinq acquittements.[ii]

Le 6 novembre 1995, le Palais de Justice à Bruxelles fut à nouveau transformé en forteresse pour le procès en appel[251] contre Zaoui et sept autres.[252] Dans son arrêt du 20 novembre 1995, la Cour d'appel condamna Zaoui à quatre ans de prison avec sursis. La Cour estima que l'association de malfaiteurs était établie parce que les accusés avaient

> « loué des appartements sous des faux noms et s'étaient abonnés à des lignes téléphoniques. En outre, ils avaient inscrit une voiture au nom d'un membre de la bande, alors que d'autres l'utilisaient. Chez plusieurs des accusés, les enquêteurs ont trouvé des pamphlets qui se référaient au GIA. Les caches d'armes, les devises étrangères et les cartes géographiques ne pouvaient que difficilement justifier des fins légitimes ».[iii]

Selon l'article 322 du Code pénal, « Toute association formée dans le but d'attenter aux personnes ou aux propriétés est un crime ou un délit qui existe par le seul fait de l'organisation de la bande ». La Cour jugea que Zaoui était le cerveau derrière cette organisation dangereuse qui était prête à attaquer des hommes et des biens.[iv] Ceci ressortait des contacts qu'il entretenait avec des terroristes recherchés, ainsi que de sa personnalité, sa culture, son diplôme et ses activités qui lui donnaient une certaine autorité. Par sa condamnation à une peine d'emprisonnement avec sursis, il n'y avait plus de base pour sa détention judiciaire. Il fut transmis à l'Office des étrangers qui l'a enfermé dans la prison de Saint-Gilles pour cause de séjour illégal sur le territoire belge.[253]

---

[i] Il se référait en particulier au ministre de l'Intérieur, Johan Vande Lanotte, qui s'était égaré en parlant avant le procès de « terroristes du GIA » (voy. aussi FKD, DS ; HLN, 9 septembre). Il estimait qu'il fallait d'urgence clarifier « le rôle de la Sûreté de l'Etat belge dans des dossiers judiciaires tels que celui du GIA » (DM, 4 octobre 1995).

[ii] DS ; PD, DM ; J.D.W., GvA ; Jean-Pierre, Borloo, LS ; « Islamistes : acquittés mais toujours emprisonnés. Le ministre de l'Intérieur prend une mesure administrative contre Zaoui et deux autres » (LLB, 5 octobre 1995).

[iii] « Ahmed Zaoui est un chef de bande GIA » (Freddy Kempeneer, 21 novembre 1995). Les quatre autres furent aussi condamnés avec sursis ; deux bénéficièrent de la suspension du prononcé et un fut acquitté (Jean-Pierre Borloo, LS).

[iv] « Ahmed Zaoui est quand même le cerveau de la bande du GIA » (Freddy Kempeneer, DS, 21 novembre 1995).

5. Deuxième demande d'asile : pas d'éléments nouveaux (7 juin 1996)

Le 18 avril 1996, Zaoui déposa une seconde demande d'asile. Il se référa à un article du GIA paru le 5 janvier à Londres dans le journal *El Ansar*. Dans cet article, il lui était reproché d'avoir dénoncé Abdel Haq Layada, l'émir du GIA, à la DST marocaine. Cet émir était un des dirigeants du GIA que Zaoui aurait rencontré lors de son séjour à Oujda en mars 1993. Plus tard, l'émir fut arrêté par les autorités marocaines.

Le 26 avril 1996, la Commission consultative pour étrangers émit un avis défavorable à son éloignement. Le 23 mai, l'Office des étrangers refusa à nouveau le séjour et l'établissement de Zaoui sur le territoire. Ledit article de journal ne le condamnait pas à mort. Par conséquent, il n'y avait pas de sérieuses indications d'une crainte fondée de persécution. Il déclarait avoir été mis au courant des menaces proférées à son encontre par des compatriotes. Selon l'Office des étrangers, une telle rumeur ne pouvait être vérifiée.

Le 30 mai 1996, Zaoui introduisit une demande urgente de réexamen. Lors de son audition par mes collaborateurs à la prison de Saint-Gilles, le 6 juin, il nia que le GIA l'ait condamné à sa demande pour pouvoir démontrer son innocence. Il expliqua qu'entre son arrestation de mars 1993 – à l'occasion de laquelle il aurait dénoncé Abdel-Haq Layada aux autorités marocaines – et sa condamnation à mort trois années seraient écoulées. Selon lui, le GIA aurait dans l'intervalle été fort proche du FIS pour des motifs tactiques. Une rupture serait toutefois intervenue entre les deux organisations peu avant la date du communiqué du GIA. Dès lors, le GIA se serait attaché à éliminer les membres influents du FIS tenants des dialogues politiques.

Le 7 juin 1996, je confirmai la décision de l'Office des étrangers du 23 mai concernant le refus de séjour et d'établissement sur le territoire. J'estimai que sa demande n'apportait aucun élément de nature à reconsidérer son exclusion du bénéfice de la Convention de Genève. J'étais toutefois d'avis que, vu la situation dans son pays d'origine, il n'était pas indiqué, dans les circonstances actuelles, de le reconduire vers l'Algérie.

Le 13 juillet 1996, mention fut faite de la plainte des avocats de Zaoui dénonçant le fait qu'il avait passé déjà 216 jours en détention préventive et 312 en maintien administratif.[254] Le 31 octobre, la Cour de cassation cassa l'arrêt de la Chambre des mises en accusation qui avait confirmé son maintien.²⁵⁵ Zaoui dut être mis en liberté. Parce que cela ne se fit pas immédiatement, il entama, le 4 novembre, une grève de la faim.²⁵⁶ Après avoir été privé de liberté pendant plus d'un an à la prison de Saint-Gilles, Zaoui fut libéré le 20 novembre. Il fut assigné à résidence.²⁵⁷ Le 11 décembre, il était toujours à la recherche d'un pays d'asile.²⁵⁸

6. Le « suicide » de Benothmane (29 novembre 1996)

Entretemps, le FIS à Washington et à Paris avait annoncé, le 26 juillet 1996, la mort sous la torture de Benothmane Bouasria. Les médias du 27 et du 29 juillet en faisaient largement état.²⁵⁹ En route pour le Canada, il avait été arrêté à Zaventem neuf mois plus tôt (le 5 octobre 1995). Il demanda l'asile cinq jours après. Il déclarait ne pas appartenir au FIS. Le représentant du FIS en Belgique avait même refusé de délivrer un certificat soutenant sa demande.[i] Le 13 octobre, l'Office des étrangers lui refusa l'accès au territoire. Je le confirmai le 28 décembre. Il ne s'est pas pourvu au Conseil d'Etat. Le 15 juillet 1996, il fut emmené sous escorte à Barcelone, d'où il fut ramené à Alger.

Le ministre de l'Intérieur Johan Vande Lanotte demanda par voie diplomatique des explications au Gouvernement algérien. Le 17 août 1996, *Le Soir* posa la question : « Pourquoi Alger ne répond-il pas à Bruxelles ? »²⁶⁰ Deux mois plus tard, le 23 novembre, Benothmane, supposé mort, apparaissait à la télévision algérienne dans une interview. Il déclara avoir été arrêté à la frontière algéro-libyenne avec un faux passeport danois. Le 24 novembre, l'Ambassadeur de Belgique put le rencontrer à Alger.[ii] Le 26 novembre, j'appris de source belge officielle que Benothmane avait été retrouvé vivant. L'histoire de sa mort sous la torture se révéla être une manipulation du FIS. Je recommandai de traiter à l'avenir de telles informations avec plus de circonspection.

Quelques jours plus tard, il fut annoncé que Benothmane avait sauté d'une fenêtre, le 29 novembre 1996, après interrogatoire par le juge d'instruction du tribunal de Mostaganem. Il décéda deux jours

---

[i] « La Belgique mise en cause par les islamistes algériens », Eric de Bellefroid (*LLB*, 27 juillet 1996 ; 30 juillet).
[ii] *Ibid.*, 7 décembre 1996 : « L'Algérien expulsé de Belgique 'se suicide' à Mostaganem ».

plus tard. Selon une source algérienne, il se serait suicidé. Son aveu à la télévision que l'annonce de sa mort était une machination de FIS, l'aurait conduit à se suicider. Le FIS aurait voulu faire peur aux gouvernements européens afin de mieux protéger leurs demandeurs d'asile. Son frère, qui séjournait en Belgique et qui était un collaborateur de Zaoui, y aurait été associé.[261] C'est probablement la publicité donnée à cette histoire qui lui a finalement coûté la vie.

7. La patate chaude envoyée en Suisse (1997-1998)

En novembre 1997, Zaoui quitta la Belgique, avec sa femme et ses enfants, afin de se rendre via l'Allemagne en Suisse. Immédiatement après son arrivée, il demanda l'asile en Suisse. Les médias se demandèrent si Zaoui était parti dans le cadre d'un accord entre Bruxelles, Alger et Bern.[262] Il n'y avait pourtant pas d'éléments qui pointaient dans cette direction :

> « En revanche - thèse moins flamboyante et bien moins glorieuse pour les autorités belges - Zaoui a quitté ces dernières semaines le territoire belge pour gagner Cologne et y rencontrer clandestinement Rabah Kébir, président de l'instance exécutive du FIS à l'étranger. Qu'importe le sujet de cette rencontre : Zaoui a alors démontré qu'il pouvait quitter la Belgique et circuler sans encombre en Europe malgré son assignation à résidence ».[i]

A partir de décembre 1997, il vécut sous surveillance policière à Saint-Gingolph dans le canton suisse du Valais, tout près de la frontière française.[ii]

Les autorités suisses furent réticentes à accueillir Zaoui. La Belgique n'était pas disposée à le reprendre et à le faire rentrer dans « l'espace Schengen ». Ceci conduisit à une impasse. Puisqu'il n'y avait pas de convention de reprise entre la Belgique et la Suisse, ce dernier pays ne pouvait pas contraindre la Belgique à reprendre Zaoui :

> « En fait, pour Zaoui, deux scénarios sont possibles : la Suisse lui refuse l'asile politique - cela semble acquis - et tente de le renvoyer, de force, en Belgique. Cette solution ne semble plus incarner la voie favorite de la Suisse. Autre solution : on le fait mariner dans le Valais jusqu'à l'arrivée d'une nouvelle commission rogatoire du juge Le Loire, adressée cette fois à la Suisse. Zaoui est

---

[i] « Dans quel contexte Zaoui a-t-il quitté la Belgique ? » (*Ibid.*).
[ii] « Le chef islamique Zaoui expulsé de Suisse » (Thierry Goeman, *HN*, 31 octobre 1998).

incarcéré, inculpé et éventuellement extradé. C'est le scénario le plus plausible ».[i]

Le juge français Roger Le Loire menait une enquête contre lui pour association de malfaiteurs. Dans ce cadre, une demande d'audition de Zaoui avait été demandée, le 1er octobre 1997, aux autorités belges. En mai 1998, le juge français mit Zaoui en accusation d'activités terroristes contre la France. Il fut, entre autres, soupçonné d'avoir été associé aux attentats dans le métro de Paris le 25 juillet 1995. Le juge français l'accusa d'« association de malfaiteurs, de complicité à la confection de documents falsifiés, recel de documents administratifs falsifiés en relation avec une entreprise ayant pour objectif de perturber l'ordre public ».[ii]

Le 30 mars 1998, Zaoui fit savoir qu'il présidait le bureau provisoire du Conseil de coordination du FIS à l'étranger (CCFIS). Le 8 octobre 1997, il avait déclaré qu'il ne reconnaissait plus l'autorité de l'instance exécutive du FIS à l'étranger. A Saint-Gingolph en Suisse, Zaoui reçut beaucoup de visiteurs du milieu fondamentaliste islamique. Les autorités suisses le constatèrent avec méfiance. La police fédérale suisse enquêta sur la mesure dans laquelle les activités de Zaoui pouvaient mettre en danger la sécurité de l'Etat suisse :[iii] « Il est ainsi clair que la situation du 'frère Zaoui' ne l'empêche nullement de mener une activité politique intense, ce qui n'est pas illégal certes, mais inquiète les autorités du Valais suisse ».[iv]

Le 29 octobre 1998, il fut arrêté en Suisse. Encore le même jour, il fut mis dans un avion avec sa femme, malade, et ses quatre enfants, à destination du Burkina Faso. C'était le seul pays disposé à l'accueillir. La Suisse lui aurait accordé une allocation mensuelle de 1.500 francs suisses.[v]

---

[i] « Ahmed Zaoui, le retour : Berne sollicite Bruxelles » (Alain Lallemand, *LS*, 28 novembre 1997) ; « Entre la Belgique et la Suisse, Ahmed Zaoui intéresse aussi la France » (29 novembre).

[ii] « Zaoui inculpé ... » (*LS*, 9 mai 1998).

[iii] « Ahmed Zaoui reste, en Suisse, un islamiste toujours actif » (P.D.G., *LLB*, 22 avril 1998).

[iv] « Le 'frère Zaoui' appelle au groupement des islamistes » (N. Fe, *LLB*, 23 avril 1998).

[v] « Le chef islamique Zaoui exilé au Burkina Faso » (*HBvL*) ; « La Suisse expulse Ahmed Zaoui » (*DM*, 31 octobre 1998).

8. Burkina Faso (1998-2000), Malaisie et Nouvelle-Zélande (2002-2014)

Après le départ de Zaoui pour le Burkina Faso, les médias belges perdirent leur intérêt pour lui. *Wikipedia*[263] nous apprend ce qui lui est arrivé ultérieurement. Il me paraît valoir la peine de raconter brièvement la suite de son histoire.

En 2000, il a quitté le Burkina Faso avec sa famille, pour la Malaisie. Le 13 novembre 2001 à Paris, il fut condamné par défaut à trois ans d'emprisonnement avec sursis pour participation à un groupe criminel en vue de préparer des actes terroristes.[264] Lorsque le chef de la police algérienne rendit visite à la Malaisie pour y étudier des méthodes policières, Zaoui décida de quitter ce pays. Le 4 décembre 2002, il arriva avec un faux passeport sud-africain, via le Vietnam, en Nouvelle-Zélande. Dès son arrivée dans ce dernier pays, il y demanda l'asile.

Lorsque son nom apparut dans les médias, il devint l'objet d'attention et de débats de la part des médias. Initialement, le statut de réfugié lui a été refusé en application de la clause d'exclusion. En mars 2003, il fut l'objet d'un certificat de risque de sécurité émanant du service des renseignements néo-zélandais. Après son arrestation, il fut maintenu pendant dix mois dans une prison de sécurité maximale. En août 2003, l'instance néo-zélandaise d'appel des réfugiés déclara les procès français et belge « peu sûrs ». Le statut de réfugié lui fut accordé. Cette instance estima que ces procès n'avaient pas livré la preuve qu'il avait commis, conduit ou participé à un quelconque acte de violence ou de terrorisme. En octobre 2003, il fut transféré dans une prison de sécurité minimale. Lorsque la Cour suprême ordonna en février 2004 que ses avocats reçoivent un résumé de son dossier, ils y répondirent point par point.

Le Gouvernement de la Nouvelle-Zélande maintint avoir des renseignements qui démontraient qu'il constituait un « risque crédible ». En septembre 2004, la Première Ministre Helen Clark[265] cita son nom en rapport avec Al Qaeda. Plus tard, elle reconnut qu'elle était de la sorte probablement allée trop loin. Le 20 octobre, un livre biographique à son sujet fut présenté. Le 9 décembre 2004, la Cour suprême de la Nouvelle-Zélande l'autorisa à fournir une caution. Cette Cour lui permit de séjourner dans un couvent dominicain.

En octobre 2005, il publia un livre avec 24 poèmes en arabe et en anglais. L'éditrice des « *Best New Zealand Poems 2004* », Emma

Neale, qualifia le 25ème poème comme le plus important de l'année en Nouvelle-Zélande. Il devint une célébrité. Le 13 septembre 2007, son certificat de risque de sécurité fut retiré. Son épouse et ses quatre enfants, qui séjournaient illégalement à Kualu Lumpur (Malaisie) depuis 2000, sont venus le rejoindre en Nouvelle-Zélande, le 26 octobre 2007. En 2009, il alla étudier à l'Université Massey. Il travailla pour une association musulmane et ouvrit un stand de kébab. En 2012, il s'installa à Auckland. Il reçut la nationalité néo-zélandaise en mai 2014.

Chapitre IX
« Malaise au CGRA » et « demandeuse d'asile 'décédée' »
(1994-1995)

Le 16 novembre 1994, *La Libre Belgique* et *Le Soir* rendirent compte d'un grand scandale. J'aurais incité mes collaborateurs à prendre des décisions de refus. Ils auraient pu obtenir « des points » grâce à des propositions négatives plutôt que positives. Ceci fut la cause (pendant presque deux ans) d'un grand malaise au Commissariat général. Le 1er février 1995, moi-même, j'avais enfin annoncé de bonnes nouvelles : le nombre des demandes d'asile avait baissé, ainsi que – pour la première fois en sept ans – l'arriéré. D'autre part, des sénateurs écologistes avaient, le 5 mai 1995, une nouvelle effrayante : une demandeuse d'asile, à qui j'avais refusé l'asile, avait péri dans les geôles de N'Djili (Zaïre).

1. « Malaise au Commissariat général » (16 novembre 1994)

La Ligue (francophone) des droits de l'homme avait donc découvert un grand scandale. Il s'agissait d'une note de service vieille de presque deux ans (du 26 janvier 1993) tendant à évaluer la productivité des collaborateurs au Commissariat général :
> « Marc Bossuyt mis en cause » *(LLB)*. « Malaise chez les juristes du Commissariat général : la règle doit être le refus. La demande d'asile, un jeu de dupes pour tous ? » *(LS)*.

Selon *La Libre Belgique* et *Le Soir* du 16 novembre 1994, je réagis comme suit :
> « Le Commissaire aux réfugiés dément encourager les 'durs' de son service » *(LLB)*. « Marc Bossuyt ne s'émeut guère » *(LS)*.

Le lendemain, les journaux néerlandophones s'empressèrent de reprendre cette information :
> « Les juristes gagnent des points en refusant des demandeurs d'asile » *(DM)* ; « Le système d'attribution de points dérange la Ligue » *(HLN)* ; « Un système d'attribution de points pour réfugiés » *(DS)* ; « Une prime pour les juristes qui tiennent les réfugiés à l'écart » *(HN)*.

a. Le système d'attribution de points incriminé

Dans *La Libre Belgique*, j'expliquais à Jean-Claude Matgen que la pondération retenue essayait de prendre en compte la difficulté des projets de décision proposés. Il ne s'agissait que d'un indicateur auquel il ne fallait pas attribuer une importance exagérée. Par souci de bonne administration, des efforts d'efficacité ont été entrepris. Les critiques participaient d'une tentative de déstabilisation ayant des arrière-pensées politiques. Face à Martine Vandemeulebroucke dans *Le Soir,* je relevai que dans mon administration il n'y avait en janvier 1990 que 4 juristes, en juin 1993, 50 et aujourd'hui [en novembre 1994], il y en avait 125. Je fournis des efforts pour mettre plus de structure dans la maison. J'essayais d'imprégner ma volonté par des directives sans intervenir directement dans les dossiers. Mon adjoint et moi-même n'arrêtions que rarement un dossier.

Selon la Ligue, il s'agissait d'une « atteinte criante au principe fondamental du droit à l'accès à une justice équitable ». Dans une lettre du 17 novembre 1994 adressée au président de la Ligue (francophone) des droits de l'homme, André-Marie Servais, je me déclarai « consterné de devoir constater qu'un organisme censé incarner et défendre les droits de l'homme prête son concours à une manœuvre sournoise qui consiste à divulguer une note interne sans même en avertir son auteur ».

J'estimais que de cette manière les frustrations de trois collaborateurs anonymes (des miliciens ou des contractuels) étaient exploitées sans regard pour le respect du principe du débat contradictoire. Si j'avais véritablement voulu inciter mes collaborateurs avec une « prime » à prendre des décisions négatives, je l'aurais fait plutôt au niveau de la recevabilité. A ce niveau, 80% des décisions étaient prises et il n'y avait plus de recours suspensif. Au fond, il n'y avait que 20% des décisions prises et un recours devant la Commission permanente de recours était possible.

En tant qu'instance de recours en matière de recevabilité, je motivai aussi bien mes décisions positives que négatives. Pour cette raison, le même poids était accordé aux deux types de décisions. En tant que première instance sur le fond, je motivai uniquement mes décisions négatives. L'Office des étrangers, qui agissait en tant que première instance sur la recevabilité, motivait lui aussi uniquement ses décisions négatives. Puisque seules mes décisions de refus prises en tant que première instance sur le fond étaient motivées, généralement assez largement, il y était accordé plus de poids qu'aux décisions positives. Une estimation erronée dans le sens négatif risque d'ailleurs d'entraîner des conséquences plus lourdes que dans le sens positif. La motivation d'une décision négative doit être convaincante pour tenir d'un point de vue juridique devant la Commission permanente de recours. Il n'y a presque jamais de recours contre une décision positive. L'article 57/6 de la loi des étrangers prévoyait que : « Les décisions refusant de reconnaître ou de confirmer la qualité de réfugié, ainsi que celles retirant cette qualité sont *motivées* ». La motivation n'était pas prescrite pour les décisions de reconnaissance. Un réfugié n'a jamais demandé l'annulation de sa reconnaissance parce qu'elle n'était pas motivée.

b. *Ma destitution demandée*

La Ligue francophone, ainsi qu'Ecolo et Agalev, demandèrent ma destitution.[266] Sur interpellations des députés Denis Grimberghs (PSC) et Henri Simons (Ecolo), le ministre de l'Intérieur Johan Vande Lanotte répondit, le 23 novembre 1994 : « L'impression ne peut pas être suscitée que les collaborateurs sont évalués sur le résultat de leur travail plutôt que sur leur qualité. La conversation avec Monsieur Bossuyt m'a rassuré. Il a accompli un travail immense. Je lui maintiens ma confiance. Je suis toujours sceptique à l'égard de gens qui ont quitté un service et qui après déchargent leur bile ».

Dans le *Knack* du 23 novembre 1994, j'expliquai que l'expérience nous apprend que lorsqu'on mesure qui fait beaucoup et qui fait peu, plus de travail est accompli. Je le trouvais insultant pour mes collaborateurs d'insinuer qu'ils refusaient des réfugiés pour un demi-point de plus. Je n'étais pas étonné que l'attaque vienne du côté francophone : « La mauvaise foi était flagrante ». La Ligue francophone était en faveur d'une politique des réfugiés beaucoup plus laxiste que celle prévue dans la Convention de Genève. Dans l'hebdomadaire *Panorama* du 24 novembre 1994, je déclarai que « l'idée de mesurer la productivité d'une manière objective méritait d'être suivie dans d'autres administrations. Cela ne pouvait être que bénéfique à leur fonctionnement ».

Le 1er décembre 1994, Anne-Françoise Moyson consacra dans *La Cité* un article au « 'Trop' zélé Marc Bossuyt ». Elle citait mes paroles comme suit : « Je fais comprendre à mes collaborateurs qu'ils sont là pour résorber l'arriéré des dossiers et non pas pour se la couler douce dans un fauteuil. [Et, en me référant à mon curriculum vitae], je suis insensible à toutes les pressions, d'où qu'elles viennent, fussent-elles internationales ».

Sur interpellation du sénateur Frans Lozie et sur demande du sénateur Paul Pataer, le ministre de l'Intérieur Johan Vande Lanotte répondit, le 7 décembre 1994 : « La note a été lue d'une manière très sélective. Des évaluations sont nécessaires. C'est l'un des éléments dont il faut tenir compte. Les décisions négatives doivent être mieux motivées. Le système d'évaluation n'a pas été bien expliqué. Divers éléments n'ont pas été suffisamment soulignés ».[267] Ceci aurait pu être utile pour des parlementaires « critiques » et d'autres *outsiders,* mais il s'agissait bien d'une note de service interne. Elle était uniquement destinée aux collaborateurs du Commissariat général. Eux, ils étaient familiers avec les allées et venues du Commissariat général. Le sénateur Lozie estima néanmoins que je devais être relevé de ma fonction. Le sénateur Pataer estimait que, pour renforcer mon indépendance, je devais être nommé à vie.

Dans une lettre du 9 décembre 1994 adressée au président de la Ligue (francophone) des droits de l'homme, le Ministre Johan Vande Lanotte écrivit :

« Je ne vois pas de raison pour douter de l'impartialité du Commissaire général. Vos conclusions très poussées ne sont fondées que sur une lecture trop unilatérale et trop rapide d'une note interne. Une meilleure analyse de la note même et de son application aurait déjà pu vous amener à d'autres conclusions. Il n'y a aucun élément objectif qui indique que le Commissaire général agit d'une façon partiale ou statue sur les demandes d'asile sans se préoccuper en premier lieu de l'application de la Convention de Genève. J'espère qu'à l'avenir vous examinerez plus à fond l'un et l'autre avant de prononcer des accusations graves ».

Dans *Le Vif / L'Express* du même jour, Valérie Colin brossa mon portrait sous le titre « L'homme qui aimait les chiffres » :

« Il se met à marcher de long en large, tel un lion en cage, dans son vaste QG du 'North Gate', à Bruxelles. Lorsqu'il est nommé Commissaire général, en novembre 1987, l'instrument de sa politique, le CGRA, n'existe tout simplement pas. 'Il y a sept ans, nous n'avions pas de local, pas de Bic, pas de téléphone. Et des tas de gens qui s'entassaient, pour lesquels il fallait rendre des avis motivés dans les vingt-quatre heures ... [à partir du 1er février 1988]'.

Sans conteste, il est l'homme de la situation. Même ses détracteurs – qui critiquent son manque de souplesse, son absence de sens du compromis – s'accordent à reconnaître qu'il a réussi, en un temps record, à rendre le CGRA opérationnel, puis à transformer cette structure 'artisanale' en grande entreprise. Si le Commissariat général possède à présent des informaticiens très performants, des interprètes capables de traduire les langues de 125 nationalités, des bibliothèques qui fournissent de la documentation sur autant de pays, un service d'accueil qui aiguille, toute la journée, plus de 200 visiteurs, c'est, aussi, grâce à Bossuyt ...

'En pleine crise économique, il a fait des pieds et des mains pour obtenir des crédits et du renfort en personnel' assure un ancien de la maison. Comment ? L'homme est habile négociateur. Il est brillant, convaincant, charmant. Le Roi Baudouin lui a offert trois audiences ; Albert II l'a reçu une fois. Mais le

Commissaire général attribue fièrement ses succès à sa parfaite connaissance des données chiffrées ...

En ce qui concerne les critiques de la Ligue, il se contente de hausser les épaules. Il taxe ses accusateurs de 'mauvaise foi évidente' et de 'légèreté déconcertante'. Aux critiques sur la sévérité de son administration, il répond : 'Soit le CGRA est rempli d'incompétents incapables de sauver des milliers de vies en danger, soit il faut admettre que des demandeurs d'asile sont attirés en Belgique pour des raisons étrangères à la Convention de Genève'.

Pour ces proches, c'est un homme adroit, au tempérament de chef, qui évite généralement les conflits ouverts. L'homme pèche un peu par excès de confiance. Bossuyt admet que son administration, jeune, manque encore de consistance : 'Mais elle tourne ... Cette année on a maîtrisé les flux ... Mais qui sait ce que nous réserve l'avenir ?'. Clairvoyant, Bossuyt a aussi appris à modérer (publiquement) son enthousiasme ... ».

c. « Des accusations par ignorance, sinon de mauvaise foi »

Le 12 décembre 1994, je donnai une conférence de presse sur les critiques qui m'étaient adressées.[i] Je taxais les accusations de la Ligue d'« allégations par ignorance, sinon de mauvaise foi ». J'expliquai de long en large le système d'évaluation, qui avait été présenté sous un mauvais jour. Un comptage brut de décisions de nature différente conduirait à des résultats sans signification. Il est important aussi de savoir que, dans la procédure au fond, il y avait une convocation par jour, alors qu'il y en avait trois dans la procédure en recevabilité. Aux refus motivés quant au fond (RA) était accordé un coefficient de pondération de 1,2. Le coefficient de pondération accordé aux refus pour ne pas donner suite à une demande de renseignements (RB) ou à une convocation (RC) était plus bas (respectivement 0,2 en 0,1). Pour les décisions en recevabilité, qui toutes (positives ou négatives) étaient motivées, était accordé un coefficient de 0,4%. Et de 0,6 aux reconnaissances, parce qu'une motivation sommaire était suffisante. Cette motivation purement interne n'était pas accessible au public. Puisqu'il n'y avait pas de recours contre des reconnaissances, il n'y

---

[i] « La réponse de Marc Bossuyt aux critiques qu'on lui fait » (Nancy Feroni, *LDH*) ; « Marc Bossuyt content et inquiet » (J.-C. M., *LLB*) ; « Bossuyt : 'Les critiques sur le système des points ne sont pas justifiées' » (NDa, *DM*) ; « Bossuyt nie être biaisé » (P.D.B., *HV*) ; « Ma note est interprétée de façon malveillante » (*Vl'A*) ; « Le refus d'une demande d'asile demande plus de travail » (*FET*) ; « Bossuyt défend le système des points » (*GvA*, 13 décembre 1994). Voy. aussi, le *Septième Rapport annuel* (année d'activité 1994), Annexe II, pp. 127-130.

avait pas besoin de motivations susceptibles d'être soumises à l'examen critique de la Commission permanente de recours.

Ces critiques venaient de partisans d'une procédure dans laquelle le Commissaire général ne prendrait qu'une première décision susceptible de recours devant une juridiction. Je craignais qu'une juridictionnalisation excessive conduise à une situation semblable à celle qui se présentait aux Pays-Bas.[i] Notre voisin du Nord s'attendait en 1994 à 52.500 demandes d'asile au lieu des 14.500 attendues en Belgique ! Je reconnus qu'il y avait un malaise au Commissariat général. Les collaborateurs étaient désillusionnés par les agissements de certains de leurs anciens collègues. Ce malaise existait également parce qu'au 12 décembre 1994, les collaborateurs ne savaient toujours pas si leur contrat serait prolongé au 1er janvier 1995.

La mauvaise foi de la Ligue francophone se manifesta clairement dans le *Knack* du 23 novembre 1994. Un de ses porte-parole déclara alors : « Bossuyt ne veut pas dépasser un quota mensuel de 5% de reconnaissances ». Dans le *Knack* du 14 décembre 1994, j'y répondis en communiquant les chiffres précis :

> « Le pourcentage d'avis favorables ou de décisions d'examen ultérieur dans la phase de la recevabilité s'élevait à 24% en 1991, à 18% en 1992, à 16% en 1993 et à 20% pour les premiers dix mois de 1994. Le pourcentage des décisions de reconnaissance au fond s'élevait à 24% en 1991, 25% en 1992, 27% en 1993 et 27% pour les premiers dix mois de 1994. Ceci démontre à suffisance qu'en cette matière la Ligue francophone n'hésite pas à faire de la désinformation ».

Cet incident aide à comprendre comment - après plus de vingt ans de tentatives - il n'a pas été possible en Belgique de mesurer convenablement la charge de travail des cours et tribunaux.

Dans « Notre Opinion » du journal *Het Laatste Nieuws,* Laurent Panneels écrivit, le 24 décembre 1994, sous le titre « Efficace » :

> « Le tournant favorable d'une approche efficace et rapide du traitement des demandes dans le combat contre l'afflux de demandeurs d'asile doit surtout être attribué au travail du Commissaire général aux réfugiés Marc Bossuyt qui dans un laps de temps relativement bref a fait du Commissariat général une administration travaillant efficacement avec des moyens modernes et surtout avec des hommes suffisamment motivés. Bossuyt a fait la preuve dans notre propre pays que des administrations peuvent fournir un travail solide lorsqu'on évite des paperasseries excessives et lorsqu'on donne une chance à un service public transparent avec du personnel motivé ».

---

[i] Dans *Panorama* du 15 décembre 1994, le Ministre Johan Vande Lanotte déclara : « Les Néerlandais sont restés sur place, alors que nous avons accéléré les procédures ».

Pareille appréciation permit un joyeux Noël, ce qui, avec ce qui était sur le point d'arriver (chapitre IX), était le bienvenu.

2. Enfin, des bonnes nouvelles (1 février 1995)

Dans une note du 9 janvier 1995 adressée au président de la Ligue (francophone) des droits de l'homme, j'insistai sur le fait qu'une procédure plus rapide n'était pas une procédure plus restrictive. Le pourcentage des demandes déclarées recevables par l'Office des étrangers avait baissé de 38,1% à 6,7%. Au Commissariat général, toutefois, le pourcentage avait doublé de 7,1% à 14,0%. Le nombre des réfugiés reconnus grimpait chaque année, de 311 en 1988 à 1.507 en 1994. Les demandes d'asile de ceux qui n'étaient pas des réfugiés au sens de la Convention de Genève étaient plus fréquemment refusées dans la phase de recevabilité. Ainsi, le refus était plus rapide. Antérieurement, les refus étaient décidés le plus souvent dans la phase du fond. Les critères et les directives concernant l'application de la Convention de Genève étaient inchangés. Même après les dernières modifications législatives, la procédure d'asile présentait beaucoup plus de garanties qu'avant mon entrée en fonction. Auparavant, les décisions n'étaient pas motivées, il n'y avait pas de procédure de recours, ni en recevabilité, ni au fond, et le Conseil d'Etat n'était pas compétent, même pas en annulation.[268]

Le 1er février 1995, je pus enfin annoncer de bonnes nouvelles : pour la première fois en sept ans, le nombre des demandes d'asile[269] était en baisse et l'arriéré[270] aussi.[i] Je soulignai que « la procédure d'asile se déroulait plus rapidement mais qu'elle n'était pas plus sévère ».[ii] Une multitude de chiffres le démontrait :

---

[i] « Baisse drastique des demandes d'asile » (P.J., *HV*) ; « Baisse sensible des arrivées » (*LS*) ; « Moins nombreux en 1994 » (H.B., *LDH*) ;« Deux fois moins » (E. Ma., *LNG,* 2 février 1995*).*

[ii] « La procédure d'asile est plus rapide, mais certainement pas plus sévère » (G.T., *GvA) ;* « Moins de demandes d'asile, davantage de reconnaissances » (*HN* ; *DS*) ; « Pas plus sévère, mais bien plus rapide » (P.M., *HBvL ;* HVS, *DM*) ; « Pas plus sévère » (*FET*) ; « L'examen des demandes d'asile n'est pas devenu plus sévère, on a accéléré les procédures » (A.H., *LLB*) ; « Une procédure plus rapide n'est pas plus restrictive » (Philippe Martin, *VL'A,* 2 février 1995).

- Le taux de reconnaissance aussi bien en chiffres absolus[i] que relatifs[ii] avait augmenté ;
- Le taux de recevabilité à l'Office des étrangers avait baissé mais au Commissariat général il était en hausse ;[iii]
- Plus de 93,1% des reconnaissances étaient décidées par le Commissaire général et 6,9% par la Commission permanente de recours ;
- La Commission permanente de recours confirmait dans 92,5% des cas les décisions du Commissaire général.

Quelques-unes de mes phrases recevaient une attention particulière :
- « Je suis Commissaire général aux réfugiés, et non aux illégaux ou aux étrangers clandestins » ;
- « Aussi longtemps que je suis Commissaire général, tout réfugié au sens de la Convention de Genève sera reconnu, d'où qu'il vienne, qu'ils soient nombreux ou pas » ;
- « Ni la Convention de Genève, ni les traités en matière de droits de l'homme n'exigent des procédures lentes. Ni le gouvernement, ni le parlement, ni l'opinion publique ne le souhaitent » ;
- « J'ai l'impression qu'il y en a qui sont malheureux que le nombre des demandes d'asile ait baissé. De la part des avocats qui en ont fait leur gagne-pain, je peux le comprendre. Pour d'autres, je trouve cela moins intelligent » ;
- « Pourquoi y avait-il aux Pays-Bas l'année passée 52.500 demandeurs d'asile et en Belgique 14.500 ? Parce qu'aux Pays-Bas, ils n'ont pas de Commissaire général » ;
- « L'accueil des demandeurs d'asile coûte maintenant six milliards de francs belges [€150 millions].[271] Je suppose que cela suffit, non ? ».

Apparemment, tout le monde n'était pas heureux avec ces nouvelles positives et certains estimaient qu'il était temps de mettre quelques bâtons dans les roues. Dans la semaine, une première salve fut lancée.

3. « Demandeurs d'asile déboutés mal traités » (1995)

Le 7 février 1995, les médias[iv] firent état d'accusations lancées par le sénateur Germain Dufour (Ecolo). Il affirmait que des demandeurs d'asile déboutés avaient été maltraités lors de leur retour au Zaïre. Ces

---

[i] 1.507 reconnaissances en 1994 par rapport à 1.610 pendant les années 1989, 1990 et 1991 prises ensemble.
[ii] De 24% en 1991 en passant 25% et 27% jusqu'à 30% en 1994.
[iii] 21 % en 1994 par rapport à 16% en 1993 et 18% en 1992.
[iv] « Accusations du sénateur Dufour », *LLB ; DM ; GvA ; HLN*. Dans une lettre ouverte à Frank Vandenbroucke, ministre des Affaires étrangères, le parlementaire européen Claude Desama (PS) exprima son appui au sénateur Germain Dufour (*Vl'A*, 16 février 1995).

accusations étaient fondées sur les déclarations d'un demandeur d'asile aux Pays-Bas. Celui-ci se présentait comme ancien officier de la « Garde civile » zaïroise. Le sénateur dénonçait la légèreté avec laquelle on aurait traité ces dossiers, alors qu'il s'agit de vies humaines.[272] Ces informations ont donné lieu à toute une série de réactions.

a. Des réactions aux accusations du sénateur Germain Dufour (février 1995)

L'ambassadeur du Zaïre à Bruxelles, Jean-Pierre Kimbulu,[273] demanda au sénateur Germain Dufour de lui donner la liste des personnes éliminées ou torturées lors de leur retour. Il disait que, si le sénateur pouvait en trouver un, il démissionnerait en sa qualité d'ambassadeur. Il disait aussi qu'on pouvait acheter à Matonge (Ixelles) les plans de la prison de Makala, du centre de détention de la « Garde civile » et du camp militaire Tshatshi. Ces plans pouvaient aider des demandeurs d'asile zaïrois à répondre aux questions sur leur prétendu emprisonnement. De son côté, la Sabena fit savoir que pour ceux qui étaient reconduits, elle utilisait le code « INAD » (« inadmissible ») sur les listes des passagers. Ces listes n'étaient transmises qu'au commandant de bord, au chef de cabine et au chef d'escale. Les noms des citoyens zaïrois qui séjournaient illégalement en Belgique, n'étaient jamais communiqués aux autorités zaïroises.[274]

Dans un communiqué de presse du 7 février 1995, je déclarai que les accusations émanaient d'une personne qui n'inspirait pas trop confiance. En sa qualité de demandeur d'asile aux Pays-Bas, il avait intérêt à augmenter ses chances de reconnaissance en proférant de telles allégations. Le 2 février 1994, le ministère des Affaires étrangères me fit savoir que les demandeurs d'asile renvoyés n'étaient pas inquiétés par les services de sécurité zaïrois.[275] Un rapport confidentiel du 13 septembre 1993 des ambassades de la Communauté européenne à Kinshasa allait dans le même sens. Le ministère assurait que l'ambassade belge à Kinshasa suivait de manière appropriée la situation des demandeurs d'asile reconduits. Des affirmations – telles que celles du sénateur Dufour - étaient apparues non fondées après vérification par l'ambassade. Je soulignai encore que le taux de recevabilité en Belgique pour demandeurs d'asile zaïrois était plus élevé que pour d'autres nationalités et que le taux de reconnaissance était plus élevé que dans d'autres pays.

Dans *Le Soir Illustré* du 15 février 1995 (« Curieuses pratiques à la Sabena »), Philippe Brewaeys continuait d'accuser la Sabena. Après le renvoi par charter à Kinshasa de 43 Zaïrois de France, des Pays-Bas, d'Allemagne et de Belgique, le 19 juillet 1995, Floribert Chebeya, le fondateur et le président de « La Voix des Sans Voix », confirma que la Sabena n'avait jamais communiqué les listes des demandeurs d'asile renvoyés aux services de sécurité zaïrois. Au sujet du comportement de la police française, il était fort critique

b. « Marie-Louise morte dans les geôles de N'djili » (avril 1995)

Le 5 mai 1995, les sénateurs Germain Dufour et Frans Lozie donnèrent une conférence de presse dans laquelle ils annoncèrent qu'une demandeuse d'asile refusée en Belgique (Marie-Louise T.) était décédée au Zaïre, le 1er avril. Elle aurait été renvoyée le 29 septembre 1994 de Zaventem à Kinshasa. Elle n'aurait pas pu bénéficier des garanties d'une procédure d'asile. La presse du 6 mai 1995 en fit état d'une manière extensive sous les titres suivants :
- « Le fatal renvoi au Zaïre de Marie-Louise. Candidate réfugiée refoulée à Zaventem, Mme T. est morte dans les geôles de N'Djili » (Annick Hovine, *LLB*) ;
- « Une Zaïroise serait morte en prison à Kinshasa. Bruxelles-Kinshasa : mortel retour pour une refoulée. Une bavure fait suite à une procédure de refoulement pour le moins étrange » (Martine Vandemeulebroucke, *LS*) ;
- « Demandeuse d'asile zaïroise retournée, décédée dans des circonstances suspectes » (HVS, *DM)* ;
- « Femme zaïroise morte après expulsion. La politique belge d'asile admonestée » *(GvA) ;'*
- « Demandeuse d'asile déboutée, tuée au Zaïre » *(HLN)*.

Les deux sénateurs, « choqués par cette tragique aventure », prétendaient « tenter depuis un mois de reconstituer la trame du drame ». Ils affirmaient que cette demandeuse d'asile n'avait pas séjourné au Centre de transit à Melsbroek, mais dans la zone INAD à Zaventem. Selon eux, aucune trace de sa demande d'asile ne pouvait être retrouvée. Ils ne s'étaient pas donné la peine de me contacter. Pourtant, comme l'écrivit la *Gazet van Antwerpen* : « Un simple coup de téléphone au Commissaire aux réfugiés le professeur Marc Bossuyt suffisait à reconstituer ce qui s'était passé ». *Het Laatste Nieuws* aussi m'avait contacté.

Immédiatement, il apparut que tout aux moins leurs affirmations concernant sa demande d'asile et le Centre de transit étaient fausses. Elle avait introduit une demande d'asile, le 28 août 1994, le lendemain de son arrivée à Zaventem. Elle avait fait l'objet d'un refus d'entrée par l'Office des étrangers, le 1er septembre 1994. Assistée d'un interprète et d'un avocat, elle avait été entendue par un de mes collaborateurs le 8 septembre au Centre de transit 127 à Melsbroek. Le 16 septembre, je pris une décision confirmative de refus. Le 19 septembre, elle a refusé de signer la décision qui lui a été notifiée. Elle n'a pas introduit de recours au Conseil d'Etat, ni en suspension, ni en annulation. L'audition avait fait apparaître plusieurs contradictions et invraisemblances dans son récit. Ainsi, elle a prétendu au Commissariat général que son mari était étudiant en droit, alors qu'à l'Office des étrangers il était étudiant en agronomie. Au Commissariat général, elle prétendait être membre de l'UDPS, alors qu'elle n'en avait pas fait mention antérieurement.

En outre, elle était déjà venue en Belgique en 1991 et était retournée au Zaïre sans crainte. Elle avait des titres de voyage français sous une autre identité. Ces fraudes allaient de pair avec la falsification de tampons belges, français et suisses. L'expérience du Commissariat général démontre que des documents produits par des demandeurs d'asile zaïrois ne sont que très rarement authentiques. Dans le cas d'espèce, il était évident que la jeune sœur de l'intéressée, qui avait produit le document attestant la mort de cette dernière avait, en sa qualité de demandeuse d'asile aux Pays-Bas, tout intérêt à faire croire à la véracité de ce prétendu fait. La lettre qui accompagnait ce document se lisait comme suit :

« Ma chère cousine Cocotte,

C'est avec un grand regret que je te signale la mort de ta grande sœur Marie-Louise T., causée par le rapatriement des Zaïrois à Kinshasa, c'est-à-dire (...) par suite de la non-acceptation de son asile politique à la frontière à Zaventem. (...) Arrivant à Kinshasa, après quelques heures, elle a disparu pendant des mois. (...). Le 1er avril 1995, alors qu'un travailleur de la morgue contrôlait les cadavres, subitement il a reconnu ta grande sœur par le nom de la famille T. qui était sur le macaron blanc (...) autour de son cou. Comme il connaissait un des membres de nos familles, (...) il est venu nous avertir. (...). Par après, on a constaté qu'elle était morte à la suite des infections de blessures, viols et la façon dont elle a séjourné dans la prison avec les tortures de militaires. (...) Mes condoléances et courage, courage, courage, courage.

Ton cousin, Denis ».

c. « Je lisais trop de romans policiers » (mai 1995)

Dans un communiqué de presse du 10 mai 1995, je fis d'abord observer que rien ne démontrait un lien de causalité entre le fait allégué et son rapatriement six mois auparavant. A la lumière de tous les éléments frauduleux constatés dans le cadre de cette demande d'asile, j'estimai que le fait allégué se révélerait plus que probablement fantaisiste. Ceci venait d'être démontré pour d'autres allégations avancées à cette conférence de presse. J'avais demandé au ministère des Affaires étrangères de bien vouloir vérifier ces informations. En tout état de cause, j'estimais que répandre ce genre d'affirmations, sans faire le moindre effort de vérification préalable, c'était faire preuve de légèreté. Si de telles affirmations émanaient de moi, « la légèreté avec laquelle on traite ces dossiers alors qu'il s'agit de vies humaines » aurait sans doute été dénoncée avec vigueur. Le 11 mai 1995, Martine Vandemeulebroucke du journal *Le Soir* réagit à ce communiqué de presse en faisant remarquer que je lisais peut-être trop de romans policiers. *La Libre Belgique* du 12 mai et *De Morgen* du 17 mai ont également fait état de mon communiqué de presse.

d. « Marie-Louise ressuscitée » (juin 1995)

Le 8 juin 1995, *La Libre Belgique* apporta des nouvelles concernant la Zaïroise prétendue morte. Dans le journal kinois *Le Soft* du 29 mai, elle avait expliqué qu'elle s'était effectivement déclarée réfugiée en Belgique. Elle et ses enfants étaient logés au Centre de transit où ils étaient nourris « comme des petits princes ». Selon trois sénateurs d'Agalev et Ecolo, en revanche, « la situation y était pire que dans un camp de concentration ». A son arrivée à l'aéroport de N'djili, il y avait eu quelques complications avec des soldats et des agents de sécurité. Cinq heures plus tard, ils ont été libérés. Ni elle, ni ses enfants n'avaient été « ni frappés, ni molestés ». *Le Soft* en concluait que la mort de cette demandeuse d'asile déboutée se révélait comme « une histoire montée de toutes pièces ». L'ambassadeur Jean-Pierre Kimbulu déclarait que les allégations des deux parlementaires belges étaient « aussi fantaisistes que légères ». Dans un communiqué de presse du 9 juin, je me déclarai « consterné de la désinvolture et de la légèreté avec lesquelles certains mandataires publics et organes de presse avaient pu lancer leurs accusations au cours de cette péripétie ».

Le 10 juin, la *Gazet van Antwerpen* (« La morte zaïroise est en vie et en pleine forme »), *Het Laatste Nieuws* (« La Zaïroise morte est en vie ») et *De Morgen* (« La Zaïroise morte donne une interview ») firent mention de ce communiqué de presse. *Le Soir* attendait le moment où je déclarai en avoir pris connaissance par une lettre du ministère des Affaires étrangères. Une lettre du 11 juillet 1995 faisait savoir que deux organisations des droits de l'homme zaïroises (La Voix des Sans Voix et Asadho) avaient confirmé que Marie-Louise T. était toujours en vie. Elles avaient aussi vérifié que sa mort n'était pas mentionnée aux registres des morgues de Kinshasa.

   e. *Le* Septième Rapport annuel *(année d'activité 1994) : 27 juillet 1995*

Le Soir ne mentionna la résurrection de Marie-Louise qu'en marge de son compte rendu de la présentation, le 27 juillet 1995, de mon *Septième Rapport annuel (*année d'activité 1994). Ce rapport, « truffé de statistiques et de camemberts », soulignait la baisse du nombre des demandes d'asile. *Vers l'Avenir* n'était pas rassuré par mon obsession de répartir mes statistiques par nationalité. Or, la reconnaissance du statut de réfugié se fait sur base de la crainte de persécution par le pays dont l'intéressé a la nationalité. *La Dernière Heure* fit mention du grand nombre de langues pour lesquelles il fallait trouver des interprètes. Parmi ces langues, il y en a qui sont peu connues, telles que le bissan, l'ibo, le ga, le fulah, le farsi, le kibunda, le lobi, le peul, le punjabi (nécessaire dans 3.745 cas), le twi, le wala, le wolof, le zarma et le zacaca. Ceci coûtait plus que l'équivalant de €300.000, le triple de 1992. *De Morgen* écrivait : « Le domaine des demandeurs d'asile peut présenter des résultats tangibles ». Je me plaignis des divergences croissantes entre mes décisions en recevabilité et celles de l'Office des étrangers. Je me plaignis, en outre, aussi de mon statut, de celui de 90% de mes fonctionnaires qui étaient contractuels et des multiples préjugés à l'égard de mes services.

A cette époque, il y eut aussi la demande d'asile d'un VIP rwandais,[276] par suite du génocide des Tutsi au Rwanda. Le 6 avril 1994, l'avion présidentiel rwandais avait été abattu à Kigali. Il transportait Juvénal Habyarimana, Président du Rwanda (1973-1994), et Cyprien Ntaryamira, Président du Burundi (1994). Ils revenaient ensemble de Dar-es-Salaam (Tanzanie). C'était le coup de feu déclenchant le génocide. Le 22 novembre 1994, Séraphin Rwabukumba, un cousin de l'épouse de feu le Président du Rwanda, demanda l'asile en Belgique.

Chapitre X
Séraphin Rwabukumba, cousin du Président rwandais (1994-1998)

Le 22 novembre 1994, Séraphin Rwabukumba (°1949) demanda l'asile en Belgique. Il est plus précisément un cousin d'Agathe Kanziga qui est la veuve du général major Juvénal Habyarimana. Celui-ci fut Président du Rwanda du 5 juillet 1973 jusqu'à sa mort le 6 avril 1994. Lors des élections, il a obtenu des résultats toujours meilleurs : 98,99% le 24 décembre 1978, 99,97% le 19 décembre 1983 et 99,98% le 19 décembre 1988. En Belgique, cela ne soulevait pas de questions. Il était admis qu'il bénéficiait d'une grande popularité.

1. Un cousin de la veuve du Président Juvénal Habyarimana

Le père de Rwabukumba était le frère du père d'Agathe Kanziga. Il est donc le cousin (germain) de cette dernière. En Afrique, et au Rwanda en particulier, des cousins sont souvent appelés « frères » et considérés comme tels. Il était donc fréquemment désigné comme « beau-frère du Président ». Son frère, Elie Sagatwa, qui était le secrétaire particulier du Président, périt avec ce dernier dans l'avion présidentiel. Rwabukumba a fait des études d'humanités suivies d'une année d'économie à l'Université Nationale du Rwanda à Butare. A vingt ans, il avait commencé à travailler à la Banque nationale où il a terminé en occupant des fonctions directoriales. A Kigali, il devint un homme d'affaires important. Il gérait une société, « La Centrale », qui exportait surtout du thé, du lait et du café.

Selon une note de la Sûreté de l'Etat, les beaux-frères du Président Juvénal Habyarimana étaient aussi les figures dirigeantes du fameux réseau Zéro : « Le Réseau Zéro était une entreprise systématique de déstabilisation ayant pour objectif de saboter les négociations de paix. Il était l'œuvre d'un groupe de personnes comprenant les plus proches du Président dont les trois beaux-frères du chef de l'Etat qui étaient, selon nos sources, les têtes de ce 'réseau' ».[277]

Le rapport de la Commission d'enquête du Sénat belge[278] se référait au « Clan de Madame », appelé « *akazu* » (littéralement : la « petite maison ») : « Les membres les plus importants de ce groupe étaient ses frères, le colonel Pierre-Céléstin Rwagafilita, Protais Zigiranyirazo et Séraphin Rwabukumba, son neveu Elie Sagatwa, et ses meilleurs amis le colonel Laurent Serubuga et Noël Mbonabaryi ».²⁷⁹

La belle-famille du Président Juvénal Habyarimana constituait un clan qui exerçait une influence politique importante au Rwanda :

> « Il est généralement admis que le pouvoir réel pendant les dernières années du régime Habyarimana appartenait à sa belle-famille et non plus au Président Habyarimana lui-même. Une des théories expliquant l'attentat de l'avion du Président est que la belle-famille estimait que Habyarimana voulait faire trop de concessions à l'opposition et aux rebelles Tutsi. Le partage du pouvoir aurait eu pour effet que sa belle-famille perde ses privilèges ».[i]

2. Départ du Rwanda dans un avion militaire français (9 avril 1994)

Rwabukumba a quitté le Rwanda, le 9 avril 1994, avec un avion militaire français. Ensuite, il traversa plusieurs pays. Du Rwanda, il s'est rendu en République centrafricaine, puis en France et en Belgique, puis encore en France, en Centrafrique, au Cameroun et au Kenya. Finalement, il retourna en Belgique le 4 novembre 1994, via la France. Il n'était pas accompagné par sa femme, ni par ses six enfants. Il avait également à sa charge les trois enfants de son frère Elie Sagatwa. Cinq de ses neuf enfants se trouvaient au moment de sa demande d'asile à Madagascar ; les quatre enfants les plus jeunes étaient auprès de son épouse à Nairobi.

Lorsque Rwabukumba arriva en Belgique, il était porteur d'un passeport rwandais, émis à Kigali, en 1992, et valable jusqu'en 1997. Il disposait aussi d'un deuxième passeport, émis par l'ambassade du Rwanda à Paris, le 19 juillet 1994, et valable jusqu'en 1999. En outre, il avait un visa belge, valable pour 90 jours et délivré par l'ambassade belge à Bangui (République centrafricaine) le 4 novembre 1994. Cela soulevait des interrogations de la part des médias belges.²⁸⁰

3. Examen ultérieur de sa demande d'asile (28 février 1996)

La demande d'asile de Rwabukumba, introduite le 22 novembre 1994, a été déclarée irrecevable le 1ᵉʳ décembre par l'Office des étrangers *sans* ordre de quitter le territoire. Selon l'Office, sa demande était manifestement fondée sur des motifs étrangers à l'asile, en

---

[i] Gert Van Langendonck, « L'Akazu ? Je ne sais pas ce que c'est », *DM,* 19 mai 2001.

particulier parce qu'elle était frauduleuse. En outre, après avoir quitté son pays, il avait résidé plus de trois mois dans un autre pays. Il avait quitté le dernier de ces pays sans crainte au sens de l'article 1er, par. A, al. 2, de la Convention de Genève. En outre, il avait négligé de demander l'asile lorsqu'il était en Belgique, le 19 mai 1994.

Le 5 décembre 1994, Rwabukumba introduisit un recours urgent contre la décision de refus de l'Office des étrangers. Accusé de faire partie des « escadrons de la mort », il craignait d'être exécuté immédiatement en rentrant au Rwanda. Cela aurait été le cas de plusieurs membres de sa famille. Il niait avoir commis ou participé à aucun délit ou crime, ni dans son pays, ni à l'étranger. Il contestait aussi être un commanditaire de la Radio Télévision Libre Mille Collines (RTLM),[281] ni un acteur probable dans une reprise des hostilités.

Avant de venir en Belgique, il avait séjourné quelques mois dans plusieurs pays africains afin d'essayer de rassembler sa famille. Début mai 1994, il s'est rendu en France pour y subir une intervention chirurgicale urgente. Immédiatement après sa sortie de l'hôpital, il est venu en Belgique pour suivre un traitement de kinésithérapie. Constatant l'impossibilité de retourner dans son pays, il demanda un visa belge. Selon ses affirmations, des Tutsi le menaçaient partout dans le monde parce qu'il faisait partie de la famille Habyarimana. Tous ses biens au Rwanda auraient été intentionnellement détruits après la prise du pouvoir par le Front Patriotique Rwandais (FPR). La Belgique était le premier pays dans lequel il séjournait à une adresse fixe après avoir fui le Rwanda. En outre, il était propriétaire d'un bien immeuble en Belgique.

Il fut entendu au Commissariat général, le 15 mai 1995. Le 28 février 1996, j'ai décidé qu'un examen ultérieur était nécessaire puisqu'une application éventuelle de la clause d'exclusion de l'article 1er, par. F, de la Convention de Genève[282] relève de l'examen du fond de la demande.

4. « Pas de terre d'asile » : application de la clause d'exclusion (29 mars 1996)

Entre décembre 1994 et la décision d'examen ultérieur du 28 février 1996, je reçus des dizaines de lettres de Rwabukumba et de son conseil.[i] Ces lettres insistaient sur son innocence et sur le fait qu'il n'était nullement associé au génocide. Elles dénonçaient aussi les affirmations mensongères publiées concernant sa personne et la situation au Rwanda. Il espérait que je ne tenais pas compte de ces affirmations qui, selon lui, émanaient du régime actuel et qui étaient d'inspiration fortement anti-Hutu. Dans ses lettres et aussi pendant son audition au Commissariat général, il contredisait les accusations proférées à son encontre. Qu'il aurait appartenu à l'*Akazu*, au Réseau Zéro ou aux escadrons de la mort n'était selon lui que mythes et une accusation non-fondée de la part du nouveau régime et de journalistes qui ne savaient pas de quoi ils parlaient. Son conseil s'attaquait vivement aux sources internationales, à la presse et aux institutions qui parlaient continuellement d'un génocide sur la minorité Tutsi et des Hutu modérés, programmé et planifié par les autorités précédentes. Personne n'avait montré aucun plan ou aucun document qui aurait pu le démontrer.

Généralement, Rwabukumba était considéré comme le financier et le banquier des « *Interahamwe* ». Il aurait acheté des armes pour eux. Pourtant, il affirmait n'avoir aucun rapport avec eux et certainement pas dans l'achat ou la distribution d'armes ou de réarmement des ex-FAR (Forces armées rwandaises). Afin de le démontrer, il autorisa le juge d'instruction de vérifier ses comptes bancaires. Il aurait sporadiquement versé de l'argent au Mouvement National Républicain pour la Démocratie et le Développement (MRND) par sympathie, sans jamais en avoir été membre. Bien qu'il fût généralement admis qu'il était une des figures dirigeantes des escadrons de la mort, il prétendait ne pas être au courant de leur existence.

Le 29 mars 1996, j'ai refusé à Rwabukumba la qualité de réfugié. Dans ma décision, je faisais observer que des sources multiples, bien que d'origine très diverse, étaient concordantes dans l'attribution à Rwabukumba « d'un rôle discret, mais extrêmement influent au cœur même du régime rwandais qui s'est rendu coupable d'un génocide prémédité et systématique ».[ii] Parmi ces sources, je citais Colette

---

[i] Me Luc De Temmerman du barreau de Bruxelles.
[ii] Selon le Rapport préliminaire (Annexé au document S/1994/1125 du 4 octobre 1994) de trois experts indépendants (de Mali, Guinée et Togo), désignés conformément la résolution 935 (1994) du Conseil de sécurité des Nations Unies, « Des preuves accablantes montrent que l'extermination des Tutsis par les Hutus a été préparée des mois à l'avance. Les massacres ont été perpétrés essentiellement

Braeckman,[283] Jean-Pierre Chrétien,[284] Filip Reyntjens,[285] André Guichaoua,[286] African Rights,[287] Els De Temmerman,[288] François Misser[289] et Mark Heirman.[290] Ces écrits mentionnaient tous Rwabukumba explicitement par son nom au sujet de son appartenance à l'*Akazu*, au Réseau Zéro, aux *Interahamwe* ou à la RTLM.

Dans cette décision, je constatais que les massacres commis au Rwanda en 1994 avaient été qualifiés de génocide et de crime contre l'humanité. La clause d'exclusion est applicable s'il y a des « raisons sérieuses de penser » que l'intéressé s'est rendu coupable de l'un de ces crimes. La procédure d'asile ne requiert pas l'établissement de preuves formelles telles que l'exige une procédure pénale. La clause d'exclusion peut aussi frapper des complices ou des membres d'organisations criminelles jugées collectivement responsables de tels actes, pour autant qu'ils aient agi en connaissance des objectifs criminels poursuivis.[291]

J'estimais que, même dans l'hypothèse où l'intéressé n'aurait pas participé directement à des crimes graves contre l'humanité, cette circonstance serait sans incidence, dès lors, qu'il les a sciemment encouragés et facilités par son aide matérielle. Je considérais que « pour une telle personne la Belgique ne saurait être une terre d'asile où l'intéressé peut en paix récolter les fruits que sa famille a accumulés dans l'exercice d'un pouvoir qui s'est rendu coupable des pires violations des droits de l'homme, y compris un génocide et de massacres sur grande échelle ». En application de la clause d'exclusion, je lui refusais le bénéfice de la Convention de Genève.

5. « Négationniste » : la CPR confirme la clause d'exclusion (4 mars 1998)

Le 11 avril 1996, Rwabukumba introduisit un recours auprès de la Commission permanente de recours (CPR) contre ma décision de refus. Selon lui, ma décision était fondée sur des documents non-probants. Les articles, livres et rapports participaient, selon lui, de sources identifiées comme étant pro-FPR ou étaient de toute façon dénués de tout fondement.

Selon Rwabukumba, il aurait dû être inquiété, inculpé ou tout au moins mis à la disposition des autorités belges ou internationales, s'il

---

par des éléments hutus, d'une manière *concertée, planifiée, systématique et méthodique*, et ont été motivés par la haine ethnique » (§44).

avait été coupable des agissements qui lui étaient reprochés. Tous ses comptes bancaires avaient été passés au peigne fin par les autorités belges qui n'avaient pu relever aucun mouvement de nature à appuyer la thèse selon laquelle il serait le « grand financier » de l'ancien régime rwandais. Il n'y avait pas de « raisons sérieuses de penser » qu'il avait participé d'une quelconque manière à un génocide ou à des crimes contre l'humanité. J'avais commis un abus de droit manifeste en ce que j'avais utilisé des dispositions légales en vue d'une prise de position à consonance politique.

Selon la Commission permanente de recours, qui a confirmé, le 4 mars 1998, ma décision de refus,[292] il n'existait aucune raison de mettre en doute la réalité du génocide. De nombreux rapports faisaient état de la perpétration d'un génocide à l'encontre de la population Tutsi. La Commission permanente de recours n'accordait aucun crédit à la thèse négationniste soutenue par le requérant. Le rapport de la Commission d'enquête parlementaire concernant les événements du Rwanda confirmait le rôle prééminent tenu par le requérant dans les hautes sphères du pouvoir au Rwanda avant 1994.[293] Une note de la Sûreté d'Etat du 9 janvier 1995 conclut sans ambiguïté que Rwabukumba tenait un rôle prédominant dans la faction qui a organisé et financé les milices « *interahamwe* » et d'autres « escadrons de la mort ».

La Commission permanente de recours reconnaissait cependant qu'il y avait un risque que « des commentateurs procèdent à des amalgames, portent des jugements hâtifs ou partiaux, voire se livrent à des campagnes de désinformation ». En l'espèce toutefois, tous les auteurs vont dans le même sens ; pour la plupart il s'agit de personnalités dont les qualités scientifiques sont unanimement reconnues. L'unique condition pour l'application de la clause d'exclusion est l'existence de « raisons sérieuses ». Bien qu'il ne s'agisse pas d'une preuve au sens pénal, « il y a un ensemble d'indications sur lequel le Commissaire général pouvait valablement fonder sa décision en l'absence de tout élément sérieux en sens contraire ».

La Commission permanente de recours constata que le requérant n'avait pas contribué de bonne foi à l'établissement des faits dont il souhaitait contester la pertinence :

> « Le requérant s'efforce de tendre un voile d'opacité sur la nature exacte de ses activités entre 1990 et 1994, ainsi que durant la période qui a immédiatement suivi sa fuite en avril 1994 ; cette attitude l'amène à nier l'évidence, depuis la réalité même du génocide jusqu'à des points accessoires comme les avantages

qu'il tirait de ses liens avec le président dans la gestion de ses affaires ou même l'importance de celles-ci, qu'il cherche à minimiser ; le crédit qui peut être accordé à ses dénégations s'en trouve réduit à néant ».

La Commission permanente de recours conclut qu'il ne pouvait bénéficier de la protection internationale organisée par la Convention de Genève. Elle ne reconnaissait pas au requérant la qualité de réfugié.

6. Un enchevêtrement de demandes d'asile

Ce qui suit ne peut être compris qu'en prenant connaissance des interférences avec les demandes d'asile des proches membres de famille de Rwabukumba. Avant la prise de décision de la Commission permanente de recours, plusieurs membres de sa famille étaient arrivés en Belgique. Après avoir quitté Kigali en juin 1994, son épouse avec trois de leurs enfants (nés respectivement en 1982, en 1983 et en 1990) et deux enfants (nés en 1985 et en 1987) de son beau-frère Elie Sagatwa étaient arrivés en Belgique le 8 décembre 1994 avec un visa valable. Le 29 décembre 1994, elle introduisit une demande d'asile. Le 13 janvier 1995, l'Office des étrangers lui refusait le séjour mais *sans* ordre de quitter le territoire : « Sa demande devait être rejetée au motif qu'elle était solidaire de celle de son époux et que la requérante est arrivée en Belgique venant du Kenya, dernier pays où elle a séjourné et qu'elle a quitté sans crainte ».

Statuant sur son recours urgent introduit le 17 janvier 1995, j'ai décidé, le 12 mars 1996, qu'un examen ultérieur était nécessaire. Deux semaines plus tard, je l'ai refusé le statut de réfugié, le 29 mars 1996, le jour où j'ai pris la même décision à l'égard de son époux : « Les craintes de persécution qu'elle déclare éprouver dans son pays d'origine sont 'la conséquence des graves violations des droits de l'homme commises au Rwanda' par l'appartenance de son époux au 'réseau Zéro' dont elle avait connaissance et qu'elle a admis et approuvé ». [294] Les demandes d'asile de trois de ses enfants furent refusées, trois jours plus tard, le 1er avril 1996.

Ma décision de refus contre laquelle elle a introduit un recours le 11 avril 1996 a été confirmée le 4 mars 1998 par la Commission permanente de recours, le même jour que la décision de refus concernant son époux. Par son défaut de collaboration, elle s'était mise elle-même dans l'impossibilité d'établir qu'elle avait des motifs raisonnables de craindre d'être persécutée du fait d'un des motifs de la Convention de Genève :

« Qu'en effet, le seul élément certain dont dispose la Commission est l'existence d'un lien conjugal entre la requérante et une personne soupçonnée de participation à des crimes contre l'humanité et à la préparation d'un génocide, ce qui ne correspond, en tant que tel, à aucun critère justifiant l'octroi de la protection internationale prévue par la Convention de Genève ;

Que pour le surplus, il ne peut être déduit des propos de la requérante qu'elle encourrait un risque de persécution du fait de ses convictions politiques, puisque celles-ci sont inexistantes selon elle ; qu'elle reconnaît d'ailleurs que ses sœurs ont regagné le pays et n'y sont pas inquiétées ».

Au moment où la demande d'asile de Rwabukumba était pendante devant la Commission permanente de recours, deux de ses enfants et une fille d'Elie Sagatwa, qui était à sa charge, se trouvaient en Allemagne. Une autre fille de Rwabukumba se trouvait en France. Pour ces enfants, Rwabukumba avait demandé à l'Office des étrangers, le 3 juillet 1997, de les faire venir et d'examiner leurs dossiers de pair avec le sien dans le cadre d'un regroupement familial. Pour une autre fille, née en 1980, qui séjournait en Allemagne et qui y avait demandé l'asile, il avait déjà, le 23 décembre 1996, demandé un regroupement familial. Sur base de l'article 36 de la Convention d'application de l'Accord de Schengen,[295] cette demande était favorablement accueillie, le 25 juin 1997. Elle arriva en Belgique le 30 juillet 1997. Elle introduisit une demande d'asile le 19 août.

7. L'ordre de quitter le territoire (13 mai 1998) : le Conseil d'Etat souffle le chaud et le froid

L'ordre de quitter le territoire fut notifié à Rwabukumba et à son épouse, le 13 mai 1998. La mesure d'éloignement concernait aussi bien les deux parents que leurs enfants. Le 14 mai, les parents introduisirent un recours au Conseil d'Etat contre cet ordre. Selon eux, il constituait une ingérence dans leur droit au respect de la vie privée et familiale (article 8 CEDH). Ils firent observer qu'aussi bien la demande d'asile de leur fille, introduite le 19 août 1997, que celle de la mère de Rwabukumba étaient encore pendantes.

Le Conseil d'Etat constata qu'à aucun moment de la procédure la présence en Belgique de la mère (âgée alors de 82 ans) du requérant avait été soulevée. Il ne pouvait donc être reproché aux autorités belges de ne pas avoir tenu compte de cet élément. Sa fille mineure, pour laquelle une demande de regroupement familial avait été introduite le 23 décembre 1996, séjournait en Belgique depuis le

30 juillet 1997. Depuis un peu moins d'un an, elle vivait sous le même toit et faisait effectivement partie de la vie familiale en Belgique.

Le Conseil d'Etat estimait que l'ordre de quitter le territoire, pris le 13 mai 1998, était manifestement une ingérence dans le droit au respect de la vie familiale consacré par l'article 8 CEDH, la demande d'asile de leur fille étant toujours pendante. Un éloignement du territoire des requérants constituerait un préjudice grave et difficilement réparable. Les requérants avaient fait valoir que « l'éloignement de leur enfant mineur briserait cette famille déjà meurtrie par la guerre et les priverait de tout contact avec leur fille ».[296] Considérant que le risque devait être tenu pour établi, le Conseil d'Etat décida, dans son arrêt du 29 mai 1998, de suspendre l'exécution de l'ordre de quitter le territoire, notifié aux requérants et également valable pour trois de leurs enfants. Cette suspension fut levée le 4 décembre 1998.[297]

Les trois enfants précités dont j'avais refusé les demandes d'asile le 2 avril 1996, introduisirent à nouveau des demandes d'asile le 23 juillet 1998, en leur nom propre. Celles-ci furent également rejetées par l'Office des étrangers le 24 août. En recours urgent, introduit le 26 août, le Commissaire général Luc De Smet confirma, le 13 janvier 1999, la décision de refus dans les trois cas. Ils n'avaient avancé aucun élément nouveau de nature à établir une crainte personnelle de persécution au sens de l'article 1er de la Convention de Genève. Selon l'avis du Commissaire général, ils pouvaient être reconduits au Rwanda. Il attira cependant l'attention du Ministre sur le fait qu'ils étaient mineurs au regard de leur loi nationale.

Les trois enfants, représentés par leur mère, introduisirent, le 21 janvier 1999, une requête en suspension d'extrême urgence devant le Conseil d'Etat concernant la décision confirmative du Commissaire général. Ils prétendaient que le refus de leur première demande d'asile, ainsi que de celle de leur père, était fondé sur la clause d'exclusion. Selon eux, cette clause ne saurait en aucun cas s'étendre aux membres de la famille des personnes visées. La décision querellée ne pouvait pas se référer à une décision motivée sur une clause d'exclusion.

Toutefois, la mère avait expressément indiqué qu'elle souhaitait, si le statut de réfugié lui était accordé, qu'il le soit également à ses enfants. Lorsque le 4 mars 1998, la Commission permanente de recours lui refusa la reconnaissance de la qualité de réfugié, cette décision s'est *ipso facto* étendue aux enfants mineurs. Par conséquent, selon l'arrêt du Conseil d'Etat du 28 janvier 1999, il n'y avait pas de défaut de motivation dans la décision du Commissaire général du 13 janvier 1999 concernant la deuxième demande d'asile :

> « Contrairement à ce que soutiennent les requérants, la demande d'asile de la mère n'a pas été rejetée sur la base de l'article 1ᵉʳ, par. F, de la Convention de Genève, mais parce qu'elle n'avait pas établi qu'elle restait éloignée de son pays par crainte au sens de l'article 1ᵉʳ, par. A, al. 2, de la Convention de Genève précitée ; que le moyen manque en fait et, partant, n'est pas sérieux ».²⁹⁸

8. *PS* : Régularisé, et presque citoyen belge

Malgré les décisions de refus, aussi bien concernant Rwabukumba que son épouse et les enfants, la famille Rwabukumba pouvait résider en Belgique sans être dérangée, au plus grand déplaisir des victimes du génocide.[i] A Kigali aussi c'était mal compris :

> « Le Président rwandais [depuis 2000] Paul Kagame[ii] demandait cette semaine plus de support de la communauté internationale, et plus particulièrement des pays européens, dans l'arrestation des responsables du génocide : 'Il y a encore beaucoup à faire'. Kagame accusait certains pays de tolérer des suspects. Il mentionnait entre autres Séraphin Rwabukumba, qui résidait en Belgique. Des plaintes étaient introduites contre lui par le Gouvernement rwandais, des organisations non-gouvernementales et des citoyens ».²⁹⁹

Il paraît que le séjour de Rwabukumba a été régularisé en 2001,³⁰⁰ mais il n'est pas devenu Belge.

Le 27 octobre 2009, en se référant au journal *Le Soir*, *Het Laatste Nieuws* rapportait : « Séraphin Rwabukumba, le beau-frère du Président rwandais assassiné Habyarimana, et un proche des exécuteurs du génocide dans ce pays africain, demande sa naturalisation belge. [...] Son épouse et ses enfants ont déjà obtenu la nationalité belge ».

Le 24 janvier 2011, *Het Laatste Nieuws* continuait :

> « Séraphin Rwabukumba, un beau-frère du Président rwandais assassiné, Juvénal Habyarimana, ne reçoit provisoirement pas la nationalité belge. Cela a été décidé par la Cour d'appel de Bruxelles. L'homme avait fait une demande en 2006, mais après l'avis négatif du Ministère public, d'abord le Tribunal de première instance de Bruxelles et maintenant la Cour d'appel ont décidé qu'il faudrait d'abord plus de clarté ».

---

[i] Yves Bastin citait Gasana Ndoba : « Aujourd'hui, ce sont les victimes qui rasent les murs, pas les suspects. Tous les jours, des victimes croisent des bourreaux présumés dans le métro, dans les CPAS, au Commissariat général aux réfugiés » (*LNG*, 25 juillet 1997).

[ii] Antérieurement (depuis 1994) vice-président du Rwanda. Sur Kagame, voy. KINZER, Stephen, *A Thousand Hills : Rwanda's Rebirth and The Man Who Dreamed It*, Hoboken, NJ, Wiley, 2008, 380 p.

Chapitre XI
Je reconnais à la fois trop et pas assez de réfugiés
(1995)

Une enquête judiciaire fut ouverte concernant des reconnaissances qui seraient injustifiées, surtout pour des Libanais et des Zaïrois. Des perquisitions eurent lieu le 21 mars 1995, partout dans le pays. La perquisition au Commissariat général se faisait sous l'œil attentif des médias. Ultérieurement, tout cela s'est révélé n'être que des pétards mouillés. En même temps, des critiques fusaient de toute part, me reprochant de ne pas reconnaître suffisamment de réfugiés. J'étais à même de répondre à toutes ces critiques.

1. « Magouilles au Commissariat général »

Le 21 mars 1995, des perquisitions eurent lieu en plusieurs endroits, y compris au Commissariat général, situé à cette époque dans le bâtiment du North Gate (150 boulevard E. Jacqmain, depuis mi-décembre 1999 : 6 boulevard Albert II).

a. Perquisitions au Commissariat général (21 mars 1995)

Le 2 février 1995, sur l'insistance de Jean-François Pirot, qui - en tant que conseiller adjoint – était le fonctionnaire francophone le plus haut gradé au Commissariat général, j'ai communiqué certains documents à la BSR. En se référant à l'article 29 du Code de procédure pénale,[301] il m'avait dit que la BSR menait une enquête concernant des filières de demandeurs d'asile zaïrois.[302] J'ai réclamé de pouvoir m'expliquer sur le contexte de cette communication.

En fait, le contexte consistait en un antagonisme personnel assez fort entre ce fonctionnaire et le Commissaire adjoint francophone Xavier De Beys. Le fonctionnaire, très familier de la problématique d'asile, appartenait à l'aile conservatrice du PSC. Il était partisan d'une politique stricte. Le Commissaire adjoint, qui n'excellait pas par sa connaissance de l'asile, appartenait à l'aile progressiste du même parti. Il était, lui, en faveur d'une politique de reconnaissance plus large. Ce contexte comprenait aussi des relations de bon voisinage entre Jean-François Pirot et Aimé Bille, premier maréchal des logis de la BSR,[303] à qui il s'était plaint. Le premier maréchal des logis se sentait appelé à devoir enquêter sur tout cela. C'est Jean-François

Pirot qui lui fournissait les renseignements. Au cours des deux mois précédant les perquisitions, il a eu pas moins de 40 contacts téléphoniques avec ce premier maréchal des logis. Celui-ci transmit ensuite un dossier au juge d'instruction Jacques Pignolet. Selon ses propres mots, il travaillait depuis longtemps déjà en bonne entente avec ce juge d'instruction.

Le matin du 21 mars 1995, je fus invité à me rendre au quartier général de la BSR. Selon *De Standaard*,[304] j'avais été « intercepté » quelques heures avant les perquisitions. Une opération de grande envergure était en cours. Je fus longuement interrogé sur le fonctionnement de mes services. Il en ressortit que beaucoup des soupçons ne reposaient que sur des peccadilles. L'attention pour des questions de peu d'importance était frappante. Il m'était demandé s'il était « normal » que le soir, le Commissaire adjoint emportait chez lui les journaux *Le Soir* et *La Libre Belgique* à la maison. Le premier maréchal des logis devait acheter son journal lui-même. On m'a demandé si j'avais reçu des cadeaux. J'ai répondu qu'une fois j'avais reçu un petit cadre : c'était un cadeau de bonne relation de la Gendarmerie.

En début d'après-midi, je pus accompagner le juge d'instruction et une vingtaine d'enquêteurs dans une descente au Commissariat général.[305] Un photographe de presse nous y attendait.[i] Une équipe de VTM réalisa un reportage filmé de cette opération sensationnelle. Les enquêteurs confisquèrent 130 dossiers de demandeurs d'asile. Les titres dans la presse en disaient long :

> « Magouilles autour des dossiers d'asile »,[306] « Le parquet de Bruxelles sur la piste d'une traite d'êtres humains zaïrois », « Un trafic d'êtres humains qui mène au Commissariat général »,[307] « Perquisition au Commissariat général aux réfugiés ».[308]

Dans les premiers comptes rendus « Le Commissaire général adjoint [*sic*] a été arrêté ».[309] Ultérieurement, il apparut que c'était inexact.

Le 23 mars 1995, on évoquait l'arrestation de deux Zaïrois. L'un, qui se présentait comme avocat, aurait aidé des demandeurs d'asile zaïrois qui s'étaient échappés de la zone de transit. L'autre, Joseph Sita Nsoni Zeno, aurait fourni des histoires imaginaires à des demandeurs d'asile zaïrois. Le 15 avril 1995, il était fait mention, toujours dans le contexte de ces perquisitions, de l'arrestation, le

---

[i] Avec photo de Paul Bolsius sous-titrée : « Marc Bossuyt, le Commissaire général aux réfugiés, conduit les BSR à son service pour perquisition » (*DS, 22 février 1995*).

11 avril, d'un Libanais du nom de Camille Harb.[i] Six jours plus tard, il était mis en liberté par la Chambre des mises en accusation de Bruxelles.

b. Fraude dans la procédure d'asile (avril 1995)

Le 5 avril 1995, lors de la visite au Commissariat général de Johan Vande Lanotte, ministre de l'Intérieur (depuis le 10 octobre 1994), je me suis adressé à lui dans les termes suivants :

« Tous les collaborateurs du Commissariat général savent qu'ils sont continuellement confrontés à la fraude. [...] Que des personnes étrangères au Commissariat général se fassent rémunérer pour leurs interventions au Commissariat général, n'a pour nous rien de surprenant. Il n'y a, en revanche, pas d'indices sérieux – encore moins des preuves – que quiconque au Commissariat général se soit fait rémunérer pour favoriser l'examen de demandes d'asile. [...] Je reste fermement convaincu que personne au Commissariat général ne s'est jamais rendu coupable d'un acte de corruption. [...]

Certains actes d'enquête n'avaient manifestement d'autre fondement que de simples ragots, émanant surtout d'anciens fonctionnaires du Commissariat général. Si l'on prend en compte les moyens mis en œuvre pour vérifier le bien-fondé de ces ragots, on ne comprend pas comment d'importants crimes n'aient toujours pas été élucidés en Belgique.[ii] [...] Il convient, dans le cadre d'une enquête judiciaire surtout, de savoir faire la part des choses et d'éviter l'amalgame entre, d'une part, des indices – aussi faibles soient-ils – d'actes pénalement répréhensibles et, d'autre part, de regrettables ragots, inspirés par la frustration, la mesquinerie ou les antagonismes personnels ».

Eu égard au grand intérêt pour les fraudes dans le cadre de la procédure d'asile, je transmis, le 6 avril 1995, au Procureur du Roi Benoit Dejemeppe, une liste de 6.616 demandes d'asile. Cela concernait des demandes dans lesquelles j'avais - dans le cadre de recours urgents introduits en 1993 et 1994 - pris des décisions confirmatives sur base du caractère frauduleux de ces demandes. Cela concernait 44% des 14.777 décisions confirmatives. J'avais appris aussi que l'Office des étrangers avait informé l'office du Procureur du Roi que la vérification d'empreintes digitales avait révélé que des fraudes indéniables avaient été constatées dans quelques centaines de

---

[i] « Libanais arrêté », DDP, *GvA* ; « Avocat libanais arrêté », Gilbert Dupont, *LDH* ; « Avocat libanais se faisait payer pour des demandes d'asile », M.E., *HV*, 15 avril 1995.
[ii] Selon Jean-Claude Matgen (*LLB*, 21 avril 1995), « Une phrase qui aurait beaucoup choqué les enquêteurs ».

cas.³¹⁰ J'ignorais quelle suite l'office du Procureur du Roi avait réservée à ces déclarations de fraude dans la procédure d'asile.

Les accusations de fraude donnèrent lieu à de nombreuses insinuations sur le fonctionnement du Commissariat général.[i] En outre, Jean-François Pirot s'est plaint à *La Libre Belgique*[ii] du 5 mai 1995 de son transfert du Commissariat général à la Police générale du Royaume. Il considérait ce transfert comme une sanction et se disait atteint dans son honneur. Il se disait outré du laxisme au Commissariat général. Le lendemain[iii] je déclarai dans une réaction, que Jean-François Pirot se sentait mal à l'aise puisque ses avis étaient assez rarement partagés par les sections appelées à examiner les demandes d'asile. Le conseiller adjoint avait conçu une certaine amertume du fait que ni le ministre de l'Intérieur, ni moi-même, n'avions cru bon de défendre chaleureusement sa note sur le taux de recevabilité - jugé trop élevé - des candidats réfugiés zaïrois.

La Ligue (francophone) des droits de l'homme avait organisé la fuite de cette note du 9 septembre 1993 dans *Le Soir* du 6 novembre 1994, de pair avec la note de service du 26 janvier 1993 sur le système d'évaluation. La « note Pirot » faisait état d'un « pourcentage de recevabilité intenable » de 42% pour les Zaïrois par rapport à 27% pour les autres nationalités. La note attirait également l'attention sur le pourcentage de recevabilité beaucoup plus élevé de la section francophone d'Afrique en comparaison avec celui de la section néerlandophone.³¹¹ Et elle soulignait que « Le refus est la règle ; l'examen ultérieur doit être l'exception ». Ceci fit l'objet de beaucoup de critiques. Curieusement, il y avait plus de critiques envers le Commissariat général où 53% des décisions prises concernant les demandeurs d'asile zaïrois étaient négatives, qu'envers l'Office des étrangers où 89% des décisions prises en première instance concernant les demandeurs d'asile zaïrois étaient négatives. La note était signée par Jean-François Pirot. J'autorisai sa diffusion car j'estimais que mes collaborateurs devaient pouvoir prendre connaissance de cette opinion.³¹²

Sur interpellations des députés Denis Grimberghs (PSC) et Henri Simons (Ecolo), le ministre de l'Intérieur, Johan Vande Lanotte,

---

[i] Jean-Claude Matgen, *LLB*, 21 avril 1995 : « Que se passe-t-il au sein du Commissariat général aux réfugiés et aux apatrides ?».
[ii] Jean-Claude Matgen : « Un ancien conseiller de Bossuyt accuse ».
[iii] Jean-Claude Matgen, 6 mai 1995 : « Bossuyt défend son Commissariat. Les maux dont on l'accuse viennent d'un acharnement suspect et mesquin ».

répondit, le 23 novembre 1994, qu'il estimait la note « légèrement trop peu nuancée ». Le 7 décembre 1994, il répondit, à une interpellation du sénateur Frans Lozie et à une question du sénateur Paul Pataer, qu'il n'approuvait pas la teneur de ladite note. Ecolo et Agalev demandaient ma démission. Que l'Office des étrangers, qui dépend directement du ministre de l'Intérieur, n'avait déclaré recevable que 11% de ces demandes zaïroises, ne posait des problèmes à personne. Au Ministre non plus d'ailleurs. Même pas à la Ligue. J'avais initialement refusé la demande de mutation, en date du 23 février 1995, de Jean-François Pirot, sachant qu'une enquête judiciaire était en cours à son instigation. Après les perquisitions, sa position au Commissariat général était devenue intenable.

Le 31 mai 1995, je fis savoir au juge d'instruction que j'avais terminé l'enquête administrative occasionnée par les perquisitions qu'il avait ordonnées. Je lui communiquai 14 notes qui résultaient de cette enquête. Lorsque le premier maréchal des logis Aimé Bille a demandé des notes supplémentaires, je les ai transmises le 15 juin 1995 au juge d'instruction. Dans ma lettre d'accompagnement, je fis observer que dans une procédure administrative d'asile, l'audition des demandeurs se fait au Commissariat général exclusivement par des secrétaires d'administration, tous universitaires et presque tous juristes. J'étais frappé par le fait que dans le cadre d'une procédure judiciaire l'audition de mes collaborateurs, ainsi que de mes adjoints et de moi-même, fut confiée à des premiers maréchaux des logis de la Gendarmerie. Je fis savoir que s'il s'était préalablement adressé à moi, il aurait été possible d'éviter une grave perturbation du fonctionnement du Commissariat général qui lui avait causé un préjudice sérieux et était dommageable pour l'intérêt public.

c. *Sita et la « filière » zaïroise*

En ce qui concerne l'action de Sita dans des dossiers zaïrois, il faut souligner qu'il était connu comme opposant au Président (1965-1997) Joseph-Désiré Mobutu. Entre 1986 et 1989, il avait été détenu quelques fois - une fois même pendant une année entière - dans les locaux du Service d'Action et de Renseignements Militaires (SARM) à Kinshasa.[i] Le 1er août 1990, je l'avais reconnu comme réfugié. Dans

---

[i] Philippe Crêteur, *La Meuse*, 23 et 29 mars 1995. Sita était présenté comme « Un des proches de [Etienne] Tshisekedi ... » (Gilbert Dupont, *LDH,* 29 mars 1995).

une lettre du 4 octobre 1993 adressée à la présidente de la Commission permanente de recours et à moi-même, le président de l'UDPS[i] à Kinshasa, Frédéric Kibassa Maliba, l'avait désigné comme « son représentant personnel et direct pour tout témoignage, tout renseignement et toute information concernant les membres œuvrant dans les structures clandestines de l'UDPS, placées sous la responsabilité directe de la Présidence nationale de l'UDPS au Zaïre ». Le 24 novembre 1994, le secrétaire national de l'UDPS m'avait encore confirmé que les « clandestins »[313] relevaient de la compétence de Sita.

Une note interne du 18 mai 1995 concernant les 54 dossiers zaïrois saisis fit apparaître que les demandes étaient déclarées recevables dans 16 cas par l'Office des étrangers et dans 35 cas par mon intervention. Ces 35 cas consistaient en 16 avis favorables et 19 décisions confirmatives prises sur proposition de 15 secrétaires d'administration différents. Dans 24 cas, il y eut reconnaissance sur proposition de 10 secrétaires d'administration différents. Dans cinq cas, il y eut des refus motivés quant au fond ; 24 demandes étaient encore en traitement. Il n'y avait aucune indication que des fonctionnaires du Commissariat général se seraient prêtés à des pratiques frauduleuses.

Sur un total de 149 reconnaissances de réfugiés zaïrois entre 1991 et 1994, il y avait dans 44 dossiers 70 certificats émanant de 24 personnes intervenues au nom de l'UDPS. Avec 9 certificats, c'est Sita qui était intervenu le plus fréquemment. Pendant ces quatre années, près de 12.000 demandes d'asile zaïroises ont été introduites. Sita était le seul disposant d'un document le désignant comme représentant de l'UDPS. Il avait reconnu lui-même qu'il était difficile pour lui de refuser de tels certificats à ses compatriotes. La note soulignait qu'un tel certificat n'était qu'un élément parmi d'autres pour déterminer si un demandeur d'asile était un réfugié. Il ne pouvait pas transformer un dossier incohérent en décision positive. S'il n'était pas exclu que Sita délivrait parfois des certificats non crédibles, ceci n'empêchait pas que d'autres pouvaient avoir de la valeur. Ce serait une erreur de croire qu'un dossier dans lequel Sita était intervenu aurait *ipso facto* un caractère frauduleux. Dans aucun dossier, il n'a été constaté qu'un membre quelconque du Commissariat général aurait agi de manière illicite.

---

[i] Union pour la Démocratie et le Progrès Social, érigée le 15 février 1982 par Frédéric Kibassa Maliba, Etienne Tshisekedi, Vincent Mbwakiem et Marcel Lihau.

d. *Harb et la filière libanaise*

En ce qui concerne les interventions de Camille Harb dans certains dossiers libanais, une note interne du 15 mai 1995 spécifiait qu'il se présentait comme avocat, sans préciser le barreau auquel il appartenait, et comme vice-président de la Ligue libanaise des droits de l'homme. Pendant un certain temps, il accompagna souvent un avocat qui intervenait en faveur de demandeurs d'asile libanais. Il était présent lors de réunions au Commissariat général avec le délégué d'*Amnesty International* au Liban et avec la Ligue francophone des droits de l'homme à Bruxelles. Progressivement, il perdit la confiance de mes collaborateurs par ses visites intempestives, par ses demandes multiples sur l'évolution du traitement de dossiers de demandeurs d'asile libanais et par sa présentation de documents dont il était la plupart du temps le seul auteur. Début 1993, il fut recommandé aux collaborateurs d'adopter une attitude réservée à son égard.

Sur base de notes internes de plusieurs collaborateurs, j'ai rédigé le 31 mai 1995 une note de synthèse fort élaborée sur les 25 demandes d'asile dans lesquels Harb et/ou un avocat de ses amis, étaient intervenus. D'emblée, il convient d'observer que les dossiers libanais ne se distinguaient ni par leur nombre (930 ou 0,9% du total des demandes), ni par leur caractère abusif (un taux de reconnaissance de 18% par rapport à une moyenne de 7,5%). Sur une période de deux ans et demi, il s'agissait de 16 familles. Seulement deux de ces familles ont introduit des demandes postérieures à l'entrée en fonction du Commissaire adjoint Xavier De Beys, le 1er août 1992.[i] Il était donc totalement dénué de fondement de prétendre qu'il était impliqué dans une « filière » libanaise.[314] Sur ces 25 demandes d'asile, 11 ont été déclarées recevables par l'Office des étrangers et 12 sur proposition de huit collaborateurs différents du Commissariat général. Pour deux demandes d'asile, je pris une décision confirmative d'irrecevabilité.

---

[i] Le Commissaire adjoint francophone a reconnu être allé à trois reprises au restaurant avec Harb pour un modeste repas : un soir, en compagnie de son épouse, où la question des réfugiés n'a pas été abordée ; une deuxième fois, avant la conférence du frère de Harb, prêtre au Liban, au Commissariat général ; et une troisième fois, en compagnie d'un ami avocat, sans que la situation générale au Liban ait été abordée. Voilà ce qui en était du titre en gras d'Anne De Graaf dans *Het Laatste Nieuws* du 24 mars 1995 : « Les plaideurs d'asile très généreux pour des fonctionnaires ».

En ce qui concerne le traitement au fond, un seul dossier, concernant un couple, était en attente de décision au Commissariat général. Il s'agissait du dossier complexe d'un chirurgien dans un hôpital bruxellois. Pour ce demandeur d'asile, j'avais adressé cinq demandes de renseignements au ministère des Affaires étrangères afin de savoir s'il y avait lieu d'appliquer la clause d'exclusion. A l'exception de six demandes d'asile concernant deux familles, toutes les autres demandes d'asile avaient mené à une décision de refus. Une de ces autres décisions a été réformée par la Commission permanente de recours. Après examen, il s'est avéré que pour une famille une plus grande circonspection aurait sans doute été la bienvenue. La décision fut prise par le Commissaire adjoint francophone. A cette époque, il exerçait pendant six semaines la plénitude des compétences du Commissaire général. A cette époque, j'étais empêché en raison de ma participation aux élections européennes. Pour la prise de décision, l'appréciation des différents éléments du dossier relevait donc du Commissaire adjoint. Il pouvait aussi apprécier dans quelle mesure des considérations humanitaires pouvaient influencer la décision et/ou dans quelle mesure le bénéfice du doute pouvait être accordé.

La note de synthèse fit observer que ma mission de Commissaire général consistait à protéger les réfugiés. Elle ne pouvait être confondue avec celle d'un service de police. Je n'en avais ni les moyens, ni la vocation. Une marge d'erreur profitant au demandeur était permise. Des recours devant la Commission permanente de recours et/ou le Conseil d'Etat sont prévus. Malgré le fait que j'avais pris en 1994 plus de 20.000 décisions, le taux de différence d'appréciation par les instances de recours était nettement inférieur à celui existant entre les différentes instances faisant partie du pouvoir judiciaire.

e. En fin de compte, ce n'étaient que des pétards mouillés (2000-2001)

Plus de cinq ans après le début de l'enquête, le Tribunal correctionnel de Bruxelles se pencha, lors de son audience du 23 mai 2000, sur les préventions retenues à charge de Harb. Ce dernier était poursuivi pour tentative de corruption d'un fonctionnaire en ayant offert notant trois repas et un petit tableau. Il était aussi poursuivi pour s'être attribué le titre d'avocat sans être inscrit au tableau de l'Ordre des avocats. Ses conseils ont déposé une nouvelle pièce, faisant apparaître sa qualité d'avocat au Barreau de Beyrouth. Ebranlé, le substitut reconnut que la BSR avait dépassé son rôle par rapport aux préventions. Il réduisit les interventions de Harb à celles d'un lobbyiste. Les déjeuners et le cadeau étaient à placer dans un contexte social lié à ce rôle. La tentative de corruption n'était pas établie. Harb se plaignit amèrement du harcèlement des enquêteurs. Ils avaient tenté de lui faire avouer qu'il avait rétribué des fonctionnaires du Commissariat général. Ce qu'il a toujours nié. Après délibération, Harb a été acquitté.

Encore un an plus tard, le 27 juin 2001, l'affaire relative à Sita fut traitée par le Tribunal correctionnel de Bruxelles. La prévention de faux en écritures concernant quelques certificats rédigés en 1992 et 1993 fut considérée comme établie. Ils avaient pour objet l'obtention de la qualité de réfugié pour différentes personnes. Prenant en considération la possibilité d'amendement du prévenu et le souci de ne pas entraver son avenir professionnel, le Tribunal ordonna la suspension simple du prononcé de la condamnation durant cinq ans. Ceci n'est même pas inscrit au casier judiciaire.

f. Le premier maréchal des logis et les témoins X (1996-2001)

Entretemps, le premier maréchal des logis Aimé Bille s'était occupé d'autre chose. En 1996, dans les suites de l'affaire Dutroux,[315] il avait commencé, avec l'adjudant de la gendarmerie Patrick De Baets, à auditionner les soi-disant « témoins X ». C'était le résultat de la ligne téléphonique verte ouverte par le juge d'instruction de Neufchâteau Jean-Marc Connerotte. Sur cette ligne, les citoyens pouvaient communiquer des informations concernant la pédophilie. Un de ces témoins a acquis une grande notoriété dans les médias : Regina Louf, alias X1. En 1997, les tensions montèrent entre les enquêteurs et leur chef. Des collègues à eux étaient chargés d'une « relecture » des déclarations des témoins X. Par la suite, en juillet 1997 l'équipe De Baets-Bille fut éloignée de l'enquête. Il leur était interdit de poser encore des actes d'enquête dans un dossier judiciaire. Le 26 août 1997, un dossier judiciaire à leur charge fut confié au juge d'instruction Jacques Pignolet pour faux en écriture. Le premier maréchal des logis avait longtemps travaillé étroitement avec lui. Le 17 février 1998, la dernière « relecture » fut transmise au juge d'instruction.

Lorsque le Commissaire général Luc De Smet prit connaissance de l'enquête en cours concernant le premier maréchal des logis Aimé Bille, il s'est référé le 6 juillet 1998 - dans des lettres adressées au Procureur général près la Cour d'appel de Bruxelles et au Commandant de la Gendarmerie - aux perquisitions du 21 mars 1995. En particulier, il se référa aux lettres que j'avais adressées au juge d'instruction Jacques Pignolet. Dans ces lettres je contestais que l'enquête concernant le Commissariat général pût être conduite d'une manière objective, impartiale et sans préjugé par ledit premier maréchal des logis.

Le 20 mai 1999, je fus entendu par des enquêteurs du Comité P. J'admis qu'à mon égard le premier maréchal des logis Aimé Bille n'avait pas commis d'actes illicites. Il s'était comporté correctement à mon égard. Je me plaignis des fuites médiatiques et de l'envergure de l'action que je considérais hors de proportion. Je m'interrogeais sur l'opportunité des nombreuses perquisitions et des missions de surveillance. Je me référais à l'obstination, aux frustrations et à la mesquinerie dont le premier maréchal des logis avait fait preuve. Il paraissait surtout motivé par l'idée de s'en prendre à tout prix à des personnalités qu'il croyait importantes. J'avais l'impression que les sous-officiers de la gendarmerie menaient des enquêtes sans beaucoup de contrôle de la part de leurs autorités hiérarchiques. C'était à la demande de ces sous-officiers que les magistrats ordonnaient les missions qui leur étaient confiées.

En réponse à une question orale du sénateur Frans Lozie, le ministre de la Justice Marc Verwilghen répondit, le 23 décembre 1999, que le premier maréchal des logis pouvait recevoir de nouvelles missions judiciaires, mais uniquement hors de l'arrondissement de Bruxelles.[316] Le Procureur général près la Cour d'appel de Bruxelles continua à s'opposer à ce que de telles missions fussent confiées à l'adjudant Patrick De Baets. Selon une enquête interne de la Gendarmerie, terminée en 2000, les deux gendarmes n'avaient pas commis de fautes. Le 30 mars 2000, le Procureur général estima cependant qu'il y avait une rupture de confiance entre la magistrature et eux. Ils devaient rester éloignés des enquêtes judiciaires. Le juge d'instruction Jacques Pignolet conclut, le 21 janvier 2001, que rien ne pouvait être mis à leur charge.

2. Des critiques de tout bord (1994-1995)

Johan Leman, le directeur du Centre pour l'égalité des chances, me critiquait systématiquement sur n'importe quoi. Des avocats constituèrent même une association sans but lucratif (a.s.b.l.) pour déposer une plainte pénale contre moi. Un autre critique m'accusait de procéder rapidement à des reconnaissances - avant la fin de 1995 - pour « embellir » mes statistiques. Une tribune fut aussi offerte à un ex-collaborateur congédié, pour pouvoir noircir son ancien employeur.

a. Le Centre de Johan Leman (1994)

De temps à autre, Johan Leman se sentait la vocation de me critiquer. Déjà lors de l'incident concernant les charters, alors qu'il était encore chef de cabinet (1989-1993) de la Commissaire royale à la politique des immigrés, il s'était exprimé (le 25 janvier 1992) d'une manière fort prétentieuse à mon égard (voy. *supra*, p. 94). Une fois directeur (1993-2004) du Centre pour l'égalité des chances et la lutte contre le racisme, il y eut déjà selon *De Standaard* dans son rapport intérimaire du 1er juillet 1994 « un glissement notable de la problématique classique des migrants vers celle des demandeurs d'asile ».[317] Lui-même déclara : « Pour autant qu'on me le permette, nous allons nous occuper des demandeurs d'asile ».

Ainsi, il fut particulièrement choqué par le refus de visa à des Rwandais et par leur accueil déficient. Dans une rectification du 15 juillet, il précisa que c'était « l'œuvre du Commissaire général, donc de Marc Bossuyt » qu'il visait ainsi. Dans une réaction publiée le 26 juillet 1994, j'écrivis qu'il « devrait quand même être notoire que je n'avais aucune compétence dans la délivrance de visa à des étrangers, pas plus d'ailleurs que le Centre ». La même chose valait pour l'accueil. En outre, depuis mon avènement, j'avais donné seulement sept avis défavorables après des refus de séjour ou d'entrée de Rwandais et 96 favorables. Quant au fond, je n'avais refusé que trois Rwandais avec décision motivée au fond et reconnu 125 réfugiés rwandais.[318] Par ailleurs, sur demande écrite du sénateur Germain Dufour du 20 juillet 1994, le ministre des Affaires étrangères avait répondu que son collègue de l'Intérieur avait mis au point une procédure spéciale visant un traitement souple et rapide des demandes de visa introduites par des ressortissants rwandais.

Dans son *Premier rapport annuel,* présenté le 16 décembre 1994, le directeur Johan Leman évoqua ma façon assez particulière d'appliquer la loi sur la publicité des actes administratifs. Selon lui, un demandeur d'asile devait recevoir une copie du rapport d'audition. Dans une note du 9 janvier 1995, je lui rappelai que la loi sur les étrangers ne prescrivait l'accès au dossier que pendant la phase juridictionnelle (voy. *supra,* pp. 36 et 186-188). Dès le début, j'accordai néanmoins cet accès, dans les délais nécessaires pour intenter un recours devant la Commission permanente de recours ou, dès l'introduction de la procédure de suspension, devant le Conseil d'Etat.

Dans son *Premier Rapport annuel,* le directeur Johan Leman estima devoir se joindre aux critiques sur le « système des points » au Commissariat général : « On remarque le même souci de rentabilité qu'à l'Office des étrangers. Les fonctionnaires pourraient obtenir des 'bons points' et le système d'attribution mènerait à une sorte de 'prime pour décisions négatives'. *Ceci est inouï dans un Etat de droit* ».[i] Il est inutile d'y revenir.

Selon le Centre Leman, on observait au Commissariat général « une relative dégradation de la qualité des entretiens sur la recevabilité ».[319] Dans un communiqué de presse du 19 décembre 1994, je répondis que cette affirmation ne reposait sur aucun fondement. Bien au contraire, de nombreux efforts avaient été entrepris en vue d'améliorer encore davantage cette qualité. Le Centre se plaignit de ne pas être consulté par le Gouvernement dans le cadre de la problématique d'asile. Ce même Centre, toutefois, ne m'incluait même pas dans son groupe de travail chargé du droit des étrangers, y compris de la procédure d'asile. Il n'était dès lors pas étonnant que les notes du Centre manquaient clairement d'objectivité et d'expertise. Plutôt que de se mêler, de manière négative, des problèmes relatifs à quelques milliers de demandeurs d'asile, j'estimais que le Centre ferait beaucoup mieux d'accorder une attention prioritaire aux problèmes concrets posés par des dizaines de milliers d'étrangers illégaux et des centaines de milliers d'immigrés. De l'absence de toute proposition constructive tendant à réduire le nombre des étrangers en

---

[i] Le titre peu subtil de son communiqué de presse (« Demandeurs d'asile : Refuser la politique des bons et des mauvais points ») avait pourtant un air polémique. Voy. *supra,* pp. 149-154.

séjour illégal, je dénotais un parti pris qui entravait une approche équilibrée de la problématique des étrangers.[i]

Dans une première réaction au *Premier Rapport annuel* du Centre, j'avais dit, le 16 décembre 1994, que « Le Centre devrait se concentrer sur les problèmes des migrants et des étrangers en séjour illégal. Et que Johan Leman ferait mieux de me laisser les demandeurs d'asile ».[ii] Pour les étrangers en séjour illégal et pour les migrants, il n'y avait pas d'autre instance indépendante. Pour les réfugiés et les candidats-réfugiés, l'instance indépendante légalement compétente était le Commissaire général. En outre, conformément à l'article 57/28 de la loi sur les étrangers, je devais chaque année faire rapport sur ma mission. Ce rapport devait, entre autres, me permettre « de présenter un bilan général sur la situation des réfugiés en Belgique et de faire toute suggestion [que j'estimais] opportune dans ce domaine ».[320]

Dans un communiqué de presse du 21 décembre 1994, le directeur Johan Leman déclara qu'il ne souhaitait en aucun cas polémiquer.[321] Dans ma réponse par lettre, j'écrivis que je trouvais ses critiques à répétition énervantes. Il était évident plus confortable d'apporter des critiques aussi longtemps que l'autre ne réagissait pas. L'ancien élève des jésuites du collège Sainte-Barbe à Gand (Rhétorique B, 1963) n'appréciait pas l'action du père dominicain. Je posai la question de savoir si c'était dans l'intérêt de la lutte contre le racisme de livrer *publiquement* des critiques à mon égard, fondées sur des renseignements unilatéraux. Une surenchère entre le Centre et le Commissariat général pour voir qui pouvait livrer les critiques les plus virulentes sur la politique gouvernementale ne serait pas nécessairement appréciée. Moi-même j'exerçais mes responsabilités, fidèle à mes principes, en toute indépendance, mais avec retenue, plutôt que de me comporter comme un groupe de pression non-gouvernemental.

b. L'a.s.b.l. « *Aide aux réfugiés politiques* » *(29 juin 1995)*

Le 29 juin 1995, Me Frédéric Clément de Cléty fit savoir, lors d'une conférence de presse, qu'il allait fonder, avec trois autres

---

[i] « Bossuyt tire sur tout ce qui bouge » (J.-C. M., *LLB*) ; *GvA,* 21 décembre 1994 ; *LS* ; selon *De Standaard* (FVG) du 22 décembre 1994, il me donnait une gifle pour mon « système de points ».
[ii] BC/SST, *HLN,* 17 décembre 1994 : « Leman, reste à tes migrants ».

avocats,[i] une a.s.b.l. « Aide aux réfugiés politiques ». Cette association visait à déposer une plainte pénale pour « coalition de fonctionnaires »[322] contre Xavier De Beys, le Commissaire adjoint francophone, Jean-François Pirot, ancien conseiller adjoint au Commissariat général, et moi-même.[ii] Nous étions accusés de violation de la Convention de Genève, de la CEDH, de la Constitution, de la loi sur l'accès au territoire et de la loi sur la publicité de l'administration.[323]

Dans une réaction à *La Libre Belgique* du 1er juillet 1995, je fis savoir que j'avais écrit, le 2 février 1995, au Bâtonnier du barreau de Bruxelles, pour me plaindre du comportement de Me Frédéric Clément de Cléty.[iii] Celui-ci se rendait coupable de racolage actif de clientèle. Il demandait à mes collaborateurs de transmettre sa carte de visite à des demandeurs d'asile. J'ignorais quelle suite le Bâtonnier avait donnée à cette plainte. J'estimais contradictoires les accusations portées contre mes services. Après que Jean-François Pirot avait quitté le Commissariat général, il l'accusait de laxisme. Maintenant, il m'était reproché de faire preuve d'excessive sévérité. J'aurais pu y ajouter que, comme le contexte des perquisitions du 21 mars 1995 l'avait indiqué, je pouvais difficilement imaginer une collusion entre Xavier De Beys et Jean-François Pirot sur quoi que ce soit.

Apparemment ces avocats étaient fort mécontents de la manière dont j'appliquais la loi du 11 avril 1994 sur la publicité de l'administration.[324] Pour le Commissariat général, la recherche de la vérité est un objectif principal. C'est pourquoi, tant que je n'avais pas encore pris de décision, l'accès au dossier n'était pas accordé, tant que l'audition n'avait pas eu lieu. Il est, en effet, indispensable de pouvoir vérifier la concordance entre le récit des faits donné lors de l'interview à l'Office des étrangers et celui produit au Commissariat général.

Quelques semaines après l'ouverture du centre fermé de Walem, l'Ordre des avocats avait intenté une procédure en référé devant le président du Tribunal de première instance de Malines. Le 6 janvier

---

[i] Me José Saels, Me Michel Graindorge et Me Suzanne Hage.
[ii] A.H., *LLB*, 30 juin 1995 : « Réfugiés : plainte ou coup de pub ? Une asbl encore 'en formation' prévoit de s'attaquer au CGRA » ; Chantale Anciaux, *Le Vif/L'Expres*, 30 juin 1995 : « Une association porte plainte contre 'la politique systématique de refoulement' du Commissariat général aux réfugiés et aux apatrides ».
[iii] Il acquit grande notoriété en août 1996 en tant qu'avocat de Michel Nihoul qui était poursuivi comme comparse de Marc Dutroux.

1994, ce président jugea que les avocats devaient être mis au courant par fax 48 h avant l'audition[i] et que le dossier, ainsi qu'un interprète indépendant, devaient être mis à leur disposition, au plus tard un jour ouvrable avant l'audition. Le ministre de l'Intérieur fut consterné par ce jugement : « Les juges rendent la politique d'asile impossible ». Il lui semblait impraticable de trouver des interprètes assermentés pour toutes les langues possibles que compte le globe, chaque fois que l'avocat souhaite parler avec son client :

> « Si c'est cela le sens d'un Etat de droit, j'irai voir un autre pays. Ceci ne coûterait pas moins d'un milliard de FB [€25 millions], mais de cette manière on condamne les autorités à l'impuissance.[ii] L'exécution de la politique gouvernementale d'asile est continuellement contrecarrée. Il est question d'obstruction, par ignorance ou par mauvaise foi. Si cette décision absurde est maintenue, je serai dans l'obligation de modifier la loi ».[325]

Une décision en sens contraire fut prise, le 18 janvier 1994, par le président du Tribunal de première instance à Turnhout. Il fit observer qu'il ne s'agissait pas de droits de la défense tels qu'en matière pénale. Il s'agissait d'une procédure administrative dans laquelle le candidat-réfugié est « assisté » par un avocat. Il n'est pas possible d'accorder l'accès au dossier aux avocats sans mettre en danger la découverte de la vérité. Un interprète assermenté non plus n'était pas toujours possible.

Le 21 janvier 1994, la Commission nationale pour la magistrature exprima sa « grande irritation ». La critique du ministre de l'Intérieur sur le juge de Malines était considérée comme « une attaque contre la magistrature belge. Tout commentaire constitue une pression inappropriée sur l'indépendance du juge. La confiance du citoyen dans la Justice est minée. Le Ministre n'a qu'à recourir en appel ».[iii]

Le 3 février 1994, le ministre de l'Intérieur s'est demandé au Sénat : « Qui est attaqué ici ? C'est un jugement absurde. Si je trouvais ce jugement correct, je ne me serais pas pourvu en appel ». Dans son arrêt du 29 novembre 1994, la Cour d'appel d'Anvers a, sur recours conjoint des ministres de l'Intérieur et de la Justice, réformé la décision en référé du président du Tribunal de Malines. Selon la *Gazet van Antwerpen* du 22 décembre 1994, le ministre de l'Intérieur fut « particulièrement heureux » de cet arrêt.

---

[i] « Un juge condamne la procédure d'asile » (RVC, *DS ; LLB ; LS*, 11 janvier 1994).
[ii] « Le Ministre Tobback : 'Les décisions du juge malinois sont absurdes' » (Ann Bats, *HLN*, 12 janvier 1994).
[iii] « Tobback sous le feu de magistrats » (*GvA*, 22 janvier 1994).

Pour sa part, le Conseil d'Etat avait déjà jugé dans son arrêt du 23 février 1994 : « qu'aucune violation de ses droits de défense ne saurait être déduite de la circonstance [que le demandeur d'asile] n'a pas eu accès au dossier pour préparer son audition au CGRA ».[326] Plus tard, en se référant expressément à la loi du 11 avril 1994 sur la publicité des actes administratifs, le Conseil d'Etat a, en outre, affirmé dans son arrêt du 13 novembre 1995 :

> « qu'une éventuelle violation de [cette loi] n'entraîne pas *ipso facto* l'illégalité d'une décision prise par l'autorité administrative sur la base de ces documents ; [… que cette loi] n'impose pas […] que ce droit puisse être exercé avant même l'audition du candidat-réfugié par les services du Commissariat général ou la prise de décision par le Commissaire général ou l'un de ses adjoints ».[327]

Ainsi, mon interprétation était soutenue aussi bien par le pouvoir judiciaire que par la plus haute juridiction administrative.

c. Pieter De Gryse : « embellir » (novembre 1995) et « noircir » (avril 1996)

Dans *De Morgen* du 27 novembre 1995, Pieter De Gryse[i] savait que j'avais pris l'initiative personnelle de soudainement reconnaître en masse les Bosniaques pour « embellir » les statistiques d'asile. Dans une réaction dans ce même journal du 30 novembre, je fis remarquer que le pourcentage de reconnaissance pour 1995 au Commissariat général était, avec 30,09% (1.116/3.709), déjà plus élevé que jamais. Je déclarai aussi que, même si les 49 demandes d'asile bosniaques recevables, introduites de 1991 à 1993, menaient toutes à une reconnaissance avant la fin de 1995, le pourcentage de reconnaissance ne grimperait que de moins d'un pourcent : voilà « ce qu'on appelle 'embellir en masse' ». Je déclarai aussi que l'arriéré des dossiers n'était pas seulement « cette année », mais déjà depuis sept ans « un de mes soucis majeurs ». J'estimais que, bien que « la paix soit en vue », les Bosniaques qui depuis trois ou quatre ans avaient trouvé refuge en Belgique, ne devaient pas être renvoyés contre leur gré. A mon sens, cette critique démontrait que certains étaient plus préoccupés de saisir les occasions de constamment porter le discrédit sur la procédure d'asile que par le sort de ces réfugiés de guerre.

Dans une question parlementaire du 8 décembre 1995, le sénateur Bert Anciaux (VU) estima qu'il s'agissait pourtant d'« un véritable

---

[i] Il deviendrait directeur de « *Vluchtelingenwerk Vlaanderen* » (2002-2010) et directeur politique de *Groen* (les écologistes flamands) (2010-2018).

déni du sérieux et du professionnalisme que le Commissaire général prétendait volontiers s'attribuer ». Dans sa réponse, publiée le 8 avril 1997, le ministre de l'Intérieur, Johan Vande Lanotte, déclara que les pratiques discutables d'embellissement des statistiques d'asile invoquées étaient inexistantes. Il s'attendait à ce que l'honorable membre respecte, comme lui-même, l'indépendance légalement garantie au Commissaire général.[328]

Dans le *Humo* du 30 avril 1996, Pieter De Gryse, offrit une tribune, sous le titre « Fuir n'est plus possible », à un ancien collaborateur du Commissariat général pour lui permettre de tirer sur son ancien employeur. Son contrat n'avait pas été prolongé parce que sa productivité était trop faible. Aucune tentative n'avait été entreprise pour vérifier auprès de moi la véracité de ces affirmations. L'homme prétendait traiter 16 dossiers par mois, alors qu'en fait il n'en traitait qu'à peine six.[i] En affirmant que « l'Asie n'entrait pas dans le domaine de prédilection du Commissariat », il perdit de vue que parmi les 15 pays principaux en matière de reconnaissance, il y avait sept pays asiatiques : Turquie (1er), Vietnam (4ème), Iran (5ème), Liban (11ème), Irak (12ème), Syrie (13ème) et Afghanistan (15ème).

Cet ancien collaborateur du Commissariat général estimait que les collaborateurs devaient avoir une bonne formation juridique. Or, 80 collaborateurs, parmi lesquels les 14 statutaires, avaient reçu une formation juridique ; 36 contractuels avaient reçu une autre formation universitaire. Le Bureau Conseil indépendant (ABC) avait recommandé de ne pas recruter uniquement des juristes afin d'éviter un « juridisme » excessif. Il prétendait aussi que la jurisprudence du Commissariat général n'était pas systématisée. Pourtant, toutes les décisions motivées prises depuis 1988 pouvaient être consultées sur écran ainsi que dans la bibliothèque interne du Commissariat général. Elles y étaient classées en ordre chronologique par pays.[329]

En juillet 1995, un deuxième VIP rwandais a introduit une demande d'asile en Belgique. Il s'agissait du général major Augustin Ndindiliyimana (°1943), l'ancien chef d'état-major (1992-1994) de la Gendarmerie rwandaise. Je refusai sa demande de reconnaissance de réfugié. Cependant, la Commission permanente de recours le reconnaîtra. Par la suite, il sera extradé au Tribunal pénal international

---

[i] A juste titre, il disait que je tenais soigneusement compte de combien tous mes collaborateurs « produisaient » et qu'en appuyant sur une touche je pouvais voir cela sur mon écran.

pour le Rwanda à Arusha (Tanzanie). Il y sera condamné en première instance à 11 ans, 3 mois et 19 jours d'emprisonnement (la durée de sa détention préventive). Le 11 février 2014, il sera acquitté en appel.

Chapitre XII
Augustin Ndindiliyimana, Chef de la Gendarmerie rwandaise
(1995-1998)

En janvier 1995, c'est l'ancien chef d'état-major de la Gendarmerie rwandaise, le général major Augustin Ndindiliyimana qui demanda l'asile en Belgique. Il avait reçu une formation militaire à l'Ecole d'infanterie à Arlon (1968) et à l'Ecole de guerre de Bruxelles (1972-1974). Il a successivement été ministre de la Jeunesse et des Sports (1982-1989), des Transports (1990), à la Présidence (1991) et de la Défense (janvier-avril 1992). En juillet 1992, sur proposition de l'opposition, il fut nommé chef d'état-major de la Gendarmerie rwandaise. Il a été promu au grade de général major le 1er janvier 1994 dans le cadre des Accords d'Arusha. Pendant le génocide, qui a débuté après l'attentat contre l'avion du Président Juvénal Habyarimana, le 6 avril 1994, il continuait à remplir la fonction de chef d'état-major de la Gendarmerie. Il fut relevé de cette fonction le 5 juin, étant nommé ambassadeur à Bonn (République fédérale d'Allemagne). Il a quitté le Rwanda le 17 juin. Après un transit à Kinshasa, il est arrivé à Bruxelles le 2 juillet 1994.

1. Mon refus pour omission (9 mai 1996)

Introduite en janvier 1995 (six mois après son arrivée en Belgique), sa demande d'asile fut néanmoins déclarée recevable par l'Office des étrangers en mars 1995. J'ai toutefois refusé sa demande le 9 mai 1996, parce qu'il avait gravement manqué aux devoirs de sa charge, en s'étant rendu coupable, « tout au moins par omission », des pires violations des droits de l'homme et qu'il avait « toléré en toute connaissance de cause et sciemment encouragé par une attitude passive » des crimes graves contre l'humanité.[i] Après des références aux écrits d'Alain Destexhe,[330] François-Xavier Verschaeve,[331] le CRDDR,[332] Filip Reyntjens,[333] Alexandre Goffin[334] et African Rights,[335] je repris d'abord sept paragraphes analogues à ceux contenus dans ma décision du 29 mars 1996 concernant Séraphin Rwabukumba.

En ce qui concerne spécifiquement Ndindiliyimana, la motivation était la suivante :

---

[i] Marie-France Cros, *LLB*, 24 mai 1996 : « Bossuyt jette un pavé dans la mare ».

« Qu'en tant que militaire le plus haut gradé au Rwanda (l'unique général major survivant)[i] et, en outre, chef d'état-major de la Gendarmerie en charge de la protection plus particulièrement des civils, il a gravement manqué aux devoirs de sa charge et s'est ainsi rendu coupable, tout au moins par omission, des pires violations des droits de l'homme qui prirent l'ampleur et les formes d'un véritable génocide, entraînant la mort de plusieurs centaines de milliers de civils innocents ;

Que sa responsabilité soit d'autant plus grande que les Rwandais en général, et les militaires rwandais en particulier, sont particulièrement respectueux de la hiérarchie et qu'une attitude ferme de l'intéressé aurait pu infléchir le cours de l'Histoire en ces moments cruciaux ;

Que, eu égard aux fonctions importantes occupées par l'intéressé, sa responsabilité était engagée, quelle que soit son implication directe dans certains faits ponctuels, d'autant plus qu'il n'est pas possible de relever un quelconque indice de prise de position publique du requérant par laquelle il se serait désolidarisé des actes visés-ci-avant ».

Je me suis référé aussi à la notification du 20 octobre 1994 émanant de François-Xavier Nsanzuwera.[ii] Celui-ci avait été mon étudiant à Butare (1984). De mai 1990 à 1995, il était le Procureur de la République à Kigali.[336] Dans cette notification, le Procureur exprimait sa volonté de demander l'extradition de l'intéressé. Lors des cent jours du génocide, il avait trouvé refuge à l'Hôtel des Mille Collines à Kigali.[337] Lorsque Ndindiliyimana disait en 1999 que les accusations les plus graves le concernant venaient de Nsanzuwera, celui-ci répondait : « Cet homme n'a simplement pas fait son job. Une telle omission équivaut pour moi à de la complicité ».[338]

Dans la *Gazet van Antwerpen* du 23 mai 1996, le professeur Filip Reyntjens dit que refuser à Ndindiliyimana le statut de réfugié était une grave erreur : « La Belgique perd ses derniers amis ruandais ». Il se plaignit en particulier de la référence, dans ma décision de refus, à la soi-disant organisation de droits de l'homme CRDDR, « une organisation couverte par le FPR » (Front patriotique rwandais) et qu'il avait été cité d'une manière trompeuse. Le 4 juillet 1996, le juge d'instruction de Bruxelles, M. Damien Van der Meersch,[339] inculpa Ndindiliyimana en raison de son attitude pendant le génocide, sur base

---

[i] Les deux autres généraux major, le Président Juvénal Habyarimana et le chef d'état-major des « Forces Armées Rwandaises » (FAR), Déogratias Nsabimana, avaient péri le 6 avril 1994 dans le « *crash* » de l'avion présidentiel.
[ii] NSANZUWERA, François-Xavier, *La Battante : Renaître après le génocide des Tutsis,* Paris, Ed. Fauves, 2018, 170 p. Nsanzuwera affirmait que Ndindiliyimana était au courant des dépôts d'armes et, lorsqu'il recevait à l'aube du génocide une liste de personnes à tuer, il n'en faisait rien (Koen Vidal, *DM*, 2 février 2000).

de la loi du 16 juin 1993 relative aux violations graves du droit humanitaire international.

2. Reconnaissance par la Commission permanente de recours (28 mai 1998)

Le 24 mai 1996, il introduisit un recours près de la Commission permanente de recours contre ma décision de refus.[i] Plus de deux ans plus tard, le 28 mai 1998, cette décision fut réformée par une décision fortement motivée.[340] La Commission permanente de recours reconnaissait à Ndindiliyimana la qualité de réfugié. Plusieurs témoins avaient été entendus. Comme témoins à charge, il y avait Gasana Ndoba, le coordinateur du CRDDR, et Yolande Mukagasana,[341] dont l'époux avait été assassiné au Rwanda le 13 avril 1994 par des gendarmes. Comme témoins à décharge, la Commission permanente de recours a entendu Alain De Brouwer,[342] Joseph Matata, François Nzabahimana et surtout le professeur Filip Reyntjens et le colonel Luc Marchal.[343] Le professeur Filip Reyntjens déclara que le requérant ne faisait certainement pas partie de la structure organisatrice du génocide. Il pourrait à la rigueur lui être reproché un manque de courage. Le Colonel Luc Marchal insista sur la qualité de la collaboration du requérant avec la gendarmerie, d'une part, et avec la MINUAR, d'autre part. Il lui semblait incompréhensible et injuste de reprocher à des Rwandais modérés restés au pays, de n'avoir pu réussir là où la Belgique et les Nations Unies n'avaient même rien tenté.

La Commission permanente de recours a admis :
« Que le simple fait d'avoir occupé un poste de responsabilité dans un régime génocidaire peut constituer un motif suffisant pour présumer une responsabilité dans les crimes commis ;

Que toutefois cette présomption n'est pas irréfragable ;

Qu'il s'impose, en effet, de s'interroger sur la nature du pouvoir réellement détenu et la possibilité de son exercice effectif [...] ;

Que, si le requérant était incontestablement revêtu d'un titre d'un rang élevé dans l'appareil d'Etat rwandais, les moyens dont il disposait effectivement durant le génocide étaient extrêmement réduits [...] ;

Qu'aucun indice n'amène à penser que des éléments nouveaux susceptibles d'infirmer ces conclusions pourraient surgir à échéance ».

---

[i] Ses avocats à Bruxelles étaient Me Luc Walleyn, Me Luc Stalars et Me Patrick Dewolf et à Arusha Me Christopher Black (Toronto) et Me Vincent Lurquin (Bruxelles).

3. Accusé par la Procureure du Tribunal pénal (20 janvier 2000)

Le 20 janvier 2000, Carla Del Ponte,[344] Procureure du Tribunal pénal international pour le Rwanda,[345] signait un acte d'accusation de plus de 60 pages concernant Ndindiliyimana. Il était accusé d'entente en vue de commettre le génocide, de génocide, de complicité de génocide, de crimes contre l'humanité et de violations de l'article 3 commun aux Conventions de Genève de 1949 et au Protocole additionnel II à ces conventions.[346]

Ndindiliyimana fut arrêté en Belgique le 28 janvier 2000 en vue de son transfert à ce Tribunal pénal.[i] Le 12 avril, la Cour de cassation a soustrait son dossier à la Justice belge. Le 22 avril 2000, il fut transféré[ii] à Arusha (Tanzanie), où était situé ce Tribunal. L'acte d'accusation[347] a été modifié le 23 octobre 2002. Le 23 août 2004 l'acte d'accusation fut encore modifié par le nouveau Procureur Hassan Bubacar Jallow.[348] Il fallut encore attendre jusqu'au 17 mai 2011 pour que la Chambre de première instance prononce son jugement.

4. Le jugement de la Chambre de première instance (17 mai 2011)

La Chambre de première instance[349] du Tribunal pénal international pour le Rwanda a rendu son jugement le 17 mai 2011,[iii] dans lequel le général major Augustin Bizimungu[350] a été condamné à 30 ans d'emprisonnement, et le major François-Xavier Nzuwonemeye[351] et le capitaine Innocent Sagahutu,[352] à 20 ans d'emprisonnement chacun. Dans le même jugement, la Chambre condamna le général major Augustin Ndindiliyimana à une peine qui correspondait à la période déjà passée en détention (11 ans, 3 mois et 19 jours). Elle ordonna sa mise en liberté immédiate.[353]

---

[i] *DH ; VL'A ;* C.V., *LNG ;* Paul Verbraeken, *GvA ;* Koen Vidal, *DM ;* Colette Braeckman, *LS*, 2 février 2000 : « Le général a toujours bénéficié de sérieuses protections en Belgique » ; 4 février : « C'est à la suite de la visite en Belgique de Carla Del Ponte que la Justice belge s'est enfin mise en mouvement ».

[ii] C.B., *LS*, 26 avril 2000 : « La Belgique lâche un général rwandais ».

[iii] Le jugement dans l'affaire n°. ICTR-00-56-T (649 p.) contient un récit glaçant le sang par des témoins oculaires de l'assassinat le 7 avril 1994 des 10 paracommandos belges (§§1746-1889).

a. *Le collège Saint-André de Kigali et la paroisse de Kansi*

Des multiples chefs d'accusation, la Chambre n'en retint que deux : a) le 13 avril 1994, des gendarmes de la brigade de Nyamirambo ont tué des hommes Tutsi qui s'étaient réfugiés au collège Saint-André de Kigali (§22) où il passait une bonne partie de son temps (§1948) ; b) entre le 20 et le 22 avril 1994, des gendarmes ont participé aux meurtres de Tutsi à la paroisse de Kansi (§§18-19). La Chambre tient pour établi que des gendarmes ont participé à l'attaque de cette paroisse. Son épouse avait fait un appel à eux pour assurer la sécurité de sa famille dans sa résidence à Nyaruhengeri.

Dans les deux cas, la Chambre a jugé qu'il avait connaissance du rôle des gendarmes dans les tueries et qu'il n'avait pris aucune mesure pour les punir (§§19 en 23). En outre, ces gendarmes ont délibérément tué des membres du groupe ethnique Tutsi. Ils étaient animés de l'intention de détruire la totalité du groupe ethnique Tutsi ou une partie substantielle dudit groupe (§§2079 et 2082). La Chambre tenait pour établi que Ndindiliyimana le savait (§2080 et 2084).

b. *La responsabilité de Ndindiliyimana*

En déterminant sa responsabilité, la Chambre a fait observer qu'en tant que chef d'état-major de la gendarmerie il était placé sous la tutelle du ministère de la Défense. La gendarmerie avait pour fonction première d'assurer le maintien de l'ordre public et l'application des lois en vigueur au Rwanda. En temps de guerre, la gendarmerie participait à la défense intérieure du territoire (§1924). Sur ordre du ministre de la Défense, le 7 avril 1994, le commandement opérationnel des unités concernées de la gendarmerie était transféré de la gendarmerie à l'armée. Cependant, sur les plans administratif et disciplinaire, la gendarmerie a conservé son autorité sur les unités déployées pour prêter main-forte à l'armée (§1925).

A partir de ce moment, les pouvoirs de Ndindiliyimana s'étaient « amenuisés ». Il continuait toutefois d'exercer son contrôle et son autorité sur les gendarmes qui n'étaient pas dans les zones de combat (§1927). Son autorité *de jure* sur la majorité des unités de la gendarmerie placée sous le commandement opérationnel de l'armée, était considérablement réduite (§1929). Alors qu'il dirigeait et représentait de fait la gendarmerie, son autorité effective s'était considérablement affaiblie (§§1931-1932). La Chambre convient qu'il ne disposait pas de moyens suffisants, qu'il éprouvait des difficultés à communiquer et que des éléments indisciplinés s'étaient infiltrés parmi ses effectifs (§1946).

La Chambre conclut toutefois qu'il avait effectivement exercé une autorité *de facto* sur les gendarmes qui avaient commis les crimes allégués au collège Saint-André et à la paroisse de Kansi (§§1947-1948). Il a manqué à l'obligation qui lui incombait de punir les auteurs de ces crimes (§1956). La Chambre le déclare coupable, en tant que supérieur hiérarchique, d'extermination constitutive de crime contre l'humanité, à raison des massacres commis à la paroisse de Kansi (§2119). Il est également coupable de violations de l'article 3 commun aux Conventions de Genève et au Protocole additionnel II, à raison du meurtre des Tutsi réfugiés au collège Saint-André (§2152). Ndindiliyimana est reconnu coupable pour manquement à l'obligation de punir ses subordonnés. Le devoir de protéger le peuple rwandais entrait dans ses attributions de chef d'état-major de la gendarmerie (§2187).

c. *Les circonstances atténuantes*

La Chambre reconnaît que plusieurs circonstances atténuantes d'un poids considérable ont été établies. Elles sont uniques en leur genre et le distinguent des autres accusés en l'espèce (§2190). Il appert d'éléments de preuve abondants qu'il s'était prononcé en faveur des Accords d'Arusha et qu'il avait coopéré avec la MINUAR (§2199). La Chambre se référa surtout aux témoins belges à décharge : les colonels Luc Marchal (§2200) et André Vincent[354] (§2201) et l'ambassadeur Johan Swinnen[i] (§§2204 et 2213).

La soirée du 7 avril 1994, Ndindiliyimana avait accompagné le lieutenant général Roméo Dallaire[355] à la morgue. Visiblement sous le choc à la vue des corps des casques bleus belges, il avait pris des dispositions pour que leurs corps soient nettoyés.[356] Il avait chargé des personnes, rémunérées pour cela, de s'occuper dignement des

---

[i] SWINNEN, Johan, *Rwanda : Mijn Verhaal*, Amsterdam, Polis, 2016, 598 p. Il était ambassadeur de Belgique à Kigali du 16 août 1990 au 12 avril 1994. Il devenait successivement conseiller diplomatique du Premier Ministre Jean-Luc Dehaene et ambassadeur à La Haye, Kinshasa et Madrid. Au début des années '70, il était mon compagnon d'études à l'Institut Universitaire de Hautes Etudes Internationales à Genève.

dépouilles (§2214). Ensuite, il a fourni son escorte personnelle à Dallaire.

Les témoins à charge, Dallaire et Alison Des Forges,[357] reconnurent qu'il avait facilité les opérations de fouille de la MINUAR (§2217). La Chambre tint pour établi qu'il ne jouissait pas du soutien du Gouvernement rwandais. Il était marginalisé et menacé (§2234). Il avait pris des mesures pour sauver des vies et avait effectivement sauvé celle de civils Tutsi (§2240). Ces circonstances le distinguent des autres accusés en l'espèce. La peine imposée reflète cette distinction (§2243).

5. Acquitté par la Chambre d'appel (11 février 2014)

Le 11 février 2014, la Chambre d'appel[358] du Tribunal pénal international pour le Rwanda rendit son arrêt. Les condamnations d'Augustin Ndindiliyimana et de François-Xavier Nzuwonemeye furent réformées[359] et leur libération ordonnée. La peine de 20 ans d'emprisonnement d'Innocent Sagahutu fut réduite à 15 ans.[i] En ce qui concerne Ndindiliyimana, la Chambre d'appel rappela qu'un élément essentiel de la relation supérieur-subordonné est le contrôle effectif du supérieur. Ceci vise la possibilité matérielle de prévenir et de punir le comportement criminel des subordonnés (§55). La Chambre d'appel a pris note de ce que, le 7 avril 1994, le commando opérationnel sur la majorité des unités de la gendarmerie avait été transféré à l'Armée rwandaise (§51). La Chambre d'appel déclara qu'il ne pouvait être raisonnablement déduit des faits que les gendarmes en poste devant sa résidence appartenaient à une unité qui relevait de son commando opérationnel (§56).

Il ne peut en être déduit non plus qu'ils ont en fait participé à l'attaque à la paroisse de Kansi (§59). La Chambre d'appel estima que la Chambre de première instance s'était trompée lorsqu'elle a conclu qu'il exerçait un contrôle effectif sur les gendarmes de la brigade de Nyamirambo. Il s'agit de la brigade qui a participé à l'attaque dirigée contre le collège de Saint-André (§75).

---

[i] Dans son opinion partiellement dissidente, le juge russe Bakhtiyar Tuzmukhamedov était profondément en désaccord avec la réduction de la peine de Sahutu, puisque celui-ci avait été personnellement associé à l'attentat mortel contre les membres belges de la force de maintien de la paix internationale des Nations Unies : « Ce crime grave a eu les effets les plus destructifs sur les évènements qui ont suivi au Rwanda » (§7).

6. *PS* : Quelques observations

Une fois libéré par le Tribunal pénal international, Ndindiliyimana ne pouvait pas rentrer en Belgique, malgré son statut de réfugié reconnu en Belgique. Il dut rester dans une maison à la charge des Nations Unies avec des accusés acquittés antérieurement. Ils ne trouvaient pas de pays disposé à les accueillir. Ce n'est qu'en septembre 2014, six mois après son acquittement par la Chambre d'appel, et plus de 14 ans après son arrestation, qu'il put rejoindre sa famille en Belgique. L'abus de la détention préventive dans cette affaire est criant.

Il arrive encore que la détention préventive dans la Justice internationale dérapât parfois. La Cour pénale internationale fit à peine mieux. Ainsi, Jean-Pierre Bemba, ancien vice-président (2003-2006) de la République Démocratique du Congo, fut acquitté par la Chambre d'appel de la Cour pénale internationale le 8 juin 2018 après 10 ans et 17 jours de détention préventive. Laurent Gbagbo, ancien président (2000-2011) de la Côte d'Ivoire, fut acquitté en première instance, le 15 janvier 2019, après avoir passé 7 ans et 8 mois en détention préventive, et Blé Goudé, un ancien homme politique du même pays, après 6 ans (moins 2 jours).[i] Le 31 mars 2021, l'acquittement de ces deux hommes fut confirmé par la Chambre d'appel.

Au Rwanda, un génocide eut lieu qui fit 800.000 à 1.000.000 de victimes sur une période de 100 jours. Selon le rapport de trois experts africains, il s'agissait d'un génocide « concerté, planifié, systématique et méthodique »[360]. Ce rapport fut établi, dans les trois mois suivant la fin du génocide, par des experts envoyés au Rwanda par le Conseil de sécurité des Nations Unies. Ndindiliyimana a été pendant dix ans (1982-1992) ministre d'un régime qui, en se cramponnant au pouvoir, a commis un génocide. Au début du génocide, il revêtait, en tant que général major, le rang militaire le plus élevé. Pendant les premiers 90 jours de ce génocide, il est resté en fonction comme chef d'état-major de la Gendarmerie. La mission de la Gendarmerie était la protection de population civile. Il ne peut être nié qu'il peut revendiquer des circonstances atténuantes. Il est cependant difficile

---

[i] BOSSUYT, Marc, « The Acquittals of Mr Bemba and Mr Gbagbo by the International Criminal Court »., in *Semper Perseverans : Liber amicorum André Alen*, Anvers, Intersentia, 2020, pp. 847-857.

d'admettre que d'un point de vue pénal *rien* ne peut lui être reproché. Ceci fut pourtant la conclusion de Tribunal pénal international pour le Rwanda.

Plus de 17 ans plus tôt, j'ai dû me prononcer sur sa demande reconnaissance du statut de réfugié. Contrairement à ce qui est exigé pour une condamnation pénale, pour refuser le statut de réfugié des « raisons sérieuses » suffisent. J'ai cru qu'il y avait de telles raisons pour refuser sa demande d'asile en raison d'omissions coupables. Le Procureur de la République de Kigali, le juge d'instruction de Bruxelles et des Procureurs successifs du Tribunal pénal international étaient d'avis qu'il fallait le poursuivre. La Chambre de première instance jugea qu'une condamnation à une peine qui correspondait à la longue période de détention préventive était appropriée.

La Chambre d'appel a estimé qu'il fallait l'acquitter. L'erreur du Procureur a peut-être consisté dans sa volonté de vouloir prouver qu'il avait « agi » d'une manière criminelle. Lorsque ceci apparut difficile, la Chambre d'appel l'a acquitté. Il y a néanmoins profusion d'indices qu'il a failli lamentablement à son devoir de protection « en omettant d'agir ». Entretemps, il fut détenu préventivement pendant plus de 11 ans. En tenant compte des circonstances atténuantes et admettant qu'il n'était pas possible de lui reprocher des actes, mais uniquement des omissions, 11 ans d'emprisonnement – même en tenant compte des conséquences catastrophiques de ces omissions – est une longue privation de liberté. La peine d'emprisonnement du capitaine Sagahutu fut réduite par la même Chambre d'appel de 20 à 15 ans. C'est pourtant ce capitaine qui a fourni à deux de ses caporaux le lance-grenades multiple pour tuer les quatre (ou deux) derniers casques bleus belges. Seul le juge russe était profondément en désaccord avec cette réduction de peine. Il tenait compte « des effets les plus destructifs que ce crime a eus sur les événements qui ont suivi ». Dans ces circonstances, il est permis de s'interroger sur le bien-fondé des appréciations qui furent faites par la Chambre d'appel.

Chapitre XIII
Mécontent des « réfugiés économiques » et de mon statut
(1995-1996)

En novembre 1995, une lettre pastorale des évêques de Belgique provoqua une discussion sur la notion (erronée) de « réfugiés économiques ». Je défendis la distinction que fait la Convention de Genève entre les personnes qui peuvent être aidées dans leur propre pays et celles pour qui c'est impossible parce qu'elles y sont persécutées. Le 4 juillet 1996, j'exprimai ma satisfaction quant aux résultats obtenus par la procédure d'asile. J'étais moins satisfait du règlement de mon statut qui traînait toujours. Cela m'a conduit vers la sortie, le 5 février 1997, date à laquelle j'ai quitté le Commissariat général.

1. La déclaration des évêques de Belgique (novembre 1995)

En novembre 1995, dans une déclaration publiée par les évêques de Belgique sur les « Migrants et réfugiés parmi nous », on put lire, entre autres : « Le danger de mourir de faim, pour ceux qu'on appelle les réfugiés économiques, ne diffère pas essentiellement du danger de mort résultant de persécutions pour des motifs politiques ou religieux ».

a. Ma lettre au cardinal (21 novembre 1995)

Dans une lettre du 21 novembre 1995 à Son Eminence Godfried cardinal Danneels, archevêque (1979-2010) de Malines-Bruxelles, j'écrivis que cette thèse était contestable. Dans mes rapports annuels,[361] je donnai les raisons pour lesquelles il faut se tenir, et pas uniquement pour des raisons juridiques, à la distinction entre réfugiés au sens de la Convention de Genève et les personnes qui pour d'autres raisons (souvent économiques) ont quitté leur pays :
1. Ce n'est que dans le cas des réfugiés au sens de la Convention de Genève que nos pays se sont engagés, sur le plan du droit international, à ne pas reconduire ces personnes vers leur pays d'origine ;
2. Il n'existe absolument aucun critère permettant de déterminer quelles seraient les personnes à accueillir pour des raisons économiques ;
3. Les problèmes posés par l'inégalité économique entre le Nord et le Sud et entre l'Ouest et l'Est ne seront pas le moins du monde résolus en accordant l'asile à toute personne qui le demande ;

4. On peut mettre en doute le fait que les personnes pouvant se permettre d'entreprendre un voyage pour l'Europe occidentavraiment celles qui ont le plus besoin de notre aide ;
5. Notre système d'aide sociale n'est nullement prévu pour prendre en charge les nécessiteux du monde entier.

Dans une contribution au journal *Le Soir* du 3 janvier 1996, j'exprimai, sous le titre « Réfugiés économiques ? », ma crainte que « la déclaration des Evêques de novembre 1995, sans doute inspirés par les plus louables des intentions, contribuerait au contraire à une plus grande confusion des notions entre réfugiés, d'une part, et étrangers illégaux ou migrants clandestins, de l'autre, ce qui ne bénéficie finalement pas du tout aux réfugiés dont la protection est la mission légale du Commissaire général ».

b. « Quid des 'réfugiés économiques' ? »
(Conférence de presse du 17 janvier 1996)

Lors de ma conférence de presse du 17 janvier 1996, je communiquai l'état de la procédure d'asile après huit ans de fonctionnement. Le principal message étant : « Le nombre des demandeurs d'asile est en baisse ».[362] Plus les demandes d'asile introduites sont fondées plus leur traitement devient complexe.[363] La procédure de recevabilité se déroulait quatre fois plus vite : sa durée était réduite d'une moyenne de 450 jours à une moyenne de 105 jours.[364] Pour 75 nationalités, personne n'avait jamais été reconnu réfugié. Le taux de reconnaissance était particulièrement bas pour les Nigérians et les Bangladeshi (0,1%), les Indiens (0,3%) et les Ghanéens (0,9%).[365] Selon *Le Soir*,[366] les tableaux et les graphiques étaient « impressionnants mais pénibles à digérer ».

La principale plainte concernait la politique de plus en plus restrictive de l'Office des étrangers. Le taux de recevabilité de cet Office qui se situait en 1988 à 48% des demandes d'asile, était descendu à 7,7%.[367] Il en résultait que je devais, souvent inutilement, traiter deux fois les mêmes demandes d'asile : une fois en recevabilité et une fois au fond. Je soulignai que :

« la Convention de Genève est claire. Aucun réfugié ne peut être reconduit vers son pays d'origine, où il craint pour sa vie, sa liberté ou son intégrité physique en raison de sa conviction politique ou religieuse. C'est une obligation que nous *pouvons et devons* respecter. *On ne peut pas et on ne doit pas* prendre en charge tous les étrangers qui préfèrent venir dans notre pays pour des raisons économiques. Il y a une différence essentielle entre les deux catégories ».[368]

c. Des opinions exprimées dans des journaux (janvier-février 1996)

André Lambert, le président de la Commission Justice et Paix belge francophone, écrivit une Opinion dans *La Libre Belgique* du 23 janvier 1996, sous le titre « Personne n'aime quitter son pays ; parfois, il le faut ».[369] Il réagissait « à la faiblesse et à la démagogie des arguments » qui – selon lui - je mettais en évidence : ainsi, je passais à côté d'une belle occasion de conforter ma mission légale.

Dans une Opinion du *Standaard* du 24 janvier 1996, titrée « Heureusement, les évêques créent la confusion », Ann Labeeuw, collaboratrice de « *Kerkwerk Multicultureel Samenleven* », écrivit qu'utiliser la notion de « réfugié » dans le sens que la Convention de Genève lui donne, est un petit jeu linguistique qui témoigne d'une approche formaliste. Selon elle, il s'agissait d'une opposition entre la façon de traiter des gens d'une manière fondée d'un point de vue éthique et d'une froide approche de comptable. D'après elle, il fallait réfléchir d'une manière créatrice à une politique d'accès plus large que la Convention de Genève. Elle trouvait triste que cela me pose des difficultés. Sur la même page, Johan Leman, écrivit, sous le titre « La politique des réfugiés n'est pas celle qu'il faut », que la notion de « vrai réfugié » devait être nuancée. Il prétendait que l'asile était aussi utilisé comme instrument de contrôle de l'immigration et qu'on ne pouvait pas perdre de vue non plus le principe d'égalité. Des déclarations et des documents falsifiés ne devaient pas être une raison suffisante pour ignorer des revendications de séjour.

Dans une réaction à ces deux opinions, je posai la question suivante, dans *De Standaard* du 30 janvier 1996, sous le titre « La Convention sur les réfugiés n'est pas dépassée » :

« Comment déterminer parmi les millions d'étrangers qui aimeraient venir en Belgique plutôt que de rester dans leur propre pays, lesquels pourraient, et lesquels ne pourraient pas venir chez nous ? […] L'aide à des personnes qui rencontrent des difficultés économiques doit être donnée dans leur propre pays. […] On trouvera dans chaque pays en voie de développement un nombre élevé de candidats nécessiteux qui souhaiteraient s'établir en Belgique. Qui le décidera et sur quels critères ? On ne peut pas mener une politique seulement avec de bonnes intentions. […] Il est plus facile de se donner bonne conscience que de mener une politique tenable et soutenable ».

En ce qui concerne le principe d'égalité, j'estimai que ce n'est pas parce qu'il

« n'est pas possible de reconduire tous les illégaux sans distinction vers leur pays d'origine, que personne ne peut être reconduit. […] Lorsqu'il ne s'agit pas de droits subjectifs mais de faveurs, il faut rendre des comptes au parlement et – lors d'élections – à la nation, et non pas à des juges. […] Parler de la machinerie *efficace* de la procédure d'expulsion, c'est devancer de loin la réalité. La pénible réalité est que beaucoup d'étrangers qui ont de bonnes raisons de venir dans notre pays n'obtiennent pas de visa parce que la politique ne réussit pas à éloigner suffisamment de demandeurs d'asile déboutés ni d'autres étrangers qui sont venus dans notre pays sans raisons valables ».

Dans *La Libre Belgique* du 7 février 1996, j'écrivis, sous le titre « Ne pas confondre 'réfugié' et 'migrant clandestin' », en réaction à l'opinion d'André Lambert, que

« nombre d'entre eux ont dû payer très cher les trafiquants qui les ont aidés à venir illégalement dans nos pays et que ceux qui ont le plus besoin de notre aide sont incontestablement ceux qui ne peuvent pas se permettre un voyage vers l'Europe occidentale. […] Ce n'est pas en ouvrant les frontières à d'autres catégories de personnes que celles visées par la Convention de Genève, que les disparités économiques entre le Nord et le Sud et entre l'Est et l'Ouest vont disparaître ».

d. Les évêques nuancent (17 février 1996)

Lors de l'assemblée générale de la Concertation pastorale interdiocésaine (IPB), le 17 février 1996, Mgr. Paul Van den Berghe, l'évêque (1980-2008) d'Anvers, concéda que les évêques avaient employé les notions de « réfugiés économiques » et de « société multiculturelle » de manière trop vague, ce qui a donné lieu à des malentendus.[370] En reconnaissant qu'avec une interprétation trop large du terme réfugié, il n'y a plus de vrais réfugiés, l'évêque déclara : « Nous étions trop idéalistes. Nous aurions dû attirer davantage l'attention sur la nécessité d'une politique de migration ».[371] L'évêque d'Anvers jugea pertinente ma crainte que la référence à la notion de « réfugié économique » implique le risque de disqualifier la véritable notion de « réfugié ».[372]

2. Un Commissaire général à la fois content et mécontent

Le 5 juillet 1996, après la présentation de mon *Huitième Rapport annuel,* les médias parlèrent d'un Commissaire général « content ». Moi-même, quatre jours plus tôt dans une note au ministre de l'Intérieur, j'exprimai, au contraire, mon mécontentement à propos de l'attente du règlement de mon statut.

a. *« Content »* : *mon* Huitième Rapport annuel *(4 juillet 1996)*

Le 4 juillet 1996, je présentai mon *Huitième Rapport annuel* (année d'activité 1995). Ce ne fut pas mon dernier rapport annuel, mais le dernier que je présenterais moi-même.[373] Selon les médias, j'étais :

> « un homme content. Il a moins de travail » (*HBvL*), « Marc Bossuyt est content » (*HLN*), « fier » (*DM*), « sûr de lui-même » (*HN*), « manifestement content » (*Vl'A*), « très offensif » (*LS*), « avec verve » (*LLB*), « un soupir de satisfaction » (*LNG*).

La conférence de presse était précédée d'une visite à la « maison de verre » (*LS ; Vl'A*) du Commissariat général au North Gate I et II. Selon Christian Laporte (*LS*), c'était « une visite … royale » :

> « Tout était propre, et impeccable jusqu'au sourire des collaboratrices du CGRA … comme quand on reçoit le Souverain dans sa 'boîte'. Les bureaux du Commissariat présentent une image très positive de 'la Belgique, terre d'accueil' avec ses différentes salles de lecture et de documentation ainsi que ses services, largement informatisés, de 'suivi des dossiers'. Des conditions de travail optimales pour l'équipe de 125 personnes où on pousse le détail jusqu'à une sympathique décoration exotique. De quoi couper court aux rumeurs de relative désorganisation et d'accueil froid et déshumanisé ».

Je disais que je voulais que les demandeurs d'asile soient reçus par mes services « avec politesse, voire avec gentillesse » (*LLB*) et que je dirigeais le service public le plus jeune et le mieux informatisé du pays. Il y avait 190 ordinateurs reliés entre eux dans un réseau, un record (à l'époque) dans l'administration :

> « Des 230 collaborateurs travaillant au Commissariat général, il y a 90% de contractuels. L'âge moyen est de 27 ans et deux tiers du personnel sont féminins. 150 personnes par jour sont convoquées pour audition. Chaque juriste traitant reçoit en moyenne trois personnes. On fait appel à 350 interprètes pour 145 langues. Par mois, nous achetons pour 800.000 FB [€20.000] de timbres-poste afin d'envoyer les convocations et les décisions, par lettre recommandée »[374] (*HBvL*).

La Convention de Genève n'était pas interprétée étroitement ou restrictivement.[375] En 1995, il y avait des demandeurs d'asile venant de 118 pays différents. Il y avait moins de demandes venant de pays avec peu de chances de reconnaissance, tels que le Ghana, le Nigeria ou l'Inde. Il y en avait plus de l'ex-Yougoslavie (1re place avec 1.337) et de l'ex-Union soviétique (2ème place avec 729). Le niveau de difficulté des dossiers s'était accru (*LNG*).

J'étais préoccupé par la situation dans les instances de recours : il y avait 120 recours pendants devant les Chambres néerlandophones et 1.950 devant les Chambres francophones (*DS*), bien que beaucoup de ces demandeurs soient installés dans des communes flamandes (*LS*).

La Commission permanente de recours faisait monter le taux de reconnaissance de 8,5% à 8,6% (une différence d'à peine 0,1%) (*HBvL ; LS*). En 1995, 40% de tous les arrêts rendus par le Conseil d'Etat concernaient mes décisions (*LLB*). Une majorité des recours (69%) avaient été attribués à des Chambres francophones (*Vl'A*). Les avocats faisaient du « *language shopping* » pour maintenir leurs clients plus longtemps dans le pays (*DS ; HBvL*). Il n'y avait que 3% d'annulations par le Conseil d'Etat, le plus souvent à cause d'une faute de forme, par exemple la langue utilisée (*LLB*). Lorsqu'une décision de refus était annulée parce qu'elle n'était pas, selon le Conseil d'Etat, prise dans la « bonne » langue, la décision suivante prise en langue française n'en devenait pas positive pour autant.

Je regrettai l'image négative de mes services, due en grande partie à des avocats qui s'adressaient de manière unilatérale aux médias avec leur dossier :

> « On fait comme si nous voulions seulement garder des gens hors du pays » (*DM*) ; « Je ne suis pas mieux payé lorsque je refuse une demande » (*LLB*) ; « Chez les avocats, c'est un peu différent » (*DM*) ; « La procédure d'asile a été critiquée parce qu'un Zaïrois a été arrêté, alors qu'il vivait depuis 15 ans en Belgique sans avoir jamais demandé l'asile » (*HLN*) ; « Notre seul lien par rapport aux centres fermés est de veiller à en faire sortir des demandeurs ! Non sans succès puisque 30% d'entre eux les quittent » (*LS*).

Je regrettais de n'avoir plus eu l'occasion, depuis plusieurs années, de présenter mon rapport annuel au Parlement :[376] « Ils s'y trouvent peut-être des choses que les parlementaires ne souhaitent pas entendre, à moins qu'ils n'aiment pas voir en face les faits tels qu'ils sont » (*HBvL ; HLN*). La chance de présenter encore mon rapport au Parlement ne m'a plus été donnée.

b. *Mécontent de mon statut et celui de mes adjoints*[377]

Quatre jours avant cette conférence de presse, le 30 juin 1996, je me plaignis une fois de plus, dans une note au ministre de l'Intérieur, de mon statut et de celui de mes adjoints. J'estimais que ce statut n'était pas adapté à notre fonction. Je m'en étais déjà plaint, année après année. Je l'avais mentionné dans tous mes rapports annuels successifs. A la lumière d'une disposition du décret flamand du 12 juin 1991 sur les universités,[378] ce problème devint pour moi chaque année plus pressant. Par cette disposition, j'allais perdre, après six années académiques, mon droit de retour à une charge d'enseignement à plein temps à l'Université d'Anvers. Heureusement, cette disposition n'était pas rétroactive, mais il fallait trouver une solution avant la fin de l'année académique 1996/1997. C'était devenu urgent.

- Un statut inadapté

Dans une note du 30 juin 1996, je me référais à mes responsabilités quasi-juridictionnelles, administratives et publiques. Depuis la création du Commissariat général, ces responsabilités s'étaient considérablement alourdies :
   a. Le nombre des demandeurs d'asile était passé de 5.000 en 1988 à 26.000 en 1993 ;
   b. Le nombre des collaborateurs, lui, s'était accru de 20 à 230 ;
   c. En recevabilité, le nombre des interventions était passé de 700 avis en 1988 à 15.000 en 1994 ;
   d. Le nombre des décisions au fond avait crû de 727 en 1988 à 5.000 en 1994.

Dans cette même note, je comparais mes responsabilités (CG) avec celles de la Commission permanente de recours (CPR) :
   a. Depuis le 1er février 1988, le CG avait pris 85.000 décisions et la CPR 6.950 ;
   b. Le CG avait pris 89% des décisions définitives de refus et la CPR 11% ;
   c. Le CG avait pris 92,5% (7.325) des décisions de reconnaissance et la CPR 7,5% (575) ;
   d. Le nombre des dossiers pendants était descendu au CG de 22.000 fin décembre 1993 à moins de 16.000 fin juin 1996, alors que pendant la même période, les recours pendants à la CPR étaient montés de 619 à 2.079.

Il était dit dans l'exposé des motifs de la loi sur les réfugiés du 14 juillet 1987 que le Commissaire général et ses deux Commissaires-adjoints n'étaient pas « des agents de l'Etat au sens de l'arrêté royal du 2 octobre 1937 portant le statut des agents de l'Etat ».[379] Dans une lettre du 28 septembre 1988 au ministre de la Justice, j'avais demandé quelles en étaient les incidences sur le statut social des mandataires concernés. Je doutais qu'on ait suffisamment tenu compte de notre statut légal de mandataires indépendants en nous accordant un rang administratif de fonctionnaires.[380] L'arrêté royal concernant les modalités des salaires du Commissaire général et ses adjoints n'a été pris que le 2 avril 1990.[381]

- La coupe était pleine

Dans une lettre du 20 octobre 1992 au ministre de l'Intérieur, je considérais comme discriminatoire le fait que la loi du 18 juillet 1991 prévoyait, après cinq ans, une nomination définitive des quatre présidents et des huit assesseurs de la Commission permanente de recours, alors que ceci n'avait pas été prévu dans la loi du 14 juillet 1987, ni pour moi, ni pour mes deux adjoints.[382] J'estimais qu'il était nécessaire de mettre fin au caractère précaire de notre situation pleine d'ambiguïtés et d'incertitudes. Malgré mon insistance répétitive,[383] mon statut n'avait toujours pas été réglé en 1995.[384] Le 2 août 1996, le Conseil des ministres a approuvé un projet de loi prévoyant une nomination permanente au rang 15 des trois commissaires après une période initiale de cinq ans.[385] L'un des trois serait désigné Commissaire général pour cinq ans. C'était le résultat de concertations au sein d'un groupe inter-cabinets présidé par une dame du cabinet du Premier Ministre Jean-Luc Dehaene.

Le 26 août 1996, je fis savoir au cabinet du ministre de l'Intérieur que le règlement proposé était pour moi inacceptable. Je bénéficiais déjà d'une nomination permanente à l'Université d'Anvers en tant que professeur à plein temps, ce qui correspond au rang 16, avant même ma désignation comme Commissaire général. Je trouvais donc cette proposition d'autant plus incompréhensible qu'en octobre 1996 les présidents de la Commission permanente de recours recevraient, eux leur nomination permanente au rang 16. La coupe était pleine. Je devais quitter le Commissariat général au plus vite.

1. En route pour la Cour d'arbitrage : (septembre 1996-février 1997)

Le 2 septembre 1996, à l'âge de 60 ans, le professeur Louis-Paul baron Suetens mourut inopinément dans son bureau de juge à la Cour d'arbitrage. Il était professeur extraordinaire de droit administratif à la K. U. Leuven et ancien conseiller d'Etat. C'était un homme aimable et un juriste très compétent. Le 10 septembre 1984, il avait été nommé l'un des premiers 12 juges à la Cour d'arbitrage. En application de la comptabilité politique du système D'Hondt,[386] ce siège vacant revenait à un juriste professionnel néerlandophone à proposer par le VLD. Pour satisfaire aux conditions légales pour ce siège, les candidats devaient être membre de la Cour de cassation ou du Conseil d'Etat, professeur à une faculté de droit belge ou référendaire à la Cour d'arbitrage (toujours depuis au moins cinq ans). Par la loi spéciale du 6 janvier 1989, la Cour d'arbitrage était devenue compétente pour contrôler l'interdiction de la discrimination consacrée par la Constitution belge. J'avais soutenu en 1975 à l'Université de Genève ma thèse de doctorat sur l'interdiction de la discrimination dans le droit international des droits de l'homme.[i] J'enseignais le droit international à l'*Universitaire Instelling Antwerpen* (UIA) depuis plus de 10 ans, au rang de professeur. Je satisfaisais donc pleinement aux conditions légales.

Quelque temps auparavant, j'avais renoncé - après avoir demandé 24 h de réflexion - à une offre informelle de nomination en tant que conseiller d'Etat. A mon avis, ma spécialisation académique s'accordait moins avec le Conseil d'Etat. D'ailleurs, l'offre était fondée sur un malentendu. A la recherche d'un règlement acceptable de mon statut, j'avais suggéré, le 13 octobre 1994, au ministre de l'Intérieur d'accorder au Commissaire général le statut de conseiller d'Etat. Ceci avait été compris à tort, comme mon souhait de devenir conseiller d'Etat.

a. La Commission et la Cour européennes de Strasbourg

En février 1996, Leo Goovaerts,[387] sénateur VLD (1991-1999), m'avait poussé à poser ma candidature de membre à la Commission européenne des Droits de l'Homme à Strasbourg. Il était membre de la délégation belge de l'Assemblée parlementaire du Conseil de l'Europe. Le 13 mars 1996, cette délégation me proposa en tant que premier candidat à ce mandat. Le conseiller d'Etat Jean-Claude Geus, dont le mandat arrivait à terme, était proposé comme deuxième candidat. Il y avait une pratique constante d'alterner tous les six ans le rôle linguistique et l'affiliation politique du titulaire belge de ce mandat. Le « *Kern* »[ii] du gouvernement dérogea cependant à cette pratique, sur l'insistance du PS, en chargeant le ministre (1995-1999) des Affaires étrangères Erik Derycke[388] (SP) de faire désigner à nouveau le mandataire sortant. Cela ne témoignait pas de beaucoup d'appréciation pour mon rôle dans la solution de la crise d'asile. Le résultat de mon action avait fait penser à certains qu'une fois la crise maîtrisée, on pouvait se passer de moi. C'était tout au moins, ce que croyait le gouvernement.

Le gouvernement demanda donc à la délégation de modifier l'ordre des candidats présentés en faveur de Jean-Claude Geus. Le 9 mai

---

[i] BOSSUYT, Marc, *L'interdiction de la discrimination dans le droit international des droits de l'homme*, Bruxelles, Bruylant, 1976, 262 p.
[ii] Le « Noyau » du gouvernement composé des ministres les plus importants.

1996, la délégation refusa d'y donner suite. L'Ambassadeur Theo Lansloot,[389] le Représentant permanent belge auprès du Conseil de l'Europe à Strasbourg, reçut néanmoins l'instruction de faire du lobbying auprès de ses collègues en faveur du candidat présenté en deuxième ordre. Le 14 mai 1996, le *Moniteur belge* publiait un arrêté royal du 8 mars dans lequel Jean-Claude Geus était autorisé à remplir le mandat de membre de la Commission européenne des Droits de l'Homme à partir du 18 mai 1996. Le 17 juin 1996, les Représentants permanents auprès du Conseil de l'Europe désignèrent effectivement Jean-Claude Geus en cette qualité.

Tant avant (le 6 juin) qu'après (le 26 juin 1996) cette désignation, Hugo Coveliers,[i] chef (1995-1999) du groupe VLD au Sénat, se posa des questions. Il insinua[ii] que le PS appuyait Jean-Claude Geus en raison du rôle qu'il avait joué dans une affaire concernant l'entreprise d'autobus Van Hool. Une Chambre du Conseil d'Etat, qu'il présidait, avait, le 17 novembre 1993,[390] infirmé la suspension d'une décision de commande d'autobus. La Chambre jugea que la perte d'une commande de l'équivalent de €45 millions, évaluée à 204 emplois pour trois ans, ne pouvait être considérée comme sérieuse. Ainsi, cette Chambre revint sur la suspension provisoire décidée, le 7 octobre 1993, par un conseiller d'Etat siégeant seul.[391] Cette suspension concernait une décision prise le jour précédent par le conseil d'administration de la Société régionale wallonne du transport (SRWT) d'attribuer à un concurrent le marché public de fourniture d'autobus de transport public. Finalement, la Cour de Justice de Luxembourg conclut dans son arrêt du 25 avril 1996 dans cette affaire (C-87/94) que l'Etat belge avait manqué aux obligations qui lui incombaient en vertu de la directive du 17 septembre 1990, relative aux procédures de passation des marchés. En fin de compte, cela a coûté au contribuable wallon l'équivalent de €6,275 millions.

Le sénateur Hugo Coveliers associa cet appui à Jean-Claude Geus aux condamnations par la Cour de cassation, le 5 avril 1996, de mandataires PS dans l'affaire de l'Institut universitaire de Sondage

---

[i] Lorsqu'en 1967/1968, j'étais en tant que Secrétaire général à la tête de l'Association générale des étudiants de l'Université de Gand (*Gents Studentenkorps, GSK*), Hugo Coveliers faisait partie de mon opposition de gauche au Conseil général du GSK en tant qu'élu du Mouvement syndical estudiantin (*Studentenvakbeweging, SVB*).

[ii] L'hebdomadaire satyrique *Père Ubu* du 30 juin 1996 était encore beaucoup plus explicite dans ses insinuations.

d'opinion (UNISOP). Il prétendit que ces mandataires avaient l'intention d'introduire des requêtes à Strasbourg. Le Premier Ministre Jean-Luc Dehaene déclara qu'il laissait ces insinuations pour le compte de Hugo Coveliers. Entre le 23 juillet et le 8 août 1996, Guy Coëme, Jean-Louis Mazy, Jean-Louis Stalport, Merry Hermanus et Camille Javeau introduisirent des requêtes contre leur condamnation auprès de la Commission européenne des Droits de l'Homme. Dans son arrêt du 22 juin 2000 dans l'affaire *Coëme e.a. c. Belgique*, la Cour européenne des Droits de l'Homme jugeait que l'article 6.1 CEDH avait été violé dans le chef de Guy Coëme.[i] Il n'avait pas pu bénéficier d'un « traitement équitable de son affaire » en raison de l'absence d'une loi réglant l'examen de poursuites contre des ministres. La Cour strasbourgeoise estima que cette même disposition conventionnelle était également violée dans le chef des quatre autres requérants. Selon Strasbourg, la Cour de cassation n'était pas « un tribunal établi par la loi » pour examiner les poursuites contre eux. Outre l'équivalent de €29.000 de frais pour les cinq requérants, l'Etat belge dut encore payer l'équivalent de €7.500 à ces quatre autres requérants, comme dommage moral à chacun.

L'intention était que Jean-Claude Geus devienne le juge belge à la Cour de Strasbourg, au moment où la Commission et la Cour, non permanentes, allaient fusionner en une seule Cour européenne des Droits de l'Homme, à plein temps. Cette fusion se réaliserait à partir du 1er novembre 1998. Je ne fis pas partie des trois candidats présentés, le 7 novembre 1997, par le gouvernement pour la fonction de juge de cette Cour. Les libéraux ne faisaient pas partie du gouvernement. Lors du premier tour de vote à l'Assemblée parlementaire du Conseil de l'Europe, Jean-Claude Geus était le seul candidat présenté en premier ordre qui n'obtint pas la majorité requise.

Lors du second tour de vote, le 28 janvier 1998, c'est Françoise Tulkens, professeur à l'UCL, qui fut élue. Elle avait été experte à la Commission parlementaire Dutroux et présidente de la Ligue (francophone) des droits de l'homme. Du 1er novembre 1998 au 12 septembre 2012, elle a été juge à la Cour strasbourgeoise. A partir du 1er février 2011, elle devint vice-présidente de la Cour. Avec sa personnalité chaleureuse,[ii] elle fut l'une des juges les plus activistes de

---

[i] Guy Coëme avait été ministre de la Défense (1988-1992) et vice-premier et ministre des Communications et des Entreprises publiques (1992-1994).
[ii] LEMMENS, Paul, « A Grand Lady Leaves the Court », *strasbourgobservers.com*, 12 septembre 2012.

la Cour.³⁹² Elle a laissé une marque profonde, entre autres sur les positions de la Cour en matière d'asile.ⁱ Non sans souci d'équilibre, le Roi Albert II nous a accueillis tous les deux parmi la noblesse en tant que baron et baronne, par arrêté royal du 10 juillet 2009.

b. *La procédure de nomination à la Cour d'arbitrage*

Le 12 septembre 1996, j'informai Herman De Croo, président (1995-1997) du VLD, de mon intérêt pour la fonction de juge à la Cour d'arbitrage. Le 27 septembre, j'introduisis officiellement ma candidature auprès de Frank Swaelen (CVP), président (1988-1999) du Sénat.

Le 10 octobre 1996, je publiai encore un bilan intermédiaire. Au premier semestre de 1996, les Pays-Bas avaient deux fois plus de demandes d'asile (10.025) que la Belgique (5.591). Ce qui était encore plus frappant, c'est qu'aux Pays-Bas 4.696 (46,8%) demandeurs d'asile étaient originaires d'Irak, d'Afghanistan, de Somalie, d'Iran et du Sri Lanka, alors que c'était le cas seulement pour 206 personnes (3,7%) en Belgique. En Belgique, il y avait 2.439 demandeurs d'asile d'ex-Yougoslavie, de Roumanie, du Zaïre et d'Arménie, alors qu'ils étaient 1.299 (13%) au Pays-Bas. Je mentionnai une croissance légère des demandes.³⁹³ Le député Ecolo Vincent Decrolyⁱⁱ déclara : « Marc Bossuyt est un homme compétent à la tête d'une administration bien gérée. Il exécute très rigoureusement une mission qui lui a été impartie : résorber l'arriéré des dossiers réfugiés en attente en Belgique. Les statistiques sont une de ses armes stratégiques préférées, mais dont il n'est pas aisé de prélever la quintessence ».

Le 20 octobre 1996, une « Marche blanche » eut lieu à Bruxelles en guise de protestation contre les dysfonctionnements dans la Justice, constatés à l'occasion de l'affaire Dutroux. Le lendemain, un journaliste m'avertit que je courais le risque de devenir victime de la « Marche blanche ». Grâce à cette Marche, le politique avait compris qu'on pouvait remédier aux dysfonctionnements constatés en mettant un terme aux nominations politiques dans la Justice. Par extension, cela valut aussi pour le Conseil d'Etat et même pour la Cour d'arbitrage. Le vote sur la présentation d'un juge à la Cour d'arbitrage

---

ⁱ DEMBOUR, Marie-Bénédicte, « Françoise Tulkens, indefatigable defender of migrants' human rights », *strasbourgobservers.com*, 28 août 2012.

ⁱⁱ Eric de Bellefroid, *LLB*, 11 octobre 1996 : « Le Commissaire aux réfugiés s'attribue un bon bulletin ».

figura à l'ordre du jour du Sénat du 24 octobre. Guy Verhofstadt, vice-président (1995-1999) du Sénat, fit savoir immédiatement qu'il estimait qu'en tout cas le VLD devait prendre ses distances à l'égard de telles nominations politiques.[394] Pour les nominations au Conseil d'Etat et à la Cour d'arbitrage, on appuya donc sur le « bouton pause ».

En ce qui concerne le Conseil d'Etat, il s'agissait de six candidats. Par hasard, le CVP, le PSC, le VLD, le PRL et le PS en appuyaient chacun un. Le sixième candidat, Willem Debeuckelaere[395] était, en tant que chef de cabinet (1995-1998) du ministre de l'Intérieur Johan Vande Lanotte, appuyé par le SP. Il fut sacrifié sur l'autel de la nouvelle culture politique. Avec quelques mois de retard, huit conseillers d'Etat furent nommés le 7 juillet 1997. En ce qui concerne la Cour d'arbitrage, le Sénat décida pour la première fois de tenir des auditions. Le 19 décembre 1996, cinq candidats furent invités, à huis clos. Le jour suivant, le Sénat me présenta en tant que premier candidat, par un vote secret à la majorité des deux tiers. Le Sénat présenta comme seconde candidate Riet Leysen, qui pendant dix ans avait été la référendaire à la Cour d'arbitrage du juge Louis-Paul Suetens. Pendant presque 17 ans, elle m'assistera d'une manière inégalée comme référendaire à la Cour. Lorsque le 9 janvier 2014 je quittai la Cour constitutionnelle, c'est elle qui, à ma plus grande joie, prit la succession.

Présenté le 17 janvier 1997 par le Conseil des ministres, je fus nommé juge à la Cour d'arbitrage par arrêté royal du 28 janvier.[396] J'ai prêté serment, le 6 février, dans les mains du Roi Albert II au château du Belvedère. C'est avec beaucoup de peine dans le cœur que j'avais, le soir précédent, quitté le Commissariat général. Une interview, donnée quelques semaines plus tôt, devint ainsi ma dernière en qualité de Commissaire général.

2. Quelques réflexions

En décembre 1996, *De Wereld Morgen* publia l'interview de départ de « l'homme qui depuis neuf ans avait conduit d'une main ferme le Commissariat général ». Pendant de nombreuses années, je ne me suis plus prononcé en public sur la problématique d'asile en Belgique. Que je me taise en tant que juge à la Cour constitutionnelle réjouit les gouvernements successifs. Ce fut surtout le cas lorsqu'ils laissèrent à nouveau plusieurs fois déraper la situation. Ce qui est moins réjouissant, c'est que beaucoup de ce que j'avais dit dans cette interview est encore, 25 ans plus tard, d'une actualité brûlante.

a. L'interview de départ (décembre 1996) : « Beaucoup d'hypocrisie et de démagogie »

Dans cette interview de départ, Dirk Leyman et Pieter De Gryse firent observer en introduction que le thème des demandeurs d'asile et des réfugiés devenait « de temps à autre un débat surchauffé, parfois remué par mes propos musclés ».
Quelques extraits de cette interview :
- *Vous êtes fatigué de la thématique des réfugiés ?*
- CG : « Je ne souhaite pas être considéré comme 'Monsieur réfugié' jusqu'à mes 65 ans. Je pense que j'ai fait ce que j'avais à faire. En ce qui concerne son approche et son fonctionnement, le Commissariat général est une administration moderne. C'est l'instrument par excellence pour reconnaître ceux qui sont effectivement des réfugiés et pour refuser dans un délai raisonnable ceux qui ne le sont pas ».
- *Est-ce qu'après un certain temps vous avez des 'bleus à l'âme' ?*
- CG : « Ce qui me dérange surtout c'est d'avoir été continuellement exposé à des critiques. Il y a une hypocrisie incroyable. Des gens qui savent pertinemment bien que nous protégions les réfugiés, continuent contre toute connaissance à critiquer notre fonctionnement et notre approche. A la longue, on en a assez. La Belgique donne une application large à la Convention de Genève. Nous reconnaissons des gens de 87 pays différents. Ceux qui s'attendent à ce que nous reconnaissions aussi des gens qui ne sont pas des réfugiés ne sont pas à la bonne adresse ».
- *Est-ce que la nouvelle loi Vande Lanotte a encore une fois rendu la politique d'asile plus restrictive ?*
- CG : « Ce sont la loi Wathelet (1991) et surtout la loi Tobback (1993) qui ont apporté les modifications les plus importantes. La loi Vande Lanotte visait principalement à adapter la législation belge aux Conventions de Dublin et de Schengen. La durée indéterminée du maintien a surtout une valeur symbolique. L'accueil obligatoire dans des centres ouverts pendant la phase de recevabilité n'est pas révolutionnaire. Cela se trouvait déjà dans la loi antérieure mais n'était pas encore appliqué. Les adversaires ont saisi l'occasion pour faire du battage médiatique. Cela a tout à voir avec l'hypocrisie et la démagogie. En regardant de plus près ce qui se trouvait en réalité dans le projet Vande Lanotte, ils ont découvert que tout cela était beaucoup de bruit pour rien. En essence, c'était dirigé contre les modifications législatives de 1993 ».
- *Vous plaidez encore toujours pour une simplification de la procédure d'asile ?*
- CG : « La procédure actuelle est trop lourde. Il y a trop d'instances et trop de possibilités de recours. D'ailleurs, les garanties sont devenues toujours plus

larges. L'apport du Conseil d'Etat consiste en une seule reconnaissance de plus sur 100.000 décisions. La Commission permanente de recours reconnaît environ 80 réfugiés par an ».
- *Les plus critiques prédisent que la nouvelle loi d'asile dissuadera des demandeurs d'asile qui entreront alors directement dans l'illégalité.*
- CG : « Cela ne bénéficie à personne de pousser des gens qui ne sont pas des réfugiés dans la procédure d'asile. Je sais qu'on me reproche un fétichisme des chiffres mais la procédure d'asile est utilisée à 90% par des gens qui ne sont pas des réfugiés. Pour certaines nationalités, il s'agit même de 99%. Cela ne peut quand même pas être l'objectif d'accueillir tous ces gens ici ? »
- *Vous suggérez deux solutions possibles pour l'illégalité : la régularisation pour les dossiers qui ont traîné longtemps et une politique d'expulsion plus stricte pour les autres. Comment évaluez-vous l'approche gouvernementale de ces deux instruments ?*
- CG : « L'éloignement efficace des demandeurs d'asile déboutés est encore toujours une exception rare. Les critiques plaident en faveur de procédures plus longues et davantage de garanties. En même temps, ils poussent à procéder à des régularisations après deux ans de procédure. C'est une forme d'hypocrisie ».
- *Vous plaidez pour qu'on s'attaque de manière plus énergique aux causes de la migration. Qu'attendez-vous d'une aide au développement plus ciblée ?*
- CG : « Nous ne devons pas orienter l'aide au développement vers les pays qui nous envoient le plus grand nombre de demandeurs d'asile. Sinon, nous aurions dû diriger notre aide dans les années '80 surtout vers le Ghana. En outre, la plupart des demandeurs d'asile ne viennent pas des pays les moins développés, mais de pays ayant déjà un certain niveau de développement. Plus les pays s'occidentalisent, plus leurs ressortissants souhaitent venir chez nous. Je suis un grand partisan de plus de coopération au développement, mais je n'y vois pas un lien direct avec - ou un impact sur - la procédure d'asile. C'est aussi une thèse intenable de prétendre que nous devrions accueillir tous ceux originaires de l'Europe de l'Est ou de l'Afrique parce que nous ne pouvons pas y résoudre les problèmes ».
- *Est-ce que l'image qu'on se fait dans le Tiers-Monde peut influencer les mouvements de migration ?*
- CG : « L'image de l'Occident qu'on se fait dans le Tiers-Monde est la mieux servie par une procédure d'asile rapide, qui éloigne effectivement les demandeurs d'asile déboutés. Les bruits se répandent avec la vitesse de l'éclair là-bas ».

b. *Des critiques sans fin*

Chaque fois que les autorités réussissent à avoir la procédure d'asile sous contrôle et à maîtriser le nombre des demandes, tout est mis en œuvre pour critiquer la politique d'asile. Toute sorte d'actions sont entreprises pour susciter la méfiance à l'égard de cette politique. Ces actions doivent convaincre l'opinion publique que tout cela est trop sévère, trop répressif, pas assez généreux. On peut quand même s'attendre de notre part à plus de générosité ? Nous devrions quand même démontrer plus d'humanité et de solidarité ? Nous voulons quand même une société plus chaleureuse ? Entretemps l'attention des gouvernants s'affaiblit. Depuis la dernière crise, des instruments ont été développés pour affronter des nombres plus élevés de demandeurs d'asile. Au lieu de démanteler ces instruments, nous pourrions peut-être mieux faire en accueillant un peu plus de gens. Sinon, il y aura des pertes d'emploi, surtout dans l'accueil et dans l'avocature. D'ailleurs, les budgets nécessaires sont prévus pour y faire face.

Ainsi sont semés les germes de nouveaux dérapages. D'autres gouvernants sont arrivés au pouvoir. Ils n'ont pas vécu de près la crise antérieure. Ils ne savent pas encore d'expérience qu'il est beaucoup plus facile de laisser la situation s'aggraver que de la ramener sous contrôle. Si d'autres instances officielles encore, ou des instances subventionnées par l'autorité publique, les rejoignaient pour mettre des bâtons dans les roues, on se retrouverait dans le pétrin plus vite qu'on ne l'avait pensé.

En 1995, des avocats ont constitué une a.s.b.l. pour me menacer de devoir justifier mes décisions négatives devant le juge pénal. J'aurais conspiré avec mes collaborateurs pour prendre des mesures que ces avocats estimaient contraires à la loi. Ces mesures concernaient le nombre, à leur avis, trop élevé des décisions négatives. *Il y avait trop peu de demandeurs d'asile reconnus réfugiés.* En 1995 aussi, le parquet avait requis un juge d'instruction. L'occasion ne m'avait pas été donnée d'expliquer d'abord le contexte des informations fournies. Ce juge d'instruction obligea mes collaborateurs et moi-même à justifier les décisions positives que nous avions prises ou proposées, devant des maréchaux des logis de la BSR. *Il y avait trop de demandeurs d'asile reconnus réfugiés.* Des fraudes avérées, et sur grande échelle, de la part de demandeurs d'asile n'avaient pas de suite. En revanche, les grands moyens étaient mis en œuvre dans l'espoir de trouver quelqu'un au Commissariat général qui avait peut-être déjeuné avec un intervenant favorable à la reconnaissance d'un demandeur d'asile.

En 1995 encore, il y a eu des parlementaires prêts à croire n'importe quelle demandeuse d'asile. Pour eux, il s'agissait de pouvoir m'accabler d'avoir mis en jeu une vie humaine. J'aurais dû m'opposer à son retour dans son pays. Ils étaient tout disposés à considérer comme véridique une histoire fabriquée par une demandeuse d'asile. Sa sœur aurait perdu la vie, après son retour de Belgique, à la suite d'un viol et de tortures. Rejoints par des journalistes des principaux journaux francophones, ils donnèrent crédit à de telles histoires. Ni ces parlementaires, ni ces journalistes ne s'étaient donné la peine de me contacter préalablement afin de vérifier s'il s'agissait d'une histoire crédible. D'autres également, tels que le directeur Johan Leman du Centre pour l'égalité des chances et le journaliste *free-lance* Pieter De Gryse, ne pouvaient pas résister non plus à la tentation de me critiquer sans vérifier d'abord ce qu'il en était.

Chapitre XIV
Peixotin (1996), Maiztegui (1998), Moreno-Garcia (2004) et Jaione (2020)

Le 2 octobre 1996, le ministre de la Justice, Stefaan De Clerck, retira son arrêté ministériel du 22 janvier 1996 ordonnant l'extradition vers l'Espagne du couple basque Moreno-Garcia. Quatre mois et demi plus tôt, le 27 mai 1996, un autre Basque espagnol, Enrique Pagoaga Gallastegui, nommé « Peixotin », demanda l'asile en Belgique. Il était exilé au Venezuela. Deux ans plus tard, le 29 juin 1998, encore un autre Basque espagnol, Juan Cruz Maiztegui Bengoa, fit de même. Il était exilé au Mexique. Le 30 janvier 2004, l'Espagne entreprit une nouvelle tentative concernant le couple Moreno-Garcia. Des mandats d'arrêt européen (MAE) furent délivrés pour obtenir leur remise. Sans succès. L'Espagne réussit mieux avec sa demande concernant Maria Natividad Juaregui Espina, connue sous le nom « Jaione ». Le 22 novembre 2020, quarante ans après les faits dont elle était soupçonnée, elle fut remise à l'Espagne en exécution d'un MAE. Mais évoquons d'abord les deux exilés.

1. Encore un Basque (27 mai 1996) : il était en exil au Venezuela

« Un beau jour de Pentecôte »[397] (26 mai 1996), Enrique Pagoaga Gallastegui (°1954) arriva du Venezuela par avion via Francfort à l'Aéroport National. Il déclarait avoir la nationalité espagnole, mais la Gendarmerie constata que son passeport espagnol était faux, « un détail qui avait échappé au contrôle allemand pourtant fort strict ».[398] Le lendemain, il demanda l'asile. En Espagne, la nouvelle fut vite connue.[399] La question se posa immédiatement de savoir si une nouvelle querelle avec l'Espagne se préparait.[i] Il était connu sous le nom de « Peixotin », son frère Juan Manuel, nommé « Peixoto », étant un chef historique de l'ETA. Le 29 mai, ses empreintes digitales confirmaient son identité. Les autorités espagnoles firent savoir qu'elles ne contestaient pas sa nationalité. Lors de l'audition par mes services, le 4 juin, il produisit une vraie carte d'identité espagnole.

---

[i] Eric de Bellefroid, *LLB*, « Le feuilleton basque rebondit » ; Al. G., *LS*, « Une nouvelle 'affaire basque' est-elle en train de se nouer ? » ; *HLN*, « Nouvelle querelle avec l'Espagne ? », 29 mai 1996.

Elle lui avait été procurée par sa mère mais sa validité en avait expiré depuis 1982.

a. Le « parcours compliqué » de Peixotin

Peixotin avait derrière lui un « parcours compliqué »[400] qui peut être résumé succinctement comme suit : depuis l'âge de 15 ans, il a participé activement à « la lutte d'émancipation du peuple basque » ; il a été arrêté une première fois en 1974, lorsqu'il avait 20 ans ; il a alors prétendu avoir été torturé ; condamné à quatre ans de prison en 1975, il s'est enfui en France et y a été reconnu réfugié (ce statut lui a été retiré en 1980) ; en 1976-1977, il était pendant 14 mois en prison en Espagne ; en juin 1977, il a été transféré au Danemark avec 14 autres dans un avion militaire espagnol ; en août 1977, il est revenu en Espagne ; en janvier 1979, il est de retour en France ; en septembre 1979, il émigre vers le Venezuela ; en 1982, il est de retour en France ; en juillet 1987, la France l'expulse vers l'Algérie ; le 28 mai 1989, il est transféré par avion militaire espagnol avec 10 autres d'Algérie vers le Venezuela, qu'il quitte le 25 mai 1996.

Le 29 mai 1996, le secrétaire d'Etat espagnol à la Sécurité, Ricardo Martí Fluxá, mit la Belgique en garde de ne pas lui accorder l'asile, insistant pour le renvoyer immédiatement au Venezuela ou en Allemagne.[401] Le 30 mai, le ministre de l'Intérieur Johan Vande Lanotte lui refusa l'accès au territoire, avec renvoi au pays qu'il avait fui.[402] L'Office des étrangers n'accorda que peu de foi à ce qu'il aurait quitté le Venezuela par crainte de persécution. S'il était poursuivi en Espagne, ce serait parce qu'il avait participé à des actions terroristes. Le 31 mai, il introduisit un recours urgent.

Le 3 juin 1996, il introduisit aussi, en extrême urgence au Conseil d'Etat, une demande de suspension de la décision refus de séjour, de privation de liberté et de renvoi.[i] Sur avis conforme de l'auditeur,[403] le Conseil d'Etat rejeta cette demande le 10 juin[404] quant au refus de séjour et à son renvoi, puisqu'il fallait attendre ma décision sur son recours urgent. La privation de liberté ne constituait pas un préjudice grave et difficilement réparable. Elle était justifiée parce qu'il avait voulu accéder irrégulièrement au territoire. *Knack*[405] écrivit :

---

[i] Selon son avocat Me Paul Bekaert : « Un Belge arrêté avec des faux papiers n'est quand même pas mis dans un avion vers le Venezuela ? » (RS, *DM,* 3 juin 1996).

« Le Commissaire général Marc Bossuyt doit à nouveau tirer les marrons du feu ».

Entretemps, il s'avérait que Peixotin avait apparemment quitté le Venezuela dans le cadre d'une action concertée avec les compagnons avec lesquels il partageait le même sort. *El País*[406] du 2 juin 1996 fit savoir que l'ETA avait appelé de Bruxelles ses 50 déportés à retourner au Pays basque. Le 5 juin, le ministre espagnol de l'Intérieur, Jaime Mayor Oreja, se montra peu soucieux : « Je ne vais pas perdre cinq minutes avec Peixotin ».[407] Plus tard, *Knack*[408] écrirait : « Le dossier en question faisait état de quelque 50 Espagnols basques qui étaient dispersés dans sept pays africains et sud-américains. [...] Le 7 juin 1996, la police française arrêta dix Basques, qui cherchaient l'asile dans la cathédrale de Bayonne, et les expulsa vers l'Espagne ».[409]

b. La demande d'asile de Peixotin est « sans objet » (27 juin 1996)

Le 27 juin 1996, je décidai, en me fondant sur d'amples références au droit de l'Union européenne, que la demande d'asile de l'intéressé « en tant que citoyen de l'Union européenne était, dans les circonstances présentes, sans objet ».[i] Ses empreintes digitales avaient permis de constater son identité et sa nationalité. Depuis l'entrée en vigueur du Traité de Maastricht, le 1er janvier 1993, tout citoyen de l'Union européenne pouvait participer à la libre circulation des personnes au sein de l'Union. Pour autant qu'une carte d'identité, même dont la de validité a expiré, contient tous les éléments pour constater l'identité, et donc aussi la nationalité de l'intéressé en tant que citoyen de l'EU soit établie, cette personne a droit à la libre circulation au sein de l'Union.[410]

En ce qui concerne le bannissement de l'intéressé successivement vers l'Algérie et vers le Venezuela, je fis observer que l'article 3, §2, du Protocol N°. 4 à la CEDH dispose que : « Nul ne peut être privé du droit d'entrer sur le territoire de l'Etat dont il est ressortissant ». En outre, l'article 11, §2, de la Constitution espagnole dispose qu'aucun Espagnol d'origine ne peut être privé de sa nationalité. Le Comité des droits de l'homme des Nations Unies[411] a jugé que la non-délivrance

---

[i] « Un Basque est chez lui en Europe … » *Vl'A ; DM ; DS,* 28 juin 1996 ; Pascale Bourgaux (*LS)* citait le ministre espagnol de l'Intérieur : « Je n'envisage aucune intervention auprès des autorités belges » ; *El País* parle néanmoins d'« *El explosivo dictamen de Marc Bossuyt* ».

d'un passeport à un ressortissant viole l'article 12, §2, du Pacte international relatif aux droits civils et politiques.[412] La non-possession de documents valables peut-être sanctionnée mais ne peut pas conduire au refus à l'intéressé de son droit à la libre circulation et au séjour.[413]

Le premier des motifs invoqués par l'Office des étrangers (il avait quitté le Venezuela sans crainte) n'était pas pertinent, puisqu'il n'était pas vénézuélien. Le dernier motif (il avait participé à des actions terroristes) dépassait manifestement le seuil de l'examen de recevabilité. L'observation que je fis suivre était d'une importance cruciale : « En tout cas, un retour forcé de l'intéressé équivaudrait au bannissement d'un citoyen de l'UE hors de l'Union, ce qui serait contraire aux obligations internationales en matière de droits de l'homme, souscrits par les Etats membres de l'Union européenne ».[414] Il n'y avait pas de demande espagnole d'extradition, ni d'arrêté ministériel de renvoi. Ni l'accès au territoire, ni le séjour ne pouvait lui être refusé en sa qualité de citoyen d'un Etat membre de l'Union européenne.

c. Le déminage fonctionne :
Peixotin est autorisé à accéder au territoire (28 juin 1996)

Il était possible de déduire de cette décision[415] que, si Peixotin n'avait pas été un ressortissant d'un Etat membre de l'Union européenne, j'aurais pris une décision d'examen ultérieur. Par circonspection pour la sensibilité extrême du Gouvernement espagnol (et des médias) en la matière, je déclarai le recours urgent sans objet. Cette possibilité avait déjà été envisagée, *in tempore non suspecto,* dans mes décisions de refus du 6 février 1994 dans l'affaire *Moreno et Garcia*.

Une demande espagnole d'extradition ou un arrêté belge de renvoi aurait cependant été un fait nouveau justifiant une nouvelle demande d'asile. Dans ce cas, une décision de recevabilité - avec le risque d'une possible décision de reconnaissance par moi ou par la Commission permanente de recours - n'aurait peut-être pas été exclue. Aussi bien l'affaire *Ryan* que l'affaire *Moreno et Garcia* ont démontré que plus les autorités politiques (et les médias) insistent de manière têtue et obstinée pour l'extradition d'une personne, plus grand est le risque que des instances indépendantes se positionnent d'une manière réservée et peu encline à obtempérer. La compréhension pour les défis auxquels est confronté un Etat faisant face à des actions terroristes peut être importante. Toutefois, on ne peut pas s'attendre à ce qu'un autre Etat membre de l'Union européenne collabore au bannissement de citoyens de l'UE. Dans une société démocratique, il n'y a pas de place pour cela.

Mais il ne faut jamais désespérer. Parfois, la sagesse prime : le 28 juin 1996 (le jour suivant ma décision « sans objet »), le ministre de l'Intérieur, Johan Vande Lanotte, accordait l'accès immédiat de Peixotin au territoire belge (non pas en tant que demandeur d'asile mais en tant que citoyen de l'UE).[416] *De Morgen* du 2 juillet parlait d'un grand émoi dans les médias espagnols. *De Standaard* faisait état de poursuites possibles par le parquet en raison de l'usage par Peixotin d'un faux passeport. Pour le reste, l'affaire disparaissait du radar.[417] Le déminage avait fonctionné et les principes étaient sauvés.

2. Et encore un Basque : il était en exil au Mexique (29 juin 1998)

Le 29 juin 1998 vit à nouveau arriver un Basque espagnol à l'Aéroport National, venant cette fois du Mexique, via Washington D.C.[418] Il était en route pour Amsterdam.[419] Il s'agissait de Juan Cruz Maiztegui Bengoa (°1945). Après la constatation que ses documents d'identité étaient faux, il demanda l'asile. Il avait bénéficié du statut de réfugié en France de 1975 à 1979. En 1987, son permis de séjour lui avait été retiré. En 1992, il avait voyagé de France, où il séjournait illégalement, au Mexique. Il y était resté jusqu'au 28 juin 1998.

a. Tentatives obstinées de reconduite au Mexique (1 juillet, 4 et 6 août 1998)

Le 1er juillet 1998, l'Office des étrangers lui refusa l'accès au territoire, avec reconduite au Mexique. Cette décision fut prise parce qu'il avait essayé d'accéder au territoire avec des faux documents ainsi qu'en raison de l'absence de crainte de persécution en Espagne, un Etat démocratique, ou en France et au Mexique, où il avait séjourné plus de trois mois. Le jour suivant, il introduisit un recours urgent auprès du Commissaire général Luc De Smet.[420] Le 3 août, celui-ci décida que sa demande d'asile était sans objet.[i] En tant que citoyen de

---

[i] *DM*, 7 août 1998. Son avocat était Me Paul Bekaert.

l'UE, l'accès au territoire ne pouvait lui être refusé. En outre, il n'y avait pas de demande espagnole d'extradition et une reconduite au Mexique reviendrait à un bannissement illégal.

Le 4 août 1998, l'Office des étrangers[421] décida néanmoins qu'il devait être reconduit au Mexique, puisqu'il ne disposait pas des documents nécessaires pour accéder au Royaume. En outre, son utilisation d'un faux passeport aurait pu nuire à l'ordre public.[i] Sur requête[ii] introduite le 5 août et sur avis conforme de l'auditeur, le Conseil d'Etat[422] suspendit le 6 août en extrême urgence la décision de refus d'accès du 1er juillet 1998 et la décision de reconduite du 4 août 1998.[423] Sinon il aurait été mis dans l'avion en direction du Mexique, le 7 août à 12 h 30. Le Commissaire général Luc De Smet comparut en personne devant le Conseil d'Etat pour plaider contre la suspension de sa décision du 3 août.[424] Cette demande en suspension fut rejetée par le Conseil d'Etat parce que la requête n'établissait aucun préjudice causé par la décision du Commissaire général.

Le même jour encore (le 6 août 1998) fut prise, pour la troisième fois, une décision de refus d'accès au territoire avec reconduite au Mexique. La motivation était qu'une crainte de persécution ne pouvait être invoquée à l'égard de l'Espagne, un Etat démocratique, ni à l'égard de la France et du Mexique, où il avait séjourné plus de trois mois. Le 7 août, Maiztegui introduisit un recours urgent auprès du Commissaire général et une demande de suspension, en extrême urgence, auprès du Conseil d'Etat. Le 10 août, le Conseil d'Etat[425] rejeta en extrême urgence cette demande en suspension parce que le recours administratif auprès du Commissaire général n'avait pas encore été épuisé.

b. Examen ultérieur d'une demande d'asile d'un citoyen de l'UE (18 août 1998)

Le 18 août 1998, le Commissaire général Luc De Smet prenait une décision d'examen ultérieur. Il s'étonnait que l'accès au territoire ait été refusé à l'intéressé, alors qu'il s'agissait d'une affaire identique à celle d'Enrique Pagoaga Gallastegui (Peixotin). Il estimait que ce refus était contraire à « l'autorité de chose jugée » de l'arrêt du

---

[i] Déjà dans mon avis favorable à Ryan du 14 novembre 1988, j'avais jugé que la possession d'un faux passeport n'était pas suffisante pour conclure à un risque pour l'ordre public et la sécurité nationale.
[ii] Son avocat était Me Paul Bekaert.

Conseil d'Etat du 6 août 1998. Cet arrêt avait fait observer que l'inexactitude des faits invoqués, d'où il ressortait qu'il courait un danger au Mexique, n'était pas démontrée. Dans une lettre du 3 août, le Représentant des Nations Unies, avait, sur demande d'avis du Commissaire général du 13 juillet, répondu, entre autres, que seul un examen quant au fond pouvait élucider le bien-fondé ou non de la crainte de persécution en Espagne. Dans ces circonstances, le Commissaire général estima qu'il ne lui était pas possible de confirmer le refus - d'ailleurs faiblement motivé - d'accès au territoire. Avec cette décision, Maiztegui put quitter librement le Centre de transit.[i] Accorder à ce citoyen de l'UE l'accès à la procédure d'asile au fond était apparemment le seul moyen d'empêcher qu'il soit renvoyé au Mexique.

Dans *El País* du 20 août 1998, le Commissaire général Luc De Smet souligna qu'il ne s'agissait pas d'un acte hostile envers l'Espagne. Il n'aurait pas déclaré la demande d'asile recevable, si le ministère de l'Intérieur n'avait pas donné suite à la demande de l'ambassadeur espagnol, Manuel Benavides, d'expulser Maiztegui. Son seul objectif était d'empêcher la reconduite au Mexique. Le Gouvernement espagnol se déclara « surpris » et « irrité ».[426] Les médias espagnols étaient à nouveau très sévères envers la Belgique.[427] Le 27 août 1998, le journal espagnol *El Mundo* affirma que les leaders les plus importants de l'ETA avaient quitté la France pour la Belgique.[428] Il n'y en avait toutefois aucune trace en Belgique.[429] Le Ministre Louis Tobback ne disposait d'aucun élément en ce sens.[430] Il qualifia cette information d'« intox » et de « manipulation ».[431] Le ministre espagnol de l'Intérieur, lui, parlait de « pure spéculation ».[432]

Le 3 septembre 1998, Stéphane Schewebach, le directeur général de l'Office des étrangers, annonça que le ministre de l'Intérieur Louis Tobback préparait un recours au Conseil d'Etat contre la décision du Commissaire général concernant la demande d'asile de Maiztegui.[ii] Le Ministre ne voulait plus que la Belgique soit accusée par l'Espagne

---

[i] *LS* ; *El País*, 19 août 1998 ; *DM*, 20 août : « L'obstination et la rapidité avec lesquelles l'Intérieur essayait de mettre en œuvre l'expulsion soulevaient un certain étonnement. 'De la pression par l'Espagne', estimait Me Paul Bekaert, son avocat ».
[ii] Pacale Bourgaux, *LLB,* 3 septembre 1998 : « Tobback ne veut plus que la Belgique soit accusée par Madrid d'être le 'sanctuaire de l'*ETA*' » ; *FET* ; P. Ma., *LS* ; 4 septembre : « Tobback prend le problème basque par les cornes ».

d'être un refuge pour l'ETA.[i] Il estimait que les raisons invoquées pour accepter de tels dossiers étaient dépassées.

De Morgen[ii] du 10 septembre 1998 mentionna l'arrestation en France de 14 Basques dont Peixotin. Ils furent promptement transférés vers l'Espagne. A défaut d'autres plaintes, le juge espagnol décida de poursuivre Peixotin du fait d'avoir en sa possession de faux documents espagnols. En l'absence d'une plainte formelle belge, il fut libéré quelques jours plus tard. Dans *La Libre Belgique*[433] du 16 septembre, Me Paul Bekaert dit ceci : « Deux cas d'exilés basques arrêtés à Bruxelles ne suffisent pas pour parler de filière. Pourquoi en fait-on un tel drame, alors que l'Espagne ne les réclame pas ? Si M. [Stéphane] Schewebach n'avait pas cédé aux pressions de l'Espagne et n'avait pas refusé à Maiztegui l'accès au territoire, nous n'aurions pas été obligés de déposer une demande d'asile ».

Dans le même journal, le Commissaire général Luc De Smet déclara qu'il attendait le recours annoncé du Ministre avec beaucoup de sérénité.[434] Il se référait explicitement à la réserve que la Belgique avait faite lors des négociations du Traité d'Amsterdam du 2 octobre 1997.[435] Ce Traité contient un Protocole qui vise à limiter les possibilités d'asile pour les ressortissants des Etats membres de l'Union européenne. Toutefois, la Belgique avait fait une déclaration concernant ce Protocole dans laquelle elle soulignait qu'en conformité avec la Convention de Genève, « elle effectuerait un examen individuel de toute demande ». Dans une communication officielle du 20 juin 1997, le Haut-Commissariat des Nations Unies pour les réfugiés[436] accueillit favorablement la déclaration d'au moins un Etat qui avait l'intention de recevoir et d'examiner toutes les demandes d'asile, sans égard à leur pays d'origine.

Ce même mois, le 22 septembre 1998, la demandeuse d'asile nigériane Semira Adamu décédait au cours d'une tentative avortée de rapatriement au Togo. Le 26 septembre, Louis Tobback démissionnait en tant que ministre de l'Intérieur. Son deuxième mandat à ce poste ministériel n'avait duré que cinq mois à peine. Luc Van den Bossche (SP) lui a succédé.[437] On n'a plus entendu parler d'un recours au Conseil d'Etat contre la décision du Commissaire général à propos de Maiztegui. On n'a plus entendu parler de celui-ci non plus.

---

[i] Voy. *El País*, 20 août 1998 : «*Sanctuario belga* ».
[ii] Johan Faber, « L'Espagne attribue à la Belgique un rôle de base de l'ETA. L'image d'un pays hospitalier pour des terroristes persiste ».

3. Et re-voilà, l'Espagne : des MAE pour Moreno et Garcia (30 janvier 2004)[438]

Le 1er janvier 2004 est entrée en vigueur la loi du 19 décembre 2003 sur le Mandat d'arrêt européen (MAE).[439] Alors que le système antérieur d'extradition restait en vigueur dans les relations avec des Etats non-membres de l'UE, le MAE était d'application entre Etats-membres de l'UE. Les différences concernent surtout trois points importants : a) des Belges aussi peuvent être « remis » (le nouveau terme spécifique à l'UE au lieu d'extradés) aux autres Etats-membres de l'UE ; b) la décision n'est plus une décision politique du pouvoir exécutif mais une décision purement judiciaire ; et c) il n'y a plus d'exception pour les « délits politiques ».

Il y avait là des raisons suffisantes pour l'Espagne de tenter à nouveau sa chance avec des MAE contre Moreno et Garcia. Malgré leurs problèmes avec la Justice espagnole, Moreno et Garcia étaient devenus Belges le 15 octobre 2001. Par conséquent, ils ne pouvaient plus demander le statut de réfugié en Belgique. Le 30 janvier 2004, un juge d'instruction espagnol délivra un MAE contre chacun d'eux. Ces MAE étaient fondés sur les mêmes faits que ceux pour lesquels le 20 mai 1993 leur arrestation provisoire en Belgique avait été demandée sans succès. Selon *De Morgen,*[440] le couple Moreno-Garcia apprit par la télévision que les autorités espagnoles avaient entrepris une nouvelle démarche pour obtenir leur remise. C'est de la bouche du Premier Ministre Guy Verhofstadt qui rendait visite à Madrid à son homologue espagnol (2004-2011) José Zapatero qu'ils l'ont appris. Parfois l'histoire se répète (voy. *supr*a, p. 109-110). Bien que dans un MAE le gouvernement ne joue aucun rôle, des chefs de gouvernement ne peuvent toujours pas s'abstenir d'échanges de vues entre eux et de communications à la presse à ce sujet.

a. Les faits prescrits : le juge d'instruction refuse les MAE (17 mars 2004)

Après l'audition du couple, le juge d'instruction belge décidait, le 17 mars 2004, de ne pas procéder à l'exécution des MAE. Il se référait aux exigences de l'article 4, 4°, de la loi sur le MAE : « lorsqu'il y a prescription de l'action publique ou de la peine selon la loi belge[441] et que les faits relèvent de la compétence des juridictions belges ». Le juge d'instruction estimait que les juridictions belges étaient compétentes, puisqu'il était satisfait aux conditions de l'article 7, §1, du Titre préliminaire du Code de procédure pénale.[442] En effet, le juge constata que les faits étaient punissables aussi bien en Belgique qu'en Espagne et que les suspects étaient Belges et avaient leur résidence principale sur le territoire du Royaume. Il jugea qu'il suffisait que cette dernière condition soit satisfaite au moment où il se prononçait.[443] Il ne croyait pas que les juridictions belges devaient être compétentes au moment des faits. Puisque le délai de prescription des faits s'était écoulé, les MAE ne pouvaient pas être exécutés. Le procureur fédéral ne contesta pas que le délai de prescription soit écoulé, mais il se pourvut en appel devant la Chambre des mises en accusation de Bruxelles puisqu'il estimait qu'il fallait satisfaire, au moment des faits, à l'exigence d'être Belge ou d'avoir sa résidence principale sur le territoire du Royaume. Ni lui, ni Moreno et Garcia ne pouvaient probablement présumer que des chambres des mises en accusation devraient se pencher sur cette affaire à quatre reprises encore et la Cour de cassation trois fois.

La compétence, visée à l'article 4, 4°, de la loi sur le MAE, est nécessaire pour pouvoir invoquer la prescription. C'est la raison pour laquelle référence est faite à l'article 7, §1, du Titre préliminaire du Code de procédure pénale. La condition d'être Belge ou, par extension, d'avoir tout au moins sa résidence principale sur le territoire du Royaume, a été introduite par la loi du 5 août 2003. Cette loi avait pour objectif de tempérer la loi sur la compétence universelle du 16 juin 1993.[444] Avant cette modification, toute personne pouvait être poursuivie en Belgique pour des violations graves de droit humanitaire, même en l'absence d'un point de rattachement quelconque. Depuis lors, il est nécessaire qu'il y ait, en l'absence du principe de territorialité communément d'usage en droit pénal, au moins un point de rattachement personnel (soit la nationalité belge, soit sa résidence principale en Belgique).

b. *Un refus par les Chambres des mises malgré trois cassations (23 juin 2004)*

A trois reprises (le 30 mars, le 27 avril et le 26 mai 2004), trois Chambres des mises en accusation différentes de Bruxelles refusèrent, pour diverses raisons, l'exécution des MAE. A trois reprises (le 13 avril, le 11 mai et le 8 juin), la Cour de cassation[445] cassa, également pour diverses raisons, ces arrêts. Les juges successifs cherchaient parfois assez loin pour trouver des arguments dans cette affaire. Ils ne rechignaient pas devant l'une ou l'autre argumentation osée.[446] Finalement, l'exécution a été refusée une quatrième fois par la Chambre des mises en accusation d'Anvers. Dans son arrêt du 23 juin 2004, cette Chambre jugeait que le délit mis à charge était commis à l'égard d'étrangers et que les MAE contenaient tous les éléments qui permettaient à une autorité belge d'intenter à l'égard des inculpés une procédure pénale recevable.[447] Les MAE étaient considérés comme étant les « avis officiels » exigés par l'article 7, §2, dudit Titre préliminaire[448] et les juridictions belges étaient compétentes. En raison de la prescription de la procédure pénale, l'exécution des MAE fut refusée.[i]

c. *Observations sur les MAE contre le couple Moreno-Garcia : soulagement*

Cinq chambres des mises (une en 1993 et quatre en 2004 ; quatre à Bruxelles et une à Anvers) se sont opposées à l'extradition ou à la remise de Moreno et Garcia à l'Espagne. Quinze conseillers de cours d'appel se sont penchés sur cette affaire. Pour le procureur fédéral, cela suffisait. Bien qu'il soit douteux qu'il ait été satisfait de ce dernier arrêt, il décida de jeter l'éponge. Il n'est pourtant pas certain que la Cour de cassation ait été d'accord avec l'interprétation de la Chambre des mises d'accusation d'Anvers. Quoi qu'il en soit, dès le début il était clair que pour ces faits, le délai de prescription, en 2004, s'était écoulé. Le MAE était un nouveau moyen de poursuite qui donnait lieu à des interprétations juridiques divergentes. La contribution de Paul Bekaert dans le *Juristenkrant*[449] fut sans pitié pour ce moyen : « Le mandat d'arrêt européen est du bricolage à tous les niveaux ».

Que les arrêts de la Chambre des mises en accusation et de la Cour de cassation dans cette affaire aient vraiment clarifié l'interprétation du MAE n'est pas au-delà de tout doute raisonnable. Une chose est certaine : Moreno et Garcia ne furent pas remis à l'Espagne. Ils pouvaient de nouveau respirer librement. Dans les mots de Raquel Garcia,[450] la nouvelle venait « comme si un médecin qui nous avait annoncé que nous avions un cancer était venu nous dire ensuite que

---

[i] *DM*, 24 juin 2004 : « Le couple Moreno-Garcia ne sera pas extradé. L'affaire contre les suspects de l'ETA est définitivement arrêtée ».

c'était une erreur. Dorénavant, nous pouvons enfin espérer poursuivre notre vie ».

4. La remise de Jaione (22 novembre 2020) : Strasbourg s'en lave les mains

Seize ans plus tard, l'Espagne eut plus de succès, à la suite d'une intervention de la Cour européenne des Droits de l'Homme, avec la demande de remise de Maria Natividad Juaregui Espina[i] (°1958). Cette femme basque espagnole était soupçonnée de participation à une organisation criminelle, à un meurtre, à des mauvais traitements graves et à un assassinat le 19 janvier 1981, ainsi que de tentative d'assassinat et de terrorisme le 14 juin 1981, chaque fois à Bilbao. De 1984 à 1988, elle vivait en France. Ensuite, elle a séjourné pendant 14 ans avec son partenaire de vie au Mexique où ils exploitaient un restaurant basque. Après l'extradition vers l'Espagne de son partenaire, le 11 novembre 2002, elle s'établit dans la région gantoise. Connue sous son prénom basque « Jaione », elle y travailla comme cuisinière, sans être inscrite au registre de la population.

Les MAE délivrés par un juge espagnol le 9 juillet 2004 et le 1er décembre 2005 étaient déclarés exécutoires le 16 octobre 2013, par la Chambre du conseil de Gand. La Chambre des mises en accusation de la Cour d'appel de Gand, toutefois, réformait cette ordonnance, le 31 octobre 2013. La Chambre des mises en accusation décrivit l'appelante comme suit :

> « Une jeune femme dans la vingtaine, qui avait été active dans le mouvement de résistance armée basque, mais qui était entretemps devenue une femme de 55 ans, active professionnellement et menant une vie normale à Gand. L'exécution du MAE porterait atteinte à ses droits fondamentaux, puisque les suspects de faits punissables ayant des motifs terroristes allégués doivent subir en Espagne un régime particulier de privation de liberté, dans des conditions inhumaines qui peuvent aller de pair avec des tortures et un contact très limité avec le monde extérieur ».

La Cour de cassation rejeta le pourvoi contre ce refus d'exécution, le 19 novembre 2013.[451] La Chambre du conseil, le 29 janvier 2016, et la Chambre des mises en accusation de Gand, le 14 juillet 2016, refusèrent l'exécution d'un troisième MAE du 8 mai 2015. La Cour de cassation rejeta le pourvoi contre ces décisions le 27 juillet 2016.[452]

---

[i] Son avocat était Me Paul Bekaert.

Toutefois, les ayants droit du lieutenant-colonel qui a été abattu en 1981, se sont adressés à la Cour de Strasbourg. Dans son arrêt *Romeo Castaño c. Belgique* du 9 juillet 2019, la Cour jugea que dans cette affaire la Belgique avait violé l'article 2 CEDH (le droit à la vie). Comme il a été observé dans cet arrêt strasbourgeois, la Chambre des mises de Gand s'était référée, le 31 octobre 2013, au rapport de la visite périodique en 2011 du Comité européen pour la prévention de la torture. Dans son arrêt du 19 novembre 2013, la Cour de cassation s'était référée au risque d'emprisonnement dans des conditions qui pourraient être contraires à l'article 3 de la CEDH. Dans son arrêt du 14 juillet 2016, la Chambre des mises de Gand s'était référée à son arrêt antérieur. Elle estima que les observations, en date du 14 août 2015, du Comité des droits de l'homme des Nations Unies le confirmaient.

La Cour de Strasbourg estima, toutefois, que les juridictions belges auraient dû procéder à un examen actualisé et circonstancié de la situation qui prévalait en 2016. Elles n'ont pas cherché à identifier un risque réel et individualisé dans le chef de l'intéressée, ni des défaillances structurelles quant aux conditions de détention en Espagne. Elles auraient dû demander des informations complémentaires. En ne le faisant pas, la Belgique avait manqué à l'obligation de coopérer, découlant du volet procédural de l'article 2 CEDH. Se lavant déjà les mains à l'avance, la Cour fit observer que son constat de violation n'impliquait pas nécessairement que la Belgique ait l'obligation de remettre l'intéressée aux autorités espagnoles.

Dans cette affaire, les juridictions belges furent donc condamnées pour violation d'un des droits les plus fondamentaux : le droit à la vie. La Cour strasbourgeoise donna tout au moins l'apparence d'avoir plus confiance dans le fonctionnement du système judiciaire espagnol que dans celui de la Belgique. La Cour n'a pas pris en compte que le Gouvernement belge ne pouvait pas défendre les décisions judiciaires belges dans cette affaire sans mettre en péril ses relations amicales avec l'Espagne. Malgré cet arrêt de Strasbourg, l'exécution du (quatrième) MAE du 16 octobre 2019 fut refusée par la Chambre du conseil de Gand, le 26 février 2020. Toutefois, le 5 novembre 2020, la Chambre des mises en accusation de Gand a déclaré ce MAE exécutoire. La Cour de cassation a rejeté le pourvoi contre cet arrêt le 17 novembre 2020.[453] Elle fut remise à l'Espagne, le 22 novembre 2020, presque quarante ans après les faits dont elle était soupçonnée.

Chapitre XV
Une « quête sans fin » de moyens humains

Dès leur instauration, les nouvelles instances pour réfugiés furent confrontées à une criante pénurie de personnel. De manière « toujours plus insistante et jusqu'à provoquer une certaine irritation »,[454] j'ai averti des conséquences de cette pénurie. Le cadre affecté était de 22 membres du personnel pour le Commissariat général et de 19 pour la Commission permanente de recours, dont pour chacune des deux instances deux conseillers et quatre juristes. A l'exception des quatre conseillers, les autres membres du personnel furent recrutés plusieurs mois avant l'entrée en vigueur, le 1er février 1988, de la nouvelle loi sur les réfugiés. Il était aussi très positif qu'en attendant, les huit juristes soient en guise de formation mis à la disposition de la Représentation du Haut-Commissaire des Nations Unies pour les réfugiés et les autres membres du personnel à celle de l'Office des étrangers. Les mesures de renforcement du cadre du personnel furent prises à une lenteur exaspérante. Il est possible de tirer des leçons importantes de cette expérience.

1. Pas à pas vers un progrès

Les mesures pour le renforcement du personnel furent prises progressivement. D'abord, il a fallu que les autorités se rendent compte de leur nécessité. Ensuite, on dut prendre les décisions et les mettre en œuvre. Puis il a fallu les adapter aux circonstances qui avaient entretemps changé. Finalement, après plus de cinq ans d'activité, des mesures appropriées ont été prises.

a. *« Des économies » qui coûtaient beaucoup d'argent*

Le ministre de la Justice Jean Gol, qui avait pris l'initiative de créer les nouvelles instances pour les réfugiés, avait demandé un cadre de personnel qui soit réaliste. Sur avis de l'inspection des Finances du 25 novembre 1986, le cadre de personnel demandé avait été réduit (- 49%), au point que - déjà après six mois d'activité - le Commissariat général rencontra de sérieuses difficultés. Après la chute du gouvernement Martens VI, due à l'affaire Happart,[455] le Gouvernement Martens VII lui succéda le 21 octobre 1987. Ce gouvernement avait pour mission d'organiser les élections du 13 décembre et de s'occuper des affaires courantes. Je fus nommé Commissaire général à partir du 4 novembre sur proposition du Ministre Jean Gol lors du premier Conseil des ministres du nouveau gouvernement. Donc trois mois avant l'entrée en vigueur des nouvelles instances pour les réfugiés.

Avant même cette entrée en vigueur, j'exprimai ma préoccupation quant à l'insuffisance du cadre du personnel dans des notes, en date du 10 novembre et du 21 décembre 1987, adressées au secrétaire général du ministère de la Justice Eugène Frencken. Je craignais, si ce cadre n'était pas adapté à bref délai, un entassement inévitable de dossiers. Se fondant sur une longue expérience avec la Justice, le secrétaire général me fit comprendre d'une manière paternelle que je ne devais pas me faire trop d'illusions.

Le Gouvernement Martens VIII fut constitué le 9 mai 1988, après de longues négociations (de 148 jours, les plus longues connues jusqu'alors) pour la formation d'un gouvernement, Ce même jour, je sollicitai un entretien urgent avec le nouveau ministre de la Justice Melchior Wathelet. Le 13 juin, lors d'un agréable entretien, je lui transmis une note circonstanciée sur la nécessité d'adapter le cadre du personnel et d'accélérer la procédure de reconnaissance.

Le 28 juin 1988, *Le Monde* annonça la démission du directeur de l'Office français pour la protection des réfugiés et apatrides (l'OFPRA). Il voulait tirer la sonnette d'alarme parce que le service français des réfugiés ne disposait pas de moyens suffisants pour tenir tête à l'afflux des demandes. L'OFPRA disposait de 175 membres du personnel, soit environ un tiers de son homologue allemand.[456] En 1988, un auteur averti, Frédéric Tiberghien,[457] écrivit que : « Les mesures adoptées l'ont toujours été trop tard. Elles ont été également insuffisantes au regard de l'ampleur de la crise. […] On ne peut plus raisonner comme s'il s'agissait simplement d'un problème conjoncturel ».

Le 8 août 1988, je pris connaissance de l'avis défavorable de l'inspection des Finances. A partir de ce moment, mes rapports avec le ministre de la Justice se sont détériorés. Le 25 octobre, le Ministre me reprocha même d'« anticiper ». Le 12 décembre, je lui répondis que j'avais tout à fait délibérément anticipé l'évolution prévisible de la question des réfugiés. J'estimai qu'il était de ma responsabilité primordiale d'attirer l'attention du pouvoir politique avant qu'il ne soit trop tard.

Non seulement au Commissariat général, mais aussi à l'Office des étrangers, il devenait de plus en plus clair qu'il n'y avait pas suffisamment de personnel pour traiter les demandes d'asile introduites. Dans son exposé sur le budget, le 1er mars 1989, le ministre de la Justice qualifia la situation à l'Office des étrangers de « dramatique ». En avril 1989, les miliciens mis à la disposition du centre d'accueil du Petit-Château arrivaient au terme de leur service militaire. L'Office des étrangers souhaita obtenir leur remplacement par des fonctionnaires. A cause de leur départ, les candidats-réfugiés n'étaient plus interrogés immédiatement après l'introduction de leur demande d'asile. A la question posée par le *Vlaams Jurist Vandaag* (1er quadri, 1989) de savoir s'il y avait un risque que je me trouve dans le même bain d'arriérés que le Représentant du HCR, à cause de la pénurie de personnel, je répondis : « Ce n'est pas un risque. C'est déjà le cas ! ».

Le 7 mars 1989, Paula D'Hondt fut nommée Commissaire royale à la politique des immigrés (1989-1993). Bruno Vinikas (PS) serait son adjoint. Ils devaient formuler des recommandations générales sur la politique de l'immigration. A cette fin, ils reçurent un budget équivalant à €1 million.[458] Le budget du Commissariat général et de la Commission permanente de recours ensemble s'élevait cette année-là, à l'équivalent de €1,6 million. Le Commissariat royal pouvait disposer de huit collaborateurs de niveau 1. C'était le double de ceux dont je disposais pour prendre quelques milliers de décisions sur des demandes d'asile. Apparemment, ce n'était pas le même inspecteur des Finances qui avait donné l'avis. Le 13 décembre 1989, je déclarai au magazine *Knack* qu'avec un budget équivalant à €1 million la Belgique avait « le service des réfugiés le moins cher au monde ».

J'ai présenté mon *Premier Rapport annuel* (année d'activité 1988) à la Chambre des Représentants le 11 mai et au Sénat le 8 juin 1989. Je soulignais la croissance de l'arriéré. J'avais déjà insisté là-dessus lors de mes entretiens antérieurs avec Miet Smet, secrétaire d'Etat à l'Emancipation sociale, le 26 mai 1989, et le 30 mai avec Wilfried Martens, Premier Ministre. A mon observation « Pour faire avancer quelque chose dans notre pays ... », le Premier Ministre répondit en soupirant : « A qui le dites-vous ? ».

Le 7 juin 1989, ainsi que dans des notes des 11 et 19 juillet, j'insistai également auprès du ministre de la Justice sur l'arriéré croissant. Les économies en matière de personnel (équivalant €300.000) coûtaient finalement beaucoup d'argent à l'Etat. Ces économies généraient surtout une multitude de dépenses supplémentaires aux CPAS.[459] Et la disponibilité moyenne des fonctionnaires se situait 27% en deçà des estimations de l'inspection des Finances.[460]

Le 14 septembre 1989, l'inspection des Finances donna enfin un avis favorable à l'extension du cadre que j'avais proposée (14 membres du personnel dont cinq juristes). Le 27 octobre, je fis savoir que cette extension ne serait pas suffisante pour traiter les demandes d'asile dans un délai raisonnable. Je fis également savoir que j'accueillerais favorablement une éventuelle mise à disposition de miliciens juristes. Dans son premier rapport présenté le 23 novembre, la Commissaire royale à la politique des immigrés se référa à l'énorme arriéré des instances des réfugiés, causé par un manque général de personnel. A juste titre, elle qualifia l'entrée en vigueur de ces instances de « chance ratée ».

Le 29 novembre 1989, j'expliquai que les mesures prises, « qui auraient dû l'être il y a un an »,[461] n'étaient pas destinées à résorber l'arriéré, mais à faire face au rythme d'introduction des demandes. En outre, la moyenne du nombre des demandes par mois pendant le second semestre de 1989 avait presque doublé par rapport au premier semestre (de 456 à 897). Selon les estimations, fin 1989 l'arriéré au Commissariat général avait, avec un personnel inchangé, grimpé d'un an et demi à quatre ans. L'arriéré gonflait mensuellement de quatre mois ! Erik Weytjens,[462] un milicien ingénieur, fut le premier au cabinet du ministre de la Justice à se rendre compte de l'énormité de ces chiffres. L'arriéré au Commissariat général était 2,5 fois plus grand qu'à l'Office des étrangers. En un an, il s'y était accru de quatre mois à 18 mois.

b. Un premier renfort : trop peu et trop tard

Ce n'est qu'après deux ans de fonctionnement, début février 1990, que pour la première fois un renfort de huit contractuels subventionnés et de dix miliciens juristes arriva au Commissariat général. Le ministre de la Justice demanda un audit du Commissariat général à des conseillers de la Fonction publique. Dans leur rapport d'audit du 26 avril, ils écrivirent qu'on ne pouvait « laisser pourrir la situation plus longtemps et qu'une intervention énergique était nécessaire ». Selon ce rapport, « la seule cause des retards au Commissariat général était le manque de personnel dont souffre ce service depuis son existence ». Le rapport recommandait un cadre statutaire composé de 45 fonctionnaires dont 18 de niveau 1, et un cadre temporaire de 39 fonctionnaires dont 25 de niveau 1. Le 21 mai, le ministre de la Justice estima qu'une telle extension n'était pas nécessaire car il fallait également tenir compte d'une augmentation possible de l'efficacité ...

Le 24 novembre 1990, la *Gazet van Antwerpen* écrivit : « Depuis que Marc Bossuyt exerce la fonction de Commissaire général, il continue vainement à crier sur tous les toits que, si son service n'est pas immédiatement doté de plus de personnel, notre pays court tout droit à la catastrophe avec sa politique des réfugiés, Or, le malaise est devenu un fait ». Le 12 décembre, je signalai que près de deux tiers du personnel jugé nécessaire faisaient défaut. Les instances qui portaient la responsabilité principale de cette situation dramatique conseillaient un cadre de personnel de 30% inférieur à ce qui avait été demandé. Avec l'expérience des trois années passées, je m'attendais à une meilleure compréhension.

Le 14 janvier 1991, je continuai à insister pour un cadre du personnel de 60 membres. Je le fis avec d'autant plus d'insistance que le nombre des demandes d'asile s'était accru de 62% (de 8.144 en 1989 à 12.845 en 1990). Je fis mention d'un « effet boule de neige ». Ce qui attirerait de nouveaux demandeurs d'asile puisqu'ils savaient qu'un long séjour à charge des CPAS leur était garanti. Le 23 janvier, l'inspection des Finances, qui fit état d'« une quête sans fin », recommanda de définir d'abord des politiques. Selon elle, les économies à attendre dépendaient de la différence entre le nombre de candidats entrants et sortants du pays. L'accroissement du nombre des seconds était sans aucune commune mesure avec la croissance de celui des premiers.[463]

Dans une lettre du 7 février 1991, je réagis (selon *De Standaard* du 15 février de manière inhabituellement tranchante) en faisant observer que l'éloignement des demandeurs d'asile refusés n'était possible que lorsque des décisions de refus exécutoires avaient d'abord été prises. Et pour cela, il fallait du personnel. A cause d'un manque de personnel, le nombre des demandes d'asile était passé de 459 en juin 1989 à 1.474 en mars 1990. Grâce au renfort de personnel temporaire, il y avait eu, après Pâques 1990, une baisse sensible des demandes (jusqu'à 705 en juin 1990). Entretemps, l'arriéré au Commissariat général s'était accru de 1.842 demandes d'asile pendantes début septembre 1989 à 5.144 début janvier 1991. L'inspection des Finances portait donc une lourde responsabilité dans la croissance avec des centaines de millions FB au budget de l'accueil de demandeurs d'asile.

Dans une lettre au Premier Ministre, du 18 avril 1991, je signalai que l'arriéré au Commissariat général s'était accru de 550 demandes recevables fin juillet 1988 à 6.873 fin mars 1991. Le 26 avril 1991 (exactement un an après l'audit), le Conseil des ministres autorisa le recrutement de 49 fonctionnaires contractuels pour occuper les places statutaires vacantes et 126 pour rattraper le retard. Il y eut 97 fonctionnaires pour l'Office des étrangers, 59 pour le Commissariat général et 19 pour la Commission permanente de recours. En ce qui concerne les juristes, il n'y avait au Commissariat général que deux secrétaires d'administration statuaires par rapport à 35 contractuels et 12 miliciens. Au Sénat, le 5 juin 1991, le ministre de la Justice rendit hommage au personnel des instances d'asile. Il reconnut que leur tâche était terriblement difficile et éprouvante.

c. Le Ministre Louis Tobback compétent (trop tard) : l'effet boule de neige est déclenché

À la suite des élections du 24 novembre 1991 (« Dimanche noir »), le Gouvernement Dehaene fut formé le 7 mars 1992. Dans ce gouvernement, il était convenu que le ministre de l'Intérieur, Louis Tobback, devienne compétent pour le fonctionnement de la loi sur les étrangers. Dans une note lui adressée le 26 mai 1992, j'écrivis qu'il était absolument indispensable qu'afin d'éviter que les instances d'asile ne s'enlisent encore plus dans les sables mouvants, l'Office des étrangers : a) interroge presque tous les demandeurs d'asile le jour où leur demande a été introduite ;[464] b) notifie à leur immense majorité le même jour ou dans la semaine, une décision quant à la recevabilité ; c) notifie les décisions de refus après mon avis défavorable (annexes 26*ter*) dans la semaine. Je craignais que sinon la situation ne dégénère de façon irrémédiable avant l'été.

La notification des annexes 26*ter* était problématique.[465] La croissance considérable du nombre de mes avis (de 200 à 800 par mois) n'était pas suivie de notification par l'Office des étrangers des ordres de quitter le territoire. L'énorme effort de mes services n'avait donc pas l'effet recherché. En quelques semaines, les fruits d'efforts entrepris pendant des mois furent perdus. A partir de février 1992, j'entretins une correspondance intense à ce sujet avec l'Office des étrangers. J'estimais qu'il fallait rattraper l'arriéré dans l'ordre inverse de l'introduction des demandes d'asile (le principe *LiFo* : *Last in, First out* - dernier arrivé, premier sorti*)*. Surtout les demandes les plus récemment introduites et ayant fait l'objet d'avis défavorables devaient être traitées avec une priorité absolue.

Le 12 juin 1992, je considérai que les 3.620 dossiers, dans lesquels j'avais donné un avis défavorable et qui n'étaient pas encore suivis par la notification d'une décision de refus, étaient la cause principale de la croissance des demandes d'asile observée depuis trois mois. Je fis état d'une identification peu judicieuse des priorités par l'Office des étrangers. Pourtant, il suffisait de se référer, dans ces décisions, à mes avis défavorables. Avant l'été 1992 (en juin), l'effet boule de neige annoncé se déclencha effectivement. Ce n'est que le 15 juillet, trop tard donc, que le Ministre Louis Tobback devint compétent pour la politique des étrangers.[466] Ce n'est qu'à ce moment que le nombre des notifications d'annexes 26*ter* commença à s'agrandir.

En vue d'une « radioscopie » de la Fonction publique,[467] j'établis, le 30 juillet 1992, une note élaborée sur le fonctionnement de mes services.[468] Parmi ses forces, je soulignai : a) une administration jeune (une moyenne d'âge inférieure à 30 ans) ; b) un personnel hautement motivé ; c) une structure du personnel fort souple ; d) un esprit d'indépendance ; et e) un contrôle hiérarchique limité ; et parmi ses faiblesses : a) la variabilité des normes ; b) les variations dans les flux des demandes d'asile ; c) la dépendance du fonctionnement d'autres services ; et d) les grands mouvements de personnel.

Dans une note[469] du 7 septembre 1992 aux ministres de la Justice[470] et de l'Intérieur, je résumai la situation du personnel comme suit :

1. Effets positifs du renfort en personnel : a) forte diminution du nombre des demandes d'asile nigérianes (-37%), indiennes (-40%), ghanéennes (-47%) et pakistanaises (-50%) ;[471] b) accélération de la procédure de recevabilité de 12 à 5 mois ; c) forte hausse du nombre d'avis rendus (3,6 fois plus) ; d) stabilisation de l'arriéré global ;
2. Modifications des circonstances : a) demandes d'asile : 40% en plus ; b) demandes urgentes : 2,5 fois en plus ; c) arriéré au Commissariat général : 4 fois plus élevé ;
3. Autres facteurs négatifs : a) augmentation du nombre d'ex-Yougoslaves (+90%) et de Zaïrois (+52%) ; b) l'arriéré de l'Office des étrangers en matière de décisions en recevabilité (annexes 26*bis*) et de notifications de décisions de refus par suite de mes avis défavorables (annexes 26*ter*).

En attendant la résorption de l'arriéré de l'Office des étrangers, je proposai de renforcer le personnel de mes services avec 15 fonctionnaires contractuels supplémentaires et de remplacer les 20 miliciens par 20 secrétaires d'administration contractuels. Après la fin de la mise à la disposition de miliciens auprès des cabinets ministériels, ce système avait également été aboli pour le Commissariat général. Le 18 janvier 1993, le service militaire fut lui-même aboli.

L'état-major militaire à Evere fit toujours preuve de beaucoup de bonne volonté dans la sélection des miliciens juristes. J'avais insisté pour que les meilleurs juristes soient sélectionnés sur base de leur curriculum académique. Généralement, ce fut un grand succès. Deux d'entre eux deviendraient même professeurs ordinaires : Pierre d'Argent pour le droit international à l'Université Catholique de Louvain et Dirk Vanheule pour le droit constitutionnel et administratif à l'Université d'Anvers. Une seule fois, quelques miliciens échouèrent à prendre leur mission à cœur. Je les fis transférer au Centre de transit à Melsbroek où ils purent monter la garde.

La plupart des miliciens juristes s'acquittaient de leur tâche avec beaucoup de dévouement et un grand sens des responsabilités. Ils procédaient aussi à des auditions dans le cadre des demandes urgentes de réexamen de décisions de refus, prises à la frontière. Les miliciens étaient bien conscients de leur responsabilité. Leurs propositions d'avis défavorable étaient généralement suivies par une reconduite effective du demandeur d'asile vers son pays d'origine. Par la suite, les arrêts de conseillers d'Etat ou de juges au contentieux des étrangers furent moins régulièrement suivis d'une reconduite effective. Les miliciens reçurent une solde journalière de 100 FB (= €2,5). Il y avait parmi eux aussi des informaticiens, fort recherchés. Pour l'une ou l'autre raison, tous les miliciens étaient des hommes. Ultérieurement, le Commissariat général se féminisa fortement.

Le 23 octobre 1992, j'écrivis au ministre de l'Intérieur que la croissance depuis avril 1992 du nombre des demandeurs d'asile qui n'étaient pas interrogés immédiatement,[472] menait tout droit à la plus grande crise d'asile que notre pays n'ait jamais connue. Toutes les notes antérieures sur la charge et les besoins des instances d'asile étaient dépassées. En octobre 1992, le nombre de 2.000 demandes d'asile fut franchi pour la première fois. Le 6 novembre, le Conseil des ministres décida de prolonger le contrat de 39 contractuels au Commissariat général. Ces mesures, prises sur base des besoins en juillet 1992, étaient entretemps largement dépassées. Le Groupe de travail inter-cabinets avait pourtant renoncé au recrutement supplémentaire de 20 secrétaires d'administration contractuels. Le 27 novembre, le Conseil des ministres décida même de ne pas renouveler au Commissariat général le contrat de deux classeurs et d'un huissier ...

d. Le turbo du Ministre Louis Tobback :
de 3.000 à 1.000 demandes d'asile

Le 14 avril 1993, je proposai une panoplie de mesures pour combattre le dérapage soutenu de la procédure d'asile depuis un an.[473] Le Conseil des ministres du 28 mai décida d'une extension inédite de personnel : pour le Commissariat général, il s'agissait de 186 membres du personnel dont 138 de niveau 1. Ces membres du personnel durent aussi remplacer 30 miliciens dont 20 juristes. Les recrutements seraient étalés sur trois phases : le 1er juillet, le 1er octobre 1993 et le 1er janvier 1994. Dans une lettre du 28 juin 1993, je signalai qu'à partir du 1er octobre une extension des locaux serait indispensable. Comme il n'avait pas été décidé à louer des locaux supplémentaires dans le bâtiment Shell, il n'était pas possible de mettre en œuvre la deuxième et la troisième phase comme prévu. Il fallut attendre janvier 1994 pour déménager au North Gate I (boulevard Emile Jacqmain, plus tard rebaptisé boulevard Albert II). Au moment de l'arrivée (le 1er juillet 1993) des membres du personnel de la première phase, le nombre des demandes d'asile avait pour la première fois dépassé le cap des 3.000. Par ce renfort de personnel et par l'entrée en vigueur (le 1er juin 1993) de la loi du 6 mai 1993, la procédure s'était considérablement accélérée. Déjà en novembre (avec 1.411 demandes) et en décembre 1993 (avec 1.412), le nombre des demandes d'asile avait diminué de moitié.

En raison de cette baisse (d'une moyenne de 2.400 en 1993 à une moyenne de 1.195 en 1994), il fut décidé – sur ma proposition – de ne pas recruter 58 fonctionnaires prévus. Malgré cette limitation et le retard dans les recrutements, le rattrapage de l'arriéré en matière de recevabilité se déroula comme prévu et en matière de fond même un peu plus rapidement que prévu. Il était aussi possible de renforcer quelque peu le cadre du personnel en nommant sept secrétaires d'administration contractuels statutaires en stage et en promouvant quatre statutaires.

Le 10 octobre 1994, Johan Vande Lanotte succéda, en tant que ministre de l'Intérieur, à Louis Tobback qui devint bourgmestre de Louvain et Président du SP. Dans une note de synthèse[474] du 18 octobre adressée au nouveau ministre, je rappelai qu'une extension de personnel n'était plus justifiée. En revanche, les autorisations de recrutement obtenues pour 223 membres du personnel devaient être renouvelées. En même temps, il fallait rendre le cadre du personnel plus solide. Le nombre des fonctionnaires statutaires, y compris ceux en stage, n'était que de 8,5%.

Parmi les secrétaires d'administration, certains ont parcouru ultérieurement une carrière remarquable. Une liste très incomplète contient les noms suivants :
- Serge Bodart, conseiller d'Etat et (ancien) premier président du Conseil du contentieux des étrangers ;
- Claudia De Maesschalck, ambassadeur, entre autres à Cuba ;
- Viviane Scholliers, (ancien) Haut Fonctionnaire (gouverneure) de l'arrondissement de Bruxelles-Capitale ;
- Pascal Smet, Commissaire général aux réfugiés et aux apatrides (2001-2003), secrétaire d'Etat bruxellois (2003-2004 ; 2019-   ), ministre bruxellois (2004-2009 ; 2014-2019) et ministre flamand de l'enseignement (2009-2014) ;
- Michel Van Bellinghen, président de l'Institut belge des services postaux et des télécommunications ;
- Birgit Van Hout, représentante régionale à Bruxelles de la Haute-Commissaire des Nations Unies pour les droits de l'homme, puis directrice du Fonds des Nations Unies pour la population.

En 1995, le Commissariat général fut confronté à une grande mobilité du personnel, surtout des fonctionnaires de niveau 1.[475] Cette année-là, 29 secrétaires d'administration quittèrent le Commissariat général, en partie à cause des contrats précaires qui étaient les leurs. Ces contrats n'étaient prolongés qu'à la dernière minute. Cela se fit en 1995 et en 1996 par des arrêtés royaux du 20 décembre (*M.B.*, 30 décembre 1995 et 31 décembre 1996) ! L'AR de 1995 prévoyait des contrats de deux ans mais seulement pour les fonctionnaires de niveau 1. Le même AR accordait au ministre de l'Intérieur l'autorisation de recruter 517 contractuels. Il y en avait 218 pour le Commissariat général, dont 132 de niveau 1 ; les autres allaient à l'Office des étrangers et à la Commission permanente de recours.

Grâce au professionnalisme et à l'efficacité du Commissariat général, il fut possible de prendre en 1995 quatre fois plus de décisions en recevabilité et quatre fois plus rapidement qu'en 1990-1991 ! La durée globale de la procédure de recevabilité avait baissé de 14 mois et 16 jours à 3 mois et 15 jours. Parce que depuis le 1er juin 1993 je fis notifier moi-même mes décisions confirmatives, sans passer par l'Office des étrangers, la phase finale de la procédure en recevabilité fut réduite de manière significative de 4,5 mois à 4 jours. Grâce à cette accélération de la procédure, le nombre des demandes d'asile put être stabilisé à une moyenne de moins de 1.000 demandes par mois : 11.901 en 1995, 11.432 en 1996 et 11.538 en 1997.

Dans mon plan de gestion,[476] présenté au ministre de l'Intérieur le 30 septembre 1996, je prévoyais que je devais pouvoir disposer en permanence de 162 membres de personnel statutaires, dont 99 de niveau 1. Jusqu'à la résorption de l'arriéré (prévue pour fin juillet 1999), je devais pouvoir disposer de 57 membres de personnel contractuels supplémentaires, dont 30 de niveau 1. Si le flux montait à une moyenne de plus de 1.000 demandeurs d'asile par mois, je devrais recevoir par 100 demandes d'asile supplémentaires 6,5 fonctionnaires de niveau 1. Des objectifs chiffrés étaient fixés pour la durée moyenne de traitement des dossiers : en recevabilité (après transmission du dossier par l'Office des étrangers) 12 ou 90 jours, selon que les demandeurs d'asile séjournent dans un centre fermé ou non ; pour les dossiers au fond : 120 jours, une fois l'arriéré résorbé.

2. « Ce que nous avons appris »

Dès le début du Commissariat général, le manque de personnel fut criant. Sur avis de l'inspection des Finances du 25 novembre 1986, moins de la moitié du cadre de personnel demandé par le ministre compétent (Jean Gol) fut accordée. Après une demi-année d'activité, le Commissariat général ne put même pas traiter la moitié des demandes d'asile introduites. Cela fit s'accroître leur nombre. Avec le cadre du personnel demandé à l'origine, le Commissariat général aurait pu fonctionner un an de plus - peut-être même deux ans de plus (jusqu'à mi 1990) - sans arriéré important.

a. L'« effet boule de neige »

Les lamentations sur la longueur de la durée de la procédure d'asile sont fréquentes. Pourtant, il est rare que l'examen d'une demande d'asile nécessite des vérifications prenant beaucoup de temps. Dans la plupart des cas, il est possible de constater rapidement si une demande d'asile est justifiée ou non. C'est la motivation des décisions de refus (les décisions de reconnaissance ne sont pas motivées) qui demande du temps. Ces motivations doivent aussi résister aux ingéniosités des conseillers juridiques des demandeurs. Elles doivent aussi pouvoir résister au regard critique des juridictions administratives, telles que le Conseil du contentieux des étrangers et le Conseil d'Etat. Des juridictions ont tendance à attacher plus d'importance à des formalités qu'à la question de savoir s'il y a une crainte fondée de persécution ou non. Pour ces raisons, il est recommandable que les décisions soient préparées par des collaborateurs ayant une formation juridique.

Au début du Commissariat général (1988-1989), il fut démontré que des décisions peuvent être prises rapidement. La loi exigeait du Commissaire général qu'il donne un avis dans les 24 h sur les décisions de refus prises par le ministre de la Justice (ou son délégué) sur les demandes introduites à la frontière. En fait, ceci concernait les demandes introduites à l'Aéroport National. Pendant deux ans, je me suis tenu strictement à ce délai très bref.[477] Puisque, pour quelqu'un qui arrivait à l'aéroport, il y avait peu de contestations quant à son pays d'origine, il était possible, en cas d'avis défavorable, de reconduire l'intéressé, souvent sur-le-champ, vers ce pays. Dans ce cas, cela peut se faire aux frais de la compagnie aérienne qui a transporté le demandeur vers la Belgique. Il n'est donc pas surprenant que le pourcentage du nombre des demandes introduites à l'Aéroport National tombât de 85% en 1986/1987 à 3,4% en 1991.

Lorsqu'une procédure d'asile prend un temps très long, cela ne dépend généralement en rien de la complexité de la demande. Ce qui dure longtemps, c'est le temps qui précède le traitement du dossier : « Il y en a encore beaucoup d'autres en attente ». Souvent, les instances d'asile sont confrontées à un arriéré. Cela n'était pas seulement le cas en Belgique mais aussi dans les pays avoisinants. Le 1er février 1988, le Commissaire général belge aux réfugiés et aux apatrides était la seule instance d'asile sans arriéré. Avec beaucoup de sagesse, il fut décidé de ne pas soustraire le traitement des demandes introduites avant cette date à son prédécesseur (le Représentant en Belgique du Haut-Commissaire des Nations Unies pour les réfugiés). Il y avait donc une chance unique de traiter sans aucun délai les demandes d'asile entrantes. L'avis de l'inspection des Finances eut pour effet qu'après seulement quelques mois cette chance fut perdue. C'était donc, comme la Commissaire royale à la politique des immigrés l'avait écrit, le 23 novembre 1989, « une chance ratée ». Et une chance comme celle-là ne revint jamais.

Un traitement rapide des demandes d'asile exerce une pression décroissante sur leur nombre. Les demandeurs d'asile qui savent qu'ils n'ont que peu de chance d'être reconnus réfugiés, ne se sentent pas appelés à introduire une demande, sachant qu'elle conduira rapidement à une décision négative. Cela ne vaut pas la peine (ni le coût) d'entreprendre un tel voyage, souvent difficile et dangereux, lorsque la chance est grande de très vite se retrouver dans le pays de départ. En revanche, pour beaucoup des demandeurs originaires de pays peu prospères, cela vaut quand même la peine de tenter sa chance, même lorsque le risque d'une décision négative est grand, s'il y a une possibilité de bénéficier d'une longue procédure. Le droit d'accueil garanti est pour beaucoup suffisamment attrayant, s'ils peuvent y avoir recours pendant longtemps. Il est aussi généralement connu qu'un refus ultime n'est pas toujours suivi par une reconduite effective.

La procédure d'asile est susceptible d'un « effet de boule de neige ». Lorsque la procédure se déroule lentement, il y a plus de demandes ; ce qui ralentit davantage la procédure ; ce qui entraîne plus de demandes et ainsi de suite. Une fois que l'effet boule de neige s'est enclenché, il est très difficile de l'arrêter. Sa croissance n'est en effet pas purement linéaire mais souvent exponentielle.[478] Lorsque toutes les demandes ne peuvent être prises immédiatement en traitement, cela mène presque toujours à une croissance du nombre des demandes : d'abord 10% de demandes en plus, puis 20%, puis 40%, puis 80%, etc. La boule de neige ne peut être arrêtée qu'au prix d'énormes efforts. Ce n'est pas un renfort de personnel de 10% qui sera nécessaire, mais un doublement et même un triplement de son nombre.

b. Des « économies » coûteuses

L'inspection des Finances avait perdu de vue que les « économies » de personnel des instances des réfugiés causeraient des coûts supplémentaires énormes au budget de l'accueil pour demandeurs d'asile. A cause de ces « économies », il fallait accueillir beaucoup plus de demandeurs d'asile – et pour beaucoup plus longtemps encore. Les économies de quelques millions de FB à la Justice conduisaient à plusieurs dizaines de millions de FB de frais supplémentaires au budget de l'Emancipation sociale. Les coûts de la procédure d'asile ne sont en effet qu'une fraction de ce qui est nécessaire pour l'accueil des demandeurs d'asile. Ceux-ci peuvent encore se voir doublés par les soins médicaux des demandeurs d'asile. C'était « *penny-wise* » et « *pound-foolish* ».

Bien sûr, l'inspecteur des Finances avait raison lorsqu'il fit observer, le 23 janvier 1991, que le nombre des candidats sortants ne correspondait pas au nombre des entrants. De nombreux efforts pour prendre des décisions de refus, se perdent parce que l'exécution de ces décisions laisse à désirer. Ainsi, cela revient à passer la serpillière sous un robinet resté ouvert. Sans approfondir davantage cette question, l'inspection des Finances mit le doigt sur la plaie qui ne guérissait pas. Il est plus facile d'obtenir des gouvernements successifs qu'ils agrandissent continuellement la capacité des instances d'asile, aussi bien pour la procédure que pour l'accueil, que d'obtenir une politique d'éloignement effective et efficace. Heureusement, une accélération de la procédure peut – même sans une telle politique – alléger la pression sur les instances d'asile. Un jour, cette pression deviendra à ce point forte qu'il faudra se résoudre à la solution du retour effectif.

En cas d'arriéré, l'accélération de la procédure a le plus d'effet lorsqu'elle est appliquée sur les demandes d'asile introduites le plus récemment, le principe *LiFo* (dernier arrivé, premier sorti). L'effet visé peut être atteint lorsque le principe est appliqué sur les nationalités pour lesquelles le pourcentage de décisions favorables est bas. Une décision négative rapide a un effet manifestement dissuasif. Ceci n'est évidemment pas le cas avec des décisions positives rapides. Il s'agit du principe *Last in, First out* et non pas *First in*. Il est indispensable que ce principe soit appliqué par toutes les instances dans la chaîne de décisions. A l'époque, il se révélait difficile d'emporter l'assentiment de l'Office des étrangers à cette idée. Pour certaines juridictions, cela paraît toujours très difficile.

c. L'« effet de cascade »

Il faut également tenir compte dans la procédure d'asile de l' « effet de cascade ». Dès qu'un arriéré a été résorbé auprès d'une instance, il en résulte un nouvel arriéré auprès de l'instance qui la suit directement dans la chaîne des décisions. La résorption de l'arriéré à l'Office des étrangers entraîna l'apparition de nouveaux arriérés au Commissariat général. Je dus prendre plus de décisions en recevabilité et au fond. Une fois le retard rattrapé au Commissariat général, de nouveaux retards se formaient à la Commission permanente de recours et au Conseil d'Etat.

Lorsque la nouvelle loi sur les réfugiés est entrée en vigueur le 1er février 1988, le Gouvernement Martens VII était en affaires courantes. Le Gouvernement Martens VIII n'a prêté serment que le 9 mai 1988. Le nouveau ministre de la Justice, Melchior Wathelet, accorda apparemment plus de confiance à l'inspecteur des Finances qu'au Commissaire général. Que je continue d'insister, et surtout que j'obtienne pas mal de soutien dans les médias, irritait beaucoup le Ministre. Mon rapport annuel était un moyen de pression important. La présentation du *Premier Rapport annuel* (année d'activité 1988) à la Chambre des Représentants, le 11 mai 1989, eut un grand retentissement. Puisque je ne fus pas entendu par le ministre de la Justice, je me suis plaint, le 26 mai 1989, à la secrétaire d'Etat à l'Emancipation sociale Miet Smet. Responsable de l'accueil des demandeurs d'asile, pour lesquels elle avait mis en fonction le Petit-Château le 14 novembre 1986,[479] elle devait subir les conséquences du dérapage de la procédure d'asile. Le 30 mai 1989, je fus reçu par le Premier Ministre Wilfried Martens. Ce n'est que le jour précédent la présentation de mon *Premier Rapport annuel* au Sénat, le 8 juin, que je fus reçu par le ministre de la Justice.

Il se révéla impossible en Belgique de réagir rapidement à des dérapages. D'où ma remarque désabusée devant le Premier Ministre : « Pour faire avancer quelque chose dans notre pays ... ».[480] Même lorsque l'audit de la Fonction publique (le 26 avril 1990) avait indubitablement démontré qu'une accélération considérable de la procédure était nécessaire, cela a encore pris exactement une année avant que le Conseil des ministres puisse prendre la décision de nous attribuer des renforts. Ensuite, il a encore fallu recruter les nouveaux membres du personnel et les former. Il fallut également mettre à leur disposition des locaux supplémentaires, et tout ce que cela entraîne. Pendant ce temps, la situation se détériorait à un rythme toujours plus rapide. Plusieurs fois, pourtant, j'ai pu démontrer qu'un renfort de personnel ne conduisait pas uniquement à une multiplication du nombre des décisions prises, mais aussi à une baisse considérable du nombre des demandes.

d. Le transfert de la Justice à l'Intérieur

Pour un ministre de la Justice, qui gérait un budget mal doté depuis des décennies, les demandeurs d'asile n'étaient pas la plus grande priorité. Son attention allait évidemment d'abord au fonctionnement de la Justice. En deuxième lieu, venaient les prisons. Les prisons n'occupent déjà pas une place élevée dans les faveurs du monde politique, en encore moins auprès de l'opinion publique. Les demandeurs d'asile n'étaient qu'un souci secondaire. Je m'appuyais sur mon statut indépendant pour dénoncer, aussi bien au Parlement qu'auprès de l'opinion publique, le dérapage de la procédure d'asile. Cela faisait de moi un perturbateur gênant. En raison du dérapage, il fallait partout dans le pays ouvrir des centres d'accueil pour demandeurs d'asile. Ce n'est que lorsque cela provoqua une tourmente que ma voix fut entendue. Un point culminant fut l'émission Panorama du 5 septembre 1991 à la BRTN TV avec un reportage sur un nouveau centre de la Croix Rouge pour l'accueil de demandeurs d'asile à Lint, proche d'Anvers.

Le dimanche suivant, le 8 septembre 1991, le ministre de l'Intérieur Louis Tobback dit, au grand déplaisir du Premier Ministre Wilfried Martens, qu'il trouvait que l'opération à Lint était une absurdité. Sur ce, je déclarai : « Si on répartit les demandeurs d'asile partout dans le pays, on répartit aussi les ressentiments. Si des milliers de demandeurs d'asile doivent attendre si longtemps pour que la procédure de reconnaissance se termine, il faut bien entretemps les accueillir ».[481] Le 18 décembre, je pris la parole, dans une atmosphère tendue, en guise d'introduction à une soirée d'information sur le fonctionnement du centre de la Croix Rouge pour candidats-réfugiés à Lint. Seuls environ trois cents habitants de cette commune furent admis, sur foi de leur carte d'identité. Quelques heures plus tard, les demandeurs d'asile arrivaient à Lint, une commune de 7.000 habitants.[482]

Encouragé par les propos du Ministre Louis Tobback, je suis allé vers lui en désespoir de cause et en toute confidentialité. Je plaidai, entre autres, en faveur d'un transfert de l'Office des étrangers au ministère de l'Intérieur. L'Office des étrangers, qui avec la Sûreté de l'Etat faisait partie de la direction générale de la Sûreté publique, relevait déjà depuis peu de temps après la création de la Belgique, du ministère de la Justice. Je pensais que, comme c'est le cas en France, l'Office des étrangers serait plus à sa place en faisant partie du ministère de l'Intérieur. Ce ministère avait d'ailleurs, dans le cadre de la réforme de l'Etat, perdu beaucoup de ses compétences au profit des trois Régions.

L'Office des étrangers et le Commissariat général étaient des services très différents. Ils ont tout d'abord une mission différente : pour le Commissariat général, il s'agit de la protection des réfugiés ; pour l'Office des étrangers, il s'agit du contrôle de l'accès d'étrangers au territoire et de leur séjour. Le Commissariat général était un service beaucoup plus jeune, aussi bien en ce qui concerne sa création (en 1988 par rapport à 1835) que l'âge moyen de son personnel (moins de 30 ans). Le Commissariat général était surtout constitué de juristes alors que l'Office des étrangers employait principalement du personnel non-universitaire. L'Office des étrangers travaillait sous l'autorité du ministre de la Justice ; le Commissaire général était une autorité indépendante.

C'est aussi l'explication que je donnai, le vendredi 2 juillet 1993, comme réponse à la question du Roi Baudouin : « Et comment sont vos rapports avec Monsieur [Stéphane] Schewebach? ». Il posa cette question à la fin de l'audience accordée au Château de Laeken. Sur ce, il terminait l'audience avec les mots : « Je le recevrai tout de suite ». Deux heures plus tard, à la réception de l'Ambassadeur des Etats-Unis, l'administrateur général a.i. de la Sûreté publique s'adressa à moi avec ces mots : « Le Roi a dit que nous devrions mieux nous entendre ».

Je pensais que mon indépendance serait mieux assurée si le personnel mis à ma disposition dépendait administrativement d'un autre ministre que celui compétent pour l'Office des étrangers.[483] Cela pourrait être le Premier Ministre (tel que c'était le cas pour la secrétaire d'Etat à l'Emancipation sociale et la Commissaire royale à la politique des immigrés) ou le ministre des Affaires étrangères (qui avait délégué cette compétence aux Nations Unies et comme c'était le cas en France avec le directeur de l'OFPRA), ou du ministre de la Justice, s'il n'était plus en charge de l'Office des étrangers. Le résultat des élections du 24 novembre 1991 (« Dimanche noir ») augmenta l'urgence d'apporter de sérieux changements à la politique d'asile.

Lors des négociations pour la formation d'un nouveau gouvernement, le ministre de l'Intérieur sortant, Louis Tobback, utilisa habilement la mission de formateur (19 décembre 1991 – 31 janvier 1992) du ministre de la Justice sortant, Melchior Wathelet, pour négocier avec succès le transfert des instances d'asile vers l'Intérieur. Le Ministre Melchior Wathelet accepta, après s'être fait longtemps prier, de rendre visite pour la première fois au Commissariat général. Cette visite était prévue pour le 19 décembre 1991. Ce matin-là, je recevais le message que la visite ne pourrait avoir lieu. C'était en effet le jour où le Roi chargeait le Ministre de la formation d'un nouveau gouvernement.

Au terme de sa mission de formateur, fin janvier 1992, je continuais à insister pour recevoir sa visite. Au début, le Ministre dit que cela n'avait plus de sens puisque les compétences de la politique des étrangers allaient être transférées au ministre de l'Intérieur. Je dis au ministre de la Justice que mes collaborateurs apprécieraient sa visite. Beaucoup d'entre eux étaient nommés sur recommandation du Ministre, après que je les ai personnellement sélectionnés. Le Ministre a finalement rendu visite au Commissariat général, encore avant la formation du nouveau gouvernement. C'était une visite en grand style. Il savait comment charmer le personnel. En quittant le bâtiment Shell, il m'a dit : « Vous avez eu raison d'insister. C'était aussi le cas pour d'autres choses ». Nous avions fait la paix.

Immédiatement après la formation du Gouvernement Dehaene I (7 mars 1992), le Ministre Louis Tobback m'expliqua la nécessité de placer toutes les instances qui intervenaient dans la procédure d'asile sous la compétence du même ministre. Le ministre de l'Intérieur était déjà compétent pour le Conseil d'Etat. Il craignait que le fonctionnement des instances d'asile soit boiteux si une des instances concernées ne recevait pas la même attention que les autres. L'avenir montrera qu'il avait raison. Les instances d'asile ne s'en sont jamais plaintes. Le Ministre Louis Tobback me demanda aussi d'accepter un renouvellement de mon mandat. Cela devait encore se faire sur proposition du ministre de la Justice. Par arrêté royal, donné à Motril (Espagne) le 31 juillet 1992, j'étais à nouveau nommé Commissaire général pour une période de cinq ans. Exactement un an plus tard, jour pour jour, mourait le Roi Baudouin. L'AR, qui m'a été transmis le 7 septembre 1992, entrait en vigueur le 3 novembre 1992.

Le transfert de la compétence de la politique des étrangers (en vigueur à partir du 15 juillet 1992) arriva juste trop tard. En juin 1992, l'effet boule de neige s'était enclenché. Un effort gigantesque serait nécessaire pour l'arrêter. Le Ministre ne recula devant aucun effort. Mais il fallait du temps. Avec des renforts de personnel - jamais vus - décidés le 28 mai 1993 et l'entrée en vigueur le 1er juin 1993 de la loi sur les étrangers modifiée, il avait mis le turbo. Très vite, le nombre des demandes d'asile a été sous contrôle. Pendant plus de trois ans (1995-1997), ce nombre a pu être maintenu à une moyenne de moins de 1.000 par mois. Il était important que mon plan de gestion du 30 septembre 1996 ait prévu qu'un accroissement du nombre des demandeurs d'asile entraînerait automatiquement une augmentation d'un nombre supplémentaire de fonctionnaires de niveau 1 (6,5 par 100 demandes d'asile).

*e. La jonction de la responsabilité
   pour la procédure et pour l'accueil*

Le Ministre Louis Tobback aurait voulu aller encore plus loin dans la politique d'asile. Il comprenait pleinement que la scission de la responsabilité pour la procédure d'asile, d'une part, et pour l'accueil des demandeurs d'asile, d'autre part, constituait un handicap important pour pouvoir mener une politique d'asile responsable. L'accueil se faisait alors principalement par l'intermédiaire des CPAS. Les coûts pour l'accueil étaient remboursés par le ministère de la Santé publique. A partir de décembre 1992, des projets pilote étaient mis en œuvre dans les villes d'Anvers,[484] Gand, Liège[485] et Namur. Ils visaient à favoriser la coordination entre les différentes instances dans le traitement des dossiers de demandeurs d'asile à charge des CPAS.[486] J'y ai prêté une coopération active. Je considérais la présence sur ces listes comme étant un élément déterminant le traitement prioritaire des dossiers. J'ignorais les critiques à ce sujet. J'estimais que personne n'avait un droit fondamental à une longue procédure.

Je transmis au ministère de la Santé publique des listes des demandeurs d'asile qui avaient fait l'objet d'une décision exécutoire de refus. Ce ministère y donna peu de suite au prétexte de ne pas avoir reçu de confirmation de l'Office des étrangers.[487] Ainsi, en violation de la loi, les CPAS donnaient-ils une aide à des centaines de demandeurs d'asile déboutés. Ces CPAS refusaient en même temps – là aussi en violation de la loi – l'aide à des centaines de demandeurs d'asile dont la demande était encore en traitement. Dans mes contacts avec les autorités communales, je leur proposai de respecter la loi. En 1993 et en 1994, le ministère de la Santé publique me transmit sporadiquement des listes de demandeurs d'asile. Il s'agissait de demandeurs d'asile pour lesquels les CPAS avaient reçu une acceptation de principe de remboursement par l'Etat. Les 3 septembre et 15 décembre 1993, je fis observer que, lorsque j'avais communiqué qu'ils étaient déboutés de leur demande, une aide ne pouvait être poursuivie qu'en cas d'assentiment explicite de l'Office des étrangers.

Le 30 septembre 1994, j'exprimai ma préoccupation à Jacques Santkin (PS), ministre (1994-1995) de la Santé publique, sur le nombre élevé de demandeurs déboutés (7.931 ou 40% !) à charge des CPAS. J'estimais qu'il fallait expliquer les charges croissantes causées par l'aide aux demandeurs d'asile, par la mauvaise volonté du ministère de la Santé publique plutôt que par le déroulement trop lent de la procédure d'asile. Ce ministère refusait de tenir compte des informations que je lui donnais. Le 7 octobre, je signalai que presque 8.500 demandeurs d'asile avaient à tort reçu une l'aide pendant presque un an. Le coût pouvait être évalué à l'équivalent de €50 millions.

En 1995, j'envoyai des listes de demandeurs d'asile déboutés à un nombre d'institutions dont des CPAS partout dans le Royaume, ainsi qu'au ministre de la Santé publique. Le 23 juin 1995, Marcel Colla (SP) était devenu ministre de la Santé publique (jusqu'au 1er juin 1999). Ce n'est qu'en octobre 1996 que j'ai reçu de ce ministère une liste des demandeurs d'asile pris en charge. Le 22 février 1996, j'avais exprimé ma préoccupation sur l'absence de telles listes à Jan Peeters (SP), secrétaire d'Etat (1995-1999) à l'Emancipation sociale. Je disais que seul l'échange régulier et réciproque de données permettait de suivre de près leur avancement et leur mise à jour.

A cause des liens étroits concernant l'accueil des demandeurs d'asile entre les CPAS et le ministère de la Santé publique, un transfert des compétences à ce sujet vers l'Intérieur n'était pas évident. Lors de la formation du Gouvernement Dehaene II, entré en fonction le 23 juin 1995, Louis Tobback avait pris soin en tant que président du SP qu'un membre de son parti, Jan Peeters, aurait la charge de l'accueil des demandeurs d'asile en qualité de secrétaire d'Etat à l'Emancipation sociale. Un autre membre de son parti, Johan Vande Lanotte, restait en qualité de ministre de l'Intérieur responsable de la politique des étrangers. Comme il a été montré ci-dessus, l'administration de la Santé publique n'était néanmoins pas disposée institutionnellement à s'inscrire dans les nécessités de la politique d'asile.

La jonction de la responsabilité pour la procédure d'asile et pour l'accueil a encore pris des années. L'antagonisme entre les administrations fédérales concernées culmina en 2008-2009 lors des Gouvernements Leterme I et Van Rompuy[i] (CD&V/cdH, Open VLD/MR, PS). Le 20 mars 2008, Annemie Turtelboom, une libérale néerlandophone, devint ministre de la Politique de Migration et de l'Asile, et Marie Arena, une socialiste francophone, ministre de l'Intégration sociale. Pour la première fois, un membre du gouvernement ne devait pas partager son attention pour la politique de

---

[i] Herman (depuis 2016 comte) Van Rompuy deviendrait président du Conseil européen du 1er janvier 2010 au 30 novembre 2014.

migration et de l'asile avec d'autres compétences, généralement considérées plus importantes. A cause du fait qu'une administration fédérale s'employa à empêcher qu'une autre administration fédérale ne mène une politique d'éloignement avec succès, le développement d'une politique efficace s'avéra impossible. Yves Leterme (CD&V) démissionna en tant que Premier Ministre le 22 décembre 2008 à cause de l'affaire Fortis. Le 30 décembre, Herman Van Rompuy (CD&V) lui succéda (jusqu'au 25 novembre 2009). La paralysie de la politique d'asile devint à ce point intenable qu'il a fallu recomposer le Gouvernement Van Rompuy, le 17 juillet 2009 : Annemie Turtelboom devenait ministre de l'Intérieur, Melchior Wathelet jr. (cdH) secrétaire d'Etat à la Migration et la Politique d'asile, et Philippe Courard (PS) secrétaire d'Etat à l'Intégration sociale.

La politique d'asile est restée boiteuse aussi longtemps qu'il n'y avait pas de jonction des deux compétences. Cela ne s'est réalisé que lorsque Maggie De Block (Open VLD) devint, le 6 décembre 2011, secrétaire d'Etat à l'Asile, à la Migration et à l'Intégration sociale. Elle devint ainsi responsable dans le Gouvernement Di Rupo (2011-2014) aussi bien de la procédure d'asile que de l'accueil des demandeurs d'asile. Depuis la création de Fedasil par la loi d'Accueil du 12 janvier 2007, cette agence fédérale est le principal garant de l'accueil des demandeurs d'asile. La jonction des deux compétences a été la clé du succès de la politique d'asile. Maggie De Block et son successeur Theo Francken (N-VA) sont devenus très populaires.

Chapitre XVI
La législation sur l'asile :
un « ping-pong » entre législateur et hautes juridictions

Avant la création des nouvelles instances pour les réfugiés, la reconnaissance du statut de réfugié était déléguée, par arrêté du 22 février 1954, au Représentant en Belgique du Haut-Commissaire des Nations Unies pour les réfugiés (HCR). La procédure d'asile était alors la simplicité même. La demande d'asile était introduite à l'Office des étrangers (OE). Cet Office pouvait refuser l'accès au territoire et le séjour d'un demandeur d'asile. Ceci n'était possible qu'en invoquant un nombre limité de motifs. Il s'agissait en particulier de l'introduction tardive de la demande et du séjour de plus de trois mois dans un pays tiers. Puisque ces conditions devaient être remplies avant que le fond de la demande ne puisse être examiné, cette phase s'appelait - pour la commodité (tout au moins pour celle des juristes) - « procédure de recevabilité ». Lorsque l'Office des étrangers prenait une décision positive sur l'accès ou le séjour, la demande devenue « recevable » était transmise au HCR.

Le HCR, un organe auxiliaire des Nations Unies, jugeait le fond de la demande d'asile. L'intervention d'un avocat n'était pas prévue. Les décisions du HCR n'étaient pas motivées. Les lois linguistiques n'étaient pas applicables.[488] Il n'était donc pas possible de contester la langue dans laquelle une décision était prise. Il n'y avait pas de possibilité d'appel contre les décisions de refus quant au fond. En effet, le Conseil d'Etat était incompétent à l'égard de décisions prises par une autorité internationale. Le Conseil d'Etat ne pouvait être saisi que de requêtes en annulation des décisions d'irrecevabilité prises par l'Office des étrangers. Ces requêtes n'avaient pas d'effet suspensif. Il n'y avait pas non plus de procédure de suspension devant le Conseil d'Etat. Pour cette raison, les recours d'asile devant la plus haute juridiction administrative étaient rares.

1. La loi Gol (14 juillet 1987) :
la Belgique prend en main sa procédure d'asile

Depuis des années, le HCR demanda à être déchargé de la compétence de déterminer en Belgique le statut de réfugié. La situation belge était devenue exceptionnelle. Plutôt que d'exercer cette compétence lui-même, le HCR préférait surveiller la manière dont les

Etats parties à la Convention de Genève s'acquittaient de leurs obligations. La manière dont le HCR exerçait cette compétence en Belgique ne correspondait d'ailleurs pas avec ses propres recommandations. Ce n'est que lorsque le nombre des demandes d'asile en Belgique eut commencé à croître,[489] que le gouvernement a décidé de prendre cette compétence en mains propres. Le Ministre compétent, Jean Gol, ministre de la Justice, s'inspira du système en vigueur en France. Le statut de réfugié y était octroyé par l'Office français de protection des réfugiés et apatrides (l'OFPRA).

a. Les nouvelles instances de réfugiés (CGRA et CPR) : le modèle français

La loi Gol[490] du 14 juillet 1987 créa une nouvelle autorité administrative indépendante : le Commissaire général aux réfugiés et aux apatrides (CGRA). Le Commissaire général reçut un pouvoir de décision autonome pour reconnaître, refuser, confirmer ou retirer la qualité de réfugié. Les décisions négatives du Commissaire général devaient être motivées. Il n'y avait pas d'autre possibilité d'appel contre les décisions du Commissaire général quant au fond, qu'auprès d'une nouvelle juridiction administrative : la Commission permanente de recours pour réfugiés (CPR).[491] Cette Commission consistait en au moins deux chambres, une néerlandophone et une francophone. Chaque chambre était composée de quatre membres : un magistrat en service effectif qui exerçait la présidence, un avocat, ainsi qu'un fonctionnaire du ministère de la Justice et un fonctionnaire du ministère des Affaires étrangères.

Le projet de loi conserva la dualité antérieure : l'Office des étrangers restait compétent pour l'accès et le séjour ; le Commissaire général et la Commission permanente de recours devenaient compétents pour la détermination du statut de réfugié. Il y eut un élargissement des motifs sur la base desquels l'accès et le séjour purent être refusés. Désormais, une demande pouvait aussi être refusée si elle était frauduleuse ou manifestement étrangère aux critères de la Convention de Genève. Pour rencontrer des réserves parlementaires à l'égard de cet élargissement, il a été décidé que ces nouveaux motifs de refus ne pouvaient être invoqués que par le seul Ministre. Tout le monde fait confiance au Ministre. C'est du moins le cas pour la majorité parlementaire.

En outre, il fut décidé d'associer le Commissaire général à ces décisions de refus. Le Ministre accepta qu'en cas de décision d'irrecevabilité, une demande urgente de réexamen pouvait être introduite. Cette demande devait être adressée à l'instance qui avait pris la décision de refus : l'Office des étrangers ou le Ministre. L'avis du Commissaire général était sollicité sur cette demande. Mais il fallait faire vite : la demande devait être introduite à l'intérieur du pays dans les trois jours ouvrables et à la frontière dans les 24 h ; le Commissaire général devait donner son avis, à l'intérieur du pays, dans les sept jours et, à la frontière, dans les 24 h. Ces avis liaient le délégué du Ministre, lorsque c'était le délégué qui avait pris la décision. Si le Ministre avait pris la décision lui-même, il n'était pas lié par l'avis du Commissaire général. Si le Ministre passait outre cet avis, il devait motiver sa décision. Il était encore possible d'introduire - selon les formes du référé - dans les deux jours une requête auprès du président du Tribunal de première instance qui devait se prononcer dans les 15 jours.

b. La nouvelle loi sur les réfugiés : une procédure lourde

Le ministre de la Justice signa lui-même de plus en plus de décisions de refus (60% en 1988, 80% en 1989, 85% en 1990). Depuis le 9 mai 1988, il s'agissait de Melchior Wathelet. C'était une procédure très lourde : l'Office des étrangers, le cabinet du ministre de la Justice, le ministre de la Justice, le cabinet du ministre de la Justice, l'Office des étrangers et encore une fois le même trajet en cas de demande urgente de réexamen, complété au milieu par mon avis. Malgré le fait que je rendis mes avis dans les délais brefs prescrits par la loi, la prise des décisions en recevabilité prit souvent plusieurs semaines.

Je veillai à rendre mes avis dans ces délais très brefs. J'en faisais une question d'honneur. En 1988 et en 1989, j'ai rendu respectivement 521 et 544 avis à l'intérieur du pays dans les sept jours et 188 et 294 avis à la frontière dans les 24 h. Ceci se fit au détriment du traitement de l'examen au fond des demandes d'asile déclarées recevables. La priorité absolue était donnée à la procédure d'asile à la frontière, non seulement parce que la loi le prescrivait ainsi, mais également a) parce que c'était la seule procédure qui permettait de prendre des décisions exécutoires à bref délai, b) pour assurer que l'éloignement du territoire (qui à la frontière était effectivement exécuté) se fasse avec les garanties nécessaires et c) parce qu'entretemps les demandeurs d'asile se trouvaient fréquemment, tout au moins ceux qui séjournaient à l'Aéroport National, dans des conditions de vie indignes.

Les avis à la frontière nécessitent un déplacement à l'Aéroport National pour l'audition du demandeur d'asile. Les deux premières années, l'audition était généralement effectuée, à tour de rôle, par un des deux Commissaires-adjoints. Immédiatement après l'audition, un avis motivé était rédigé, dactylographié, signé et faxé au ministre de la Justice et/ou à l'Office des étrangers. Tout ceci se faisait dans les 24 h après la notification par l'Office des étrangers de la demande au Commissariat général. L'Office des étrangers avait l'amabilité de ne notifier des demandes que pendant les jours ouvrables. Afin d'essayer d'alléger la procédure, quelques mesures pragmatiques furent prises. Le ministre de la Justice décida, le 2 août 1989, de déplacer la cellule compétente de son cabinet dans le bâtiment de la rue de la Régence où était établi le Commissariat général. Le 20 novembre 1989, une cellule de liaison de l'Office des étrangers fut également établie dans ce bâtiment. Une modification de la loi s'imposait cependant d'urgence.

b. La loi Wathelet (18 juillet 1991) : aplanir les angles

Déjà dans mon *Premier Rapport annuel*,[492] j'avais proposé des modifications législatives afin de rendre la procédure plus efficace. Le 9 novembre 1989, quatre sénateurs SP introduisirent une proposition de loi.[493] Elle reprenait pour l'essentiel mes propositions. C'était aussi le cas avec le projet de loi élaboré par le ministre de la Justice Melchior Wathelet et la secrétaire d'Etat à l'Emancipation sociale Miet Smet. L'avant-projet fut approuvé par le Conseil des ministres, le 9 mai 1990. Introduit comme proposition de loi, le 2 octobre 1990, par six sénateurs,[494] ce projet devint la loi Wathelet du 18 juillet 1991. Cette loi entrait en vigueur le 1er octobre 1991.

*a. La limitation de l'intervention ministérielle :
un pas dans la bonne direction*

Par ces modifications législatives, les décisions d'irrecevabilité purent être prises non seulement par le Ministre mais aussi par son délégué. Les demandes urgentes de réexamen étaient désormais introduites directement auprès du Commissaire général. Il y avait un léger allongement des délais : à la frontière de 24 h à deux jours ouvrables, et à l'intérieur du pays, de sept jours à sept jours ouvrables. Les avis du Commissaire général devenaient contraignants, sauf si le ministre de la Justice passait outre dans un délai très bref (cinq jours ouvrables). Dans les trois années précédentes, le Ministre était passé outre mes avis dans 26 cas (16%) en 1988, 24 (14%) en 1989 et 63 (11%) en 1990. Le 9 juillet 1990, le ministre de la Justice m'écrivit que dans la plupart des cas dans lesquels l'Office des étrangers lui proposait de ne pas suivre mes avis, il l'avait fait quand même. A partir du 1er octobre 1991, le Ministre ne passait outre à mes avis que dans 1% des cas. Une fois devenu compétent (le 15 juillet 1992), le ministre de l'Intérieur m'a toujours suivi.

L'entrée en vigueur au 1er octobre 1991 de la loi Wathelet avait fait baisser les demandes d'asile à partir du 10 octobre de 25%. Fin décembre 1991, cette baisse atteignit les 45%. Par l'effort de rattrapage de l'Office des étrangers, le Commissariat général ne put pas suivre dans le traitement des demandes urgentes. Il n'était plus possible pour moi de respecter les délais prescrits par la loi pour donner mes avis. En elle-même, la loi Wathelet du 18 juillet 1991 aurait pu assurer un traitement efficace et rapide des demandes d'asile. La loi ne tenait cependant pas compte de l'introduction d'une compétence en suspension du Conseil d'Etat par une loi portant la date du lendemain (le 19 juillet 1991). Cette loi avait été adoptée sur l'initiative du ministre de l'Intérieur Louis Tobback. Il l'avait fait sur instigation de son chef de cabinet Johan Vande Lanotte, ancien auditeur au Conseil d'Etat et chargé de cours de droit constitutionnel et administratif. Le ministre de l'Intérieur n'est devenu compétent pour la politique des étrangers qu'un an plus tard. A juste titre, le Conseil d'Etat fit observer dans son Rapport annuel 1994/1995 qu'il n'était pas « établi que le législateur se soit bien rendu compte que sa volonté affichée jusqu'alors d'interdire tout type de référé aux étrangers, était rendue vaine » (p. 244).

Le mal était fait. Très vite, il apparut que le Conseil d'Etat n'était pas du tout capable de traiter les demandes de suspension introduites par des demandeurs d'asile dans le délai de 45 jours imposé par la loi. Le Conseil d'Etat lui-même parla d'un « engorgement rapide » (*ibid.*). Le délai de maintien à la frontière venait d'être limité à deux mois. Ainsi, il suffisait souvent d'introduire une demande en suspension au Conseil d'Etat pour être admis au territoire. Ceci conduisit à une augmentation considérable des demandes d'asile, plus particulièrement à l'Aéroport National où les conditions d'accueil étaient peu enviables.

La loi Wathelet m'imposait - en cas d'avis défavorable - de mentionner explicitement « si l'étranger peut être reconduit à la frontière du pays qu'il a fui et où, selon sa déclaration, sa vie ou sa liberté serait menacée » (l'art. 63/3, §2, 2°, de la loi sur les étrangers). Ce n'est que dans des circonstances exceptionnelles que mon avis défavorable n'allait pas de pair avec la mention que je n'avais pas d'objection à la reconduite. Dans de rares cas, j'utilisais cette disposition pour attirer l'attention du Ministre sur des considérations sérieuses de nature humanitaire, spécifiques à la demande d'asile en question. Cette nouvelle disposition législative, ainsi qu'un motif d'irrecevabilité connu comme la règle du « double cinq pourcent » (l'art. 52, §1, 7°, de la loi sur les étrangers), m'amenèrent à me pencher déjà sur le fond d'une demande d'asile dans la procédure de recevabilité.

b. La règle du double cinq pourcent : une tentative originale

Lors de contacts avec la secrétaire d'Etat à l'Emancipation sociale, j'avais fait observer que la procédure d'asile était fort chargée par des demandes d'asile d'un grand nombre de personnes originaires de pays dont le taux de reconnaissance était très bas. Je me référais par exemple à des demandeurs d'asile de nationalités qui représentaient plus de 5% des demandes et pour qui le taux de reconnaissance était inférieur à 5%. Pour cette catégorie de demandeurs, il fallait, à mon avis, pouvoir appliquer une procédure accélérée. Puisque les motifs d'irrecevabilité sont énumérés de manière limitative, d'autres motifs ne peuvent être invoqués. Parfois, aucun de ces motifs ne peut être invoqué, alors que l'examen de la demande urgente avait révélé que la demande était manifestement mal fondée. Mes collaborateurs étaient confrontés à des avocats pointus, plaidant la thèse paradoxale suivante :

> « Vous êtes peut-être convaincu que la demande d'asile de mon client est non fondée, mais sa demande n'est pas tardive ; mon client n'a pas séjourné plus de trois mois dans un pays tiers ; vous ne pouvez pas démontrer que sa demande est frauduleuse et, puisqu'il prétend être persécuté en raison de ses convictions politiques, elle n'est pas étrangère aux critères de la Convention de Genève. Vous devez donc déclarer sa demande recevable ».

Même lorsque la prétendue crainte de persécution ne tenait pas, mes collaborateurs ne pouvaient donc pas proposer de déclarer la demande irrecevable parce que cette phase de la procédure ne concernait pas le bien-fondé de la demande. Pour cette raison, j'estimai qu'il fallait me donner la faculté de conclure, dans cette phase de la procédure, au caractère manifestement mal fondé de ces demandes d'asile.

Ma stupéfaction fut grande lorsque je pris connaissance d'un amendement gouvernemental, sans doute sur l'instigation de la secrétaire d'Etat à l'Emancipation sociale, introduisant en tant que nouveau motif d'irrecevabilité une règle du « double cinq pourcent » :

> « si l'étranger est originaire d'un pays d'où provenaient, au cours de l'année civile précédente, 5 p.c. au moins des demandeurs d'asile, et dans la mesure où il ressort du dernier rapport annuel du Commissaire général aux réfugiés et aux apatrides que moins de 5 p.c. des décisions finales qui ont été prises ont attribué le statut de réfugié aux demandeurs d'asile originaires dudit pays, et pour autant qu'il ne fournisse aucun élément indiquant un risque sérieux pour sa vie ou sa liberté dans le sens de la Convention internationale de Genève relative au statut des réfugiés ».

Certes, il s'agissait d'une tentative méritoire, mais la formulation de cette disposition législative n'était pas très heureuse. Elle donnait l'impression, comme il était dit dans l'avis du Conseil d'Etat du 2 juin 1991, que la demande de ces demandeurs d'asile pourrait être déclarée irrecevable « uniquement parce qu'ils sont originaires d'un pays déterminé ». Il est vrai que le pays d'origine du demandeur d'asile est un des éléments les plus pertinents pour évaluer la réalité de sa persécution. En fait, l'identification de ces pays était fondée sur l'expérience récente des instances belges en matière de réfugiés. Il aurait été mieux de mentionner des pourcentages précis en tant qu'exemples dans l'Exposé des motifs. Je considérai la notion de « pays sûrs » plus contestable. Cette notion avait été introduite en Suisse par un arrêté urgent du 22 juin 1990. La nouvelle disposition législative belge indiquait « de la manière la plus précise possible et sur des bases objectives et pertinentes » pour quels demandeurs d'asile une procédure accélérée pouvait être suivie. Pour cette raison, j'estimai dans mon avis[495] du 2 octobre 1991 que le maintien d'une procédure de recevabilité plus formaliste pour la majorité des nationalités pour lesquelles les mêmes abus n'avaient pas été constatés, n'était pas contraire à la Convention de Genève.

Le Représentant en Belgique du Haut-Commissaire des Nations Unies pour les réfugiés avait également dans son avis[496] du 3 juillet 1991, jugé que « La formule [du double 5%] n'allait pas à l'encontre de la Convention de Genève [...], dans la mesure où il s'agit simplement d'une règle de charge de la preuve tout en gardant les deux étapes de la procédure, même accélérée, avec vérification du fond ». En conformité avec les règles de droit administratif, la charge de la preuve repose dans la phase du fond sur le demandeur. Il ne s'agit pas d'une charge très lourde : il suffit que la crainte de persécution soit « plausible ». Dans la phase de la recevabilité, en revanche, il appartient à l'autorité de fournir la preuve qu'un des motifs d'irrecevabilité soit applicable. Avec la règle du « double cinq pourcent », un motif était inscrit dans la phase de recevabilité pour lequel il appartenait au demandeur de démontrer qu'il y avait des indices sérieux que sa vie ou sa liberté était menacée. Cela revenait à faire porter la charge de la preuve au demandeur, déjà dans une phase antérieure de la procédure.

Depuis l'entrée en vigueur, le 1er octobre 1991, de la loi du 18 juillet 1991, le pourcentage des décisions de recevabilité prises par l'Office des étrangers pour les Ghanéens, les Indiens, les Pakistanais et les Nigérians avait baissé de 29% à 2,8%. Le nombre des demandes originaires de ces pays baissait de 45% (2.067 au lieu de 3.713).[497] Le 5 décembre 1991, un arrêté royal du 25 novembre 1991 entra en vigueur, rendant la règle du double cinq pourcent applicable, pendant un temps très bref (jusqu'au 31 décembre 1991), aux demandeurs d'asile originaires de pays ayant un taux de reconnaissance très bas : Pologne (0,77%), Ghana (0,41%), Inde (0,23%) et Pakistan (0%).

Dans mon avis du 3 février 1992, je constatai que pendant l'année 1992 les pays suivants tombaient sous la règle du « double cinq pourcent » :

Pays	Demandes	Décisions positives
Roumanie	15,56%	4,49%
Ghana	8,53%	0,75%
Inde	8,26%	0,00%
Yougoslavie	7,58%	4,62%
Nigeria	5,02%	0,00%

Les pourcentages avaient trait à 15.272 demandes d'asile introduites en 1991 et à 9.834 décisions finales prises en 1991. En 1991, il n'y avait aucune décision finale positive prise sur 444 demandes d'asile nigérianes et sur 951 indiennes. Je proposais de ne pas inclure la Yougoslavie dans la liste parce que les décisions finales de 1991 concernaient surtout les demandes d'asile introduites avant le déclenchement du conflit armé dans ce pays. En revanche, parce que les décisions positives relatives aux Roumains concernaient surtout des demandes d'asile introduites avant 1991, je proposai d'inclure ce pays dans la liste, bien que le pourcentage de ces décisions ne fût que légèrement plus bas que celui concernant les Yougoslaves. Un arrêté royal fut pris le 7 mai 1992 qui fit tomber les pays susmentionnés, à l'exception de la Yougoslavie, sous l'application de la règle du « double cinq pourcent » (*M.B.*, 20 mai 1992).

En janvier 1992, quelques associations sans but lucratif (Amnesty International - Belgique francophone, le Mouvement contre le racisme, l'antisémitisme et la xénophobie, la Ligue des droits de l'homme et le Syndicat des avocats pour la démocratie) introduisaient des requêtes en annulation devant la Cour d'arbitrage. L'Ordre national belge des avocats se joignit à ces requêtes. Les 29 bâtonniers approuvèrent cette démarche, le 10 janvier.[498] Entre autres en raison de ces requêtes, l'Office des étrangers ne prit pas de décisions d'irrecevabilité fondées uniquement sur ce motif. Je ne le fis pas non plus.

Il est remarquable que la Commission de l'Union européenne ait proposé, le 23 septembre 2020, de prévoir une procédure accélérée pour des demandeurs d'asile originaires de pays ayant un taux de reconnaissance de moins de 20%. Ici aussi, une procédure accélérée était proposée en fonction d'un pourcentage déterminé de reconnaissances. Il n'était même pas exigé que ces demandeurs représentent un certain pourcentage dans l'ensemble des demandes. Il est important de noter qu'apparemment la Commission européenne avait compris que sa directive de procédure d'asile est beaucoup trop lourde pour traiter les demandes introduites par des demandeurs d'asile de nationalités ayant un taux de reconnaissance peu élevé. Une procédure simplifiée est indispensable afin de pouvoir traiter de telles demandes plus rapidement. Lors de l'adoption des directives européennes de procédures du 1er décembre 2005[499] et du 26 juin 2013,[500] voire en Belgique en 1993, cette prise de conscience n'avait pas encore eu lieu.

Dans son arrêt n°. 20/93 du 4 mars 1993, la Cour d'arbitrage annula les dispositions concernant la règle du double 5% « en ce qu'elles imposent un renversement de la charge de la preuve à une seule catégorie d'étrangers qui se déclarent réfugiés, les quatre dispositions attaquées vont au-delà de ce qui est nécessaire pour atteindre l'objectif poursuivi » (B.2.8). La Cour d'arbitrage prétendit que ce but pouvait être atteint par l'application d'un autre motif d'irrecevabilité, à savoir la demande « manifestement fondée sur des motifs étrangers à l'asile » (voy. l'art. 51, §1, 2°, de la loi sur les étrangers) (*ibid*). Or, aussi longtemps que le demandeur d'asile invoque l'un des critères de la Convention de Genève, en déclarant, par exemple, qu'il est persécuté pour des raisons politiques, sa demande n'est pas fondée « sur des motifs étrangers à l'asile ». Sa demande ne pouvait pas être déclarée irrecevable pour ce motif, même s'il apparaissait déjà clairement que sa prétendue crainte n'était pas fondée.

Mais bon, si le problème résidait dans le fait que la charge de la preuve n'était inversée que pour « une seule catégorie d'étrangers », il pouvait être résolu en rendant possible l'invocation de ce motif pour *toutes* les catégories. Ainsi dit, ainsi fait. Sur initiative du ministre compétent – désormais le ministre de l'Intérieur (alors Louis Tobback) – une réaction rapide du législateur empêcha que l'arrêt de la Cour d'arbitrage mette des bâtons dans les roues de la procédure d'asile. Ultérieurement, ce ne serait pas toujours le cas.

3. La loi Tobback (6 mai 1993) : une prise en main énergique

La loi Tobback[501] du 6 mai 1993 élargit le champ d'application du motif susmentionné à toutes les nationalités. Désormais, les demandeurs d'asile de n'importe quelle nationalité pouvaient être refusés dans la phase de la recevabilité lorsque leur demande était considérée manifestement non fondée « parce que l'étranger ne fournit pas d'élément qu'il existe, en ce qui le concerne, de sérieuses indications d'une crainte fondée de persécution au sens de la Convention internationale précitée » (l'art. 52, §1, 7°, de la loi sur les étrangers). Une source au-dessus de tout soupçon inspira cette disposition : la CEDH dispose dans son article 35.3 que la Cour de Strasbourg peut déclarer des requêtes irrecevables lorsqu'elles sont « manifestement mal fondées ». Ainsi, disparut la distinction trop rigide entre la phase de la recevabilité et celle du fond.

Par cette même loi, les « demandes urgentes de réexamen » auprès de l'instance qui avait pris la décision étaient remplacées par des « recours urgents » auprès du Commissaire général. Je recevais une compétence décisionnelle à l'égard de recours urgents introduits devant moi. Puisqu'il y avait désormais un recours suspensif prévu devant une autorité administrative indépendante et spécialisée, avec compétence décisionnelle, la possibilité de suspension devant une troisième instance (le Conseil d'Etat) n'était plus jugée nécessaire. Ni la Convention de Genève, ni la directive ultérieure de l'Union européenne relative à la procédure d'asile n'exigent l'intervention d'une troisième instance. Les interventions du président du Tribunal de première instance selon les formes du référé n'avaient été qu'occasionnelles. Depuis le 1ᵉʳ octobre 1991, cette compétence était réservée aux (rares) cas dans lesquels le Ministre passait outre mon avis. Maintenant que ceci n'était plus possible, cette intervention était estimée superflue.

a. Le président du Tribunal incompétent : un combat d'arrière-garde

Puisque l'instance indépendante, compétente quant au fond, avait reçu dans un recours urgent suspensif une compétence décisionnelle sur la reconduite à la frontière, le président du tribunal de première instance était explicitement privé de compétence en référé concernant les étrangers (l'art. 63, §2, de la loi sur les étrangers). Au début, l'un ou l'autre président de tribunal de première instance rencontra encore des difficultés avec la perte de cette compétence. Le 8 octobre 1993, le président du Tribunal de première instance de Bruxelles se déclara compétent pour juger le refus d'accès et la reconduite d'une demandeuse d'asile zaïroise. Je publiai à ce sujet une contribution juridique dans *Le Journal des Procès* des 8 mars (pp. 18-24) et 1ᵉʳ avril 1994 (pp. 12-14) et dans le *Rechtskundig Weekblad* du 30 avril 1994.

J'attirai en particulier l'attention sur les caractéristiques spécifiques de la procédure d'asile. « Outre l'intérêt évident de la plupart des demandeurs d'asile à utiliser tous les recours possibles pour allonger la durée de leur séjour dans notre pays », je relevai :
« 1. Le caractère en partie subjectif de la crainte invoquée ;
  2. L'impossibilité matérielle de vérifier dans les pays d'origine la véracité des récits avancés en y envoyant des commissions rogatoires ;
  3. L'insécurité inhérente aux développements futurs dans les pays d'origine ; et surtout
  4. La grande diversité des demandes d'asile (originaires de plus de 110 pays différents) ».

Je me demandai aussi sur base de quelles informations le juge civil pourrait prendre une décision en matière d'asile :
« 1. Entretenait-il des contacts réguliers avec les ambassades belges, avec les instances des pays voisins confrontés avec les mêmes questions ou avec le Haut-Commissariat des Nations Unies pour les réfugiés ?

2. Avait-il des collaborateurs ayant acquis une expérience en la matière et qui se sont spécialisés dans l'évolution de la situation respective dans plus de cent pays différents ?
3. Disposait-il d'une documentation spécifique et constamment actualisée en la matière ?
4. Avait-il une vue d'ensemble des demandes d'asile introduites en Belgique, ainsi que de la pratique forcément variée et évolutive qu'adoptent en la matière les instances compétentes ?
5. Comment faisait-il pour exclure le risque d'inconstance de ses décisions influencées par des impressions induites par les médias, ou par les seules informations partisanes fournies par les conseils des intéressés, souvent réduites à des simples affirmations accompagnées d'aucune preuve authentique ? ».

Par la suite, l'utilisation de cette procédure devint rare. La résistance du Conseil d'Etat fut plus tenace.

b. *L'exécution nonobstant tout recours : une solution ambivalente*

Bien que le ministre de l'Intérieur ait lui-même introduit la procédure de suspension au Conseil d'Etat, il cherchait une manière pour contrer les lourds obstacles qu'elle avait causés à la procédure d'asile. Le Conseil d'Etat avait un faible pour la procédure de suspension qu'il venait d'acquérir récemment. Dans des conversations avec le cabinet du ministre de l'Intérieur, le premier président (1991-+1996) du Conseil d'Etat, Paul Tapie, proposa d'accorder au Commissaire général une responsabilité supplémentaire. Il lui reviendrait de mentionner s'il considérait la décision confirmative attaquée et la mesure d'éloignement « exécutoires nonobstant tout recours » (voy. l'art. 63/5, al. 5, de la loi sur les étrangers). Selon le principe administratif du « privilège du préalable » (l'exécution sans intervention préalable du juge), c'était déjà le cas. Ce qui était nouveau, c'est que, le cas échéant, le Conseil devenait incompétent « pour ordonner la suspension des mesures qui sont exécutoires nonobstant tout recours, conformément à l'article 63/5 » (l'art. 70, al. 2, de la loi sur les étrangers). C'est un « *leave to appeal* » (un assentiment nécessaire pour pouvoir intenter un recours), bien connu dans le droit anglo-saxon, qui fut introduit. Cet assentiment était uniquement requis pour un recours en suspension et non pour le recours en annulation.

Je n'étais pas heureux de cette solution ambivalente qui ne supprimait pas la procédure en suspension dans tous les cas. En tant qu'instance de recours, je devais d'abord prendre des décisions motivées sur le refus, pris par le Ministre ou son délégué, de l'accès au territoire ou du séjour de demandeurs d'asile. Ou bien, je prenais la décision qu'un examen ultérieur était nécessaire, ou bien, une décision qui confirmait le refus d'accès ou de séjour. En outre, je devais, en cas de décision confirmative, donner encore un avis sur la reconduite du demandeur d'asile vers le pays dont il s'était enfui. Mais de plus, je devais désormais encore déclarer que je considérais que ma décision pouvait être exécutée, nonobstant tout recours. Pour moi, c'étaient trois éléments d'une seule décision qui en règle forment un tout cohérent. Je n'étais pas enclin à fournir trois motivations distinctes. Je voulais éviter que des contestations juridiques distinctes puissent être menées pour chacun de ces trois éléments.

Sans me contredire, je ne pouvais estimer que dans des cas très exceptionnels qu'une décision confirmative s'imposait mais qu'elle ne pouvait cependant pas aller de pair avec une reconduite vers le pays d'origine, et/ou qu'elle ne pouvait pas être exécutée en cas de recours. Seulement dans des cas très exceptionnels, ces éléments de la décision pouvaient nécessiter une motivation individuelle séparée. D'ailleurs, lorsque le juge civil déclare ses décisions exécutoires nonobstant tout recours, conformément à l'article 1398 du Code judiciaire, il ne l'assortit pas non plus d'une motivation spécifique. Malgré mon manque d'enthousiasme pour la solution retenue, je me suis acquitté de cette responsabilité supplémentaire dès l'entrée en vigueur de ces dispositions législatives, le 1er juin 1993, jusqu'à leur annulation le 14 juillet 1994. Dans la plupart des cas, je fis accompagner mes décisions confirmatives de la mention suivante : « En outre, le Commissaire général estime qu'il n'y a pas de raisons de déclarer la décision contestée en recours urgent et la mesure d'éloignement non-exécutoires nonobstant tout recours. Conformément à l'article 63/5, dernier alinéa, de la loi du 15 décembre 1980, la décision contestée et la mesure d'éloignement sont par conséquent exécutoires ».

A partir de la mi-1993, lorsque je reçus une compétence décisionnelle sur les recours urgents, je confiai la défense de mes décisions devant le Conseil d'Etat à mes propres collaborateurs. L'Office des étrangers faisait généralement appel à des avocats. Dans un premier temps, le Conseil d'Etat se déclarait incompétent pour connaître des recours en suspension de décisions confirmatives que j'avais déclarées exécutoires nonobstant tout recours. En règle, le Conseil d'Etat conclut à l'irrecevabilité de tels recours en suspension.

Après quelques mois, le Conseil d'Etat estima soudainement que la formulation que j'utilisais « ne satisfaisait pas ou n'était pas explicitement motivée ». Le 8 février 1994, un conseiller d'Etat siégeant seul accorda une suspension, après avoir jugé que ma formule exécutoire ne satisfaisait pas : « le Commissaire général devant déclarer formellement si la décision est exécutoire nonobstant tout recours, et non l'inverse ; que, d'ailleurs, les termes 'non exécutoire nonobstant tout recours' sont dépourvus de sens ; la décision du Commissaire général doit être positive et non doublement négative ».[502] Par la suite, je reformulais cette mention comme suit : « Le Commissaire général n'aperçoit aucune raison pour laquelle la décision contestée en recours urgent ou la mesure d'éloignement ne pourraient pas être exécutées ».

Dans une lettre au ministre de l'Intérieur du 21 février 1994, je fis observer que des 1.485 demandes en suspension francophones introduites avant septembre 1993, seulement 3,4% avaient fait l'objet d'un arrêt. Depuis le 1er juin 1993, j'avais pris plus de 4.000 décisions confirmatives rendues exécutoires. Je devais encore examiner plus de 8.000 recours urgents, ainsi que plus de 2.000 demandes urgentes de réexamen. Je fis observer que, n'étant pas associé au choix du moment, des moyens et des conditions de l'exécution effective de la mesure d'éloignement, je ne saurais produire une motivation qui serait réellement pertinente au moment même de l'éloignement effectif de l'intéressé.

Par suite de la suspension accordée le 8 février 1994, je comparus en personne, début mars 1994, devant le Conseil d'Etat. Je rappelai l'absence de compétence du Conseil d'Etat pour de tels recours en suspension. L'auditorat du Conseil d'Etat s'efforça pour déclarer ces recours en suspension recevables. L'auditorat estima qu'une formulation standard ne motivait pas suffisamment la mention « exécutoire ». Dans une atmosphère électrique, je soulignai que le Conseil d'Etat devait se déclarer incompétent. Afin de pouvoir déclarer un recours irrecevable, une juridiction doit préalablement constater qu'elle est compétente. La loi disposait explicitement que dans ces cas le Conseil d'Etat n'était pas compétent. Le Conseil d'Etat se noya dans le contentieux des étrangers. Le législateur lui avait lancé une bouée de sauvetage. Le naufragé semblait ne pas vouloir la saisir. Certains se comportaient comme des partisans de la maxime : « *Fiat justitia et pereat mundus* » (Que justice soit faite et que le monde périsse).

Une des affaires dans laquelle j'ai comparu en personne, conduisit à l'arrêt[503] (francophone) du 7 mars 1994. Sur avis contraire de l'auditeur, le Conseil d'Etat y jugea que le recours en suspension était irrecevable. Certes, le Conseil estimait que cette « mention formelle » devait être motivée. Mais, selon le Conseil, le défaut ou le vice de motivation n'avait pas pour effet de rendre inexistante la décision contenue dans la « mention formelle ». Conformément aux articles 63/5, 69*bis* et 70 de la loi sur les étrangers, une demande de suspension ne pouvait être introduite. Dans une série d'arrêts[504] (francophones) du 11 mai 1994, le Conseil d'Etat jugea encore que dans de tels cas, il était sans compétence pour prendre connaissance des recours en suspension. En ce qui concerne des questions préjudicielles à la Cour d'arbitrage, le Conseil d'Etat avait encore, le 30 mars 1994, jugé dans un arrêt (francophone) que « la célérité avec laquelle le Conseil d'Etat devait se prononcer lorsqu'il était saisi d'une demande de suspension ne se conciliait pas, en règle générale, avec l'obligation de poser une question préjudicielle ».

Le 10 juin 1994, toutefois, le Conseil d'Etat suspendit de telles décisions dans plusieurs arrêts (francophones) et posa des questions préjudicielles à la Cour d'arbitrage.[505] A ce moment, j'étais déjà à ma troisième formule d'exécution : « *Pour tous ces motifs qui précèdent*, le Commissaire général mentionne, en outre formellement, que la décision contestée en recours urgent et la mesure d'éloignement sont exécutoires nonobstant tout recours, conformément à l'article 63/5, dernier alinéa, de la loi du 15 décembre 1980 ».

Curieusement, poser une question préjudicielle était soudain devenu conciliable avec la « célérité » avec laquelle le Conseil d'Etat devait se prononcer. Le Conseil d'Etat estima qu'il devait demander à la Cour d'arbitrage s'il était compétent pour se prononcer sur des recours en suspension. Sans attendre la réponse, le Conseil d'Etat se déclara compétent. L'arriéré de tels recours qui s'était formé antérieurement, avait déjà démontré que le Conseil d'Etat ne prenait pas la célérité prescrite par la loi (45 jours) très au sérieux. Un recours en annulation des dispositions législatives en question, introduit le 3 novembre 1993 par des associations sans but lucratif (francophones), à savoir le Mouvement contre le racisme, l'antisémitisme et la xénophobie, le Syndicat des avocats pour la démocratie et le Droit des gens, était déjà pendant devant la Cour d'arbitrage. Le Conseil d'Etat posa cependant plusieurs questions préjudicielles sur ces dispositions législatives à cette Cour. Le Conseil d'Etat afficha ainsi son soutien aux recours de ces associations (francophones).

Dans une note du 30 juin 1994 au chef de cabinet du ministre de l'Intérieur, je fis observer que le Conseil d'Etat ne rendait aucun arrêt en suspension dans le délai de 45 jours imposé par la loi. Ces douze derniers mois, 820 arrêts (78%) avaient rejeté les demandes pour des raisons qui n'avaient rien à voir avec le fond de l'affaire. Ces dernières semaines, ce chiffre avoisinait même les 90%. Je soulignai que la volte-face dans la jurisprudence causait une grande insécurité juridique. La jurisprudence divergente des Chambres du Conseil d'Etat de rôle linguistique différent eut pour conséquence que les requérants désertent un rôle linguistique en faveur d'un autre.

c. La suspension devant le Conseil d'Etat rétablie (14 juillet 1994) : un coup de tonnerre

Bien que la Cour d'arbitrage reconnût, dans son arrêt[506] n°. 61/94 du 14 juillet 1994, qu'aucune disposition n'oblige le législateur à instaurer de manière générale une procédure de référé administratif, elle estima : « Toutefois, lorsque le législateur estime qu'il est souhaitable de prévoir la possibilité d'une demande de suspension des actes administratifs, il ne peut refuser cette demande à certaines catégories de sujets de droit – en l'espèce, certaines catégories d'étrangers qui se déclarent réfugiés – s'il n'existe pas pour ce faire une justification raisonnable » (B.5.7).

La Cour d'arbitrage estima que les demandeurs d'asile ne pouvaient pas être privés de « recours utile » (B.5.9.6). L'exclusion de la possibilité de suspension par le Conseil d'Etat était qualifiée de « disproportionnée », « d'autant qu'elle permet à l'autorité administrative de désigner elle-même les décisions dont elle interdit de demander la suspension au Conseil d'Etat » (B.5.9.8). Le procédé du « *leave to appeal* » (voy. *supra*, p. 266) allait trop loin pour la Cour d'arbitrage, certainement lorsqu'il appartenait au Commissaire général d'en décider. La Cour d'arbitrage annula les dispositions législatives attaquées (l'art. 69*bis*, al. 2, et l'art. 70, al. 2, de la loi sur les étrangers). Ainsi, la Cour rétablit la compétence du Conseil d'Etat de connaître des recours en suspension de mes décisions confirmatives de refus. A terme, cela aboutit à faire déraper la procédure d'asile.

La Cour d'arbitrage ne tint pas compte du fait que ces demandeurs d'asile avaient déjà exercé un « recours utile » devant le Commissaire général. En effet, le « recours effectif » de l'article 13 CEDH n'exige pas une instance juridictionnelle. Plus tard, la Cour européenne des Droits de l'Homme dira explicitement, dans son arrêt *Chahal c. le Royaume-Uni* (§152) du 15 novembre 1996, que le « recours effectif » exigé par l'article 13 CEDH ne doit pas être offert par une instance judiciaire. Le niveau de protection dépend d'ailleurs plutôt des qualifications professionnelles des instances compétentes que du caractère juridictionnel des procédures. Les procédures juridictionnelles se caractérisent par nombre de formalités qui sont totalement inadaptées à la matière d'asile. Pour ma part, j'estimai que cela avait été une erreur d'avoir réglé l'exclusion de la procédure de suspension dans la loi sur les étrangers pour « certaines catégories d'étrangers ». Cette réglementation aurait dû être inscrite dans les lois coordonnées sur le Conseil d'Etat pour toutes les décisions administratives ayant déjà fait l'objet d'un recours suspensif organisé devant une instance indépendante. C'est le procédé qui sera utilisé plus tard, lors de la création du Conseil du contentieux des étrangers, pour instaurer une procédure de filtrage[507] des recours en cassation devant le Conseil d'Etat.

Je ne comprenais pas pour quelle raison l'exclusion de la procédure de suspension était « disproportionnée », alors que d'autres mesures - pourtant énergiques - étaient considérées comme « proportionnées ». Il n'y avait pas de problème à ce que 1) les demandeurs d'asile déboutés ne perçoivent plus aucune aide sociale (autre que l'aide médicale urgente) (B.4.3), 2) qu'ils puissent être maintenus dans un lieu déterminé (B.7.5) et 3) qu'ils puissent être reconduits vers leur pays d'origine, avant que le Conseil d'Etat n'ait pu se prononcer, même en suspension (B.5.9.7). Tout cela n'était pas grave, pourvu qu'ils aient un recours juridictionnel.

Le ministre de l'Intérieur Louis Tobback chercha une réponse à cet arrêt en se fondant sur le dictum de la Cour d'arbitrage concernant cette dernière mesure : « Aucun texte n'interdit à l'autorité compétente d'exécuter la décision négative du Commissaire général ou de son adjoint, lorsqu'il confirme la décision du ministre ou de son délégué » (*ibid.*). Le Ministre mit fin à « l'arrangement »[508] par lequel il avait unilatéralement promis au Conseil d'Etat de ne pas exécuter les décisions légalement exécutoires si un recours en suspension était introduit devant le Conseil d'Etat. Malgré une décision en sens contraire du Conseil des ministres du 25 mars 1995, l'Office des étrangers se cramponna à cet « arrangement ». Dorénavant, il fallait voir qui serait le plus rapide : l'Office des étrangers pour exécuter la décision de reconduite ou le Conseil d'Etat pour la suspendre.

d. *La procédure d'asile devant le Conseil d'Etat : des problèmes de toute sorte*

Le 18 octobre 1994, je revins, dans une note de synthèse adressée au Ministre Johan Vande Lanotte, sur ma proposition de limiter la compétence de suspension via les lois coordonnées sur le Conseil d'Etat. Une semaine avant, Louis Tobback avait été remplacé en tant que ministre de l'Intérieur par son ancien chef de cabinet. Cette proposition aurait pu éviter beaucoup de malheurs. J'attirai l'attention sur nombre de problèmes qui trouvaient leur origine (presque exclusivement) dans la procédure (francophone) devant le Conseil d'Etat. Les Chambres francophones ne rechignaient pas à substituer leur appréciation du « préjudice grave » à celle de l'autorité administrative. Parfois, elles allaient jusqu'à apprécier elles-mêmes la situation des droits de l'homme dans les pays d'origine. Sans entendre le demandeur d'asile, il est pourtant difficile de se faire une idée de la véracité de son récit. La plupart des requêtes (70"%) étaient rejetées pour des raisons purement procédurales propres au Conseil d'Etat. Je constatai que beaucoup de requêtes n'étaient pas sérieuses. Souvent, elles étaient indignes de la plus haute juridiction administrative. Depuis l'arrêt de la Cour d'arbitrage, le nombre des recours en suspension s'était accru considérablement. Dans son Rapport annuel 1995/1995 (p. 260), le Conseil d'Etat nota qu'il était « submergé » par ces recours. Le 27 octobre 1994, l'arriéré s'était accru à plus de 1.000 recours pendants en suspension (325 N et 738 F). Entre juin 1993 et décembre 1994, le Conseil d'Etat n'avait accordé que 13 annulations et 27 suspensions ; 1.408 requêtes avaient été refusées.

Il y avait de grandes différences dans l'appréciation des Chambres néerlandophones et francophones du Conseil d'Etat. Selon les Chambres néerlandophones, le « préjudice grave difficilement réparable » qui est légalement requis pour pouvoir suspendre, ne pouvait résulter de ma décision confirmative. Ce préjudice ne pouvait résulter que de la mesure d'éloignement prise par l'Office des étrangers. Cette mesure était redevenue exécutoire par suite de ma décision confirmative. Selon les Chambres francophones, ce préjudice était inhérent à la « qualité » de demandeur d'asile. Pourtant, en demandant tout simplement l'asile, n'importe quel étranger peut s'attribuer unilatéralement cette « qualité ». Quel que soit son pays d'origine et quelles que soient les circonstances spécifiques propres à l'intéressé, une reconduite d'un demandeur d'asile constituait, selon les Chambres francophones, toujours un préjudice sérieux pour l'intéressé. J'insistai pour que l'Assemblée générale du Conseil d'Etat assure l'unité de la jurisprudence. Ne pouvant être moi-même fractionné en rôles linguistiques, j'estimai que les différences de jurisprudence entre les deux rôles linguistiques du Conseil d'Etat, hypothéquaient le caractère fédéral de la politique d'asile.

Dans mes avis accompagnant mes décisions confirmatives, je dus me prononcer sur la reconduite du demandeur d'asile vers le pays où il prétendait craindre pour sa vie, son intégrité physique ou sa liberté. Afin de pouvoir suspendre, le Conseil d'Etat prétendit régulièrement que j'avais commis une « erreur manifeste d'appréciation ». Ce faisant, le Conseil substituait son appréciation à celle de l'autorité administrative légalement compétente pour apprécier cette crainte. Or, contrairement à cette autorité indépendante, le Conseil d'Etat n'était pas spécialement équipé pour faire cette appréciation en connaissance de cause.

En 1995, 1.240 recours et en 1996 1.431 recours furent introduits devant le Conseil d'Etat contre des décisions confirmatives (nouvelle procédure) ou contre des décisions de refus de demandes urgentes de réexamen (ancienne procédure). A partir de juillet 1996, il y eut pourtant une baisse sensible de ces requêtes, puisque la Cour de cassation avait affirmé que l'introduction de ces requêtes n'entraînait pas un droit à l'aide sociale (voy. *infra,* pp. 282-283). Respectivement 69% et 74% de ces requêtes étaient attribuées aux Chambres francophones du Conseil d'Etat. Un seul avocat fut à l'origine de 9% de toutes les requêtes en 1995 et de 6,8% en 1996. Aucune de ses requêtes n'aboutit à une suspension ou à une annulation. Le 31 décembre 1996, il y eut un arriéré de 1.961 dossiers d'asile (comparé à 1.421 l'année précédente). Les requêtes pendantes introduites en 1994, 1995 et 1996 l'étaient en moyenne depuis 414 jours. La loi exigeait pourtant un prononcé dans les 45 jours.

En 1995, le Conseil d'Etat avait prononcé 2.534 arrêts de suspension ou d'annulation de telles requêtes contre 2.215 en 1996. Ces arrêts représentaient en 1995 40% et en 1996 36% de tous les arrêts rendus par le Conseil d'Etat. Durant ces deux années, il y eut respectivement 3,5% et 5,3% de suspensions de décisions confirmatives. En ce qui concerne les demandes urgentes de réexamen, il y avait respectivement 7,6% et 10,8% de suspensions. Il y avait respectivement 0,97% et 1,91% d'annulations. Sans aucune exception, il s'agissait exclusivement, tant en suspension qu'en annulation, d'arrêts prononcés par des Chambres francophones. A titre de comparaison : mes avis favorables ou mes décisions d'examen ultérieur fluctuaient entre 17% et 35%.[509]

Chapitre XVII
Le Conseil d'Etat : le goulot de la procédure d'asile

L'incapacité du Conseil d'Etat à traiter les demandes de suspension de demandeurs d'asile déboutés dans le délai des 45 jours prescrits par la loi, rendit la procédure d'asile très vulnérable. Les effets recherchés par les efforts entrepris s'en trouvaient affaiblis. Les lois Vande Lanotte des 10 et 15 juillet 1996 n'y changèrent rien. La loi Onkelinx du 30 décembre 1992 qui fixait à quel moment l'aide sociale prenait fin, avait causé une grande confusion. Les juridictions du travail accordaient l'aide sociale aussi longtemps que les interminables procédures au Conseil d'Etat restaient pendantes. Les contestations sans fin sur cette question firent encore s'accroître la charge du Conseil d'Etat. Même l'arrêt de la Cour de cassation du 4 septembre 1995 ne mit pas les juridictions du travail au pas. L'interprétation donnée à la loi Onkelinx par la loi Vande Lanotte du 15 juillet 1996 fut attaquée devant la Cour d'arbitrage. L'arrêt du 22 avril 1998 de cette Cour fit exploser la charge du Conseil d'Etat. Celui-ci se noyait dans les recours de demandeurs d'asile. Toute la procédure d'asile suivait le même chemin.

1. Les lois Vande Lanotte (10 et 15 juillet 1996) : des grognements dans la marge

L'accouchement fut difficile pour les modifications législatives introduites par le Ministre Johan Vande Lanotte. Il ne s'agissait pourtant pas de mesures fondamentales. La procédure de suspension au Conseil d'Etat était maintenue. Personne ne se demandait si ce recours était vraiment « utile ». Le problème serait résolu en nommant des conseillers d'Etat supplémentaires.

*a. L'adaptation à Dublin et Schengen :
pas d'allègement de procédure*

Le Ministre Johan Vande Lanotte devait adapter la loi sur les étrangers à la Convention de Dublin du 15 juin 1990 et à l'Accord de Schengen du 19 juin 1990. Ceci n'était pas une simplification de la procédure d'asile. Elle était précédée d'une phase supplémentaire pour déterminer quel était l'Etat responsable pour traiter une demande d'asile. Une telle phase n'a de sens que lorsque finalement l'éloignement vers un autre pays européen va plus vite et est plus effectif, que vers le pays d'origine.

Malgré qu'il ne s'agisse pas de mesures fondamentales, les travaux parlementaires n'avançaient que péniblement. De nombreuses auditions furent organisées. Différentes instances et organisations s'occupant de réfugiés et d'étrangers, dont moi-même (le 7 février 1996),[510] furent entendues. Les organisations étaient inquiètes. Le Ministre Louis Tobback avait pris des mesures, dont la loi du 6 mai 1993, qui avaient fait baisser considérablement le nombre des demandes d'asile. Malgré le bruit que firent ces organisations, ainsi que les médias, les modifications législatives furent adoptées, pratiquement sans modification, par la Chambre le 4 avril 1996. Après les avoir évoquées le 30 avril, le Sénat les adopta à son tour, le 27 juin 1996, également sans aucun changement.

Moi aussi, j'étais inquiet. Je craignais que les modifications législatives proposées maintiennent une procédure d'asile trop lourde. Malgré tout ce battage, il ne s'agissait que de quelques grognements dans la marge. La baisse – pourtant spectaculaire – des demandes d'asile n'était pas suffisante pour résorber les arriérés avec uniquement un renfort de personnel. Selon les prévisions, cette résorption prendrait encore jusqu'à la mi-1999. Et ceci, sans tenir compte des arriérés à la Commission permanente de recours et au Conseil d'Etat.

Encore avant l'adoption des nouvelles lois, j'avais fait part de mes doutes auprès du ministre de l'Intérieur dans une lettre du 18 mars 1996. Je savais qu'il prévoyait d'étendre le nombre des conseillers d'Etat et celui des Chambres de la Commission permanente de recours. J'estimai qu'il fallait envisager d'accorder au Commissariat général la qualité de juridiction administrative. La section de législation du Conseil d'Etat l'avait proposé dans un avis du 14 octobre 1992.[511] La procédure d'asile étant considérablement alourdie par le rétablissement de la procédure de suspension au Conseil d'Etat, cette option devait être prise en compte. En outre, certains des avantages d'une autorité administrative par rapport à une juridiction administrative, disparurent avec les lois du 29 juillet 1991 concernant la motivation formelle des actes administratifs et du 11 avril 1994 sur la publicité de l'administration.

Je marquai ma préférence pour une procédure d'asile comportant au maximum trois instances, à savoir :

1. en première instance : l'Office des étrangers ;

2. un (seul) recours suspensif auprès du Commissariat général converti en juridiction administrative où, en fonction de la complexité du recours, les Commissaires traitants prendraient, immédiatement ou après examen ultérieur, une décision exécutoire. Seuls les demandeurs d'asile maintenus pourraient - en cas d'impossibilité de confirmation de la décision - bénéficier d'une décision (intermédiaire) d'examen ultérieur ;
3. un pourvoi non suspensif en cassation devant le Conseil d'Etat.

Quand on connaît les cultures de travail des instances concernées, on sait qu'un Commissariat général converti en juridiction administrative se serait considérablement (et favorablement) différencié d'une Commission permanente de recours convertie en Conseil du contentieux des étrangers. Ceci d'autant plus facilement que le Commissaire général, en tant qu'instance quasi-juridictionnelle, répondait déjà à plusieurs des exigences d'une juridiction : convocation par lettre recommandée, audition, assistance juridique par un avocat, assistance d'un interprète, possibilité de soumettre des pièces et motivation des décisions. Les deux seules caractéristiques d'une juridiction qui manquaient étaient que celui qui auditionne le demandeur soit aussi celui qui prenne la décision et l'accès préalable au dossier.

Le Ministre Johan Vande Lanotte qui avait déjà dépensé beaucoup d'énergie politique en faisant approuver les lois des 10 et 15 juillet 1996, n'était pas disposé à faire passer la simplification proposée. Le nombre des demandes d'asile était sous contrôle. La majorité des demandes d'asile entrantes étaient traitées rapidement. Selon moi, on avait là une chance unique pour essayer de mettre au point un système de reconduite effective vers leur pays d'origine des demandeurs d'asile récent arrivés et déboutés. Mais il n'y eut aucun intérêt pour mes propositions. Une simplification de la procédure, bien nécessaire, aurait pu éviter une surcharge considérable et des coûts énormes. Cette surcharge et ces coûts découleraient des dérapages de l'asile à venir et de l'instauration de structures juridictionnelles expansives. Des contestations juridiques quant à l'aide sociale aux demandeurs d'asile donnèrent le coup de grâce à la procédure d'asile existante. Les balles de ping-pong devenaient des balles de tennis.

b. Le recours d'asile au Conseil d'Etat : un « recours utile » ?

Par la loi du 4 août 1996, adoptée à l'initiative du Ministre Johan Vande Lanotte, une croissance importante du nombre des conseillers d'Etat et des membres de l'auditorat, du bureau de coordination et du greffe a été autorisée. En outre, les conseillers d'Etats seraient assistés par nombre de secrétaires d'administration-juristes. Le Conseil d'Etat pouvait être reconnaissant à son ancien auditeur. Cette croissance importante de membres du personnel était justifiée par la nécessité de rattraper l'arriéré du Conseil d'Etat. Il était constitué en grande partie par des dossiers d'étrangers, et en particulier de demandeurs d'asile déboutés.

A la lumière de la justification donnée, la question se posait de savoir si les efforts que les Chambres francophones avaient entrepris en 1994 pour rester compétentes en matière de suspension de mes décisions confirmatives y étaient pour quelque chose.[512] Sans ce surnombre de dossiers d'asile francophones, il y aurait eu un déséquilibre important entre la charge des Chambres néerlandophones et celle des Chambres francophones. Le 15 septembre 2006 fut créé le Conseil du contentieux des étrangers.[i] Le butin était encaissé. Le contentieux des étrangers put en grande mesure se déverser sur une juridiction administrative de première instance. Elle est actuellement composée de 62 juges au contentieux des étrangers. Le 1er septembre 2009, un Conseil (flamand) du contentieux des permis allait voir le jour avec actuellement sept juges administratifs. Le nombre des conseillers d'Etat est resté inchangé.

L'unique effet pratique de l'intervention du Conseil d'Etat fut le report dans le temps de la reconduite des demandeurs d'asile déboutés. Ceci entraîna un accueil plus long dans la durée (et des coûts supplémentaires). Plus longue est la durée de l'accueil, plus le retour au pays d'origine est difficile pour les autorités - et pénible pour l'intéressé. Ce fut aussi un important facteur d'attraction de demandes d'asile. En outre, mes services durent consacrer des efforts supplémentaires pour défendre des centaines de mes décisions devant le Conseil d'Etat.

---

[i] BOSSUYT, Marc, & DE GEYTER, Lien, « De rol van de asieljurisdicties in de Belgische asielprocedure », in ROZIE, Joëlle, DERUYCK, Filiep, HUYBRECHTS, Luc, & VAN VOLSEM, Filip, [Eds.], *Na Rijp beraad : Liber amicorum Michel Rozie*, Anvers, Intersentia, 2014, pp. 39-52.

Du moment où le Commissaire général obtint une compétence décisionnelle en matière de reconduite, l'intervention du Conseil d'Etat n'eut pas vraiment de valeur ajoutée. Il semblait surtout qu'il s'agissait de donner bonne conscience à certains, sous prétexte du respect de grands principes. Ou était-ce surtout l'emploi de juristes qui devait être assuré ? Moi-même, je perdis la motivation de coopérer au maintien des bonnes apparences. Dénoncer cette hypocrisie risquait de mettre en danger l'exercice de mon mandat. Cela m'incita à envisager de regarder vers d'autres horizons. Le 5 février 1997, j'ai quitté le Commissariat général. Avant de le faire, j'ai fait vérifier combien de décisions annulées par le Conseil d'Etat avaient *in fine* conduit à une reconnaissance du statut de réfugié. Il n'y avait qu'*un seul cas*. Ce qu'on appelle un « recours utile » !

2. L'aide sociale : le nerf de l'asile

Plus qu'un droit de séjour, l'introduction d'une demande d'asile vise à obtenir un droit à l'aide sociale. Si l'argent est le nerf de la guerre, l'aide sociale est le nerf de l'asile. D'où l'importance de déterminer à partir de quel moment ce droit prend fin. La loi Onkelinx du 30 décembre 1992 causa une confusion largement répandue. Le 4 septembre 1995, la Cour de cassation apporta de la clarté. Lorsqu'il s'avérait que des juridictions du travail persistaient néanmoins dans l'obstruction, la loi Vande Lanotte du 15 juillet 1996 entendait y mettre fin. Dans son arrêt du 22 avril 1998, la Cour d'arbitrage privilégia une interprétation qui lui était propre. Les conséquences furent inouïes. Le sommet ne sera atteint que fin 2000.

a. Les obligations à l'égard des étrangers séjournant illégalement sur le territoire

L'Etat n'a pas les mêmes obligations à l'égard de ceux qui séjournent illégalement sur son territoire qu'à l'égard de ceux qui y séjournent légalement.[513] Un étranger qui est entré sur le territoire ou qui y séjourne sans autorisation ne peut faire valoir les mêmes revendications que les étrangers qui ont obtenu cette autorisation. Il est rare que des demandes d'asile soient introduites par des étrangers qui ont, tel que requis, obtenu préalablement cette autorisation. Pour cette raison, la procédure d'asile débutait avec une décision sur l'accès ou le séjour sur le territoire. Il est généralement admis que les étrangers qui introduisent une demande d'asile, ont - en attendant une décision sur l'entrée ou le séjour - un droit à l'aide sociale à charge de l'Etat. Ils bénéficient *a fortiori* de ce droit, une fois obtenu l'accès ou le séjour en vue d'une décision quant à leur demande d'asile.

Il est d'importance cruciale de déterminer le moment auquel le droit à l'aide sociale prend fin. Un ordre de quitter le territoire est juridiquement obligatoire c.à.d. que l'intéressé a l'obligation de quitter le territoire. Il est évident préférable que l'intéressé donne volontairement suite à cette obligation plutôt que d'être contraint à le faire. Un éloignement par la contrainte n'est possible que lorsque l'ordre est exécutoire. Ce moment peut être reporté dans le temps par des délais et des procédures de recours. En règle, l'ordre de quitter le territoire indique le délai dans lequel il doit être exécuté. En cas de recours organisé, tel que c'était le cas avec le recours urgent devant le Commissaire général, l'exécution de l'ordre est suspendue pendant le délai nécessaire pour introduire un tel recours. S'il est prévu en outre, que le recours est suspensif, l'ordre ne peut être exécuté aussi longtemps que le recours n'est pas clôturé. Lorsque finalement il a été constaté que le demandeur d'asile n'est pas un réfugié, il s'ensuivra, en règle, que l'ordre de quitter le territoire devra être exécuté. Cela se fera volontairement si possible ; par la contrainte si nécessaire (voy. chapitre XVIII, pp. 288-296).

On peut difficilement s'attendre à ce que les demandeurs d'asile déboutés quittent volontairement le territoire, lorsqu'au cas où ils ne le font pas, ils continuent à bénéficier sans encombre de l'aide sociale. Dès que la demande d'asile est refusée, la situation de séjour des intéressés est la même que celle d'autres étrangers qui séjournent sur le territoire sans autorisation. Ils n'ont donc pas (ou plus) droit à l'aide sociale.

b. *La loi Onkelinx du 30 décembre 1992 : confusion à tous les étages*

Laurette Onkelinx, ministre (7 mars 1992 – 4 mai 1993) de la Santé et de l'Intégration sociale, prit l'initiative de clarifier la loi sur les CPAS du 8 juillet 1976. Modifié par la loi du 30 décembre 1992, l'article 57, §2, de cette loi prévoyait que :

> « le centre accorde uniquement l'aide strictement nécessaire pour permettre de quitter le pays :

1° à l'étranger qui s'est déclaré réfugié, a demandé à être reconnu en cette qualité, n'est cependant pas autorisé à séjourner dans le Royaume en cette qualité et auquel un ordre dé*finitif* de quitter le pays a été signifié ;
2° à l'étranger qui séjourne illégalement dans le Royaume et auquel un ordre *définitif* de quitter le pays a été signifié ».

- Un ordre « définitif » : un non-sens en droit administratif

Lorsque j'ai pris connaissance de ce texte, au cabinet du ministre de l'Intérieur Louis Tobback, je fus consterné par la formulation utilisée. J'ai exprimé mon mécontentement sans ambages. Je ne pouvais pas comprendre qu'une initiative aussi importante pour la politique d'asile ait été prise, sans que j'aie eu l'occasion de faire connaître mon point de vue. J'y ai vu un manque de confiance fondé sur des considérations de politique partisane. Tous les membres du gouvernement concernés par la politique d'asile n'avaient pas encore compris que sans coopération il ne serait pas possible de surmonter la crise d'asile. Cela n'arriverait plus à l'avenir. Mais le mal était fait. Malheureusement, ma crainte que la notion d'« ordre définitif » conduise à une grande confusion et à de nombreuses contestations juridiques, se réalisa. Je ne pouvais pas prévoir que toute la politique d'asile s'écroulerait à la suite de cette confusion.

Tout juriste sait quand un jugement en matière pénale ou civile est « définitif » : a) lorsque le juge en première instance s'est prononcé et que le délai d'appel est écoulé, b) ou, en cas d'appel, lorsque le délai pour le pourvoi en cassation contre l'arrêt en appel est écoulé, c) ou, en cas de pourvoi en cassation, lorsque la Cour de cassation l'a dénié. Une fois une procédure judiciaire définitivement traitée, aucun juge, aucun ministre ou qui que ce soit, ne peut revenir sur le prononcé. Il est définitif.

En droit administratif, c'est tout différent. Tout ordre de quitter le territoire peut à tout moment être retiré par l'autorité compétente. Ceci peut se faire même après que le juge administratif a jugé que l'ordre est légal. Souvent, il y a des possibilités de recours prévues. Parfois, il y en a devant des autorités administratives, il y en a de plus en plus devant des juridictions administratives et il y en a toujours (en première ou dernière instance), devant le Conseil d'Etat. En soi, l'introduction d'un recours devant le Conseil d'Etat - en annulation ou (depuis la loi du 19 juillet 1991) en suspension - n'a pas d'effet suspensif. Les décisions d'une autorité administrative sont supposées être légales. Aussi longtemps qu'un juge administratif n'en a pas jugé autrement, une décision administrative est exécutoire. C'est ce que dit le principe de droit administratif déjà mentionné (voy. *supra*, p. 266) « le privilège du préalable » : les décisions administratives sont exécutoires sans intervention préalable d'un juge. La disposition législative concernant les CPAS aurait donc dû parler, non pas d'un ordre « définitif », mais d'un ordre « exécutoire ».

- La Cour de cassation garde la tête froide (4 septembre 1995)

Au début, cette nouvelle disposition de la loi sur les CPAS (l'article 57, §2) n'était pas fréquemment appliquée. Le ministère de la Santé publique ne donnait pas souvent suite aux listes que je lui communiquais. Sur ces listes figuraient les noms des demandeurs d'asile qui avaient fait l'objet d'une décision de refus exécutoire. Le Ministère prétextait qu'il n'en recevait pas de confirmation de la part de l'Office des étrangers. On ne savait pas avec certitude si une suspension n'avait pas été demandée au Conseil d'Etat. Le Ministère considérait initialement que les décisions n'étaient définitives qu'après refus de la suspension par le Conseil d'Etat. Il y avait même des tribunaux et des cours du travail qui jugeaient que les décisions n'étaient définitives qu'après que le Conseil d'Etat – sait-on jamais – se soit prononcé sur une demande en annulation. Certains prétendaient que, bien qu'exécutoire, l'ordre n'en serait pas pour autant définitif. Laurette Onkelinx, la ministre de la Santé publique et de l'Intégration sociale, contribua, elle aussi, à la confusion. Dans une circulaire[514] du 2 mars 1993, il était dit qu'en cas de recours au Conseil d'Etat, l'ordre ne serait pas définitif. Selon une circulaire[515] (rectificative) du 27 avril 1993, l'ordre était définitif lorsqu'aucune forme de recours *suspensif* n'était plus possible.

Dans une note du 13 octobre 1994 adressée au (nouveau) ministre de l'Intérieur Johan Vande Lanotte, j'insistai pour que tout quiproquo soit évité. Il conviendrait d'établir clairement quand l'aide sociale devait être arrêtée. Cela devait être non pas dès qu'était prise une décision définitive mais bien une décision exécutoire de refus de la reconnaissance du statut de réfugié. Je proposai de mentionner dans la loi tous les cas dans lesquels une décision était exécutoire :

    a. Une décision d'irrecevabilité prise par le Ministre ou son délégué pour laquelle le délai d'introduction d'une demande urgente ou d'un recours urgent est écoulé ;

b. Un avis défavorable du Commissaire général confirmé par le Ministre ou son délégué ou une décision confirmative de refus de séjour prise par le Commissaire général ;
c. Une décision de refus prise par le Commissaire général pour laquelle le délai d'introduction d'un recours auprès de la Commission permanente de recours est écoulé ;
d. Une décision de refus prise par la Commission permanente de recours.

Contrairement à beaucoup de CPAS, davantage de tribunaux et de cours du travail jugeaient que l'ordre n'était pas « définitif » lorsqu'il était encore susceptible d'un recours devant le Conseil d'Etat. Cette jurisprudence fut grandement responsable d'un nombre élevé de recours dilatoires[516] introduits devant le Conseil d'Etat. Heureusement, la Cour de cassation garda la tête froide. Dans des arrêts du 4 septembre[517] et du 4 décembre 1995,[518] cette Cour rappela[519] qu'un ordre définitif de quitter le territoire était un ordre qui ne pouvait plus faire l'objet d'un recours avec effet suspensif devant une autorité administrative ou devant le Conseil d'Etat. Ce n'était pas un ordre contre lequel aucun recours n'était plus possible devant n'importe quelle autorité ou juridiction susceptible de prendre une décision en matière d'étrangers. Puisque ni le recours en annulation, ni le recours en suspension, n'avait un effet suspensif, l'ordre était définitif, malgré l'introduction d'un recours devant le Conseil d'Etat. Même en cas de recours devant le Conseil d'Etat, il n'y avait plus de droit à l'aide sociale.

Sur les recours en suspension « en extrême urgence » (mais uniquement ceux-là), le Conseil d'Etat statuait rapidement. Cela permettait de suspendre des décisions de reconduite jugées contraires à la loi avant leur mise en exécution. D'ailleurs, ceci correspondait au *dictum* de la Cour d'arbitrage dans son arrêt n°. 61/94 : « seule une décision de suspension prise par le Conseil d'Etat, éventuellement d'extrême urgence par un président, [...], empêchera l'éloignement du territoire » (B.5.9.7). Le recours à cette procédure en extrême urgence n'eut lieu que rarement. Dans son Rapport annuel 1994/1995, le Conseil d'Etat observa que beaucoup demandeurs d'asile préféraient la procédure ordinaire car celle-ci pouvait durer une éternité.

- Une loi interprétative (15 juillet 1996)

Malgré les arrêts de la Cour de cassation, un nombre de juridictions du travail continuaient à accorder l'aide sociale. Elles continuaient à prononcer des jugements et des arrêts en sens contraire. Marcel Colla était ministre (1995-1999) de la Santé, lorsque l'initiative fut prise d'adopter une loi interprétative. La disposition en question (l'article 65) faisait partie de la loi Vande Lanotte du 15 juillet 1996 (voy. *supra,* pp. 275-277). Dans l'article 57, §2, de la loi sur les CPAS, la notion d'« ordre définitif » a été remplacée par celle d'« ordre exécutoire ». En outre, cette disposition prévoyait explicitement que la mission d'un CPAS se limite à l'octroi de l'aide médicale urgente à l'égard d'un étranger qui séjourne illégalement dans le Royaume. La notion d'« aide médicale urgente » était définie par l'arrêté royal du 12 décembre 1996. Cette aide pouvait être aussi bien de nature curative que préventive.

Dans des arrêts des 21 octobre[520] et 7 novembre 1996,[521] la Cour de cassation confirma encore que l'introduction de recours au Conseil d'Etat n'entraînait pas d'aide sociale. Ce point de vue de la Cour de cassation correspondait non seulement à celui du gouvernement mais manifestement aussi à la volonté du législateur. Le pouvoir législatif, le pouvoir exécutif et le pouvoir judiciaire s'entendaient sur cette interprétation.

3. L'arrêt du 22 avril 1998 : la Cour d'arbitrage l'avait compris autrement

La Cour d'arbitrage l'avait compris autrement. Trois associations sans but lucratif francophones, à savoir le Mouvement contre le racisme, l'antisémitisme et la xénophobie, la Ligue des droits de l'homme et le Syndicat des avocats pour la démocratie, avaient demandé, le 24 mars 1997, l'annulation des modifications apportées par la loi du 15 juillet 1996 à la loi sur les étrangers du 15 décembre 1980 et à la loi sur les CPAS du 8 juillet 1976. J'étais juge à la Cour d'arbitrage depuis le 6 février 1997. La date des plaidoiries dans cette affaire fut fixée au 11 février 1998. Ce jour-là, un des juges francophones n'était pas disponible. Par conséquent, en tant que juge néerlandophone dernier nommé, je ne pouvais pas siéger. L'absence de ces deux juges entama la composition équilibrée du siège. Le 22 avril 1998, la Cour d'arbitrage prononça son arrêt n°. 43/98.[i]

---

[i] Voy. aussi BOSSUYT, Marc, & LEYSEN, Riet, « Het Arbitragehof en het vreemdelingenrecht », in X, *Burgerschap, inburgering en migratie,* Larcier, Bruxelles, 2006, pp. 47-139.

a. Aide sociale aussi longtemps que des recours au Conseil d'Etat sont pendants

Il fallait déduire de cet arrêt du 22 avril 1998 qu'au temps de son arrêt n°. 51/94 du 29 juin 1994,[522] la Cour aurait compris qu'un ordre de quitter le territoire ne serait « définitif » que, lorsqu'il n'y aurait plus de recours pendant au Conseil d'Etat. La loi du 15 juillet 1996 ayant clarifié – en remplaçant le mot « définitif » par le mot « exécutoire » – qu'il n'y avait plus d'aide sociale même lorsqu'il y avait encore des recours pendants au Conseil d'Etat, la Cour estima que cette mesure était « excessive » (B.35). La Cour jugea que la mesure attaquée apparaissait comme apportant une « limitation disproportionnée » au droit à l'aide sociale et au droit à l'exercice effectif d'un recours juridictionnel (B.36). La Cour se fondait pour cela sur la constatation qu'il existait une procédure permettant de filtrer les recours dilatoires (B.35) : « Les règles de procédure applicables devant le Conseil d'Etat permettent de rejeter à bref délai les demandes de suspension et les recours en annulation qui seraient manifestement irrecevables ou manifestement non fondés » (B.34).

La Cour annula le mot « exécutoire » dans l'article 57, §2, de la loi sur les CPAS. Mais, que fallait-il comprendre par « un ordre de quitter le territoire » qui n'était qualifié, ni de définitif, ni d'exécutoire ? La Cour donna sa propre interprétation. L'effet de l'annulation fut précisé en faisant précéder l'annulation par la phrase suivante :

« Cette annulation a pour effet que l'article 57, §2, doit s'interpréter comme ne s'appliquant pas à l'étranger qui a demandé à être reconnu comme réfugié, dont la demande a été rejetée et qui a reçu un ordre de quitter le territoire, *tant que n'ont pas été tranchés les recours qu'il a introduits devant le Conseil d'Etat* contre la décision du Commissaire général aux réfugiés et aux apatrides prise en application de l'article 63/3 de la loi ou contre la décision de la Commission permanente de recours des réfugiés ».

Par conséquent, une fois qu'un recours était introduit au Conseil d'Etat, l'aide sociale était maintenue, non seulement jusqu'à la fin de la procédure de suspension contre la décision confirmative du Commissaire général, mais aussi jusqu'à la fin de la procédure en annulation contre cette décision. De plus, non seulement la procédure de recevabilité devait être terminée par le Conseil d'Etat, mais cela valait aussi pour la procédure au fond, car même si la décision attaquée était prise par une juridiction (la Commission permanente de recours), il fallait attendre la fin d'une éventuelle procédure (de cassation) devant le Conseil d'Etat. Ainsi, la solidarité nationale était étendue en faveur d'étrangers pour lesquels les instances compétentes avaient décidé qu'ils devaient quitter le territoire et qu'ils pouvaient en être éloignés. Bien que je ne fasse pas partie du siège, je crois mieux faire - en tant que juge émérite de la Cour - de m'abstenir de commentaire sur cet arrêt. Qu'il me soit quand même permis de faire observer que l'emploi du mot « définitif » dans la loi Onkelinx du 30 décembre 1992 a été la base de l'effondrement de la procédure d'asile. Les conséquences de cette gaffe furent même d'une envergure plus grande que je ne le craignais déjà à ce moment-là.

b. Les conséquences de l'arrêt du 22 avril 1998 : tous les records battus

Comme on pouvait s'y attendre, l'arrêt du 22 avril 1998 entraîna une charge de recours toujours plus grande pour le Conseil d'Etat.[523] Les digues avaient sauté. L'arriéré du Conseil d'Etat en matière de décisions confirmatives du Commissaire général passa de 1.059 fin 1998 à 2.177 (+105%) fin 1999, puis à 8.791 (+248%) fin 2000.[i] C'est ce qu'on appelle une croissance exponentielle. Le nombre des recours introduits par des demandeurs d'asile s'est même accru jusqu'à représenter plus de 80% de tous les recours introduits au Conseil d'Etat ! Mais ceci ne veut pas dire que le Conseil d'Etat ait affecté 80% de son personnel au traitement des recours contre le Commissaire général, loin de là. Pourtant, de deux choses l'une : ou bien le contentieux d'asile était équivalent aux autres contestations administratives, et alors il fallait entreprendre des efforts équivalents pour les traiter ; ou bien moins d'efforts étaient nécessaires et alors il n'y avait aucune justification à la formation d'arriérés importants. Ces arriérés étaient d'autant moins justifiables que les demandeurs d'asile étaient pris en charge par l'Etat pour la durée de la procédure. Ceux qui avaient des recours dans d'autres matières ne l'étaient pas. En outre, la seule introduction d'un recours devant le Conseil d'Etat a pour conséquence, mais pour les seuls demandeurs d'asile, d'obtenir en fait immédiatement ce qu'ils cherchent : un séjour prolongé sur le

---

[i] Dans son Rapport annuel 2000/2001, le Conseil d'Etat faisait observer que, par suite de l'arrêt du 22 avril 1998 de la Cour d'arbitrage, le greffe devait délivrer des attestations aux demandeurs d'asile qui avaient introduit un recours au Conseil d'Etat. En moyenne, il s'agissait de 150 à 200 attestations par jour. En outre, le greffe devait chaque mois tenir toute une correspondance avec les CPAS ou avec les conseils des requérants.

territoire. Après l'arrêt du 22 avril 1998, un droit à l'aide sociale s'y ajouta encore automatiquement. Il n'était donc pas surprenant qu'après deux mois déjà, l'effet boule de neige se fut à nouveau déclenché. Il s'est poursuivi sans interruption pendant deux ans et demi.

Profitant du pont de l'Ascension, j'entrepris, pour me changer un peu les idées, une mission universitaire du 16 au 23 mai 1998 au Rwanda et au Burundi. Accompagné de mon collègue de l'Université d'Anvers (UIA), le professeur Henri Swennen, je rendis visite à l'Université Nationale du Rwanda à Butare et à l'Université du Burundi à Bujumbura.[i] Nous examinions quelles étaient les possibilités de reprise de la coopération avec les facultés de droit de ces deux universités. En tant que coordinateur du Conseil interuniversitaire flamand (Vl.I.R.), j'ai repris la coopération avec la faculté de droit à Bujumbura. Au Rwanda, nous avons rendu visite à deux mémoriaux du génocide des Tutsi : les longues rangées de crânes dans la petite église de Nyamata et la vue des corps sous la chaux dans l'Ecole technique de Murambi près de Gikongoro (où 60.000 corps avaient été déterrés) nous ont fait forte impression.[ii]

- L'hôpital Saint-Pierre : soucis de cœur (14 juillet 1998)

Moins de trois mois après l'arrêt de la Cour d'arbitrage, le 14 juillet 1998, je fus frappé d'une crise cardiaque à la Cour. C'était à peine une petite heure avant que la Cour - après avoir prononcé les derniers arrêts de l'année d'activité - ne suspende ses activités pour les congés d'été. J'ai rapidement été transporté à l'hôpital Saint-Pierre à Bruxelles, tout près du ministère de la Justice. Après qu'en début de soirée un « stent » ait été introduit dans mes artères pour les dilater, pendant la nuit soudainement mon cœur s'est arrêté de battre. Puisque j'étais sous surveillance cardiaque, quelques chocs électriques y ont immédiatement remédié. Le médecin en chef qui passait le matin, m'a

---

[i] SAGAERT, Vincent, « De betekenis van Marc Bossuyt voor de Burundese rechtstaat. '*Mushingantahe*' als eretitel », in ALEN, André, JOOSTEN, Veronique, LEYSEN, Riet & VERRIJDT, Willem, *Liberae cogitationes : Liber amicorum Marc Bossuyt,* Anvers, Intersentia, 2013, pp. 543-557.

[ii] Dans une lettre du 7 juin 1998 au professeur Josse Van Steenberge, Recteur de l'Université d'Anvers (UIA), le professeur Filip Reyntjens de l'Université d'Anvers (RUCA) qualifia notre visite à ces deux « lieux de pèlerinage [de] tourisme de génocide obligatoire ».

dit : « Maintenant, nous ne nous faisons plus de soucis pour vous. Mais c'était différent cette nuit ».

L'hôpital Saint Pierre est largement fréquenté par des étrangers dont le statut de séjour varie fortement. Les soins y sont excellents. Le docteur Michel de Marneffe, un médecin à poigne, avait fait la dilatation en urgence. Une femme médecin fort gentille, d'origine turque, dirigeait la surveillance cardiaque. Une autre femme médecin d'origine tunisienne, portant un foulard, m'a fait un test d'effort. Un médecin d'origine rwandaise m'a donné les soins postopératoires. Lorsque je lui ai demandé où il avait fait ses études, il m'a répondu « A Bujumbura. Vous comprenez ? » J'avais compris : il avait été réfugié rwandais au Burundi. Lors des conversations nocturnes, un infirmier flamand, espèce plutôt rare, m'a dit : « Nous avons ici des patients ayant comme seule preuve d'identité un ordre de quitter le territoire délivré cinq ans auparavant ». Je me suis senti chez moi.

Parmi les rares visiteurs autorisés par mon épouse à la surveillance cardiaque, il y avait mon successeur le Commissaire général Luc De Smet. Il sut comment me faire plaisir. Il avait amené les dernières statistiques du Commissariat général. Toutefois, consulter ces statistiques n'était pas bon pour mon cœur. Le mois de juin 1998 montra une brusque montée de 33%. Avec 1.510 demandes d'asile, ce nombre représentait un accroissement d'un tiers par rapport à la moyenne mensuelle de 1.132 les cinq mois précédents. J'étais fort inquiet. J'ai conseillé à Luc de tirer la sonnette d'alarme. Je craignis, qu'en l'absence de mesures prises rapidement, l'effet boule de neige s'enclenche et s'amplifie. C'est devenu une réalité : ce même mois (juillet 1998), il y eut plus de 2.000 demandes d'asile (2.035).

- Le dérapage ultime (fin 2000)

Le 17 août 1998, le Commissaire général Luc De Smet attira l'attention du ministre de l'Intérieur Louis Tobback sur l'énorme croissance des demandes d'asile. Parmi les facteurs d'attraction les plus importants, il citait le fait que les demandeurs d'asile entrants n'étaient pas immédiatement interrogés par l'Office des étrangers et également l'arrêt du 22 avril 1998 de la Cour d'arbitrage. Il insista sur la prise de mesures urgentes afin d'éviter que « l'effet boule de neige » bien connu ne se répète. Plus tard, il apparut que cet effet se manifesta comme jamais auparavant. A la fin de l'année 1998, le nombre des demandes du premier semestre (7.171) avait doublé durant le second semestre (14.796). Cela s'est poursuivi de la même façon : de 11.909 en 1997, le nombre des demandes d'asile montait à 21.967 en 1998, puis à 35.808 en 1999, et enfin au nombre jamais atteint auparavant de 41.982 (!) en 2000. Ce record annuel était 3,5 fois supérieur à la moyenne (12.006 demandes d'asile) des trois années (1995-1997) précédant le dérapage. Ce qui a coûté une fortune au contribuable.

Entretemps, les ministres de l'Intérieur s'étaient succédé : après le décès de Semira Adamu, le 22 septembre 1998, Louis Tobback démissionna le 26 septembre 1998. Il ne fut une deuxième fois ministre de l'Intérieur que pendant cinq mois. Luc Van den Bossche (SP) lui succéda pendant moins de dix mois, jusqu'au 12 juillet 1999. Au début de l'année 1999, éclata la « crise de la dioxine ». Après les élections du 13 juin 1999, Guy Verhofstadt devint Premier Ministre, le 12 juillet 1999. Antoine Duquesne (PRL, puis MR) devint alors ministre de l'Intérieur (jusqu'au 11 juillet 2003).

Juste avant qu'il ne devienne Premier Ministre, j'eus l'occasion d'exhorter Guy Verhofstadt à donner une suite urgente aux éventuelles demandes de renfort des instances d'asile. Depuis juin 1998, les demandes d'asile avaient fortement augmenté, pour la quatrième fois depuis le 1er février 1988. En outre, la politique d'éloignement s'était effondrée à cause du décès de Semira Adamu. Les hausses précédentes aussi avaient débuté au début de l'été (juillet 1989, juillet 1991 et juin 1992). Il était à craindre qu'en juillet 1999 le nombre des demandes d'asile atteigne encore une fois des sommets.

Le premier dérapage (avec un sommet en mars 1990) a pu être résorbé, grâce à des renforts de personnel par des contractuels subsidiés et des miliciens ; le deuxième (septembre 1991), grâce à des renforts de personnel et à la loi Wathelet du 18 juillet 1991 ; le troisième (juin 1993) grâce à des renforts draconiens de personnel et à la loi Tobback du 6 mai 1993. Il me parut peu probable qu'il soit possible de maîtriser le quatrième dérapage avec seulement des renforts de personnel. Pour cette raison, j'écrivis :

> « Les dérapages de la politique d'asile ne sont pas une fatalité que la politique doit subir et devant laquelle notre pays serait impuissant. En cas d'inondations, les causes ne sont pas éliminées par l'expansion des zones d'inondation et la distribution de seaux pour ramener l'eau vers les fossés et les rivières. Faire s'élever les digues et arrêter les flux d'eau est beaucoup plus efficace. La simplification de la procédure et l'éloignement effectif sont plus efficaces que la multiplication des centres d'accueil et la croissance du nombre de personnel pour passer les dossiers de l'une à l'autre instance ».

Après quelques mois à la tête du gouvernement, Guy Verhofstadt prit - avec la détermination qui le caractérise - en mains propres la politique d'asile. A la tête d'une *Task Force*, il ne recula devant aucun effort pour faire avancer les choses. Lorsque les Russes tardaient à délivrer des documents de laissez-passer, il n'hésitait pas à s'adresser à (celui qui était alors encore son ami) Vladimir Poutine, Président (2000-2008 ; 2012-....) de la Fédération de Russie. Il s'appuyait surtout sur Pascal Smet. Après avoir été mon étudiant à l'Université d'Anvers (UIA), celui-ci travailla au Commissariat général à partir de 1991. Très vite, Pascal fut « promu » de fonctionnaire traitant des dossiers à superviseur et puis à chef de section. Toutes ces promotions n'étaient que fonctionnelles. Elles étaient sans le moindre effet sur le rang ou la rémunération des « promus ». Comme chef de la section « Asie », Pascal fut d'une efficacité telle que sa section, qui traitait surtout des demandes originaires de l'Inde et du Pakistan, tomba à sec. Lorsque la crise a éclaté en Yougoslavie, presque toute sa section a pu être transférée vers une nouvelle section « ex-Yougoslavie ». Après quelque temps au cabinet du ministre de l'Intérieur Johan Vande Lanotte, il succéda en 1998 à Luc De Smet en qualité de Commissaire adjoint. Fin octobre 1999, Guy Verhofstadt fit nommer cet ancien président (1990-1992) des Jeunes Socialistes chef de cabinet adjoint du Ministre Antoine Duquesne. A partir du 1er janvier 2001, Pascal Smet fut nommé Commissaire général. Le Premier Ministre Guy Verhofstadt avait mis le couteau sur la gorge de Luc De Smet, qui servit de bouc émissaire afin qu'il parte. Une fonction d'expert en matière d'asile au ministère des Affaires étrangères pour six ans fut créée pour lui.

Le 4 janvier 2006, Luc De Smet décéda dans la voiture qui le transportait de son bureau à Bruxelles vers l'hôpital. Les deux jours précédents, il était encore venu au bureau. Le 14 janvier 2006, je prononçai l'allocution funèbre[524] lors de son enterrement à Louise-Marie dans les Ardennes flamandes :

> « Lorsque Luc est devenu mon adjoint [le 1er septembre 1994], je pouvais aveuglément lui confier la politique de reconnaissance. Cela me donnait plus de temps pour conduire le Commissariat général en sécurité à travers les parfois gros orages de l'asile. Lorsqu'il m'a succédé [le 6 février 1997], il savait combien la mission était ingrate et risquée. Néanmoins, il s'est engagé avec enthousiasme et ténacité. Luc était surtout l'homme des dossiers individuels et des bons conseils. Il était plus intéressé par les arbres que par la forêt. Cette forêt est pleine de pièges et de fusils de chasse. Lorsqu'il mit en garde contre le dérapage imminent [à partir d'août 1998], il ne fut pas écouté. On a essayé de lui glisser la responsabilité de ce dérapage dans les chaussures. Pour les réfugiés

et pour son personnel, il fut un bon commissaire général. Il ne savait pas toujours éviter les obstacles administratifs et les pièges politiques. Ses rapports avec les ministres compétents furent laborieux. Il n'a pas réussi à se faire un allié des médias contre des critiques injustes. Son statut précaire ne lui laissa finalement d'autre choix que de jeter le gant ».

Le 15 septembre 2003, Steve Stevaert, président (2003-2005) du SP.a, arracha Pascal Smet, originaire de Beveren, du Commissariat général pour devenir secrétaire d'Etat à la Mobilité au Gouvernement bruxellois. Ce fut le début d'une carrière politique à succès (voy. *supra,* p. 242). Après le départ de Pascal du Commissariat général, Dirk Van den Bulck, Commissaire adjoint depuis juillet 2002, assura l'intérim. Le 1er janvier 2005, il fut nommé Commissaire général. Antérieurement, il avait travaillé au *Foyer* de Johan Leman à Molenbeek. Ensuite (de 1992 à 1999), il fut en charge des questions d'asile au cabinet des ministres de l'Intérieur Johan Vande Lanotte, Louis Tobback et Luc Van den Bossche. En 1999, il fut nommé assesseur à la Commission permanente de recours. Son mandat de Commissaire général fut renouvelé, chaque fois pour cinq ans, en 2010, en 2015 et en 2020. Le 31 mars 2023, il a pris sa retraite. Dès le lendemain, Sophie Van Balberghe, que j'avais recrutée au CGRA en 1993, assura sa succession. C'est la quatrième fois que cela se passe ainsi par un des deux Commissaires adjoints, mais pour la première fois, par une femme et une francophone.

Chapitre XVIII
Semira Adamu, les éloignements et les régularisations (1998-2020)

La Nigériane Semira Adamu mourut le 22 septembre 1998, lors d'une sixième tentative de rapatriement, entraînant la démission du ministre de l'Intérieur Louis Tobback, le 26 septembre. A la suite de cette affaire, ont été instituées les Commissions Vermeersch I (1998-1999), Vermeersch II (2004-2005) et Bossuyt (2018-2020). Elles durent émettre des recommandations pour une politique d'éloignement plus humaine et plus efficace. Le 12 décembre 2003, quatre gendarmes impliqués dans ce rapatriement raté furent condamnés pénalement. A la fin de ce chapitre, je développerai les écueils qui surviennent lors des régularisations présentées comme alternatives à l'éloignement.

1. Le décès de Semira Adamu (22 septembre 1998) : un drame à Zaventem

Le mardi 22 septembre 1998 dans la soirée, la demandeuse d'asile déboutée Semira Adamu originaire du Nigéria, est décédée à l'Hôpital universitaire Saint-Luc à Woluwe-Saint-Lambert. Ce triste événement a eu lieu un an et demi après que j'ai quitté le Commissariat général. Il prit une place très exceptionnelle et très importante dans la politique belge de l'asile. On peut supposer qu'il existe un certain intérêt pour connaître les circonstances exactes de ce drame.

a. Figure de proue de la résistance contre les expulsions

Venant du Togo, elle avait demandé l'asile à l'Aéroport National, le 25 mars 1998. Elle était en route pour Berlin avec un faux passeport portugais. Elle prétendait s'être enfuie de son pays parce qu'elle était forcée par sa belle-mère de se marier avec un homme de 65 ans. Cet homme aurait déjà été marié avec deux ou trois autres femmes. Rares étaient les médias qui en doutaient. Seul *De Morgen*[525] fit mention d'un témoin anonyme qui l'avait connue de très près durant six mois. Il disait : « Cette petite histoire de mariage forcé était une invention. Elle me l'a explicitement raconté elle-même ». Après sa mort, le révérend Herman Boon, l'aumônier catholique de l'aéroport, déclara qu'« elle raillait le fait que la Belgique puisse croire à son histoire de mariage forcé. Cette histoire ne tenait pas » :[526] « Au centre, personne ne la croyait ». Un assistant social du Centre d'accueil fermé 127*bis* dit : « En effet, l'histoire d'un mariage forcé n'était pas vraie ».[527]

Selon le Commissaire général Luc De Smet, dans son communiqué de presse du 24 juillet 1998, il était faux de dire que la Belgique n'acceptait pas de demandes d'asile invoquant une persécution liée au genre :[528] « La condition d'accès à la procédure d'asile est que le demandeur d'asile fournisse un récit cohérent et crédible, ce qui n'était pas le cas ici.[529] Elle ne pouvait pas prétendre au statut de réfugiée parce qu'elle s'était rendue en Belgique pour d'autres raisons que les motifs invoqués de persécution ». Ce communiqué de presse fut publié à l'occasion de la quatrième tentative ratée de rapatriement, le 21 juillet, parce que la presse n'avait pas relaté correctement les faits concernant sa demande et la politique d'asile.

b. *Son séjour au Centre d'accueil fermé 127*bis
   (mars-septembre 1998)

Le 21 juillet 1998, il y eut un incendie - probablement volontaire – au Centre d'accueil 127*bis* à Steenokkerzeel.[530] 31 étrangers en séjour illégal en avaient profité pour s'évader ; sept d'entre eux ont été repris immédiatement. Le Collectif contre les expulsions est allé y manifester avec des flambeaux. Accusés d'avoir cisaillé le double grillage entourant le centre fermé, 17 d'entre eux ont été mis à la disposition du parquet. Pendant deux mois environ, ils essayèrent d'empêcher les expulsions par tous les moyens. A l'aéroport, ils discutaient avec les passagers ou le pilote.[531] Ce fut également le cas le 21 juillet. Ils étaient accompagnés par le député Ecolo Olivier Deleuze.[532] L'action de protestation à Steenokkerzeel fit suite à la tentative avortée d'expulser Semira Adamu ce même jour. Elle avait été placée dans une cellule d'isolement pendant quatre heures.[533] Cela l'avait empêchée de s'évader avec les autres. Le Collectif exigeait que Semira puisse rester en Belgique.[534] Son homme de confiance au Collectif dira ultérieurement : « Nous étions dehors, devant le Centre 127*bis* et criions nos numéros de téléphone aux fenêtres. Elle a été l'une des premières à nous appeler ».[535]

c. *Les réactions au décès de Semira Adamu (22-24 septembre 1998)*

Son décès tragique, le 22 septembre 1998, fut largement relaté dans les journaux. Les titres les plus marquants du 23 septembre parurent dans les journaux francophones :
> « Le décès de Semira remet en cause les techniques brutales d'expulsion » (*LLB*) ;
> « L'expulsion d'une réfugiée tourne au drame à Zaventem » (*LS*) ;
> « Morte, Sémira, peut rester pour l'éternité en Belgique » (*LS*).

Le jour de son décès le Ministre Louis Tobback déclara « regretter fortement cet incident ». Vincent Decroly, député Ecolo (1995-2003), demanda immédiatement un moratoire sur toutes les expulsions pendant au moins six mois.[536] Entendu le jour suivant en Commission de l'Intérieur du Sénat, sous la présidence de Joëlle Milquet[537] (PSC), le Ministre Louis Tobback dit entre autres : « Ce qui s'est passé est sans doute le jour le plus noir de ma carrière politique. Je n'ai pas bien dormi cette nuit. S'il apparaît que la Gendarmerie a commis une faute dans la tentative d'expulsion fatale, je démissionnerai. J'espère que les organisations qui ont encouragé cette jeune fille à résister violemment à son expulsion prendront également leurs responsabilités ».[538]

Le soir, le Ministre Louis Tobback donna l'aperçu suivant des faits, au cours d'une conférence de presse de deux heures :
- « Le 7 août 1998, sa procédure d'asile était terminée, y compris son recours au Conseil d'Etat. Elle n'entrait pas en ligne de compte sur base des droits des femmes comme 'appartenant à un groupe social déterminé' puisque ses déclarations s'étaient révélées fausses.
- Des tentatives antérieures de rapatriement avaient été entreprises les 21 et 26 avril, 28 juin, 21 juillet et 11 août. Il y eut une escorte de 11 gendarmes parce que quatre demandeurs d'asile déboutés étaient concernés. Elle était liée aux mains et aux pieds. Elle a créé le désordre dès que les premiers passagers sont montés à bord. Un coussin de rembourrage fut utilisé. Il y a des images vidéo de l'incident. Le coussin de rembourrage, supprimé en 1993, a été réintroduit en 1996, après avis positif d'un médecin et d'un psychologue. Le personnel l'avait demandé parce qu'il y eut plusieurs fois des morsures et qu'il y avait crainte de contamination sida.
- En 1997, il y eut 6.937 rapatriements dont 295 sous escorte et le coussin de rembourrage fut utilisé deux fois. Jusqu'alors, il y avait eu en 1998 plus de 5.000 rapatriements dont 193 sous escorte et le coussin de rembourrage a été utilisé douze fois » (*DS*, 25 septembre 1998).

Le Ministre Louis Tobback accusa le Collectif contre les expulsions d'avoir pris une grosse responsabilité : « Le Collectif entretenait l'illusion qu'il suffisait de crier et de se débattre pour rester dans notre pays ».[539] Le Collectif, qui avait déjà mené une action le 21 juillet, était en train de manifester avec 100 à 150 personnes devant l'hôpital lorsque son décès a été annoncé. Parmi les manifestants se trouvait Arthur Haulot (85 ans). Ce grand résistant, qui a survécu aux camps de concentration nazis de Mauthausen et Dachau, entamait d'une voix grinçante le chant des partisans. Les députés Vincent Decroly et Olivier Deleuze, ainsi que Me Georges-Henri Beauthier, le président de la Ligue (francophone) des droits de l'homme, étaient également présents. Ensuite, ils se rendirent au Centre d'accueil fermé 127*bis* à Steenokkerzeel où ils ont percé deux grilles. Finalement, ils sont allés à la Grand-Place de Louvain. De là, ils voulurent se rendre au domicile privé du Ministre Louis Tobback. Ils en ont été empêchés par un peloton de gendarmes qui a répondu par une charge.[540]

Un steward, qui souhaitait rester anonyme, a également pointé le Collectif comme étant coresponsable des problèmes de Semira : « La politique d'expulsion pose déjà des problèmes depuis longtemps. Certains passagers sont confrontés à des membres du Collectif dès le comptoir d'enregistrement. Ils les incitent à faire du grabuge. Les illégaux à expulser sont en position de faiblesse. On leur fait croire quelque chose. On les sort de l'avion. La semaine suivante, nous les avons à nouveau à bord ».[541]

Sous le titre « Pas trop 'simple' », Yves Desmet écrivit :

> « De toute façon, il doit y avoir une politique de sélection. Par conséquent, il y a des gens qui seront refusés et renvoyés. Mais, il y a un monde de différence entre une ligne politique théorique et les cris d'une femme terrifiée traînée dans un avion. On ne peut pas tomber dans l'hypocrisie de beaucoup de politiciens. Au perchoir ils disent qu'il faut en finir avec l'afflux de réfugiés. Ensuite, ils écrivent des lettres de soutien pour 'ce Nigérian' qui est tellement populaire dans leur équipe de foot locale » (*DM*, 24 septembre 1998).

d. *Le Ministre Louis Tobback démissionne (26 septembre 1998)*

Le Premier Ministre Jean-Luc Dehaene fit savoir qu'il s'était concerté avec le ministre de l'Intérieur. Il le soutenait dans l'exécution correcte de la politique gouvernementale des étrangers.[542] Les partis gouvernementaux CVP et SP firent savoir qu'il ne fallait pas modifier la politique d'asile.[543] Le jeudi soir 24 septembre, Louis Tobback demanda au Premier Ministre de présenter sa démission au Roi en tant que ministre de l'Intérieur. Ses collègues insistèrent pour qu'il reste.

Il s'est avéré qu'un des gendarmes accompagnateurs, un homme de 40 ans, avait déjà encouru une sanction préalablement. Il avait frappé dans sa cellule un homme menotté qui devait être expulsé. En janvier 1998, il avait été suspendu pendant un mois avec une retenue des trois quarts de son salaire. On l'avait toutefois laissé dans le détachement de la gendarmerie à l'aéroport. Les éloignements forcés furent provisoirement suspendus.[544] Le drame a été utilisé de tous bords pour critiquer la loi Vande Lanotte. Personne ne précisa quelle disposition de cette loi avait causé la mort de Semira Adamu. L'Association des magistrats francophones saisit l'occasion pour plaider en faveur de juridictions administratives de première instance.[545]

Le vendredi 25 septembre, tôt dans la soirée, les portes du Centre d'accueil fermé 127*bis* à Steenokkerzeel furent ouvertes. Les 69 demandeurs d'asile furent tous libérés. Un premier groupe de déboutés apprit qu'ils avaient cinq jours pour quitter le territoire. Un deuxième groupe, qui était encore en procédure de recours, avait 30 jours pour faire de même. Un troisième groupe de 21 qui étaient en « procédure frontière », fut transféré au centre d'accueil fermé « De Refuge » à Bruges-Saint-André. Là, 30 femmes ont été libérées. Le directeur aurait dit qu'elles étaient toutes des prostituées : « On sait donc où les trouver ».[546] Ludwig Verduyn[i] parlait « d'un rare exemple de football-panique. Au-delà de la folie ».[ii] Dans *De Morgen* également, 220 universitaires exprimèrent leur inquiétude et leur dégoût.

La cérémonie d'adieu à Semira Adamu eut lieu à Bruxelles dans la cathédrale Saints-Michel-et-Gudule, le samedi 26 septembre 1998. Des milliers de gens y assistèrent. Le Roi Albert II et la Reine Paola avaient fait déposer une gerbe sur son cercueil blanc.[547] Le Ministre Louis Tobback décida de ne pas donner suite à la demande pressante de ses collègues. Le jour même, le Roi accepta sa démission.[548] Luc Van den Bossche lui succéda en tant que vice-premier et ministre de l'Intérieur (jusqu'au 12 juillet 1999).

Ce même jour, le Commissaire général Luc De Smet publia un (deuxième) communiqué de presse.[549] Il souligna que la rébellion contre un mariage forcé peut bel et bien, dans certaines circonstances,

---

[i] « Envoyé dans le bois », *DM* ; Thiery Goeman, *GvA*, 26 septembre 1998.
[ii] « C'est quoi ce cirque ? », Paul Piret, *LLB ; LS ; DM,* 26 septembre 1998.

constituer un motif de reconnaissance de la qualité de réfugié en Belgique. La première décision en ce sens datait d'avril 1993. Toutefois, « la condition fondamentale est que le demandeur d'asile fasse spontanément un récit d'asile crédible et cohérent. Cette condition n'avait pas été remplie dans le cas de Semira Adamu ». De plus, il accorda le bénéfice du doute, « sans pour autant l'appliquer de manière naïve ». Il fit observer, en outre, que la procédure d'asile était souvent utilisée par des réseaux de prostitution en vue de procurer des documents de séjour temporaire à des femmes, contraintes ou non, de se prostituer.

Dans une interview à l'agence Belga après sa démission, Louis Tobback se dit

> « préoccupé par le fossé grandissant entre l'écrasante majorité silencieuse (du moins en Flandre) et les leaders d'opinion francophones. Les trois grandes formations politiques francophones ont pourtant voté la loi sur le droit d'asile. Mais elles ont des problèmes avec son application. Il se dit dégoûté par cette hypocrisie. Ils refusent d'assumer les conséquences de la loi qu'ils ont votée » (*LS ; LLB*, 29 septembre 1998).

Dans un « Point de vue » dans *De Morgen* du 28 septembre 1998, Bart Brinckman écrivit :

> « Il est quand même parti, Louis Tobback. Chaque jour, le Ministre est forcé de transformer son cœur en pierre et de briser des rêves en renvoyant des gens vers leur pays d'origine. Une politique d'expulsion reste inévitable pour l'intéressé, qu'il le veuille ou non. La comparer avec une déportation ou la terreur nazie révèle un défaut épouvantable de connaissance historique et conduit à la banalisation de fait du fascisme et à un soutien au Vlaams Blok ».

Seul le VLD déclara qu'il fallait en finir avec l'expulsion des déboutés par des avions de ligne. Le gouvernement devait recourir non pas à des appareils C-130 mais à des charters, qui emmènent normalement des touristes vers des lieux ensoleillés.[550]

2. Les suites de Semira Adamu (1998-2020) : plus humain et plus efficace

A la suite de l'affaire Semira Adamu, des Commissions ont été instituées pour garantir un déroulement plus humain et plus efficace des éloignements. Le 4 octobre 1998, le Ministre Luc Van den Bossche lança la Commission Vermeersch I ; le 13 janvier 2004, le Ministre Patrick Dewael fit de même avec la Commission Vermeersch II et, le 7 mars 2018, le Secrétaire d'Etat Theo Francken avec la Commission Bossuyt. Le 12 décembre 2003, le Tribunal correctionnel de Bruxelles sanctionna quatre gendarmes qui accompagnaient Semira Adamu lors de la tentative ratée de son rapatriement.

a. Vermeersch I (21 janvier 1999) : l'inévitable recours à la violence légitime

Après le décès de Semira Adamu, le (nouveau) ministre de l'Intérieur Luc Van den Bossche constitua une Commission chargée de « l'évaluation des instructions en matière d'éloignement ». Cette Commission, présidée par le professeur émérite Etienne Vermeersch,[551] a présenté son rapport final (31 p.) au ministre de l'Intérieur le 21 janvier 1999. La Commission a conclu[552] qu'il sera parfois inévitable de recourir à la contrainte à l'égard de personnes qui ne repartent pas de leur plein gré. Cette « violence légitime » doit répondre aux critères de légalité, d'opportunité et de proportionnalité. Dans le cadre de l'éloignement, deux aspects sont déterminants : le respect effectif des prescriptions légales et le respect des droits de la personne à éloigner. L'éloignement forcé est considéré comme le dernier maillon de toute politique d'immigration (l'*ultimum remedium*), quand tous les autres moyens ont échoué.

La Commission Vermeersch I a formulé un nombre de recommandations pour une politique d'éloignement humaine, dont :
1. Expliciter les directives en matière de coercition ;
2. Interdire les mesures entraînant des risques pour les intéressés ou exprimant les frustrations des forces de l'ordre ;
3. Contrôler et évaluer l'utilisation de la violence ;
4. Refréner toute infraction à ces directives ;
5. Faire appel à des moyens de transport autres que les vols réguliers classiques ;
6. Développer les modalités existantes en matière de retour volontaire ;
7. Réduire de façon radicale la durée des procédures de reconnaissance ;
8. Améliorer les conditions de maintien des étrangers ;
9. Améliorer la communication du personnel ;
10. Organiser une concertation structurée entre les services.

b. Le Tribunal correctionnel (12 décembre 2003) : de lourdes peines

Le 12 décembre 2003, le Tribunal correctionnel de Bruxelles prononça son jugement dans l'affaire concernant le décès de Semira Adamu. Trois maréchaux des logis de la gendarmerie qui l'avaient retenue de force ont été condamnés à un an avec sursis et une amende effective de €500 pour coups et blessures *involontaires* ayant entraîné la mort. Le capitaine de gendarmerie, qui était présent dans l'avion, a été condamné à 14 mois avec sursis et une amende effective de €500. L'Etat belge a été tenu civilement responsable pour les amendes et solidairement responsable pour les frais des gendarmes. L'oncle-tuteur de Semira a reçu €5.000 comme préjudice moral et ses cinq frères et sœurs €2.000 chacun. Le lendemain, les journaux (surtout néerlandophones) furent particulièrement précis dans leurs comptes rendus de ce jugement (néerlandophone) :

1. Sur la cause de sa mort :
    « L'autopsie n'a pas permis de conclure que la cause de sa mort était due à un œdème cérébral initial ayant entraîné un arrêt cardiaque transitoire et des dysfonctions de respiration. Le développement de cet œdème était dû à un concours de circonstances : sa position dans l'avion, la pression sur sa poitrine et sur son visage, le stress chronique précédent et le stress violent pendant qu'elle était retenue de force. Ceci a conduit à une lésion cérébrale, à cause d'un manque d'oxygène dans le sang ».

2. Sur la personne de Semira Adamu :
    « Les interrogatoires ont démontré que sa famille ne savait rien du mariage forcé qui - selon ses propres dires - l'avait amenée à fuir son pays. Son faux passeport et son billet d'avion avaient été payés par sa cousine Tina. Celle-ci habitait dans un quartier de prostitution de Milan [Italie] et avait déjà été condamnée pour trafic d'héroïne. Ce n'est qu'après sa mort que sa famille apprit qu'elle était partie pour l'Europe » (*HV ; HN*).

3. Sur le contexte de l'expulsion :
    « Son expulsion était devenue l'enjeu de la réussite ou de l'échec de la politique d'expulsion du gouvernement [*De Tijd*]. Son expulsion eut lieu dans un contexte de graves tensions autour des rapatriements, qui avaient donné lieu à un véritable psychodrame. Au cours de l'année 1998, la résistance des demandeurs d'asile déboutés contre leurs rapatriements s'est accrue. Cette résistance fut renforcée par les actions du Collectif contre les expulsions » (*DS*).

4. Sur le Collectif contre les expulsions :
    « Le Collectif utilisa des moyens illégaux contre les décisions prises par nos instances démocratiquement élues qui avaient rejeté sa demande d'asile. Nous ne pouvons pas tolérer cela. Le Collectif lui a donné le vain espoir qu'elle pouvait rester en Belgique sans égard au danger qu'elle courait en résistant à son rapatriement. Et sans l'avertir qu'en Belgique elle devrait vivre dans l'illégalité » [*HN*]. « Semira Adamu était devenue la figure de proue de la politique d'expulsion d'illégaux. Elle était passablement exaltée par le Collectif » (*GvA*).

5. Sur les directives de la Gendarmerie :
    « Le groupe de travail de la Gendarmerie qui avait introduit le coussin, montrait une indifférence répréhensible à l'égard de la littérature médicale dans laquelle les dangers de ces techniques étaient abordés. Il est consternant

que le groupe de travail n'a qu'à peine expliqué la technique du coussin dans ses directives. La formation des gendarmes à l'aéroport était en dessous de tout. En raison d'un manque chronique de personnel, l'instruction concernant l'usage du coussin avait été annulée. L'homme qui devait former ses collègues, n'avait lui-même jamais reçu d'instructions » [*HN*]. « Les directives étaient déficientes et d'un danger mortel. Elles passaient outre le grand danger d'un décès soudain lors d'une utilisation prolongée du coussin » (*DS*).

6. Sur la pression de l'autorité hiérarchique :
« Le détachement aéroportuaire de la Gendarmerie n'avait pas suffisamment d'hommes et trop peu de personnel en général pour mettre en œuvre les rapatriements. Le Ministre insistait néanmoins sur le rapatriement d'un grand nombre de demandeurs d'asile déboutés. Il y avait des raisons politiques et peut-être aussi financières, pour ne pas organiser des vols séparés pour le rapatriement d'illégaux » (*HN*).

7. Sur la responsabilité de l'officier de gendarmerie :
« Le capitaine de gendarmerie était, à bord de l'avion, le policier le plus haut gradé. Il pouvait agir personnellement, corriger les choses, lors de ces situations qui pouvaient menacer la vie d'autrui. Il ne l'a pas fait. Il était passif et inattentif » (*HV ; HN*).

8. Sur la responsabilité des maréchaux des logis accompagnateurs :
« Les manquements des autres concernés n'excusent pas les fautes propres des gendarmes. Nous ne voyons à aucun moment dans la vidéo qu'ils contrôlent si Semira s'est calmée et si elle peut encore doucement respirer. La force utilisée était excessive et maintenue trop longtemps » [*HV ; HN*]. « Lorsqu'elle s'est soulagée, ils pensaient que c'était 'un truc'. C'était cependant le début de son coma » [*HLN*]. « Les directives de l'Intérieur, bien que rares et insuffisantes, disent pourtant que les accompagnateurs doivent constamment évaluer l'état de santé d'un rapatrié. Ils doivent entre autres vérifier si le nez n'est bas obstrué par le coussin. Ils n'ont pas agi pendant le rapatriement de manière agressive ou exaltée. Ils n'ont donné aucun signe de mépris à l'égard de la victime. Ils n'avaient pas l'intention de lui faire mal. Il ne s'agissait pas de coups intentionnels » (*DS*).

Aucune des parties n'a interjeté appel de ce jugement.

En général, les journaux estimèrent qu'il s'agissait de lourdes peines, d'autant plus qu'il s'agissait de coups et blessures « involontaires » ayant entraîné la mort : « la peine paraît lourde » (*LS*) « assez sévère », « plus sévère qu'il n'y paraît » (*LLB*) et « des peines relativement lourdes » (*DS*). Selon Louis Tobback, le jugement démontrait qu'il avait pris la décision correcte, en démissionnant. Selon le Professeur émérite Etienne Vermeersch, il fallait définitivement interdire le coussin : « La solution : 'Mettez ces gens dans un avion sans passagers'. Ils feront moins de grabuge » (HLN). Tous les journaux annoncèrent que les 65 agents de la Police fédérale de l'aéroport avaient fait savoir qu'ils n'assureraient plus, jusqu'au 1er janvier 2004, l'éloignement sous escorte d'étrangers.

c. Vermeersch II (31 janvier 2005) : justification éthique des mesures coercitives

A la suite du jugement du 12 décembre 2003, le ministre de l'Intérieur Patrick Dewael a de nouveau chargé, le 13 janvier 2004, une Commission présidée par le professeur émérite Etienne Vermeersch[553] de « l'évaluation des instructions en matière d'éloignement (II) ». Le rapport final (104 p.) de cette Commission,[554] sous le titre « Fondements d'une politique humaine et efficace d'éloignement », fut soumis au ministre de l'Intérieur, le 31 janvier 2005. La Commission écarte une politique de « frontières ouvertes » dès lors que « la sécurité sociale qui est déjà en proie à des difficultés, pourrait s'effondrer à assez court terme ». La Commission espère que la population et ses représentants comprendront que pour les membres du personnel des institutions qui exécutent la politique des étrangers, « cela peut parfois être une mission pesante et dure pour eux en tant qu'êtres humains ». La Commission est d'avis que le recours à des mesures coercitives découlant d'une logique de refus d'une politique de « frontières ouvertes » se « justifie pleinement d'un point de vue éthique » et insiste sur le fait que ceci n'implique aucun « jugement négatif » sur les personnes à éloigner. Le rapport contient 34 recommandations pour une politique d'éloignement humaine et efficace.

De plus, la Commission défend un nombre de points de vue parmi lesquels :
1. Résorber le retard dans le traitement des demandeurs d'asile « *first in* » ;
2. Accorder des permis de séjour pour raisons humanitaires à des familles dont les enfants sont bien intégrés et à des personnes qui se sont rendues utiles à la société ;
3. Etablir des évaluations concernant le nombre de personnes qui ont quitté le territoire après le refus de leur demande d'asile ;
4. Accorder une protection spéciale à des personnes qui peuvent prouver qu'elles courent un risque individuel ;
5. Accélérer le traitement des recours pendants au Conseil d'Etat ;
6. Faire de la politique des étrangers et de la politique d'éloignement un ensemble cohérent ;
7. Prolonger la détention de personnes qui ne peuvent être éloignées parce qu'elles s'y opposent, jusqu'au moment de leur éloignement ;
8. Interdire l'administration de médicaments pour faciliter les éloignements ;

9. Interdire tout acte de violence sur des personnes immobilisées ;
10. Offrir une protection aux fonctionnaires de police qui subissent des actes de violence.

d. « Des transmigrants soudanais mal traités » (8 février 2018) : « non véridique »

Quelques années après s'est produit un phénomène nouveau avec les « transmigrants ». Il s'agit d'étrangers qui séjournent illégalement sur le territoire mais qui ont pour objectif de se rendre au Royaume-Uni. Outre la langue anglaise, un facteur important d'attraction est surtout l'absence sur l'île de l'obligation de porter des documents d'identité. Ces transmigrants refusent fréquemment de demander l'asile. Ils craignent d'être renvoyés, sur base du règlement Dublin, vers le pays par lequel ils sont entrés dans l'Espace Schengen. En 2017, une centaine de transmigrants avait fait du parc Maximilien à Bruxelles leur endroit de séjour. L'impuissance vis-à-vis de ce phénomène causant beaucoup de nuisances, désespérait les responsables politiques. Les transmigrants n'hésitaient pas à attaquer des chauffeurs de camions sur les parkings d'autoroute.

Le Secrétaire d'Etat Theo Francken décida de faire appel à une mission d'identification soudanaise. Après identification par une délégation officielle soudanaise en septembre 2017, neuf Soudanais qui n'avaient pas voulu demander l'asile, furent éloignés vers leur pays en octobre 2017. Le 20 décembre 2017, Koert Debeuf[555] affirma qu'ils avaient été mal traités lors de leur retour à Khartoum.[556] Le 22 décembre, le gouvernement demanda au Commissaire général Dirk Van den Bulck de faire une enquête. Dans son rapport[557] du 8 février 2018, le Commissaire général fit état de contacts avec l'Organisation internationale pour les migrations (OIM) à Khartoum. Une de ces personnes qui aurait été, selon ses déclarations, mal traitée, s'était présentée ce jour-là au bureau de l'OIM à Khartoum pour y collecter sa prime de retour. Son témoignage concernant des mauvais traitements ne paraissait donc pas véridique. Il planait une ombre d'incrédibilité sur ces allégations. Le Commissaire général était cependant d'avis que le risque de violation de l'article 3 CEDH aurait dû être examiné avant de procéder à l'identification par les autorités de leur pays d'origine.

Dans son arrêt *A. c. Belgique* du 27 octobre 2020, la Cour de Strasbourg jugea que la Belgique avait violé l'article 3 CEDH (l'interdiction de la torture) en raison du traitement réservé à un Soudanais en Belgique.[558] La Cour estima qu'il y avait eu des lacunes procédurales dans la manière dont la mission d'identification soudanaise avait été organisée en septembre 2017. Dans l'attente d'une décision judiciaire sur son maintien, le président du Tribunal de première instance avait interdit la reconduite du requérant au Soudan. Du fait que cette interdiction avait été ignorée, la Cour estima, en outre, que l'article 13 CEDH (« recours effectif ») avait été violé. La Cour admit que la « demande implicite de protection internationale » pourrait *a priori* donner satisfaction. Cette (nouvelle) pratique consisterait en un examen par le Commissaire général, à la demande de l'Office des étrangers, de la situation de personnes qui n'ont pas demandé l'asile (§112).

e. *La Commission Bossuyt (2018-2020) :
favoriser la transparence et le dialogue*

Depuis longtemps l'idée planait de constituer à nouveau une commission pour évaluer la politique d'éloignement. La publication, le 8 février 2018, du rapport sur des prétendus traitements inhumains au Soudan accéléra la création d'une nouvelle commission. Le 7 mars 2018, Theo Francken, secrétaire d'Etat à l'Asile et à la Migration, constitua une Commission temporaire sur « l'évaluation de la politique du retour volontaire et de l'éloignement forcé d'étrangers ». Cette Commission, que je présidai, a été chargée d'évaluer la mise en œuvre pratique des dispositions légales et réglementaires dans le cadre de la politique du retour et de la coopération entre les différents acteurs. La Commission était composée des chefs des services concernés (AIG, CGRA, OE, Fedasil et Police fédérale),[i] ainsi que d'un représentant de l'Association belge des pilotes et d'un représentant des transporteurs aériens.

- Le rapport intérimaire (22 février 2019) : l'ombre est levée

Le rapport intérimaire[559] (107 p.) de la Commission Bossuyt fut présenté, le 22 février 2019, à Maggie De Block, ministre de l'Asile

---

[i] Il s'agit de l'Inspecteur-général Thierry Gillis, du Commissaire général Dirk Van den Bulck, du Directeur-général Freddy Roosemont, du Directeur d'appui stratégique Fanny François et du Directeur-général André Desenfants.

et de la Migration. Le 9 décembre 2018, Theo Francken et les autres membres N-VA du gouvernement démissionnèrent du gouvernement Michel I (MR/Open VLD, N-VA, CD&V) à cause d'un désaccord sur l'adoption du Pacte de Marrakech.[560] Maggy De Block, redevint alors, outre ministre des Affaires sociales et de la Santé publique, également responsable pour l'Asile et la Migration (jusqu'au 30 septembre 2020). Dans l'introduction de ce rapport intérimaire, je rendis hommage au professeur émérite Etienne Vermeersch qui était décédé le mois précédant la présentation du rapport intérimaire, plus précisément le 18 janvier 2019 :

> « En tant que Président des deux commissions qui ont précédé la présente commission, le Professeur émérite Etienne Vermeersch a réalisé un travail titanesque. Il le considérait lui-même comme sa tâche la plus ingrate. Son mérite n'en est que plus grand. Ses rapports étaient novateurs en ce qui concerne plus particulièrement le recours à la force, en cas de résistance physique au retour forcé, les conditions de ce recours et les moyens à utiliser et à ne pas utiliser.
>
> C'était un philosophe qui avait les pieds sur terre, même s'il était parfois en terrain glissant. Il n'était pas homme à tirer des conclusions hâtives sans tenir compte des besoins et des réalités du monde dans lequel il vivait. Il pensait que les convictions qu'il défendait devaient être les siennes s'il voulait en assumer lui-même la responsabilité politique. Il était conscient que ses prises de position pouvaient entraîner des conséquences pour la société, ce qui représentait une préoccupation majeure pour lui. C'est tout cela qui le rendait tellement spécial ».

Le rapport intérimaire avait comme objectif principal de favoriser la transparence et le dialogue concernant la politique d'éloignement. En ce qui concerne la transparence, le rapport intérimaire visa à apporter une réponse au reproche - exprimé lors de sa constitution - selon lequel la politique d'éloignement serait « entourée de nombreuses zones d'ombre persistantes ».[561] En ce qui concerne le dialogue, le rapport intérimaire fut en grande partie construit autour de multiples contributions de toutes sortes d'instances et d'organisations non-gouvernementales. Elles avaient fait part à la Commission de leurs préoccupations et de leurs griefs.

- Le rapport final (15 septembre 2020) : l'efficacité laisse à désirer

Le rapport final[562] (155 p.) de la Commission Bossuyt fut présenté le 15 septembre 2020 à Maggie De Block, ministre de l'Asile et de la Migration. La Commission estima que, grâce au fait que les recommandations des deux Commissions Vermeersch ont été généralement mises en œuvre, le déroulement humain des éloignements était garanti. L'efficacité, en revanche, laissait encore beaucoup à désirer. Le coût social et budgétaire d'une approche hésitante ou de l'absence d'une approche harmonisée peut difficilement être surestimé. La migration, l'un des défis majeurs de notre époque, demande une approche cohérente et rationnelle. Une politique migratoire sans politique de retour est défaillante.

Dans le rapport final, les différentes composantes du processus d'éloignement sont analysées en détail. Les obstacles à surmonter sont identifiés. Afin d'améliorer le déroulement de ce processus, 62 recommandations de nature variée furent formulées. Un bilan du coût de la politique de retour et d'éloignement y est dressé. Le manque de coopération, sans même parler des résistances auxquelles les différents services sont trop souvent confrontés, augmente les coûts. C'est un luxe que notre société peut difficilement se permettre.

Le séjour irrégulier sur le territoire est néfaste, tant pour la société que pour les personnes concernées. Le droit à l'aide sociale des personnes en séjour irrégulier sur le territoire est limité à l'aide médicale urgente. Elles éprouvent des difficultés à subvenir légalement à leurs besoins fondamentaux. Elles sont exposées à de nombreuses formes d'exploitation.[i] La tolérance du séjour irrégulier, ainsi que les fausses perceptions dans les pays d'origine, incitent les étrangers à courir des risques mortels pour eux-mêmes et pour leurs enfants afin d'atteindre notre pays. C'est une erreur de croire que tolérer un séjour irrégulier fait preuve d'humanité. Une attitude qui laisse persister des abus et les encourage à se multiplier est tout sauf humaine.

3. Les commissions de régularisations : des écueils multiples

Les régularisations sont souvent présentées comme une alternative aux éloignements. La loi de régularisation du 22 décembre 1999 lança une campagne à grande échelle de régularisation d'étrangers en séjour illégal. Près de 36.000 dossiers furent introduits concernant environ 55.000 personnes. Trois ans plus tard, toute cette procédure, qui a duré beaucoup plus longtemps que prévu, était encore en cours. Le pourcentage des demandes approuvées s'éleva à plus de 81%.

---

[i] « Les sans-papiers en Belgique n'ont que cinq options pour survivre : la mendicité, la charité d'amis, le travail du sexe, des actes criminels et le travail au noir », Jan KNOCKAERT, Directeur *Fairwork Belgium*, *DS Weekblad*, 14 décembre 2019, p. 14.

Du 15 septembre au 15 décembre 2009, une nouvelle campagne de régularisation fut menée. Environ 50.000 personnes ont été régularisées. Par ailleurs, quelques milliers de personnes furent régularisées chaque année, sans campagnes spécifiques, sur base des articles 9*bis* (pour raisons humanitaires)[563] et 9*ter* (pour raisons médicales)[564] de la loi sur les étrangers.

Il convient d'indiquer les multiples écueils qui accompagnent les régularisations lorsqu'elles sont confiées à des commissions indépendantes. Une régularisation est en soi la reconnaissance d'un échec. Cet échec peut résulter d'une procédure d'asile qui a duré trop longtemps, de la non-exécution d'un ordre de quitter le territoire ou d'un manque de vigilance dans la détection des personnes qui séjournent sur le territoire sans y être autorisées. Déroger aux procédures légales prévues pour accorder des autorisations de séjour mine la crédibilité de ces procédures. Des personnes qui n'ont pas suivi les procédures légales et qui n'ont pas donné suite à l'ordre de quitter le territoire sont privilégiées au détriment de celles qui l'ont fait. Celles-ci peuvent donc à juste titre se sentir discriminées.

Des procédures de régularisation à grande échelle sont un facteur d'attraction qui encourage des personnes à tenter leur chance en Belgique en dehors des procédures de séjour existantes. Même, si elles n'entrent pas en ligne de compte pour une régularisation, elles croient savoir ce qu'elles doivent faire pour avoir une chance à la prochaine occasion. Une simple annonce de la possibilité qu'il puisse y avoir une procédure de régularisation, peut suffire pour inciter des personnes à venir en Belgique de manière irrégulière. L'instauration d'une procédure de régularisation n'incite certainement pas des personnes séjournant irrégulièrement sur le territoire à le quitter spontanément. Elle crée tout au moins l'illusion que ceux qui ne donnent pas suite à l'ordre de quitter le territoire auront après un certain temps quand même la chance d'obtenir un permis de séjour. Il n'y a aucune raison non plus de supposer qu'une décision négative sur une demande de régularisation, sera suivie d'un retour volontaire.

a. La régularisation comme faveur

C'est mieux de confier des cas pénibles pour lesquels une régularisation individuelle s'impose, à l'administration compétente sous la responsabilité politique du ministre ou du secrétaire d'Etat compétent. Eviter plusieurs inconvénients qu'entraîne une procédure formelle de régularisation est ainsi possible, grâce à la discrétion dans laquelle ces régularisations administratives ont lieu. Certes, l'exercice d'une compétence discrétionnaire est moins transparent, mais elle évite un tas de pièges. Certains estiment que les régularisations se font d'une manière trop stricte et d'autres estiment qu'elles se font d'une manière trop souple. Il appartient au membre compétent du gouvernement de trouver le juste milieu. Il s'agit par excellence d'une responsabilité politique sur laquelle il faut rendre des comptes à la nation lors des élections. En confiant la procédure de reconnaissance de réfugiés à des instances indépendantes (le Commissaire général et le Conseil du contentieux des étrangers) le gouvernement a abandonné tout contrôle sur ces reconnaissances. En instaurant des commissions de régularisation, cet abandon s'étend à l'octroi de permis de séjour à des catégories d'étrangers qui n'ont pas suivi les procédures légalement prescrites.

b. *La régularisation comme droit subjectif*

Une fois les critères légaux fixés et les commissions indépendantes instaurées, une faveur est transformée en droit (subjectif) avec toutes les conséquences juridiques que cela entraîne. Lorsqu'il s'agit d'un droit (subjectif), le requérant peut se réclamer d'une régularisation en vertu de la loi. Ceci va de pair avec une procédure dans laquelle l'intéressé doit avoir l'occasion de présenter tous ses arguments. Il a alors le droit de se faire assister par un conseiller juridique de son choix (à charge de l'Etat). Il a le droit d'être entendu par un interprète (à charge de l'Etat). Il a droit à une décision motivée. Il peut attaquer cette décision devant le Conseil du contentieux des étrangers et puis en cassation devant le Conseil d'Etat. Devant ces instances de recours également, il a le droit d'être entendu avec l'assistance d'un avocat et d'un interprète (à charge de l'Etat).

Une fois que la loi a transformé la régularisation en droit (subjectif), il faut tenir compte d'une série d'effets secondaires. D'abord, la question se pose si la simple introduction d'une demande de régularisation suffit pour suspendre la procédure d'éloignement – et en particulier l'ordre de quitter le territoire. Si c'est le cas, on peut s'attendre à ce que beaucoup d'étrangers qui n'entrent nullement en ligne de compte pour être régularisés, introduiront quand même une demande pour faire suspendre leur éloignement. Ceci va de pair avec la question de savoir si par cette introduction le séjour des requérants devient temporairement régulier. Cruciale est alors la question de savoir si cette même introduction crée un droit à l'aide sociale pour ceux qui autrement ne pourraient pas (ou plus) y avoir droit. La chance est grande qu'aussitôt que quelqu'un se trouve dans une procédure organisée de régularisation, les juridictions du travail accordent l'aide sociale. Beaucoup introduiront alors une demande rien que pour bénéficier de l'aide sociale aussi longtemps que la procédure de régularisation, appel compris, n'est pas clôturée.

c. *Le statut de candidat-régularisé*

Faire de la régularisation un droit subjectif, c'est instaurer un statut de candidat-régularisé, analogue à celui de candidat-réfugié. Il y a pourtant des différences importantes. En effet, contrairement au candidat-régularisé, le candidat-réfugié déclare craindre pour sa vie, son intégrité physique ou sa liberté. Il s'agit d'un droit (subjectif) garanti par une convention internationale. Or, si la régularisation aussi est reconnue par la loi comme étant un droit (subjectif), il y a un risque que les différences entre les deux statuts soient jugées discriminatoires.

Les désavantages de l'instauration d'un statut de candidat-régularisé peuvent être évités en prévoyant une phase de recevabilité pendant laquelle le requérant ne bénéficierait d'aucun de ces avantages. Il s'agirait alors d'une procédure purement administrative dans laquelle l'administration compétente (l'Office des étrangers) pourrait vérifier d'une manière non-contradictoire si les conditions sont satisfaites *prima facie*. Ce n'est que dans ce cas que le dossier serait transmis à la commission de régularisation. Resterait encore la question de savoir si le Conseil d'Etat ne jugerait pas que les décisions dans cette phase devraient également être motivées et aller de pair avec une possibilité de recours avec effet suspensif. L'impossibilité pour le requérant de saisir directement la commission de régularisation pourrait être considérée comme étant discriminatoire. Une telle phase de recevabilité, qui serait moins transparente, n'est pas souhaitée par les partisans de la régularisation qui d'habitude n'ont pas confiance dans l'Office des étrangers.

d. *Une bonne idée seulement en apparence*

Les commissions de régularisation ne se caractérisent pas par une composition équilibrée. Les avocats et les représentants d'organisations non-gouvernementales qui s'y portent candidats se croient généralement investis d'une vocation à se soucier au maximum des intérêts des étrangers. Ainsi, il y a au sein de la commission tout au moins une majorité (sinon un consensus) pour prendre des décisions favorables à l'étranger. En outre, la charge de l'Office des étrangers et du Conseil du contentieux des étrangers en deviendrait plus lourde, mettant par cela en péril la procédure d'asile et d'autres procédures de séjour. Cela mènerait inévitablement à un ralentissement de ces procédures, alors que c'est précisément leur accélération qui est souhaitée.

L'instauration de commissions indépendantes de régularisation porterait atteinte à la crédibilité des procédures existantes. Elle ne favoriserait pas le retour volontaire, alors que c'est surtout sur cela qu'il faudrait miser. Les coûts de l'aide sociale augmenteraient. L'attraction de la Belgique en tant que pays de destination croîtrait. Un aspect important de la politique des étrangers serait soustrait à la responsabilité politique du gouvernement. Des commissions indépendantes de régularisation prendraient les décisions positives. Le Conseil du contentieux des étrangers prendrait finalement les décisions négatives. Les juridictions du travail jugeraient de l'aide sociale. Le Conseil d'Etat jugerait des possibilités et des modalités de recours. Des tentatives pour restreindre légalement ces désavantages ainsi que les catégories de bénéficiaires ne résisteraient sans doute pas au contrôle des juridictions. C'est la Cour constitutionnelle qui jugerait si ces restrictions réussissent le test de la non-discrimination. Le gouvernement serait tenu responsable du fonctionnement de la procédure de régularisation sans pouvoir en déterminer les résultats. Beaucoup de ceux qui ont été associés au calvaire des commissions de régularisation de 1999-2002 croyaient qu'on ne s'engagerait pas vite à nouveau dans une telle aventure. Plus de 20 ans après, le risque existe que le souvenir s'en soit estompé.

Chapitre XIX
QUELQUES RÉFLEXIONS

Avant de terminer avec un supplément qui consiste en deux chapitres sur la jurisprudence en matière d'asile de la Cour de Strasbourg, je tiens à formuler quelques réflexions quant aux dossiers de quelques « demandeurs d'asile célèbres ». Ces réflexions seront suivies par des anecdotes qui ont trait aux demandes d'asile nigérianes qui rencontrèrent particulièrement peu de succès et aux demandes rwandaises qui, à l'inverse, furent souvent couronnées de succès. Enfin, je survolerai les facteurs *push & pull* (répulsion/attraction) qui expliquent les raisons pour lesquelles des demandeurs d'asile quittent leur pays pour se rendre dans un pays déterminé.

1. Les dossiers de demandeurs d'asile célèbres

Beaucoup de ce que nous savons maintenant n'était pas connu au moment où il fallait prendre des décisions difficiles concernant quelques demandeurs d'asile célèbres. Des années plus tard, nous savons comment tout cela s'est terminé. L'écoulement du temps permet d'évaluer avec plus de sérénité les décisions prises à l'époque. Ces dossiers concernent un Irlandais, quatre Basques espagnols, deux Islamistes (un Tunisien et un Algérien) et deux Rwandais. Il n'y en a qu'un (Walid Bennani) que j'ai reconnu réfugié ; un autre (Augustin Ndindiliyimana) l'a été par la Commission permanente de recours.

a. Le terroriste de l'IRA : le Père Ryan

Les aveux récents (le 24 septembre 2019) de Patrick Ryan – plus de 30 ans après sa demande d'asile en Belgique – furent sidérants. Il n'y a plus rien qui empêche de le qualifier de terroriste. C'était choquant d'entendre qu'il a des dizaines de vies sur la conscience. Que son seul regret soit qu'il n'y ait pas eu plus d'attentats, l'est encore davantage. Venant d'un prêtre catholique, ses aveux dépassent l'entendement. Est-ce que la Belgique a été naïve et irresponsable dans cette affaire ? Cela reste néanmoins contestable.

Dès le début, il y avait de grands doutes quant à l'innocence de Ryan. Le fait qu'il ait des minuteries en sa possession était intrigant. Cela faisait forcément penser à des bombes à retardement, qui étaient d'ailleurs un des *modus operandi* favoris de l'IRA pour commettre ses attentats. Et – en espérant que le barreau ne m'en voudra pas – il eut sept (7) avocats de quatre pays différents, c'est un peu beaucoup pour un demandeur d'asile innocent. En l'arrêtant, la Belgique a assumé sa part de responsabilité dans la lutte contre le terrorisme. Comme la demande d'extradition l'a révélé, le Royaume-Uni le tenait depuis longtemps à l'œil. Pendant des années, il parcourut beaucoup de pays européens. Il fut rarement arrêté et jamais extradé. La Belgique, au moins, l'a arrêté. La Belgique l'a même transmis à son gouvernement.

L'Irlande était mieux placée que la Belgique pour évaluer si un citoyen irlandais pouvait - voire devait - être extradé au Royaume-Uni. Son avocat irlandais avait d'ailleurs averti explicitement que, si le Royaume-Uni le demandait, la République d'Irlande ne pourrait pas refuser cette demande. En outre, Ryan, qui faisait la grève de la faim, avait fait comprendre qu'il préférait la mort à l'extradition au Royaume-Uni. Sept ans plus tôt (en 1981), Margaret Thatcher (la Première Ministre britannique depuis 1979) avait laissé mourir dix jeunes grévistes de la faim dans la prison de Maze. La Belgique devait se tenir à l'écart du conflit entre l'Irlande et le Royaume-Uni.

Que Margaret Thatcher ait été furieuse, était facile à comprendre. Lors de l'attentat à Brighton en 1984, elle n'avait échappé à la mort que de justesse. Cinq de ses compagnons y avaient perdu la vie. Elle soupçonnait Ryan d'être associé à cet attentat. En 2019, il admit qu'il l'était effectivement. Les colères de Margaret Thatcher au Parlement, dans les médias et à l'égard des Premiers Ministres belge et irlandais eurent pour effet d'hypothéquer les chances d'un procès équitable pour Ryan au Royaume-Uni. S'il fallait expliquer ses éclats de rage par la recherche de gains politiques ou par un manque de *self-control* importe finalement peu. Ils empêchèrent le Gouvernement irlandais d'accéder à la demande d'extradition. Ce n'était pas seulement devenu politiquement impossible ; son attitude avait fourni un motif justifiant juridiquement cette impossibilité d'extrader. Le caractère vague de la demande d'extradition n'aida pas non plus.

Et il y eut encore une autre lecture : Jean-Claude Matgen écrivit dans *La Libre Belgique* du 1er décembre 1988 que les Anglais avaient seulement demandé à la police belge de le tenir à l'œil dans l'attente d'une réunion éventuelle d'activistes de l'IRA. Si c'est vrai, une action policière trop zélée se trouve alors à la base d'une grosse querelle entre le Royaume-Uni, d'une part, et la Belgique et l'Irlande, d'autre part. Tout cela aurait pu être évité. Cela n'a pas servi la lutte contre le terrorisme.

b. *Les quatre Basques : Moreno-Garcia, Peixotin et Maiztegui*

La demande d'extradition espagnole de Moreno et Garcia faisait mention de 800 personnes ayant trouvé la mort lors d'attentats de l'ETA. Pour que ce soit clair, Moreno et Garcia n'ont pas assassiné 800 personnes. Ils étaient accusés d'avoir fourni logement et transport à Juan Ramon Rojo, qui a commis un attentat ayant coûté la vie à un policier de la *Guardia civil*. Pendant 21 ans, Juan Ramon Rojo a été détenu dans une prison espagnole. Sur la qualification pénale correcte des actes de Moreno et Garcia (recel ou participation), il y a un différend juridique. Il y a aussi un différend juridique sur la question de savoir si ces actes tombent dans le champ d'application d'une disposition applicable d'un traité d'extradition. Il y a même un différend sur la question de savoir si ce serait alors la Convention européenne de 1977 ou bien le traité bilatéral de 1870. En tout cas, la Chambre des mises a jugé que « le fait était inspiré par des motifs politiques ». En soi, ceci est difficilement contestable. Jusqu'à ce moment-là, il y avait une pratique constante de ne pas aller à l'encontre d'un avis négatif de la Chambre des mises. En s'y référant, l'affaire aurait pu être terminée résolument et rapidement. L'Espagne n'en aurait pas été heureuse, mais une succession de discussions politiques et d'incidents diplomatiques pendant des années aurait pu être évitée.

Les charges pesant sur Moreno et Garcia s'appuyaient sur les déclarations de Juan Ramon Rojo. Ces déclarations furent obtenues sous la pression de sérieux mauvais traitements. C'est ce qui apparut déjà immédiatement d'une déclaration écrite d'un médecin légiste espagnol. Ceci fut confirmé par l'*Audiencia Nacional*. Tout cela a compromis les charges contre Moreno et Garcia. C'était un élément important de ma décision de recevabilité. Cela constituait aussi un élément en toile de fond qui affaiblissait en permanence la demande espagnole.

Dans cette affaire, l'Espagne a dû encaisser un grand nombre de coups : l'avis négatif de la Chambre des mises, ma déclaration de recevabilité, la mise en liberté par la présidente du Tribunal de première instance, les arrêts de suspension du Conseil d'Etat et finalement la décision de non-extradition du juge d'instruction et sa confirmation par quatre Chambres des mises différentes. Il n'y eut que mon refus de reconnaissance, la confirmation de ce refus par la Commission permanente et la décision d'extradition du ministre de la

Justice pour mettre un peu de baume au cœur des Espagnols. La décision ministérielle n'a pas pu être mise en œuvre. Le Conseil d'Etat y fit obstacle. Le ministre retira sa décision.

En toute franchise, je n'ai jamais sérieusement envisagé d'accorder le statut de réfugié à des ressortissants d'un Etat membre de l'Union européenne. Je voulais cependant veiller à ce que ma décision de refus ne puisse être utilisée comme argument en faveur d'une extradition. Les réactions espagnoles n'étaient pas de nature à faciliter une décision de refus. Ces réactions, surtout après ma déclaration de recevabilité et la mise en liberté par la présidente du Tribunal de première instance, étaient excessives. L'Espagne a continuellement réclamé le respect de l'Etat de droit espagnol. Mais elle eut elle-même les plus grandes difficultés à respecter l'Etat de droit belge. Aucune décision d'une instance belge n'exprima un manque de confiance dans la Justice espagnole. Toutes les décisions prises par des instances belges indépendantes s'appuyèrent sur les règles de droit applicables. Le caractère outrancier de la critique espagnole ne renforça pas la confiance.

Dans l'affaire *Peixotin*, l'Espagne était poursuivie par son passé. La demande d'asile de Peixotin révélait que l'Espagne avait - en dehors de toute procédure judiciaire et sans motif de droit - envoyé une cinquantaine de Basques en exil dans différents pays. La pression exercée sur le Gouvernement belge par le secrétaire d'Etat espagnol pour la Sécurité et par l'ambassadeur espagnol à Bruxelles était choquante. Un ressortissant espagnol, qui n'était pas poursuivi, devait néanmoins, selon eux, être tenu en dehors de l'Union européenne. La Belgique devait le renvoyer au Venezuela. Je n'étais pas disposé à me prêter à cela. Grâce à une bonne communication avec le ministre de l'Intérieur, cette affaire put être déminée. Sur base de sa citoyenneté européenne, Peixotin reçut accès à l'Union européenne.

Deux ans plus tard, encore un Basque (Maiztegui) arriva en Belgique. Celui-ci venait du Mexique. On prétendit qu'il y aurait une filière basque qui – se fondant sur mes décisions antérieures – menait vers la Belgique. Ceci fut contredit par les faits. Aucun des deux n'avait quitté l'Amérique latine avec l'intention de demander l'asile en Belgique. L'un, venant du Venezuela, était en route pour la France. L'autre, venant du Mexique, était de passage pour Amsterdam. D'excellents contrôles de gendarmerie à l'aéroport avaient constaté qu'ils ne disposaient pas de documents d'identité valables. Bien qu'ils fussent citoyens de l'Union européenne, l'Office des étrangers leur refusa l'accès au territoire. Cela les força alors à demander l'asile en Belgique. Lors de la demande d'asile de Maiztegui, le Commissaire général n'était plus le même, mais sa politique était inchangée. A nouveau, le Commissaire général décida que la demande d'asile était sans objet. L'entente avec le ministre de l'Intérieur n'était apparemment pas optimale. Le Ministre non plus n'était plus le même. L'Office des étrangers décida trois fois de le renvoyer quand même au Mexique. Le Conseil d'Etat et le Commissaire général unirent alors leurs forces pour y faire obstacle. Pour y parvenir, le Commissaire général décida qu'un examen ultérieur était nécessaire. On n'entendit plus parler de Maiztegui en Belgique.

c. *Deux fondamentalistes islamistes : Bennani et Zaoui*

A une année et demie d'intervalle, deux fondamentalistes islamistes demandèrent l'asile en Belgique. L'un (Bennani) appartenait à *Ennahdha* et venait de Tunisie ; l'autre (Zaoui) appartenait au FIS et venait d'Algérie. L'un a été reconnu, non sans beaucoup de difficultés et de patience ; l'autre a été refusé, en application de la clause d'exclusion. La procédure de reconnaissance de Bennani prit cinq ans et huit mois. L'Office des étrangers lui refusa aussi bien l'accès au territoire que - trois mois plus tard - le séjour en Belgique. Chaque fois, je suis allé à l'encontre de ces décisions en donnant un avis favorable. Chaque fois, le ministre de la Justice passa outre en confirmant le refus. Chaque fois, le Conseil d'Etat suspendit cette décision ministérielle. Le Conseil d'Etat eut besoin de trois semaines pour suspendre le refus d'accès au territoire, de 13 mois pour suspendre le refus de séjour et de quatre ans et trois mois de plus pour annuler ce refus de séjour. Moins de deux mois plus tard, il fut reconnu réfugié. Sa femme et ses enfants avaient déjà été reconnus trois ans plus tôt.

Après que le Président Ben Ali eut été chassé du pouvoir en 2011, Bennani est retourné en Tunisie. La même année, il devint parlementaire pour *Ennahdha.* Il l'est resté jusqu'en 2019. Je n'ai pas le moindre doute au sujet de mes décisions prises à l'époque concernant Bennani. Pour ceux qui en auraient, je tiens à faire remarquer que pour être reconnu réfugié, il suffit que l'intéressé craigne avec raison une persécution fondée sur sa conviction. Cette conviction ne doit pas forcément bénéficier de la sympathie de la population belge.

La fuite de Zaoui vers la Belgique se déroula encore plus péniblement. En application de la clause d'exclusion, le statut de réfugié lui fut refusé (une première fois par le Commissaire adjoint, la seconde fois par moi-même). La Commission permanente de recours confirma ce refus. En Belgique, il fut privé de sa liberté pendant une longue période : d'abord, en détention préventive et ensuite, il fit l'objet de mesures administratives de maintien. Il fut plusieurs fois condamné pénalement : à mort en Algérie (en juillet 1993), puis à quatre ans avec sursis (en novembre 1995) en appel, en Belgique (après avoir été acquitté en première instance), et à trois ans, également avec sursis (en novembre 2001), en France. Il faut reconnaître que tout cela n'est pas fort convaincant. A titre de comparaison : Bennani ne fut condamné qu'en Tunisie à vingt ans d'emprisonnement (en 1987) et à cinq ans pour complicité passive (en février 1992). Il n'aurait pas averti les autorités d'un projet dont il avait connaissance. Une charge étrange. *Ennahdha* avait aussi la réputation d'être moins violente que le GIA, avec lequel Zaoui était associé, à tort ou à raison.

Après quatre ans de séjour en Belgique, Zaoui se rendit illégalement en Suisse (en novembre 1997). Un an plus tard, la Suisse l'envoya au Burkina Faso. Deux ans plus tard, il se rendit en Malaisie. Il arriva en Nouvelle-Zélande après encore presque trois ans (en décembre 2002). Là aussi, il n'était initialement pas le bienvenu. La clause d'exclusion lui fut appliquée. En août 2003, l'instance de recours néo-zélandaise lui accorda quand même le statut de réfugié. Elle estima apparemment que ses condamnations avec sursis en Belgique et en France, voire sa condamnation à mort en Algérie, n'étaient pas suffisamment convaincantes pour appliquer la clause d'exclusion. En 2014, il obtint la nationalité néo-zélandaise. Le fait qu'Auckland soit à vol d'oiseau 17.700 km plus éloigné d'Alger que Bruxelles, a peut-être contribué à cette différence de traitement.

d. Deux Rwandais : Rwabukumba et Ndindiliyimana

Toutes les sources et tous les connaisseurs du Rwanda s'accordent pour dire que l'*akazu* était le noyau du mal au Rwanda. La belle-famille du Président Juvénal Habyarimana y occupait une place centrale. Séraphin Rwabukumba fut fréquemment mentionné nommément comme en étant le financier. Ni la Justice belge, ni la Justice internationale ne réussirent à apporter suffisamment de preuves pour le poursuivre en justice. Cela ne supprima pas les suspicions qui pesaient sur lui. Pour appliquer la clause d'exclusion, il faut des « raisons sérieuses », et non pas des preuves. Il est difficile d'admettre que tous les connaisseurs du Rwanda se soient grossièrement trompés. Bien que le statut de réfugié lui ait été refusé, il réussit - avec beaucoup de membres de sa famille dépendant de lui - à obtenir un permis de séjour en Belgique. Le statut de réfugié aurait été trop d'honneur pour quelqu'un qui s'était trouvé si près d'un des génocides les plus horribles de l'histoire.

J'avais une opinion analogue concernant le général major Augustin Ndindiliyimana. En tant que chef d'état-major de la Gendarmerie rwandaise, il occupa une position stratégique exceptionnelle au moment du génocide. Il n'entreprit aucune tentative pour contrecarrer le déroulement du génocide. Une telle omission était à mes yeux incompatible avec le statut de réfugié. La Commission permanente de recours en jugea autrement. Après beaucoup de péripéties, le Tribunal international pénal pour le Rwanda l'acquitta en appel. A la demande de ce Tribunal, il avait été arrêté en Belgique. Le Procureur de ce Tribunal l'avait accusé des pires crimes. On n'aura pas pu me reprocher d'avoir accordé le statut de réfugié à une personne qui, à la demande du Tribunal international pénal, fut arrêté en Belgique sur base d'accusations graves.

2. Quelques anecdotes

Ces anecdotes concernent des demandes d'asile nigérianes, ainsi que le Rwanda, un pays qui m'est particulièrement cher.

a. Fraudes de demandeurs d'asile nigérians

Les demandes d'asile nigérianes n'eurent pas de succès. Cela n'a rien à voir avec l'appréciation de la situation des droits de l'homme dans ce pays. Ceci montre seulement que les Nigérians qui demandaient l'asile en Belgique, avaient quitté leur pays pour d'autres raisons qu'une persécution fondée sur un des motifs de la Convention de Genève. En neuf ans, sur 3.900 demandes d'asile nigérianes, il n'y eut que quatre reconnaissances, dont trois par la Commission permanente de recours (donc seulement une par moi). Le taux global de reconnaissance des Nigérians était de 0,1%.

J'étudiai régulièrement les statistiques du Commissariat général - le plus souvent le soir ou le week-end - afin de savoir ce qu'il en était des décisions individuelles.[i] Je vérifiai, nationalité par nationalité, quel était le pourcentage des décisions positives en recevabilité de l'Office des étrangers, quels étaient les pourcentages de recevabilité et de reconnaissance du Commissariat général, et quel était le nombre de demandes sans décision à chaque phase de la procédure. Et quelle était l'évolution de ces pourcentages dans le temps. Cela m'aida à répondre aux questions critiques, d'où qu'elles viennent. Cela m'aida surtout à poser moi-même des questions critiques à mes propres collaborateurs.

Je fus frappé par la constatation que sur des milliers de demandes nigérianes il n'y eut pendant des années qu'une seule reconnaissance. Je fus intrigué lorsque je notai un jour que le nombre de reconnaissances nigérianes avait augmenté de 100% (de 1 à 2). Lorsque le 1er septembre 1994 Luc De Smet fut finalement nommé Commissaire adjoint néerlandophone, je lui ai demandé de jeter un dernier coup d'œil aux propositions de reconnaissance. Lui aussi, les signait. A la délégation du HCR, il avait acquis une longue expérience dans le traitement de dossiers individuels. Cela lui plaisait de les approfondir. Souvent il retournait à sa maison à Louise-Marie (Maarkedal) avec plusieurs caisses de dossiers. Jusqu'à tard dans la nuit, il scribouillait ses observations, de son écriture caractéristique.

Après avoir constaté que le nombre des reconnaissances de Nigérians venait de doubler, je suis allé voir Luc un soir dans son bureau :
- « J'ai vu que tu as reconnu un Nigérian ? ». « *Oui, mais c'est un bon dossier ?* ».
- « Ah, oui ? ». « *Oui, ce n'est pas comme les autres dossiers. Il s'agit d'un rédacteur en chef d'un journal de l'opposition* ».
- « Ah, bon. Tu as tout bien vérifié ? As-tu contacté notre ambassade à Lagos ». « *Non, on ne peut quand même pas faire ça pour chaque dossier ?* ».

---

[i] Dans une émission à la RTBF du 13 mars 1996, sous le titre « Un si beau pays », il me fut reproché de passer mon temps à faire des statistiques. Je répondis à Marianne Klaric, journaliste à la RTBF, que « je croyais en effet nécessaire de démontrer - chiffres à l'appui - l'inexactitude et le caractère fantaisiste et même souvent mensonger d'affirmations proférées au sujet de la procédure belge d'asile, émanant parfois même de personnes qui savent pourtant mieux. Ces chiffres dérangent, surtout parce qu'ils démontrent d'une manière irréfutable que trop souvent les réalités ne correspondent pas aux idées préconçues qui dominent dans le domaine ».

- « Bien sûr, que non, mais peut-être bien pour la reconnaissance d'un Nigérian. C'est quand même exceptionnel ». « *Pas de problème. C'est encore possible* ».
- « Fais-le ».

Trois semaines plus tard, Luc vint dans mon bureau, avec le sourire :
- « *J'ai reçu un coup de téléphone* ». « Ah oui ? Et de qui ? ».
- « *D'un collaborateur de l'ambassade belge à Lagos* ». « Et … ? ».
- « *Le rédacteur en chef de ce journal se trouvait dans son bureau. Et ce n'est pas notre réfugié* ». « Bon, il faudra donc lui retirer le statut de réfugié ».
- « *Cela sera fait* ».

Dans les premières semaines de l'introduction de Printrak pour la vérification des empreintes digitales de demandeurs d'asile (fin 1993), il y eut 11% de demandes sous des identités différentes. C'était aussi le pourcentage pour les demandes nigérianes (pour les Indiens c'était presque 25%). Je me rappelle qu'il y en eut un qui l'avait fait sous quatre identités différentes. Il fut heureusement refusé quatre fois. Deux fois, il fut déclaré irrecevable par l'Office des étrangers, suivi de ma part, par une décision confirmative de refus en recours urgent. Deux fois, il fut déclaré recevable par l'Office des étrangers, mais je le refusai ensuite quant au fond. Pendant tout ce temps, il pouvait séjourner en Belgique. Il fut interrogé huit fois. Huit décisions avaient été prises. Six motivations ont dû être rédigées. Grâce à Printrak, il ne fallait plus perdre notre temps à ce point.

Le collaborateur spécialisé en demandes nigérianes m'a raconté une fameuse histoire. Un demandeur d'asile nigérian bien documenté s'était présenté devant lui pour audition. A l'appui de sa demande, il présentait un extrait d'un journal nigérian. Sa photo y figurait avec la mention qu'il était recherché pour ses activités politiques : *Wanted* (Recherché). Le collaborateur, apparemment méfiant, s'était donné la peine d'aller à l'ambassade nigériane. Il avait pu y trouver ce journal du jour en question. Il a trouvé la bonne page. Tout correspondait, sauf la photo du demandeur d'asile et le texte l'accompagnant qui n'y figuraient pas. Il fut refusé.

A un moment donné, j'appris qu'il y avait au musée de Tervuren des experts en langues africaines. Il était possible de les consulter. Quelques Libériens, pas beaucoup, avaient été reconnus réfugiés, mais nous n'étions pas vraiment convaincus. Il fut possible de leur faire passer un test linguistique et de les faire vérifier à Tervuren. Des réfugiés libériens ont été convoqués. Nous leur demandions de traduire quelques mots anglais dans leur langue maternelle. Ceci était enregistré sur cassette et envoyé à Tervuren. Plus de la moitié de ceux-ci avaient parlé non pas une langue libérienne mais une langue nigériane. Deux mois plus tard, les statistiques montrèrent un nombre de reconnaissances libériennes plus faible qu'auparavant. Finalement, sur 1.870 demandes libériennes, il y aura 31 réfugiés reconnus, dont 7 par la Commission permanente de recours.

b. *Rwanda, le pays des mille collines*

Le Rwanda est connu comme étant le pays des mille collines. Selon la tradition rwandaise, c'est dans ce pays qu'*Imana* (Dieu) qui le jour parcourt le monde, vient se reposer la nuit. Les Rwandais (et les Burundais) sont très casaniers. Après le génocide des Tutsi en 1994, des centaines de milliers de réfugiés Tutsi ont quitté la diaspora au plus vite pour retourner dans leur pays. Le « Ruanda-Urundi »[i] m'étant particulièrement cher, le génocide m'a fortement touché.

Les demandes d'asile rwandaises avaient beaucoup de succès pour des raisons évidentes. Rien d'étonnant d'abord que des ressortissants de nos anciens territoires d'outre-mer demandent l'asile en Belgique. Ensuite, les histoires qu'ils racontaient n'étaient nullement imaginaires. Leur crainte de persécution était réelle et fondée en plus sur un motif ethnique. Au début du Commissariat général, il n'y avait à peine que quelques demandes d'asile rwandaises (4 en 1988 ; 7 en 1989). L'année du génocide (1994), il y en eut 659. Lorsque j'ai quitté le Commissariat général, il y avait eu sur un total de 1.067 décisions finales concernant des Rwandais 899 reconnaissances (84%).

Un des premiers éléments à vérifier pour chaque demande d'asile est la nationalité du demandeur. La fraude est fréquente. Des Albanais se faisaient passer pour des Kosovares, des Ghanéens pour des Soudanais, des Guinéens pour des Sierra-Léonais, des Libanais pour des Arméniens, des Nigérians pour des Libériens, des Pakistanais pour des Afghans et des Zaïrois pour des Rwandais. Nous étions parfois contactés par des ambassades étrangères afin d'assister les services de réfugiés de leur pays dans l'identification de Burundais ou de Rwandais.

---

[i] Sous la Société des Nations, le territoire sous mandat, qui allait devenir un territoire de tutelle sous les Nations Unies, s'appelait Ruanda-Urundi (en swahili) ; depuis leur indépendance, ces pays s'appellent le Rwanda (en kinyarwanda) et le Burundi (en kirundi).

En Belgique, la fraude en matière de nationalité rwandaise était rare. Chez nous, ils n'étaient pas à la bonne adresse. Parfois, il arriva néanmoins que des soi-disant Rwandais se présentent, ne connaissant même pas le nom de leur Président. Certains rétorqueront qu'il y a aussi des Belges qui ne connaissent pas le nom de notre Premier Ministre. En Belgique, c'est possible, mais pas au Rwanda. Il n'y avait au Rwanda personne qui ignorait qui était le Président. Sa photo était accrochée aux murs de tous les bâtiments officiels et de nombreux bâtiments non officiels. Son image figurait sur les billets de banque. Chaque jour, on pouvait l'entendre parler à la radio. Pauvre ou non, toute famille au Rwanda possédait une radio portable à batterie.

En 1981 et en 1984, je me suis rendu pour quelques mois au Rwanda afin d'enseigner le droit international public à l'Université Nationale du Rwanda à Butare. Dans cette ville, qui s'appelait Astrida à l'époque de la tutelle belge (jusqu'à mi-1962), se trouvait le « Groupe scolaire » dont les Frères de la Charité de mon école primaire à Gand m'avaient tant parlé. A Butare, nous étions réveillés chaque matin par le bulletin météorologique de la radio flamande en ondes courtes (« *Vlaamse Wereldomroep* »). Les Rwandais étaient réveillés par la Radio rwandaise. Celle-ci débutait souvent avec un message aux « militants et militantes » (au Zaïre, c'étaient des « citoyens et citoyennes » ; au Burundi, c'était « Mesdames et Messieurs »). A partir de leur naissance, tous les Rwandais étaient membres de droit du parti unique. Le message allait comme suit :

> « Ce matin, Son Excellence le Général major Habyarimana Juvénal, Président de la République rwandaise et Président du Mouvement Révolutionnaire National pour le Développement, a fait transmettre un télégramme à son homologue, Son Excellence Monsieur X, le Président de la République de l'un ou l'autre pays – souvent africain ou latino-américain - et au peuple de ce pays avec ses meilleurs vœux à l'occasion de la Fête nationale de cette République. Il l'a assuré de l'amitié inébranlable et des sentiments de fraternité sincère qui existent entre le peuple de ce pays et le peuple rwandais. Il est confiant que la coopération entre nos pays et nos peuples s'approfondira en vue d'une coexistence pacifique durable entre nos deux nations ».

Deux fois, j'eus l'occasion de saluer le Président Juvénal Habyarimana. La première fois, au deuxième trimestre de 1981, lorsque tôt dans la matinée, j'attendais avec deux collègues de l'Université d'Anvers (Filip Reyntjens et son futur beau-frère Jean-François Beyer) l'arrivée d'un professeur belge au (modeste) aéroport de Butare. La route principale de Kigali à Butare n'était pas encore asphaltée. Le terrain d'atterrissage de l'aéroport de Butare non plus. Soudainement, deux limousines arrivèrent. Elles se sont arrêtées à une centaine de mètres de nous. La figure imposante du Président rwandais sortit de la première voiture. Comme l'ambassadeur Johan Swinnen[i] le décrivait si bien : « Une figure élancée et forte avec une tête sombre et ferme et des yeux ronds et inquiets ». Il venait de rendre visite à l'hôpital universitaire où son frère était chirurgien. Le 21 juin 1981, ma fille, Anneleen, allait y naître. Après une hésitation, qu'il avait remarquée, nous sommes allés à sa rencontre. Il nous serra la main et dit en souriant : « Vous venez me saluer, alors que je ne suis même pas blanc ? ».

La seconde fois, c'était à Kigali à l'occasion d'une « Conférence sur l'application des droits de l'homme en Afrique » du 15 au 17 mars 1989. J'étais invité par le ministère des Affaires étrangères des Etats-Unis (*US State Department*). Le ministre rwandais de la Justice, Théoneste Mujyamana, ouvrait et clôturait la Conférence. En 1987 et 1988, il avait été mon collègue à la Commission des droits de l'homme des Nations Unies. A la fin de la Conférence, quelques participants étaient invités pour une rencontre avec le Président à sa résidence. Les sièges étaient installés au bord de la piscine. Le Président nous assura qu'il attachait une grande importance au respect des droits de l'homme.

Sept mois plus tard, du 9 au 12 octobre 1989, un Colloque fut organisé à Bujumbura sur « Les droits de l'homme pour une dynamique de paix ». J'y étais invité en tant que président de la Commission des droits de l'homme des Nations Unies. Le 10 octobre 1989, je recevais une pétition des Communautés rwandaises réfugiées dans le monde. Ils œuvraient pour un retour inconditionnel dans leur pays. Ils accusaient le Gouvernement rwandais de vouloir les maintenir en exil pour l'éternité, prétextant qu'il n'y avait pas suffisamment d'espace au Rwanda. Moins d'un an plus tard, ils tentèrent de retourner dans leur pays par les armes.

Le Président Juvénal Habyarimana était un homme affable. Cette même personne avait laissé croupir en prison les dignitaires, tous Hutu, du précédent régime rwandais.[ii] Alors qu'il prétendait protéger les Tutsi du pire,[iii] son proche entourage préparera un génocide après

---

[i] SWINNEN, *op. cit.*, p. 32.
[ii] BARAHINYURA, Shyirambere, *Quinze ans de tyrannie et de tartuferie au Rwanda : 1973-1988, Le général major Habyarimana*, Francfort-a-Main, Ed. Inuba, 1988, 336 p.
[iii] SWINNEN, *op. cit.*, p. 166.

l'incursion du FPR.[i] Deux jours après cette incursion, il atterrit à Melsbroek, tôt dans la matinée du 3 octobre 1990. Il venait de New York où il avait assisté à l'Assemblée générale des Nations Unies. Il se rendit au Château de Laeken. Il savait comment charmer ses interlocuteurs. A l'aube, il accompagnait le Roi Baudoin à la chapelle du Château pour y prier, agenouillés côte à côte. Cet homme profondément croyant et dévot méritait tout l'appui de la Belgique dans la résistance à l'attaque brutale venant de l'étranger.

Le Président Juvénal Habyarimana était un grand maître du « double jeu ».[ii] Il ne racontait pas à l'ambassadeur de Belgique la même chose qu'à l'ambassadeur de France. En français, il ne racontait pas non plus la même chose qu'en kinyarwanda. A François Mitterrand, le Président français (1981-1995), il ne se présentait pas comme un chrétien parfait mais comme un libre-penseur partisan de la laïcité. Il lui fit grande impression en citant des vers de Jacques Prévert. Un président francophile d'une grande érudition littéraire méritait tout l'appui de la France contre des agresseurs anglophones. Ils ne parlaient même pas la langue du pays qu'ils voulaient conquérir. Le Président français perdait de vue que ce n'était point le français mais le kinyarwanda qui est la langue des Rwandais. Et cette langue-là, ils la parlaient.

Le 6 avril 1994, cinq ans après la rencontre autour de la piscine présidentielle, à Kigali, une fusée fit chuter l'avion Falcon (un don de la France) avec à son bord les Présidents du Rwanda et du Burundi. L'avion finit sa course à côté de cette même piscine. Très tôt dans la matinée du lendemain, débutait dans le pays le plus catholique d'Afrique, un génocide des plus horribles. Pendant cent jours, jour après jour, en moyenne 8.000 à 10.000 Rwandais, la plupart des Tutsi, furent exterminés. Cela ne se fit pas dans des chambres à gaz, mais avec des machettes. Les Tutsi étaient massacrés, non pas pour ce qu'ils avaient fait, ni pour ce qu'ils avaient dit, ni même pour ce qu'ils avaient pensé. Ils furent assassinés pour ce qu'ils étaient : des Tutsi. Ce problème devait être résolu, une fois pour toutes. A cette fin, il

---

[i] Voy. entre autre Jean-Berchmans Birara (p. 181), Justin Mugenzi (p. 190), des habitants de Kibuye (p. 239), Boniface Ngulinzira (p. 272), Janvier Afrika (p. 310) et Jean-Pierre (p. 477), cités par SWINNEN (*ibid.*).

[ii] Ainsi que le remarquait notre ambassadeur à cette époque à Nairobi, Cristina FUNES-NOPPEN (*Des hommes, des femmes et des bêtes,* tome II, Aix-en-Provence, Persee, 2012, pp. 209-215). L'ambassadeur Johan SWINNEN (*op. cit.*, pp. 234 et 493) parlait d'un « double langage ».

fallait même tuer les bébés et il fallait extirper les fœtus du ventre de leur mère. Les Tutsi devaient être éradiqués à la racine. Pendant des années, j'avais été actif dans les organes des droits de l'homme des Nations Unies. La Belgique avait été pendant des décennies responsable de l'administration de ce pays. Trois fois, j'y avais enseigné le droit international. Et voilà que dans ce pays, les violations des droits de l'homme les plus cruelles eurent lieu, à une échelle inimaginable.

3. Les facteurs *push & pull*

Il n'est pas possible d'aborder la question des réfugiés et des demandeurs d'asile sans parler des facteurs *push & pull*, au risque autrement de se faire reprocher d'être aveugle aux causes des courants de migration. Quelles sont les causes qui poussent les gens à quitter leur pays et que fait-on pour prévenir ces causes ? Traditionnellement, une distinction est faite entre les facteurs *push* (la répulsion vis-à-vis du pays quitté) et les facteurs *pull* (l'attraction par le pays où l'asile est demandé). Pendant des années, je l'expliquai dans de multiples endroits. Cela m'a valu quelques livres d'art et plusieurs bouteilles de vin, de qualité très variée. Progressivement, ma croyance dans l'importance des facteurs *push* s'est mise à chanceler. Avec le temps, j'acquis la conviction que les facteurs *pull* pèsent le plus lourd, et de loin.

a. Les facteurs push

Les facteurs « *push* » poussent des demandeurs d'asile à quitter leur pays. Les plus importants de ces facteurs sont les violations des droits de l'homme, les conflits armés et les inégalités économiques. Bien sûr, tous les efforts pour faire disparaître ou réduire les courants de migration illégale sont les bienvenus. Plus ces efforts connaissent le succès, plus grande est la chance d'alléger la pression sur la procédure d'asile. Toutefois, il ne faut pas se faire d'illusions : il est très difficile d'influencer les causes des courants migratoires.

- Les violations des droits de l'homme

Il n'y a pas beaucoup de moyens pour prévenir à l'étranger les violations des droits de l'homme.[i] Une exigence primordiale est de se prononcer toujours sans ambiguïté en faveur du respect des droits de l'homme, peu importe la nature des relations bilatérales entre les pays concernés. En revanche, les relations commerciales sont, contrairement à ce qui est souvent supposé, peu appropriées pour mener une politique des droits de l'homme. Faire du commerce ne se fait pas par charité mais sur un équilibre d'intérêts mutuels. Celui qui rabote sur les relations commerciales à cause des droits de l'homme, nuit tout autant à ses propres intérêts. D'ailleurs, s'il ne pouvait y avoir du commerce qu'avec des pays qui respectent les droits de l'homme, le commerce mondial en serait rétréci de beaucoup.

En cas de violations des droits de l'homme, il est souvent trop rapidement envisagé de mettre un terme à la coopération au développement. Ceci n'est que rarement justifié. Deux possibilités : ou bien cette coopération bénéficie surtout aux privilégiés du régime, et ce n'est donc pas une coopération justifiée ; ou bien, elle bénéficie à ceux qui sont les plus nécessiteux et, en tant que victimes de ces violations, il ne faut pas les sanctionner encore une fois.

Avec les sanctions économiques[ii] également, il faut procéder avec beaucoup de prudence. C'est une erreur de s'attendre à ce que des « dictateurs sans scrupule » modifient leur politique parce que leur population souffrirait de ces sanctions. Un dictateur qui le ferait, ne serait pas « sans scrupule ». Le peuple ne peut pas non plus lors des élections suivantes se choisir un autre chef : dans une dictature, il n'y a pas d'élections ou tout au moins pas d'élections permettant au peuple la désignation d'un meilleur chef. L'unique critère doit être l'efficacité des sanctions et non pas la persistance des violations. Rarement, les sanctions touchent les responsables des violations des droits de l'homme. Elles ne sont trop souvent qu'une sanction supplémentaire pour les victimes de ces violations. Ces désavantages peuvent être évités par des sanctions intelligentes (« *smart*

---

[i] BOSSUYT, Marc. « Les droits de l'homme en tant qu'élément de politique étrangère », *Bulletin des droits de l'homme*, Genève, Nations Unies, 1989, pp. 29-35.
[ii] BOSSUYT, Marc, « Conséquences néfastes des sanctions économiques sur la jouissance des droits de l'homme », E/CN.4/Sub.2/2000/33, Genève, 2000, 43 p.

sanctions ») à caractère financier ou concernant la non-délivrance de visas ciblant des personnes déterminées.

- Les conflits armés

Peu de pays ont les moyens de mettre un terme à des conflits armés. Dans beaucoup de cas, il est, en outre, très difficile de savoir si des interventions militaires peuvent atteindre les objectifs visés. Une intervention énergique en Afghanistan après le 11 septembre 2001 n'a pas empêché que 20 ans après il y ait toujours beaucoup d'Afghans venant en Europe. L'invasion de l'Irak en 2003, qui était contraire au droit international, n'a pas donné un meilleur résultat. L'intervention en Libye en 2011, qui consistait surtout en des bombardements de l'OTAN, n'a pas empêché que les côtes de ce pays se soient transformées en bases de départ pour des migrants africains désespérés. Des trafiquants criminels d'êtres humains s'enrichissent sans vergogne en exploitant la misère et les illusions de ces pauvres malheureux. En Syrie, où il n'y a pas eu d'intervention occidentale, un très grand déplacement de personnes a eu lieu. Une politique capable de prévenir des courants migratoires causés par des conflits armés n'est vraiment pas facile à trouver.

- Les inégalités économiques

Il y a dans le monde de vastes inégalités économiques entre des pays, fréquemment aggravées par une démographie galopante. Ces inégalités également poussent des gens à quitter leur pays dans l'espoir de trouver un avenir meilleur. Et, bien que ce ne soient pas des réfugiés au sens de la Convention de Genève, leur détermination à quitter leur pays n'en est pas moins résolue pour autant. Une fois arrivés, ils tentent leur chance en introduisant une demande d'asile. Ce ne sont pas les plus nécessiteux qui quittent leur pays. Ce ne sont que ceux qui sont plus ou moins privilégiés dans leur propre pays, qui peuvent se permettre de payer un tel voyage. Il est profondément tragique que des malheureux vendent leurs maigres possessions (et parfois celles de toute leur famille ou même de tout leur village) pour payer des trafiquants d'êtres humains et pour risquer leur vie en route pour l'Europe.

Certes, il y a encore des violations des droits de l'homme, des conflits armés et des inégalités économiques. Cela ne changera pas de sitôt. Ce n'est cependant pas une raison pour accueillir chez nous toutes les victimes de ces malheurs. La solution n'est pas à trouver chez nous, mais dans leur propre pays, en œuvrant pour le changement sur place ou, en attendant, en fournissant une aide humanitaire. Si cette aide ne peut être fournie sur place, il faut se tourner vers les pays avoisinants. Le coût inférieur de l'accueil dans ces pays permet d'y aider beaucoup plus de gens qu'ici. Ainsi, les problèmes résultant du déracinement culturel peuvent aussi être évités. La migration de masse[i] vers l'Union européenne n'est pas la solution à la pauvreté en Afrique ou aux conflits du Moyen-Orient. L'Union européenne doit professer ce message avec clarté. Aussi longtemps que ce n'est pas le cas, toujours plus de migrants irréguliers vont être attirés et les noyades en mer se poursuivront. Les plus grandes victimes de ce manque de clarté sont les migrants, et les plus grands bénéficiaires les trafiquants d'êtres humains.

b. *Les facteurs* pull

Les facteurs « *pull* » sont des facteurs qui attirent des demandeurs d'asile vers un pays déterminé plutôt que vers d'autres pays. Ces facteurs sont nombreux : le niveau de bien-être général, un bon système d'accueil avec des allocations et un bon niveau d'enseignement pour les enfants ainsi que de bons soins médicaux, la présence de membres de la famille et de compatriotes, une familiarité linguistique, un pourcentage élevé de reconnaissance et – surtout ! - la chance de pouvoir rester dans le pays - même après une décision négative - afin d'y obtenir un permis de séjour et, *in fine* même la nationalité.

Des conditions d'accueil en dessous des normes ne dissuaderont pas les demandeurs d'asile. Dans leur propre pays et en route pour le pays d'accueil, ils ont souvent dû faire face à des privations plus

---

[i] Roy BECK (« *The Gum Ball Analogy* », 2010, https://www.youtube.com/watch?v=LPjzfGChGlE) fait observer qu'il y a dans le monde 3 milliards de personnes qui ont un revenu inférieur à 2 US $ par jour. Il y a, en outre, 2,6 milliards de personnes qui ont un revenu inférieur à celui au Mexique. Les migrants aux Etats-Unis viennent principalement de ce dernier groupe. Plus de 99% du premier groupe n'est pas capable d'émigrer. Ils ne peuvent être aidés qu'à l'endroit où ils vivent. Chaque année le groupe des nécessiteux croît de 80 millions de personnes. Même en cas de doublement du nombre des migrants aux Etats-Unis de 1 à 2 millions par an, l'effet sur la réduction de la pauvreté dans le monde serait négligeable.

importantes. Ils les considèrent comme un manque de confort temporaire. Un accueil en nature est moins attrayant qu'un accueil en espèces, d'autant plus qu'ils surestiment généralement le pouvoir d'achat de leurs allocations. Un facteur important pour dissuader des demandeurs d'asile d'introduire une demande d'asile est une procédure qui peut conduire rapidement à une décision négative. Rien n'est plus décourageant que de recevoir un ordre de quitter le territoire le jour même de l'introduction de sa demande. S'il est confirmé par une procédure de recours rapide suivie d'un éloignement effectif, le nombre des demandes d'asile infondées baissera rapidement. D'ailleurs, c'est sur les facteurs *pull* que les pays d'accueil peuvent exercer la plus grande influence.

Un accroissement du nombre des demandes d'asile est souvent à tort attribué à des facteurs *push*. Il n'est pas rare que des gouvernants soulignent l'importance des facteurs *push* pour se décharger de leurs propres responsabilités. Les médias l'avalent généralement sans esprit critique. Ainsi, la montée des demandes d'asile en 1992 était attribuée à la détérioration de la situation au Kosovo. En y regardant de plus près, cette montée était causée pour plus de la moitié par des demandeurs d'asile d'autres nationalités. Et il y a plus : la moitié de ceux qui disaient venir du Kosovo, ne venait pas de là. C'étaient des Albanais. En fait, les Kosovares avaient percé une brèche dans la digue. On ne l'avait pas refermée. Beaucoup de non-Kosovares s'y sont glissés ...

La grande crise d'asile de 2015 en Méditerranée[i] fut attribuée au conflit armé en Syrie. Ce conflit perdurait pourtant déjà depuis quatre ans. Des réfugiés de guerre se trouvaient tout ce temps en Jordanie, au Liban et en Turquie. Il était dit qu'après quatre ans, le séjour dans les pays avoisinants devenait insupportable. L'occupation de l'Afghanistan par l'Union soviétique pendant neuf ans (1979-1989) avait conduit à la fuite d'un million d'Afghans vers l'Iran et de trois millions vers le Pakistan. Malgré un séjour de plus de quatre ans en Iran ou au Pakistan, il n'y avait pas beaucoup d'Afghans qui se rendaient dans l'Union européenne.

La crise d'asile de 2015 a amené plus d'un million de demandeurs d'asile dans l'Union européenne. La plupart d'entre eux n'étaient pas des Syriens. Des demandeurs de pays différents avaient compris qu'il

---

[i] BOSSUYT, Marc, « The European Union Confronted with an Asylum Crisis in the Mediterranean », *European Journal of Human Rights,* 2015/5, pp. 581-605.

était plus facile de joindre Lesbos (Grèce), qui est à 5 km de la Turquie, plutôt que de faire la traversée (d'au moins 300 km) vers Lampedusa (Italie). La Turquie, pourtant un candidat-membre de l'Union européenne adopta une attitude qui était loin d'être innocente. La Garde côtière italienne avait essayé de dissuader les migrants irréguliers en route pour Lampedusa en les ramenant en Libye. La Cour de Strasbourg a condamné cette manière de faire en 2012. Depuis lors, n'importe qui, d'où qu'il vienne, peut se faire admettre dans l'Union européenne s'il arrive en bateau. Ce n'est pas de nature à décourager les migrants à risquer leur vie en Méditerranée. Une fois arrivés à terre dans la zone Schengen, ils peuvent, grâce à l'Accord éponyme, poursuivre leur voyage vers le pays de leur préférence. Ils ne courent qu'à peine le risque d'être renvoyés vers le pays où ils ont mis pied à terre. Ceci est la conséquence du démantèlement du règlement de. Dublin par cette même Cour en 2011.

Le règlement de Dublin (2003) repose sur le pilier le plus ancien de la politique d'asile européenne. Pour éviter l'*asylum shopping* entre différents pays d'accueil, la Convention de Dublin fut adoptée dès 1990. Elle stipule que le pays par lequel un demandeur d'asile est arrivé dans l'Union européenne, est responsable du traitement de sa demande. Ainsi, tout Etat membre est rendu responsable de la surveillance de sa partie de frontière externe de l'Union. L'Italie et la Grèce, les principaux pays d'arrivée, se sentirent abandonnés par l'Union européenne. Ils ont renoncé à leur obligation d'enregistrer les demandeurs d'asile et de prendre leurs empreintes digitales. Le risque pour les demandeurs d'asile d'être renvoyés vers leur pays d'entrée était pratiquement éliminé. Il paraît donc utile d'approfondir le développement de la jurisprudence d'asile de cette Cour. Ceux qui pensent qu'elle ne présente d'intérêt que pour les juristes se trompent grossièrement. Cela permet aussi d'expliquer pourquoi, dans les mots de Mark Elchardus,[i] la responsabilité de la Cour de Strasbourg dans la facilitation de l'immigration illégale est « écrasante ».

---

[i] ELCHARDUS, Mark, *Reset : Over identiteit, gemeenschap en democratie,* Aalter, Ertsberg, 2021, p. 378 et surtout les chapitres 15 et 16.

Chapitre XX
Un extra : critique par un « renégat »

Au cours des années, la Cour européenne des Droits de l'Homme s'est davantage engagée dans le domaine de l'asile. La Convention européenne des droits de l'homme (CEDH) a été signée le 4 novembre 1950. Elle est entrée en vigueur le 3 septembre 1953. Le premier arrêt (*Lawless c. Irlande*) de la Cour européenne date du 14 novembre 1960. Le requérant, qui avait un nom prédestiné (« *Lawless* » signifie « Sans droit »), était un ancien membre de l'Armée républicaine irlandaise (IRA). Il se plaignait d'une détention trop longue en 1957, sans procès dans le cadre de la législation irlandaise d'exception. La CEDH, comme les conventions universelles en matière de droits de l'homme, ne contient aucune disposition concernant l'asile. La Déclaration universelle des droits de l'homme, elle, adoptée le 10 décembre 1948, contient une disposition concernant l'asile, à savoir l'article 14.1 : « Face à la persécution, toute personne a le droit de chercher asile et de bénéficier de l'asile dans d'autres pays ». Toutefois, cette Déclaration n'est formellement pas un texte juridiquement contraignant. Il n'est donc pas surprenant que cela ait pris longtemps, avant que la Cour de Strasbourg ne se penche sur les demandeurs d'asile.

Le premier arrêt strasbourgeois concernant un demandeur d'asile (*Cruz Varas,* 20 mars 1991) n'est arrivé que plus de 30 ans après l'arrêt *Lawless*. Il a fallu cinq ans de plus pour l'adoption de l'arrêt *Chahal* (15 novembre 1996), le premier dans lequel une violation à l'égard d'un demandeur d'asile a été constatée. Il s'agissait d'une violation « potentielle » ou « virtuelle ». Ceci signifie qu'elle n'avait pas encore eu lieu. La Cour a jugé qu'il y aurait eu un risque sérieux de violation, si le requérant avait été reconduit vers son pays. Il ne s'agit pas d'un constat de faits ayant eu lieu. Il s'agit d'une estimation par la Cour que quelque chose pourrait arriver. Il ne s'agit pas non plus d'une violation directe par l'Etat (i.c. le Royaume-Uni) qui est un Etat-partie à la CEDH. La responsabilité de cet Etat-partie n'est qu'*indirecte*. Il serait responsable si un autre Etat (i.c. l'Inde), qui n'est pas un Etat-partie à la CEDH, posait un acte qui - s'il était commis par un Etat-partie dans son propre pays - serait contraire à la CEDH. En cette matière, il s'agit généralement d'une responsabilité indirecte pour des violations potentielles. La Cour ne constate alors pas de faits ; elle spécule sur ce qui pourrait arriver dans l'avenir.

Depuis le 6 février 1997, j'étais juge à la Cour constitutionnelle (elle ne s'appelait plus « Cour d'arbitrage » depuis le 7 mai 2007). Je ne m'exprimais plus sur des questions d'asile en Belgique. La Cour constitutionnelle y était parfois confrontée mais en tant que juge en fonction, je ne pouvais me livrer à aucun commentaire. Le 7 octobre 2007, je devins président de la Cour constitutionnelle. Pour cette raison, j'accédai à l'éméritat le 30 septembre 2007, deux ans plus tôt que requis, en tant que professeur extraordinaire à l'Université d'Anvers (UA). Ceci me donna plus de temps pour des publications juridiques. Les arrêts en matière d'asile de la Cour de Strasbourg me paraissaient un sujet d'étude approprié. Ils méritaient davantage d'attention. Mes expériences en tant qu'académicien spécialisé dans la protection internationale des droits de l'homme, en tant qu'expert dans des organes des Nations Unies en matière de droits de l'homme, en tant qu'ancien Commissaire général aux réfugiés et en tant que juge à la Cour constitutionnelle se complétaient et s'enrichissaient mutuellement.

1. Des juges sur un terrain glissant

J'ai écrit un livre (189 p.) sur ces arrêts, qui fut publié en 2010 par les Ets Bruylant, comme ce fut le cas avec ma thèse de doctorat en 1976 soutenue à Genève le 7 juillet 1975. Cet ouvrage est en français. Avec le néerlandais, c'est l'une des deux langues principales en Belgique. Avec l'anglais, c'est l'une des deux langues de travail de la Cour strasbourgeoise. Plus tard, j'écrivis plus souvent en anglais. Les jeunes néerlandophones paraissent plus familiers avec cette langue. Au niveau international, le français est de plus en plus en recul par rapport à l'anglais. Le titre du livre devint « *Strasbourg et les demandeurs d'asile : des juges sur un terrain glissant* ».

J'avais trouvé cette expression dans une opinion séparée de Wilhelmina Thomassen, qui avait été la juge néerlandaise (1998-2004) à Strasbourg. Elle utilisa cette expression dans un arrêt du 5 juillet 2005 : *Said c. les Pays-Bas.* Cet arrêt concernait l'expulsion par les Pays-Bas d'un demandeur d'asile débouté, vers l'Erythrée. En reconnaissant que « l'appréciation de la fiabilité du récit livré par un demandeur d'asile comporte inévitablement des aspects subjectifs », elle écrivit (à l'origine en anglais) : « *judges will to a certain extent find themselves on thin ice* ».[565] Ceci a été traduit joliment en français par « les juges sont parfois amenés à s'aventurer sur un terrain glissant ». Les deux expressions me paraissaient bien choisies : des juges sur un terrain glissant ou sur une couche de glace trop mince. En français, ils risquent de déraper ; en anglais, ils risquent de passer à travers la glace.

Dans mon commentaire (p. 103) sur les arrêts strasbourgeois en matière d'asile, j'écrivis :

> « Les arrêts de la Cour en matière d'asile sont généralement accueillis avec enthousiasme par les avocats, avec ferveur par les chercheurs scientifiques, avec complaisance par les journalistes, avec soumission par les juges nationaux et avec résignation par les hommes politiques. Au nom de l'interprétation dynamique et téléologique, la Cour s'avance progressivement sur la route d'une juridisation toujours plus grande de la société européenne, sans trop se soucier de ce qu'ont voulu les Etats en devenant parties à la Convention ».

Lors de la cérémonie à l'occasion de mon départ de la présidence de la Cour constitutionnelle, au Palais des Académies à Bruxelles le 12 décembre 2013, Egbert Myjer,[566] qui fut le juge néerlandais (2004-2012) à la Cour européenne des Droits de l'Homme, prononça ces mots :

> « Une bonne majorité des 47 juges de la Cour ont entendu parler de Marc Bossuyt et ils ont pris connaissance d'un ou plusieurs ouvrages de sa main. Marc dispose d'une fantaisie créatrice (et de l'humour) mais il sait aussi de quoi il parle. Il dispose d'une qualité qui fait partie de l'outillage d'un juge mais qui reste souvent inutilisée : il est courageux et il ne craint pas d'exprimer son opinion lorsqu'il l'estime nécessaire. Au moment où, avec toute son expérience théorique et pratique, il estimait que la Cour européenne allait trop loin dans sa jurisprudence en matière d'étrangers, il l'écrivit et il publia à ce sujet dans plusieurs revues internationales. Il entamait la discussion. Il le faisait d'une manière assez nuancée. Et, même alors qu'il écrivait ses publications à titre personnel, ce genre de publications écrit par quelqu'un avec un statut de droit national aussi élevé, était également lu à Strasbourg ».

Dans sa préface à un livre[i] que j'ai publié en 2016, Paul Mahoney,[567] le juge britannique (2012-2016) à la Cour strasbourgeoise, écrivit :

> « Il y a dans les milieux européens des droits de l'homme une intolérance trop largement répandue à l'égard de tous ceux qui osent rompre les rangs en posant des questions, ou pire même, en exprimant des critiques sur les arrêts ou l'approche de la Cour strasbourgeoise. De telles personnes sont considérées comme des renégats ou des traîtres ; ils ne sont pas de vrais « patriotes » des droits de l'homme. C'est triste à dire, mais même la mise en question de soi-même et l'ouverture à la critique sont en général des qualités qui manquent à

---

[i] MAHONEY, Paul, « A Penetrating and Salutary Analysis of the European System of Human Rights Protection » (pp. ix-x) in BOSSUYT, Marc, *International Human Rights Protection : Balanced, Critical and Realistic,* Cambridge, Intersentia, 2016, 231 p.

beaucoup de lumières dirigeantes du mouvement européen des droits de l'homme. Dans son livre, aussi bien que dans ses écrits au cours de sa carrière distinguée, Marc Bossuyt a apporté de l'air frais. En ne regardant pas uniquement les réalisations remarquables de la Cour strasbourgeoise mais aussi ses possibles erreurs, il n'a pas craint de briser le tabou du ' patriotisme ' des droits de l'homme ».

2. Les précurseurs de la violation indirecte

Les précurseurs[568] du concept de « violation indirecte » remontent à 1973 et 1989. Il ne s'agissait pas du tout de violations virtuelles. Dans le premier cas, l'époux de la requérante avait effectivement été exécuté au Maroc. Dans le second cas, le risque d'une condamnation du requérant à la peine capitale aux Etats-Unis était très réel.

a. Le lt. col. marocain Amekrane c. le Royaume-Uni
(Com. 11 octobre 1973)

Le 16 août 1972, le Boeing 727, qui ramenait au pays S. M. Hassan II, le Roi (depuis 1961) du Maroc, était attaqué par des chasseurs de l'armée de l'air marocaine. L'avion a pu atterrir sans dommages et le Roi en est sorti indemne. Le commandant en chef de l'armée de l'air, le lieutenant-colonel Mohamed Amekrane, atterrit à 18 h 34 en hélicoptère à Gibraltar où il demanda l'asile. Le lendemain à 22 h 40, il fut remis avec ses collègues à des fonctionnaires marocains et emmené à Rabat. Le ministère des Affaires étrangères du Maroc avait donné l'assurance qu'ils seraient traités correctement. Le 3 janvier 1973, le Tribunal militaire de Kenitra prononça la peine de mort à son encontre pour participation au complot. Il fut exécuté dix jours plus tard.

Une requête introduite le 16 décembre 1972 par son épouse allemande, au nom également de ses deux enfants, à la Commission européenne des Droits de l'Homme, a été déclarée recevable le 11 octobre 1973. La Commission était d'avis que la requête posait des problèmes suffisamment complexes sur le terrain de l'article 3 CEDH, pour nécessiter un examen quant au fond. Le 19 juillet 1974, la Commission a adopté un règlement à l'amiable. Les requérants avaient accepté le paiement *ex gratia* de 37.000 livres sterling par le Gouvernement britannique. Lequel gouvernement faisait acter que ce règlement n'impliquait aucune admission de violation des droits de qui que ce soit. C'est seulement 16 ans plus tard que la Cour allait prendre en compte une responsabilité indirecte.

b. *Un Allemand de Virginia (USA)* : Soering c. le Royaume-Uni *(7 juillet 1989)*

Un ressortissant allemand, Jens Soering, était accusé d'avoir tué les parents de son amie canadienne en mars 1985 en Virginie (USA). Le 11 août 1986, les autorités américaines demandèrent son extradition au Royaume-Uni. La République fédérale d'Allemagne fit de même le 11 mars 1987. Son amie, qui a été extradée aux Etats-Unis le 8 mai, fut condamnée le 6 octobre 1987 – pour complicité de meurtre – à 90 ans de réclusion. Avec l'assentiment de la *Divisional Court* et de la *House of Lords*, le ministère de l'Intérieur britannique décida, le 8 août 1988, d'extrader Soering aux autorités américaines. Saisie un mois avant cette décision, la Commission européenne prit le 11 août une mesure provisoire, demandant au Gouvernement britannique de ne pas l'extrader.

Le 7 juillet 1989, la Cour européenne jugea en session plénière qu'« un Etat contractant se conduirait d'une manière incompatible avec les valeurs sous-jacentes à la Convention s'il remettait consciemment un fugitif - pour odieux que puisse être le crime reproché - à un autre Etat où il existe des motifs sérieux de penser qu'un danger de torture menace l'intéressé » (§88).

Il y avait un problème puisque la CEDH elle-même n'interdit pas la peine capitale. Dans l'article 2.1 CEDH « l'exécution d'une peine capitale prononcée par un tribunal au cas où le délit est puni de cette peine par la loi » est une exception à l'interdiction d'infliger intentionnellement la mort à quiconque. Seul le Protocole n°. 6 à la CEDH, adopté le 28 avril 1983, interdit la peine de mort, mais uniquement en temps de paix. Ce n'est que le Protocole n°. 13 à la CEDH, adopté le 3 mai 2002, qui a interdit la peine de mort « en toutes circonstances ». On ne pouvait cependant pas s'attendre à ce qu'une cour des droits de l'homme tolère la peine de mort. L'interdiction de l'extradition se fondait sur les conditions extrêmes qui règnent dans les couloirs de la mort des prisons américaines :

« Eu égard à la très longue période à passer dans le 'couloir de la mort' dans des conditions extrêmes avec l'angoisse omniprésente et croissante de l'exécution de la peine capitale, et à la situation personnelle du requérant, en particulier son âge et son état mental à l'époque de l'infraction, une extradition vers les Etats-

Unis exposerait l'intéressé à un risque réel de traitement dépassant le seuil fixé par l'article 3 » (§111).

La République fédérale d'Allemagne ayant également demandé l'extradition, il n'y avait pas de risque d'impunité.

Dans l'affaire *Soering,* la violation de l'article 3 était certes « virtuelle », mais donc absolument pas imaginaire. La Cour s'appuya sur ce précédent pour développer sa jurisprudence relative aux demandeurs d'asile. J'expliquerai par la suite comment la Cour s'est engagée sur la voie de la responsabilité indirecte pour violations virtuelles. Dès le début, la portée accordée à l'article 3 CEDH allait plus loin que ce qui avait été accepté par les Etats en devenant parties à la Convention de Genève. Entre 1991 et 2005, il n'y eut en 15 ans que 15 arrêts concernant des demandeurs d'asile. Après l'arrêt de la Grande Chambre *Mamatkoulov et Askarov c. Turquie* du 4 février 2005, il y eut, en quatre ans et demi, 45 arrêts de plus. Cela augmentait d'un à dix par an, le décuple. Avant *Mamatkoulov et Askarov,* il y eut en 15 ans 4 violations sur 12 arrêts (33%) ; ensuite, il y eut en quatre ans et demi, 28 violations sur 35 arrêts (80%) concernant l'article 3 CEDH.

3. La phase de retenue (avant *Mamatkoulov et Askarov*)

Au début, la Cour adoptait encore une attitude assez réservée. Mais rapidement, elle commença à attribuer à l'article 3 CEDH une portée dépassant la protection offerte par la Convention de Genève. En 2001-2002, il y eut l'affaire *Čonka,* la première en matière d'asile contre la Belgique.

a. Les deux premiers arrêts en matière d'asile (1991)

En 1991, il y eut les deux premiers arrêts de la Cour en matière d'asile : *Cruz Varas,* dans lequel aucune violation n'a été constatée et *Vilvarajah e. a.,* dans lequel la Cour a fait preuve de beaucoup de retenue.

- Un Chilien sous Pinochet :[569] *Cruz Varas c. Suède* (20 mars 1991)

C'est dans son arrêt *Cruz Varas c. Suède* du 20 mars 1991 que la Cour (en séance plénière) se prononça une première fois sur une requête émanant d'un demandeur d'asile. Bien qu'il se soit agi d'une expulsion et non d'une extradition, la Cour appliqua le même principe (§70). Il y a pourtant des différences importantes. En cas d'extradition, l'initiative émane de l'Etat de destination qui n'est pas un Etat-partie. L'intéressé peut s'attendre (tout au moins) à des poursuites judiciaires. Une expulsion se fait sur l'initiative d'un Etat-partie, alors que l'Etat de destination n'en est pas un. Le plus souvent, ce dernier est même indifférent au sujet de la personne qui sera expulsée.

La Suède avait constaté que les affirmations de Hector Cruz Varas n'étaient pas plausibles, que son récit comportait différentes contradictions internes et que sa crédibilité faisait défaut sur de multiples points. Le 6 octobre 1989, il fut reconduit au Chili. Sa femme et son fils restaient clandestinement en Suède. Eu égard à l'évolution démocratique qui se déroulait au Chili (l'état d'urgence levé en août 1988 et les élections présidentielles du 14 décembre 1989), la Cour a décidé, par 18 voix contre 1, que son expulsion ne l'exposait pas à un risque réel de traitements inhumains ou dégradants. Seul Jan De Meyer, le juge belge (1986-1998), estima que la situation au Chili n'était, en octobre 1989, pas encore suffisamment rassurante.

- Cinq Tamouls : *Vilvarajah e.a. c. le Royaume-Uni*
  (30 octobre 1991)

Dans son arrêt *Vilvarajah e.a. c. le Royaume-Uni* du 30 octobre 1991, la Cour a jugé, par 8 voix contre 1, que le renvoi en février 1988 de cinq demandeurs d'asile tamouls au Sri Lanka n'avait pas violé l'article 3 CEDH. Ils avaient pourtant été confrontés à divers degrés de tracasseries lors de leur retour. Pour cette raison, ils avaient été autorisés dans le courant de 1989 à retourner au Royaume-Uni. La Cour faisait observer qu'« une simple possibilité de mauvais traitements [n'entraînait] pas en soi une infraction à l'article 3 » (§111). Il ressort de cet arrêt que la Cour était alors encore (excessivement) réservée.

b. Une protection dépassant celle de la Convention de Genève (1996-2002)

Il s'agit d'abord de l'arrêt *Chahal* (1996), le premier arrêt concernant un demandeur d'asile dans lequel la Cour a constaté une violation (indirecte et virtuelle) de l'article 3 CEDH. Dans les arrêts

Ahmed (1996), *H.L.R.* (1997) et *Jabari* (2000), la Cour accorda également, en se fondant sur l'article 3 CEDH, une protection plus large que celle prescrite par la Convention de Genève. Finalement, il s'agit de l'affaire *Čonka* (2001-2002), la première affaire d'asile dirigée contre la Belgique.

- Un séparatiste sikh : *Chahal c. le Royaume-Uni* (GC, 15 novembre 1996)

L'arrêt *Chahal c. le Royaume-Uni* du 15 novembre 1996 fut le premier dans lequel la Cour, par 12 voix contre 7, constata une violation (virtuelle) de l'article 3 CEDH dans l'éventualité de l'expulsion du requérant vers son pays. Lors d'une visite en Inde en 1984, il avait été détenu pendant 21 jours et il aurait reçu des décharges électriques sur diverses parties du corps. En vertu de la loi sur la prévention du terrorisme, il était détenu au Royaume-Uni depuis plus de six ans, dans l'attente de son expulsion. Par 13 voix contre 6, la Cour, alors réservée, estimait que cette durée n'était pas excessive. Quant à son expulsion, la Cour estimait qu'il serait vraisemblablement une cible privilégiée des forces de sécurité en raison de sa notoriété pour son soutien à la cause du séparatisme sikh. Selon la majorité de la Cour, cette notoriété augmenterait le risque. Pour la minorité, c'était le contraire. La Cour se référait à la participation de la police du Pendjab à des assassinats et des enlèvements, également en dehors de cet Etat, et aux allégations de violations graves des droits de l'homme portées contre des membres des forces de sécurité d'autres Etats indiens. La Cour estimait que l'examen du risque de traitements contraires à l'article 3 CEDH ne devait pas tenir compte de sa menace éventuelle contre la sécurité nationale.

- Un Somalien : *Ahmed c. Autriche* (17 décembre 1996)

Dans son arrêt *Ahmed c. Autriche* du 17 décembre 1996, la Cour estima que l'expulsion du requérant vers la Somalie constituerait une violation (virtuelle) de l'article 3 CEDH. Il était déchu du statut de réfugié à la suite de sa condamnation à deux ans et demi de prison pour tentative de vol, après avoir été condamné à trois mois de prison avec sursis pour d'autres faits. Son expulsion n'aurait été possible qu'après lui avoir retiré son statut de réfugié lorsque les circonstances qui avaient justifié de l'accorder n'étaient plus d'actualité.

- Un Colombien et des trafiquants de drogue : *H.L.R. c. France*
  (GC, 29 avril 1997)

Dans son arrêt *H.L.R. c. France* du 29 avril 1997, la Grande Chambre admettait que la persécution ne doit pas nécessairement émaner de personnes qui relèvent de la fonction publique. Le requérant prétendait craindre des représailles de trafiquants de drogue. Néanmoins, la Cour décidait, par 15 voix contre 6, qu'il n'y aurait pas de violation de l'article 3 CEDH en cas d'expulsion du requérant vers la Colombie.

- Une femme iranienne adultère : *Jabari c. Turquie*
  (11 juillet 2000)

Dans son arrêt *Jabari c. Turquie* du 11 juillet 2000, la Cour estima qu'il y aurait violation « potentielle » de l'article 3 CEDH si une femme iranienne qui affirmait être poursuivie pour adultère, était reconduite en Iran. Elle avait été reconnue réfugiée par le Représentant du HCR en Turquie en raison de son appartenance à un groupe social particulier, à savoir « celui des femmes ayant transgressé des mœurs sociales ». La Cour se contenta de constater que pour cette transgression la lapidation est prévue dans la législation pénale et que les autorités peuvent y avoir recours. Heureusement, il n'y a pas beaucoup de rapports de telles lapidations en Iran.

Dans les cas précédents, la protection garantie par l'article 3 CEDH est, comme la Cour l'a observé elle-même (*Chahal*, §80), plus large que celle prévue dans la Convention de Genève. Lorsqu'il y a des raisons sérieuses de croire qu'il existe un risque réel de torture, les exceptions de la Convention de Genève à l'interdiction de refoulement ne sont pas d'application. Il s'agit des exceptions prévues dans l'article 32 (la sécurité nationale, comme c'était le cas dans *Chahal*) et l'article 33 (condamné pour un crime ou un délit particulièrement grave, comme c'était le cas dans *Ahmed*) de cette Convention. Selon la Cour, le danger ne doit pas nécessairement émaner de personnes qui relèvent de la fonction publique, comme c'était le cas dans *H.L.R.* Le motif de persécution « l'appartenance à un certain groupe social » est également interprété d'une façon large par la Cour, comme dans le cas *Jabari*.

c. *Des Roms slovaques* : Čonka c. Belgique
   (déc. 13 mars 2001 ; 5 février 2002)

Parmi les arrêts précédant l'arrêt de la Grande Chambre (GC) *Mamatkoulov et Askarov* (4 février 2005), il convient de mentionner l'affaire *Čonka c. Belgique*. Cette affaire concernait l'expulsion vers la Slovaquie d'un groupe de demandeurs d'asile déboutés dont le couple Čonka et leurs enfants. Čonka prétendait avoir quitté la Slovaquie parce qu'il avait été attaqué le 4 novembre 1998 par des *skinheads*. Il avait déjà acheté ses billets d'avion avant cet incident. L'homme n'a pas donné suite à la convocation du Commissaire général. La femme a été entendue alors qu'elle se trouvait en prison pour vol.

Dans sa décision d'irrecevabilité du 13 mars 2001, la Cour estimait que l'allégation de traitements contraires à l'article 3 CEDH était manifestement mal fondée. La Cour attachait une grande importance à l'absence de tout indice de violences ou de mauvais traitements subis par les intéressés depuis leur retour en Slovaquie. Le procédé consistant en l'apposition d'un numéro au stylo à bille sur la main de chaque requérant avant l'embarquement à l'aéroport afin d'identifier le siège attribué à chaque passager, n'avait pas atteint le seuil minimum de gravité requis par l'article 3 CEDH. Ce même procédé avait été utilisé lors de transports humanitaires de réfugiés kosovars vers la Belgique.

Dans son arrêt du 5 février 2002, la Cour estima, par 4 voix contre 3, que l'interdiction d'expulsions collectives de l'article 4 du Protocole n°. 4 avait été violée. Les mesures d'expulsion avaient été prises en exécution d'un ordre de quitter le territoire sans autre référence à la situation personnelle des intéressés que le dépassement de trois mois de la durée de leur séjour sur le sol belge. Ceci causa une certaine incertitude sur les expulsions groupées. Heureusement, cette incertitude a été levée dans l'arrêt *Sultani c. France* (20 septembre 2007). La Cour n'y constatait pas de violation de l'article 4 du Protocole n° 4, bien qu'il se soit agi d'un « vol aérien groupé » et « collectif » vers l'Afghanistan, parce qu'un examen individuel de la situation du requérant avait été effectué.

Le couple Čonka avait été convoqué par la police gantoise « en vue de compléter leur dossier relatif à leur demande d'asile ». Le nombre des demandes d'asile de Slovaques était passé d'une moyenne de 22 par mois durant les cinq premiers mois de 1999, à 359 pendant les premiers 24 jours d'août 1999. Une fois arrivé au commissariat de police, le couple fut transféré vers un centre fermé en vue de son rapatriement. C'était le seul élément qui manquait au dossier. Le Gouvernement belge parlait d'une « rédaction malencontreuse » et d'une « petite ruse ». La Cour observait qu'il ne s'agissait pas « d'une quelconque inadvertance » mais que l'administration avait décidé consciemment de tromper des personnes sur le but de leur convocation, pour mieux pouvoir les priver de leur liberté. La Cour estima que ceci était contraire à l'article 5 CEDH sur la privation illégitime de liberté. La Cour ne précisait pas comment il aurait fallu faire. L'article 5.4 CEDH était violé parce que la privation de liberté était trop longue sans qu'ils aient pu s'adresser à un juge. L'article 5.1 CEDH était violé parce que leur privation de liberté était trop brève pour pouvoir s'adresser à un juge avant d'être rapatriés.

4. *Mamatkoulov et Askarov c. Turquie* (GC, 4 février 2005) : « un excès de pouvoir »

Mamatkoulov et Askarov étaient deux Ouzbeks extradés en 1999 par la Turquie vers les autorités de leur pays. Ceci ne posait pas de problème à la majorité de la Cour (14 voix contre 3). Ce qui posait un problème, c'est que l'extradition avait eu lieu malgré la mesure provisoire qu'elle avait indiquée. Le 18 mars 1999, la Cour avait demandé de ne pas les extrader. Jusqu'alors, il était admis que de telles mesures provisoires[570] n'étaient pas juridiquement obligatoires. Ceci avait été décidé par la Cour dans son arrêt *Cruz Varas* (20 mars 1991) par 10 voix contre 9. La majorité était arrivée à cette conclusion parce que la CEDH ne contient pas de disposition relative à des mesures provisoires. En outre, le Comité des Ministres du Conseil de l'Europe avait refusé de donner suite à une recommandation de l'Assemblée consultative du Conseil de l'Europe de rédiger un protocole additionnel à cet effet. Ce point de vue était encore confirmé par la Cour dans l'affaire *Čonka* (13 mars 2001). Quatre ans plus tard, la Cour (par 14 voix contre 3) changea soudainement d'opinion. Les mesures provisoires devinrent obligatoires.

Pour justifier ce revirement, la Cour se réfère à la pratique du Comité des droits de l'homme des Nations Unies et du Comité contre la torture des Nations Unies, ainsi qu'à celle de la Cour internationale de Justice et de la Cour interaméricaine des droits de l'homme. Ces références ne sont pas convaincantes. Les deux Comités des Nations

Unies n'ont, ni l'un, ni l'autre, la compétence d'adopter des décisions, voire des arrêts, juridiquement obligatoires. Par conséquent, leurs mesures provisoires ne peuvent pas non plus être juridiquement obligatoires. Le Statut (26 juin 1945) de la Cour internationale de Justice et la Convention américaine des droits de l'homme (22 novembre 1969) contiennent tous les deux une disposition sur des mesures provisoires. La CEDH n'en contient aucune.

Les trois juges de la minorité, Lucius Caflisch[571] (Liechtenstein), Riza Türmen (Turquie) et Anatoly Kovler (Fédération de Russie), invoquèrent des arguments forts dans leur opinion dissidente :

a) Depuis 2001, il n'y a pas eu de changement de nature à justifier une conclusion diamétralement opposée ;
b) La Cour internationale de Justice se fondait sur une disposition de son Statut, alors qu'aucune disposition de cette nature ne se trouve dans la CEDH ; il y a une grande différence entre la simple interprétation d'un traité et son amendement ;
c) Des propositions faites en ce sens ont été rejetées par les gouvernements ;
d) Il existe une règle coutumière autorisant les juridictions internationales à formuler des mesures provisoires, mais non de prescrire pareilles mesures ;
e) Ce que la Cour a fait relève de la législation plutôt que de l'action judiciaire ; ceci équivaut à un excès de pouvoir.

Si les gouvernements passaient outre à une indication de mesures provisoires, ils assumaient un grand risque. En cas d'agissements contraires à la CEDH, le refus serait considéré comme aggravant tout manquement à l'article 3 CEDH. Si aucun malheur n'arrivait au requérant, c'était la preuve que les services compétents du gouvernement concerné avaient correctement apprécié la situation. Désormais, il y aurait violation, même si le gouvernement concerné avait apprécié la situation plus correctement que la Cour.

Ce qui était attendu, par tous ceux qui sont familiers avec l'asile, est arrivé : le nombre des demandes de mesures provisoires par des demandeurs d'asile a explosé : 112 en 2006, 883 en 2007, 3.185 en 2008, 2.402 en 2009, 3.775[572] en 2010. En moyenne, il y avait en 2010 15 demandes par jour ouvrable sur lesquelles la Cour devait réagir immédiatement. Dans une déclaration du 11 février 2011, le Président de la Cour s'inquiéta de « l'augmentation alarmante du nombre des demandes de mesures provisoires qui doivent être traitées en urgence, alors que les ressources humaines ne sont pas infinies ».

La Cour « savait, ou devait savoir »[573] que ceci serait l'effet inévitable de son arrêt *Mamatkoulov et Askarov*. Les mesures provisoires « le plus souvent dans des affaires touchant au droit des étrangers et au droit d'asile » préoccupaient les gouvernements des États-parties. Lors de sa Conférence de haut niveau à Izmir (Turquie) le 27 avril 2011, le Comité des Ministres du Conseil de l'Europe a exprimé ses préoccupations quant au fait que « le nombre des demandes provisoires augmente la charge de la Cour ». Le Comité rappela que « la Cour n'était pas un tribunal d'appel traitant des questions de l'immigration ni un tribunal de quatrième instance ».[i]

Il y avait une prise de conscience croissante du fait que l'augmentation du nombre des demandes de mesures provisoires devenait ingérable. La Cour avait initialement accueilli ces demandes avec bienveillance : 23% en 2008, 27% en 2009 et 38% en 2010. En 2011, ce taux baissa soudainement à 11%. En chiffres absolus, ceci était une baisse de 1.434 demandes de mesures provisoires accordées en 2010 à 250 en 2011 (une baisse de 83%). Sans surprise, le nombre de demandes commença par la suite à baisser : de 3.775 en 2010 à 2.778 en 2011. Ceci démontre qu'un changement de l'attitude de la Cour peut freiner l'afflux des demandes.[ii] En attribuant une force juridiquement obligatoire à ses mesures provisoires, on vit le nombre des demandeurs d'asile s'adressant à la Cour augmenter fortement. En indiquant des mesures provisoires, la Cour intervient dans la gestion quotidienne de la politique d'asile et d'immigration, sans devoir assumer la responsabilité de leurs conséquences. Dans ces affaires d'asile, la Cour se substitue toujours davantage aux autorités nationales compétentes et spécialisées. La Cour s'engage dans la voie de l'appréciation de la crédibilité des demandeurs d'asile et du risque qu'ils courent en cas de rapatriement. La Cour s'est ainsi transformée en une « cour de l'asile ».[574]

---

[i] BOSSUYT, Marc, « Des limites à la juridiction de la Cour de Strasbourg ? » in LAMBERT ABDELGAWAD, Elisabeth, SZYMCZAK, David, & TOUZÉ, Sébastien, (Ed.) *L'homme et le droit : en hommage au Professeur Jean-François Flauss*, Paris, Pedone, 2014, pp. 117-127.

[ii] BOSSUYT, Marc, « Is the European Court on Human Rights on a slippery slope ? », in FLOGAITIS, Spyridon, ZWART, Tom, & FRASER, Julie, [Eds.], *The European Court of Human Rights and is discontents : turning criticism into strength,* Cheltenham, Elgar, 2013, pp. 27-28.

Chapitre XXI
La Cour de Strasbourg en tant que cour de l'asile
(depuis le 4 février 2005)

Depuis l'arrêt *Mamatkoulov et Askarov* (4 février 2005), il y eut tant d'arrêts en matière d'asile qu'il faut être très sélectif dans le choix de ceux qui méritent une attention particulière. Ce choix est évidemment en partie subjectif, avec - admettons-le - un faible pour des affaires dirigées contre la Belgique. L'objectif est seulement de faire comprendre à ceux qui n'en sont pas familiers, combien la jurisprudence est importante pour l'asile. Il sera démontré que dans une grande mesure, la politique d'asile n'est pas déterminée par des hommes et des femmes politiques, mais par des juges.

1. Un DSP congolais et une Cour crédule : *N. c. Finlande* (26 juillet 2006)

A peine cinq mois après *Mamatkoulov et Askarov,* l'arrêt *N. c. Finlande* (26 juillet 2005) illustre la crédulité des juges de Strasbourg. La Cour estimait que le récit d'un demandeur d'asile congolais, qui prétendait avoir fait partie de la Division spéciale présidentielle (DSP) du Président Mobutu Sese Seko, était « suffisamment consistant et crédible » (§167). C'était la conclusion d'une mission de deux juges de la Cour qui se rendirent en Finlande pour l'interroger. Une mission à Kinshasa aurait peut-être été plus utile.

Jugée non crédible, sa demande d'asile, fut déboutée, d'abord aux Pays-Bas, ensuite en Finlande par la direction de l'immigration, la Cour administrative et la Cour administrative suprême à Helsinki. Les éléments suivants pointaient dans ce sens : il ne pouvait produire aucune carte d'identité, aucun document de voyage, ni aucun certificat d'enseignement ; il avait utilisé quatre noms différents ; il prétendait être d'origine Ngandi (la tribu de Mobutu) mais il n'en parlait pas la langue ; il avait été reconnu coupable de deux vols ; la Cour elle-même reconnaissait que le récit de son voyage n'était pas crédible et que son témoignage était évasif sur plusieurs points. Le fonctionnaire en Finlande qui avait refusé sa demande en première instance, avait une expérience de cinq ans dans le traitement de demandes d'asile congolaises. En 2000, il avait fait une enquête à Kinshasa. 70 à 80% des documents présentés par des demandeurs d'asile congolais étaient falsifiés. La Cour estima néanmoins que la situation en République démocratique du Congo exposerait encore toujours ce demandeur d'asile - huit ans après l'éviction de Mobutu – à un risque réel de traitement contraire à l'article 3 CEDH. En nommant, après les élections de juillet 2006, le fils de Mobutu ministre d'Etat dans son gouvernement, le nouveau président congolais (2001-2019) Joseph Kabila démontra qu'il n'était pas acharné contre les fidèles de l'ancien président. Quoi qu'il en soit, la Cour n'allait plus envoyer de juges en mission pour vérifier la crédibilité de demandeurs d'asile.

2. L'accueil dans des centres fermés en Belgique (2006-2011)

Les condamnations de la Belgique pour violation de l'article 3 CEDH en raison des conditions de vie dans des centres fermés dans notre pays ne concernent pas une responsabilité indirecte, ni des violations virtuelles. La Belgique fut condamnée cinq fois, parce que la Cour estimait que la Belgique avait traité des demandeurs d'asile d'une manière inhumaine. Dans trois cas (*Tabitha*, *Muskhadzhiyeva e.a.* et *Kanagaratnam e.a.*), il s'agit d'enfants.

a. *Tabitha* : Mubilanzila Mayeka et Kaniki Mitunga c. Belgique *(12 octobre 2006)*

Le 25 septembre 2000, Mubilanzila Mayeka quittait la République démocratique du Congo pour le Canada. Elle avait laissé sa petite fille de trois ans, Tabitha Kaniki Mitunga, chez sa grand-mère. Le 17 août 2002, Tabitha arriva à l'Aéroport National de Bruxelles accompagnée de son oncle, de nationalité néerlandaise. N'étant pas en possession des documents requis pour poursuivre son voyage vers le Canada, elle fut renvoyée vers Kinshasa, le 17 octobre. Son renvoi avait été précédé de plusieurs péripéties et de dizaines de contacts avec toute une série de personnes et d'instances. Un autre oncle, étudiant à Kinshasa, avait promis à l'ambassade de Belgique de l'attendre à l'aéroport de N'Djili (RDC). Il n'y était pas. L'ambassade n'aurait pas dû y compter. Elle aurait dû faire elle-même le nécessaire pour accueillir Tabitha lors de son arrivée. Le 12 octobre 2006, la Belgique fut condamnée par la Cour pour traitement inhumain de la mère et de la petite fille.

Tabitha, a-t-elle été traitée d'une manière inhumaine au Centre d'accueil ? Bien qu'il n'y eût pas encore, à l'époque, de dispositions spéciales pour les mineurs, deux dames s'étaient constamment occupées d'elle :

> « Selon le directeur du centre, Tabitha avait été prise en charge par deux femmes ayant des enfants ; elle jouait avec d'autres enfants ; son oncle [aux Pays-Bas] et sa mère [au Canada] lui téléphonaient presque tous les jours. Elle pouvait, par ailleurs, leur téléphoner gratuitement sous la supervision de l'équipe sociale ; son avocat venait souvent en visite et lui avait apporté des cartes de téléphone, des friandises et de l'argent ; elle avait souvent joué dehors, regardé de nombreuses vidéos, dessiné et fait du calcul et, s'il lui arrivait d'être triste après un coup de téléphone avec sa famille, elle avait été consolée » (§37).

On peut douter que Tabitha à Kinshasa (ou sa sœur jumelle à Brazzaville) aient pu téléphoner régulièrement avec leur mère au Canada. D'ailleurs, un enfant de cinq ans, lorsqu'il est confié à une garderie ne dispose pas de la même liberté de mouvement qu'un adulte. L'avocat de Tabitha avait proposé de la confier à une Belge âgée de 18 ans. Le père de cette jeune femme était toutefois sous mandat d'arrêt pour atteinte aux mœurs envers des mineurs. Lors de son retour, Tabitha avait été prise en charge par un membre de l'équipage, comme c'est le cas habituellement avec des mineurs non-accompagnés.

La mère, a-t-elle été traitée inhumainement lorsque sa petite fille séjournait au Centre d'accueil ? C'était bien la mère qui avait abandonné sa petite fille pendant deux ans chez sa grand-mère. La Cour reconnaît que « l'attitude de la mère était source d'interrogations et ne paraissait pas exempte de toute critique ». La situation aurait été différente si au Canada la mère n'avait pas omis de mentionner l'existence des jumelles. Le Premier Ministre belge Guy Verhofstadt intervint auprès du Premier Ministre (1993-2003) du Canada, Jean Chrétien. Par la suite, Tabitha put, six jours après son retour à Kinshasa et aux frais des autorités belges, partir pour le Canada afin d'y rejoindre sa mère. Pour violation de l'article 3 CEDH et, dans le chef de Tabitha, de l'article 5 (privation illégitime de liberté), la Belgique fut condamnée à payer €25.000 pour dommage moral à Tabitha et €10.000 à sa mère. Personne ne paraissait se soucier du sort de sa sœur jumelle à Brazzaville.

b. Deux Palestiniens : Riad et Idiab c. Belgique *(24 janvier 2008)*

Deux Palestiniens, venant de Freetown (Sierra Leone), arrivèrent séparément à l'Aéroport National de Bruxelles fin décembre 2002. Pendant deux mois et 11 jours, ils ont séjourné dans différents centres fermés (le Centre de transit 127, Bruges et Merksplas). Début mars 2003, ils ont été emmenés à Beyrouth. Malgré leur mise en liberté ordonnée par la Chambre du conseil et la Chambre des mises en accusation, ils ont séjourné respectivement 12 et 17 jours dans la zone de transit de l'aéroport. La Cour y vit une violation de l'article 5 CEDH. La Cour jugea aussi que l'article 3 CEDH avait été violé, parce qu'ils avaient dû y séjourner durant plus de dix jours en « absence totale de prise en charge de [leurs] besoins essentiels ». Il est incontestable que la zone de transit n'est pas un lieu approprié pour accueillir des personnes qui ne sont pas admises sur le territoire. Pour violation des articles 3 et 5 CEDH, la Belgique a dû payer à chacun des requérants €15.000 pour dommage moral.

c. Une mère tchétchène : Muskhadzhiyeva e.a. c. Belgique
    (19 janvier 2010)

Les empreintes digitales avaient démontré qu'une mère tchétchène, accompagnée de quatre jeunes enfants, avait, contrairement à ses affirmations, séjourné en Pologne pendant au moins un an et demi. Dans l'attente de l'examen de leur demande d'asile, ils furent amenés dans un centre ouvert. Vu qu'ils avaient quitté ce centre, ils furent ensuite placés dans un centre fermé. La Chambre du conseil décida endéans les deux semaines que leur séjour y était nécessaire pour leur transfert en Pologne. Une semaine plus tard, ils refusèrent de partir. Après douze jours de plus, la Chambre des mises en accusation confirma la décision de la Chambre du conseil. Ils furent transférés en Pologne le lendemain. Bien que les enfants n'aient pas été séparés de leur mère, la Cour constata dans leur chef une violation de l'article 3 CEDH en raison des conditions de vie non satisfaisantes. Pour violation des articles 3 et 5.1 CEDH, la Belgique dut payer globalement €17.000 à la mère et à ses enfants, pour dommage moral.

d. Une mère sri-lankaise : Kanagaratnam e.a. c. Belgique
    (13 décembre 2011)

Accompagnée de ses trois jeunes enfants, une femme sri-lankaise arriva en Belgique via Kinshasa (RDC) avec l'aide d'un passeur et en possession d'un faux passeport indien. Lorsque deux mois plus tard la date de son départ pour Kinshasa fut déterminée, la Cour prit une mesure provisoire. Par la suite, ils refusèrent de partir. Six semaines plus tard, l'Office des étrangers les autorisa à accéder au territoire. En raison des conditions de vie au centre, la Cour estimait que l'article 3 CEDH avait été violé. En se référant à son arrêt *Nunez c. Norvège* (28 juin 2011), la Cour souligna l'importance du prescrit de l'article 3 de la Convention relative aux droits de l'enfant : « l'intérêt supérieur de l'enfant doit être une considération primordiale ». Deux juges[575] dans cet arrêt estimèrent dans une opinion dissidente que cette considération n'était pas nécessairement décisive. Selon eux, il fallait trouver un équilibre entre le droit de la mère au respect de sa vie familiale et l'intérêt public légitime, et non seulement cosmétique ou illusoire, d'assurer un contrôle effectif de l'immigration. Pour violation des articles 3 et 5.1 CEDH, la Belgique dut payer globalement €46.650 à la mère et aux enfants, pour dommage moral.

e. *Une femme camerounaise :* Yoh-Ekale Mwanje c. Belgique *(20 décembre 2011)*

Après avoir été déboutée de sa demande d'asile aux Pays-Bas, une femme camerounaise, qui s'était engagée dans une relation avec un ressortissant néerlandais en Belgique, s'y trouva illégalement. En vue de son rapatriement, elle séjourna à deux reprises, pendant trois mois au total, dans un centre fermé. Lorsqu'il a été décidé de la rapatrier, la Cour prit une mesure provisoire. Six semaines plus tard, elle était relâchée.

Lors de son premier séjour, son avocat informa le médecin du centre qu'elle était infectée par le VIH. Lors de son second séjour, il apparut qu'elle avait interrompu pendant environ un an sa thérapie antirétrovirale. Pour cette raison, sa thérapie initiale devait être modifiée. Deux jours avant son second placement au centre (le 22 décembre 2009), elle se rendit en consultation à l'Institut de Médecine tropicale à Anvers. La Cour constata une violation de l'article 3 CEDH, combiné avec l'article 13 (« un recours effectif ») parce qu'elle n'a été examinée une première fois que le 9 février 2010 et parce qu'elle n'avait reçu les médicaments prescrits le 26 février que le 1er mars. Pour cette raison, la Belgique dut lui payer €14.000, pour dommage moral.

La Cour rend particulièrement difficile l'application de l'exception à la privation de liberté, prévue à l'alinéa f de l'article 5.1 CEDH.[576] Un contrôle de la migration « cosmétique ou illusoire » semble pour la Cour largement suffisant. En même temps, le seuil de l'article 3

CEDH baisse continuellement. Le caractère absolu de l'interdiction de la torture trouve pourtant sa justification dans un seuil élevé. Le mois suivant cet arrêt, arriva en moins de deux mois, un troisième arrêt (*M.S.*) dans lequel la Belgique fut condamnée pour traitement inhumain d'un demandeur d'asile. Cette affaire belge avait un lien avec le terrorisme.

3. Des affaires ayant un lien avec le terrorisme (2012 et 2014)

Il s'agit de l'expulsion d'un Irakien (M.S.) vers le Kurdistan et de l'extradition d'un Tunisien (Trabelsi) vers les Etats-Unis. Tous les deux avaient été condamnés antérieurement en Belgique pour des actes terroristes respectivement à 5 et 10 ans d'emprisonnement.

a. Un terroriste irakien expulsé vers le Kurdistan :
   M.S. c. Belgique *(31 janvier 2012)*

L'Irakien M.S.[i] séjournait en Belgique depuis le 15 novembre 2000. Il fut arrêté le 21 mai 2003 du chef d'association de malfaiteurs et d'entretien de liens avec Al-Qaida. Sa condamnation à 5 ans d'emprisonnement fut réduite en appel le 21 mai 2003 à 45 mois. Après sa libération, le 27 octobre 2007, il a été maintenu, pendant une période de trois ans, dont deux dans des centres fermés (Merksplas, Vottem et Bruges). La Cour de Strasbourg estima que pendant 10 mois et 2 jours, en l'absence d'une perspective réaliste d'expulsion dans un délai raisonnable, ce maintien était irrégulier. Au cours de cette période, il fit l'objet de 11 jugements de première instance, 10 arrêts en appel, 6 en cassation, 5 du Conseil du contentieux des étrangers et 3 du Conseil d'Etat, ainsi que de 2 décisions et 3 avis du Commissaire général. Pendant 13 mois il fut assigné à résidence à Saint-Nicolas. Le 26 avril 2005 et le 2 février 2009, le Commissaire général lui refusa le statut de réfugié en application de la clause d'exclusion. Ce dernier refus a été confirmé par le Conseil du contentieux des étrangers le 4 mars 2009. Pendant qu'il était maintenu à Bruges, on était à la recherche d'un pays disposé à l'accueillir. Seul le Burundi a accepté de le faire, mais M.S. refusa d'y aller.

---

[i] BOSSUYT, Marc, « *You cannot try them, you cannot detain them and you cannot deport them* (Observations sous C.E.D.H., *M.S. c. Belgique,* 31 janvier 2012) », *Journal des Tribunaux*, 2012, pp. 351-355.

Lors de négociations avec les autorités belges, il réclama €50.000 pour retourner en Irak. Il disait avoir besoin de cet argent pour payer ses avocats et pour corrompre les juges. Il accepta finalement une contre-proposition belge à hauteur de €10.000 et il fut rapatrié en Irak. Après un séjour de trois semaines dans une prison à Erbil (Kurdistan), il fut libéré sous caution le 23 novembre, à condition de ne pas quitter son domicile. Outre des violations de l'article 5 CEDH à cause de son maintien jugé irrégulier, la Cour estima que son retour en Irak avait violé l'article 3 CEDH. Il n'y avait pas eu de « consentement libre » à son départ et les autorités belges n'avaient pas cherché à obtenir des assurances diplomatiques.[577] Toutefois, il put être admis qu'il avait accepté les €10.000 et il n'avait pas voulu qu'un contact soit pris avec l'ambassade d'Irak. Par 4 voix contre 3, la Cour décida de ne pas lui accorder les €25.000 demandés pour dommage moral.

Six jours avant cet arrêt, le 25 janvier 2012, le Premier Ministre britannique (2010-2016) David Cameron, déclara devant l'Assemblée parlementaire du Conseil de l'Europe, en se référant à de tels arrêts :[578]

> « Bien sûr, aucun pays ne devrait expulser des personnes qui vont être torturées. Mais le problème aujourd'hui est que vous pouvez vous retrouver avec quelqu'un qui n'a pas le droit de vivre dans votre pays, dont vous êtes convaincu - et dont vous avez de bonnes raisons d'être convaincu – que cette personne veut causer préjudice à votre pays. Et pourtant, il y a des circonstances dans lesquelles *vous ne pouvez pas les juger, vous ne pouvez pas les détenir et vous ne pouvez pas les expulser.* Ensemble, nous devons trouver une solution à cela ».

Lorsqu'il y a certitude que quelqu'un sera torturé, il ne peut être expulsé, peu importent les crimes qu'il a commis. Il n'est pas permis d'admettre un degré de torture proportionné à son degré de criminalité ou de dangerosité. Le problème est de savoir à qui il appartient d'apprécier ces renseignements et d'évaluer ces risques. La Cour ne se borne nullement à un contrôle marginal mais se substitue sans retenue aux autorités nationales.

b. *Un terroriste tunisien expulsé vers les USA :*
Trabelsi c. Belgique *(4 septembre 2014)*

Nizar Trabelsi[i] est un Tunisien qui a été condamné le 30 septembre 2003 à 10 ans d'emprisonnement pour tentative de détruire par explosion la base militaire belge de Kleine-Brogel. Ce jugement a été

---

[i] BOSSUYT, Marc, « The European Court of Human Rights and irreducible life sentences, The *Trabelsi v. Belgium* judgment of 4 September 2014 », *Human Rights Law Journal,* 2014, pp. 269-276.

confirmé en appel le 9 juin 2004. Après avoir purgé sa peine, il fut détenu en vue de la mise en œuvre d'une demande d'extradition émanant des USA. Les Etats-Unis mettaient à sa charge la fourniture de ressources dans l'intention d'assassiner des ressortissants américains et de détruire des biens immobiliers occupés par les Etats-Unis. Ils donnaient des assurances qu'il ne devrait pas apparaître devant une commission militaire et qu'il serait détenu dans une prison civile. Lorsque le 6 décembre 2011, Trabelsi prit connaissance de l'arrêté ministériel d'extradition, il demanda immédiatement des mesures provisoires à la Cour de Strasbourg. Celle-ci y a donné suite le jour même. La ministre de la Justice craignait que des juridictions belges ordonnent sa mise en liberté à cause des retards dans l'extradition. Quatre fois, elle a demandé à la Cour la levée des mesures provisoires. Quatre fois, la Cour refusa d'y donner suite. Lorsque le Conseil d'Etat rejeta la demande d'annulation de l'arrêté ministériel du 23 septembre 2013, Trabelsi fut extradé - malgré la mesure provisoire - dix jours plus tard (le 3 octobre) aux Etats-Unis. La Belgique considéra que ses obligations en vertu de la Convention d'extradition du 27 avril 1987 avec les Etats-Unis pesaient plus lourd que celles en vertu de l'article 39 du règlement intérieur de la Cour.

Dans son arrêt du 4 septembre 2014, la Cour estima que la Belgique avait violé l'article 34 CEDH. En extradant Trabelsi - malgré la mesure provisoire - la Belgique avait entravé l'exercice efficace de son droit de requête individuel. La Cour jugea aussi que l'article 3 CEDH avait été violé en raison de la possibilité de l'imposition d'une peine à vie incompressible. C'était la première fois que la Cour arrivait à une telle conclusion en cas d'extradition. Même dans un contexte national, ce n'est que dans son arrêt *Vinter e.a. c. le Royaume-Uni* du 9 juillet 2013 que la Cour jugea pour la première fois qu'une telle peine violerait l'article 3 CEDH. La Belgique dut lui payer €60.000 pour dommage moral.

Cet arrêt était hautement spéculatif et trois fois hypothétique : il y aurait eu violation a) si Trabelsi avait été déclaré coupable ; b) si une peine incompressible à vie lui avait été imposée ; et c) si dans 25 ans, il n'y avait aucun mécanisme aux Etats-Unis pour prendre une décision sur sa mise en liberté éventuelle. En l'absence d'un tel mécanisme, la Belgique aurait dû immédiatement le mettre en liberté. Il n'y avait aucune autre base juridique pour le détenir. Malgré les dénégations de la Cour (§119), elle essaya en fait d'imposer l'évolution de ses propres standards européens aux autres Etats du monde. Si un Etat tiers ne respecte pas les standards européens, c'est l'Etat-partie qui sera condamné. Cette approche n'est pas de nature à favoriser la coopération internationale dans le domaine du droit pénal, fondée sur la réciprocité. La combinaison mécanique de l'abaissement continu du seuil de l'article 3 CEDH, d'une part, et de l'expansion de son champ d'application en y accordant un effet extraterritorial, d'autre part, s'approche de la frontière de ce qui peut encore être considéré comme raisonnable.[579]

4. Trois arrêts désastreux (2011, 2012, 2016)

Trois arrêts entraînent des conséquences désastreuses. Il s'agit de l'arrêt *M.S.S.* qui a démantelé la procédure Dublin et de l'arrêt *Hirsi Jamaa e.a.* qui a déclaré ouvertes les frontières maritimes des Etats membres du Conseil de l'Europe pour toute personne qui demande l'asile, même en haute mer. Finalement, l'arrêt *Paposhvili* est mentionné parce qu'il souhaite, outre la procédure d'asile existante, l'instauration d'une nouvelle procédure d'asile médical.

a. *Un interprète afghan* : M.S.S. c. Belgique et Grèce *(GC, 21 janvier 2011)*

M.S.S.[i] était un interprète afghan. A l'aide d'un trafiquant à qui il avait payé 12.000 dollars américains, il arriva en Grèce le 7 décembre 2008. Considérant que les soldats belges en Afghanistan étaient « très aimables », il poursuivit son voyage jusqu'en Belgique, le 10 février 2009. En application du règlement Dublin, il fut renvoyé en Grèce le 15 juin 2009, où il a été détenu pendant quatre jours dans des conditions inacceptables. La Cour avait déjà considéré des conditions de détention de demandeurs d'asile contraires à l'article 3 CEDH. Il s'agit de détentions en Grèce pendant 17 mois (*Dougoz*, 2001) et pendant 3 mois (*S.D.* et *Tabesh*, 2009 ; *A.A.*, 2010). Dans des affaires dirigées contre la Belgique, des périodes de 2 mois (*Tabitha*, 2006), 17 jours (*Riad en Idiab*, 2008) et 4 jours (*S.S.*, 2011) furent considérées comme suffisantes pour constater une telle violation. On

---

[i] BOSSUYT, Marc, « Belgium condemned for inhuman or degrading treatment due to violations by Greece of EU Asylum Law, *M.S.S. v. Belgium and Greece*, Grand Chamber, European Court of Human Rights, January 21, 2011 », *European Human Rights Law Review*, 2011, pp. 581-596.

est proche du danger de « banalisation » et de « trivialisation » de l'article 3 CEDH.

En outre, l'interdiction de la torture a été transformée par la Cour en une obligation de fournir des prestations aux demandeurs d'asile.[580] La Cour n'estima pas contradictoire que M.S.S. affirme être « dépourvu de moyens de subsistance » et « dans l'angoisse permanente d'être attaqué et volé ». La Cour fit état des difficultés considérables auxquelles les Etats membres situés aux frontières extérieures de l'Union européenne devaient faire face. En 2009 (lors de l'arrivée de M.S.S.), il y avait en Grèce 15.930 demandes d'asile. En 2010 (lors des délibérations de la Cour), il y avait en Belgique 19.941 demandes d'asile. En raison de violations directes de la CEDH, la Grèce dut payer à M.S.S. €1.000 et la Belgique, en raison de violations indirectes de la CEDH, €24.900. Désormais, les Etats membres de l'Union européenne devaient, avant de pouvoir transférer un demandeur d'asile à un autre Etat membre de l'Union européenne, soumettre la situation des demandeurs d'asile dans ce pays à un examen rigoureux. Progressivement, il apparut que cette situation était « inacceptable » dans plusieurs Etats membres de l'Union européenne. Ces demandeurs d'asile pouvaient rester dans le pays qui avait leur préférence.

Ainsi qu'il ressort de l'arrêt de la Grande Chambre *Tarakhel c. Suisse*[i] du 4 novembre 2014, la Suisse ne pouvait pas transférer vers l'Italie une famille afghane avec six enfants mineurs ayant vécu 16 ans en Iran. La Suisse devait au préalable obtenir des autorités italiennes « une garantie individuelle concernant, d'une part, une prise en charge adaptée à l'âge des enfants et, d'autre part, la préservation de l'unité familiale ». Ces deux arrêts (*M.S.S.* et *Tarakhel*) ont ébranlé le principe fondamental de l'Union européenne de la « confiance mutuelle ». Ils ont contribué à inciter la Cour de Justice de l'Union européenne à donner dans son opinion 2/13 du 18 décembre 2014 un avis négatif sur l'adhésion de l'Union européenne à la CEDH.

---

[i] BOSSUYT, Marc, « *Tarakhel c. Suisse* : La Cour de Strasbourg rend encore plus difficile une politique commune européenne en matière d'asile », *Revue suisse de droit international et européen*, 2015, pp. 3-6.

b. *Des Africains arrivant par bateau :* Hirsi Jamaa e.a. c. Italie[i]
(GC, 23 février 2012)

Onze Somaliens et 13 Erythréens faisaient partie d'un groupe de 200 personnes qui avaient quitté la Libye à bord de trois bateaux. Ils furent interceptés le 6 mai 2009, par trois bateaux des Garde-côtes italiennes, dans la zone maritime maltaise à 35 miles de Lampedusa. On les ramena vers Tripoli (Libye). La Cour a jugé que l'article 3 CEDH était violé parce qu'ils couraient le risque de mauvais traitements en Libye et de rapatriement vers la Somalie et l'Erythrée. L'article 4 du Protocole n°. 4 interdisant les expulsions collectives était également violé, leur situation personnelle n'ayant pas été examinée. L'Italie dut payer à chaque requérant €15.000 pour dommage moral.

La combinaison de ces deux arrêts entraîna des conséquences désastreuses, bien qu'il ait fallu du temps pour s'en rendre compte. L'arrêt *M.S.S.* a en fait rendu la procédure Dublin inapplicable à l'égard de plusieurs Etats, le transfert de demandeurs d'asile vers les principaux pays d'arrivée dans la zone Schengen étant devenu particulièrement difficile. L'Union européenne n'osa pas suspendre la Convention Schengen par rapport aux pays auxquels la procédure Dublin ne pouvait plus être appliquée. La logique le demandait mais elle se heurtait à un tabou politique. Une fois sur le territoire d'un des pays de Schengen, la Convention éponyme rendait possible aux demandeurs d'asile de continuer leur voyage sans difficulté vers d'autres pays, considérés plus attrayants, de cette zone.

L'arrêt *Hirsi Jamaa e.a.* rendit beaucoup plus grande la chance de recevoir de l'aide pour atteindre un des pays Schengen. Le nombre de ceux qui voulaient l'essayer s'est accru énormément. Des trafiquants d'êtres humains poussèrent des demandeurs d'asile dans des petits bateaux toujours plus dangereux. Des contacts furent établis avec des navires d'organisations non-gouvernementales - et même avec des navires appartenant à la marine de pays Schengen - pour venir les sauver. Par la suite, ils furent débarqués sur les côtes d'un des pays Schengen.

---

[i] BOSSUYT, Marc, « The principle of 'Mutual Trust' in Opinion 2/13 », in IMAMOVIĆ, Sejla, et al. [Eds.], *The EU fundamental rights landscape after Opinion 2/13*, Maastricht, Maastricht Faculty of Law, 2016, pp. 15-25.

L'effondrement de la procédure Dublin, ainsi que l'accueil à terre de ceux qui s'aventuraient sur la mer Méditerranée, rendirent beaucoup plus intéressant de voyager de la Turquie vers l'une des îles grecques, que de l'Afrique du Nord vers Lampedusa. Plusieurs dizaines de milliers de personnes au Moyen-Orient et en Afrique décidèrent de tenter leur chance. Cela conduisit en 2015 à un grand chaos. Bien que nombreux soient ceux qui refuseront violemment - et avec indignation même - de le reconnaître, plus que le facteur *push* Bashar al-Assad, Président de la Syrie (depuis 2000), et le facteur *pull* Angela Merkel, Chancelière fédérale (2005-2021) de l'Allemagne, ce sont ces deux arrêts-là qui ont provoqué le grand chaos de l'asile en 2015.

Ces arrêts ont incité des centaines de milliers de gens à tenter leur chance. Certains allant jusqu'à vendre tous leurs avoirs pour payer les frais de voyage ainsi que des passeurs. Certains ayant affronté les plus grands dangers, surtout lors de leur voyage à travers l'Afrique et en Libye. En route, leurs droits de l'homme n'étaient nullement respectés. Beaucoup risquèrent leur vie, et fréquemment aussi celle de leur femme et enfants, afin d'atteindre les côtes de Grèce, d'Italie, de Malte ou d'Espagne. Souvent ils payèrent des prix exorbitants. Des milliers périrent, souvent par noyade.

La Cour espérait sans doute que, par son arrêt *M.S.S.,* moins de gens allaient souffrir d'un mauvais accueil en Grèce. Au contraire, beaucoup plus de gens ont souffert dans un plus grand nombre d'Etats. Heureusement que la Cour n'attribua pas €24.900 à chaque demandeur d'asile mal accueilli dans des Etats membres du Conseil de l'Europe. Initialement, on avait créé l'impression qu'il y avait une grande disponibilité à accueillir beaucoup de demandeurs d'asile. On estima, à tort, qu'il s'agissait surtout de réfugiés de guerre, venant de Syrie.

Très vite, il parut pourtant évident que la situation n'était pas tenable. Le vent a tourné. On a même eu recours à des moyens obscurs. Pour ceux qui ne ferment pas les yeux, il est difficile de balayer les conséquences désastreuses de ces deux arrêts. D'un genre différent est la tentative de la Cour d'imposer aux Etats-parties à la CEDH – outre une procédure d'asile pour des réfugiés au sens de la Convention de Genève – une procédure supplémentaire d'asile médical.

c. *Un Géorgien illégal* : Paposhvili c. Belgique
(17 avril 2014 ; GC, 13 décembre 2016)

Malgré des condamnations correctionnelles pour vols multiples et malgré plusieurs refus de séjour, le ressortissant géorgien Paposhvili[i] réussit à séjourner pendant 17 ans et demi en Belgique. Ses deux demandes d'asile, la seconde sous une fausse identité, ainsi que ses trois demandes de régularisation humanitaire et ses deux demandes de régularisation médicale, avaient été refusées. Il ne donna pas suite à l'ordre de se rendre – en application de la Convention de Dublin - en Italie, qui avait accepté de l'accueillir. Plusieurs fois, un éloignement forcé n'a pas été exécuté pour des raisons humanitaires (grossesse de son épouse, maladie des enfants). Pour la Cour, ceci équivalait à une « tolérance » d'étrangers en séjour irrégulier. La condamnation de la Belgique ne peut qu'inciter les Etats à procéder à des éloignements avec plus d'efficacité et de détermination.

Pendant son séjour en Belgique - à l'exception des périodes pendant lesquelles il se trouvait en prison, dans un centre fermé pour illégaux ou à l'hôpital - il se rendit coupable d'un nombre impressionnant de délits de droit commun. Cela lui valut d'être condamné, en deux fois, à 21 mois d'emprisonnement avec sursis (à l'exception de la période de détention préventive) et à trois ans d'emprisonnement effectif. Il a été soigné pour plusieurs maladies, notant une leucémie lymphoïde chronique qui a connu des développements multiples, ainsi que d'autres affections, à savoir une tuberculose pulmonaire active, une hépatite C, une broncho-pneumopathie chronique obstructive et un accident cardiovasculaire. Son séjour en Belgique a occasionné des frais énormes. Outre le coût des procédures juridictionnelles (tribunaux correctionnels, Cour d'appel, Conseil d'Etat, six arrêts du Conseil du contentieux des étrangers), en ce compris l'assistance juridique à charge de l'Etat pour toutes ces procédures, ainsi que le coût de différents séjours en prison totalisant plus de trois ans, il y a lieu surtout de se référer au coût des multiples consultations médicales et de son hospitalisation fréquente, accompagnée de thérapies et de médicaments extrêmement onéreux.

---

[i] BOSSUYT, Marc, « La Cour de Strasbourg souhaite que les États parties instaurent une procédure d''asile médical' (obs. sous Cour eur. dr. h., Gde Ch., arrêt *Paposhvili c. Belgique*, 13 décembre 2016) », *Revue trimestrielle des droits de l'homme*, 2017, pp. 651-668.

Dans son arrêt de Chambre du 17 avril 2014, la Cour estima qu'il n'y avait pas de considérations humanitaires impératives qui s'opposaient à l'expulsion de Paposhvili. Pour ces maladies, on pouvait trouver des médicaments en Géorgie. La Chambre se référa à l'arrêt de la Grande Chambre *N. c. le Royaume-Uni* du 27 mai 2008. Dans cet arrêt, l'expulsion vers son pays d'une femme ougandaise infectée par le VIH ne fut pas jugée contraire à l'article 3 CEDH :
> « Les non-nationaux qui sont sous le coup d'un arrêté d'expulsion ne peuvent en principe revendiquer un droit à rester sur le territoire d'un Etat contractant afin de continuer à bénéficier de l'assistance et des services médicaux, sociaux ou autres fournis par l'Etat qui expulse. Fournir des soins de santé gratuits et illimités à tous les étrangers dépourvus du droit de demeurer sur son territoire ferait peser une charge trop lourde sur les Etats contractants ».

Seulement dans des cas très exceptionnels, lorsque des « considérations humanitaires militant contre l'expulsion sont impérieuses », l'article 3 CEDH serait violé.

Les trois juges de la minorité[581] dans cet arrêt *N.*, en revanche, rejetèrent l'allégation selon laquelle « un constat de violation ouvrirait les vannes de l'immigration médicale et risquerait de faire de l'Europe 'l'infirmerie' du monde ». Dans son arrêt *Yoh-Ekale Mwanje c. Belgique* du 20 décembre 2011, six des sept juges[582] exprimèrent l'espoir que la Cour puisse un jour revoir sa jurisprudence sur ce point : « La différence entre une personne qui est sur son lit de mort ou dont on sait qu'elle est condamnée à bref délai, nous paraît infime en termes d'humanité ».

La demande de renvoi de l'affaire *Paposhvili* à la Grande Chambre fut acceptée le 20 avril 2015. Paposhvili est décédé le 7 juin 2016. Le désir de la Grande Chambre de revoir la jurisprudence de la Cour était tellement grand qu'elle a néanmoins poursuivi l'affaire. Sa veuve insistait. Malgré sa condamnation à quatre mois d'emprisonnement effectif, elle avait été régularisée le 29 juillet 2010. Le risque que la Belgique expulse Paposhvili était pourtant devenu inexistant par suite de son décès. Six mois plus tard, dans son arrêt du 13 décembre 2016, la Grande Chambre constata d'une manière rétroactive des « violations hypothétiques ».[583] Par le décès du requérant, il s'agissait en fait de « violations fictives ». Pour la même raison, il paraît plutôt cynique de considérer la constatation d'une violation comme étant une satisfaction équitable pour le dommage moral que le requérant aurait pu subir.

Comme principe général, la Grande Chambre dit que l'article 3 CEDH est violé

« en cas d'éloignement d'une personne gravement malade dans lesquels il y a des motifs sérieux de croire que cette personne, bien que ne courant pas de risque imminent de mourir, ferait face, en raison de l'absence de traitements adéquats dans le pays de destination ou du défaut d'accès à ceux-ci, à un risque réel d'être exposée à un déclin grave, rapide et irréversible de son état de santé entraînant des souffrances intenses ou à une réduction significative de son espérance de vie » (§183).

Le problème de cet arrêt n'est pas tant que le seuil de maladie est ainsi abaissé. En assemblée générale du 12 décembre 2014, le Conseil du contentieux des étrangers avait déjà adopté une interprétation large de l'article 9*ter* de la loi sur les étrangers. Selon cette interprétation, une maladie peut justifier l'octroi d'une autorisation de séjour s'il s'agit d'une maladie grave, même si elle ne présente pas un danger imminent pour la vie. Ce qui est problématique, c'est que, ce qui en règle est une faveur, est transformé par la Cour en droit subjectif.[584] En déclarant obligatoires ces mesures provisoires, la Cour a pourtant pu se rendre compte déjà que les conséquences de la transformation d'une pratique en obligation juridique peuvent être profondes. Il est louable d'encourager les Etats à faire preuve de compassion, d'humanité et de générosité. Celui qui estime que le rôle de la Cour de Strasbourg n'est pas de transformer en obligation juridique la bienveillance et les raisons humanitaires, ne devrait pas pour autant être considéré comme manquant d'humanité. C'est le propre d'un « gouvernement des juges » que celui qui prend les décisions ne doit pas en assumer les conséquences.

La conséquence de la transformation d'une faveur en droit subjectif, est que la Cour souhaite imposer aux Etats-parties l'instauration une procédure d'asile médical. Dans l'arrêt *Paposhvili,* la Cour a la bienveillance de fournir un mode d'emploi détaillé aux législateurs des Etats-parties, inspiré par la procédure pour la reconnaissance du statut de réfugié. Tous les Etats-parties à la CEDH sont aussi parties à la Convention de Genève. Aucun de ces Etats n'est partie à une convention sur l'asile médical. Un auteur, Nicolas Klauser,[585] fit observer que des 47 Etats-parties il n'y en a que deux qui ont une procédure d'asile médical : la Belgique (l'article 9*ter* de la loi sur les étrangers)[586] et la France. Il y en a trois (l'Allemagne, l'Italie et la Suisse) qui accordent un asile médical sans avoir une procédure spécifique à cette fin. Que précisément un de ces deux pays, qui est le plus avancé dans cette direction, soit condamné pour violation de l'article 3 CEDH, est quand même paradoxal, mais pas unique.[i] En fin de compte, ce sont les Etats qui ont un système de soins médicaux les plus avancés qui supporteront les charges de cet abaissement du seuil. Une bonne santé est, dans la plupart des pays, une condition pour pouvoir y migrer légalement. Une mauvaise santé est considérée par la Cour de Strasbourg comme une raison pour laquelle quelqu'un qui est illégalement sur le territoire d'un Etat membre du Conseil de l'Europe, doit pouvoir continuer à s'y faire prendre en charge.

A la suite de l'arrêt *Paposhvili*, il convient de signaler encore l'affaire *Savran c. Danemark*.[ii] En constatant une violation de l'article 3 CEDH dans son arrêt du 1er octobre 2019, une majorité de quatre juges[587] d'une Chambre de la Cour a essayé d'élargir la portée de cette disposition dans ce domaine sensible. L'affaire concerne le renvoi en Turquie d'un ressortissant turc, souffrant de schizophrénie paranoïde et reconnu coupable d'agression aggravée entraînant le décès d'un homme. Dans leur opinion dissidente, trois juges[588] reprochaient à la majorité de s'écarter de la jurisprudence stricte de l'arrêt *Paposhvili* selon laquelle l'article 3 s'appliquait uniquement si l'étranger devant être expulsé était au « seuil de la mort ».

Devant la Grande Chambre, les gouvernements allemand, britannique, français, néerlandais, norvégien, russe et suisse sont intervenus en soutien du gouvernement danois. Dans son arrêt du 7 décembre 2021, la Grande Chambre a estimé, par 16 voix contre 1,[589] que l'éloignement du requérant vers la Turquie n'avait pas emporté de violation de l'article 3. En revanche, la Grande Chambre constata, par 11 voix contre 6, qu'il y avait eu violation de l'article 8 (le respect de la vie privée). Les six juges[590] de la minorité considérèrent que cet arrêt imprime « une évolution fâcheuse à la jurisprudence de la Cour en offrant une protection accrue à des personnes qui ont perpétré des infractions pénales graves ».

Il va de soi que la Cour européenne des Droits de l'Homme a de grands mérites en ayant renforcé la protection des droits de l'homme des habitants des Etats membres du Conseil de l'Europe. Que les interférences de la Cour dans la politique d'asile aient bénéficié aux

---

[i] BOSSUYT, Marc, « Unduly Harsh Treatment of Sweden in Asylum Cases in Strasbourg ? », *Human Rights Law Journal*, 2016, pp. 323-334.

[ii] BOSSUYT, Marc, « La Cour persiste dans sa volonté de faire instaurer une procédure d'‘asile médical' » (obs. sous Cour eur. dr. h., Gde Ch., arrêt *Savran c. Danemark*, 7 décembre 2021) », *Revue trimestrielle des droits de l'homme*, 2022, pp. 701-708.

réfugiés au sens de la Convention de Genève est moins certain. Il ne suffit pas d'avoir de bonnes intentions. La Cour, pas plus que les Etats membres du Conseil de l'Europe, n'a que peu d'emprise sur les développements dans les Etats qui ne sont pas parties à la CEDH. Sans pouvoir maîtriser les causes de ces développements, elle prescrit comment il faut en gérer les conséquences. En s'avançant sur le terrain de la responsabilité indirecte et des violations virtuelles, la Cour s'est trouvée sur le terrain de la spéculation des faits futurs au lieu de celui plus familier de la constatation des faits accomplis. Elle s'est avancée sur un terrain glissant ou sur une glace trop mince. Quelques fois, elle a dérapé. Parfois même, elle est passée à travers la glace.

Epilogue

Cet épilogue indique d'abord quelques différences importantes entre la situation de l'asile à l'époque où je quittais le Commissariat général et celle de 25 ans plus tard. Ensuite, je signale l'importance des ingérences européennes dans la politique d'asile et je commente la réponse que l'Union européenne donne à la crise de l'asile. Finalement, je pose la question de savoir si le modèle actuel de l'asile est tenable.

1. Vingt-cinq ans après

Depuis que j'ai quitté le Commissariat général, il y a déjà 25 ans, notre politique d'asile, comme celle des autres pays européens, a beaucoup changé. Mentionnons cependant d'abord une constante importante : la croissance du coût de la procédure et de l'accueil. Pendant les neuf ans de mon mandat, le coût global de la procédure (Commissariat général et Commission permanente de recours ensemble) s'est accru de €1,5 million à €9,5 millions. En 2008, il se montait à €35 millions, et à €53 millions en 2018. Le coût de l'accueil, qui peut aller jusqu'à dix fois le coût de la procédure, montait durant la période de mon mandat, de €12,5 millions à €150 millions. Le record a été atteint en 2022 avec €680 millions, ceci sans compter les coûts médicaux pour demandeurs d'asile et pour étrangers séjournant irrégulièrement sur le territoire.

Les changements les plus importants dans le traitement des demandes d'asile concernent la nationalité des demandeurs d'asile, l'extension des bénéficiaires de protection internationale et la juridictionnalisation davantage poussée de la procédure.

a. L'évolution dans les nationalités

Déjà pendant mon mandat, il y avait des différences considérables entre les nationalités des demandeurs d'asile en Belgique. En faisant une comparaison entre 1988 et 1996, je constate qu'il n'y a que trois nationalités (zaïroise, turque et pakistanaise) qui figurent parmi les dix plus importantes de ces deux années-là. Un seul pays (le Zaïre) était, pour des raisons historiques évidentes, constant (deux fois troisième). En 2019 (la dernière année avant la pandémie du covid), l'Afghanistan, la Syrie, la Palestine, l'Irak et El Salvador figuraient parmi les cinq pays les plus importants. Aucun de ces cinq pays ne se plaçait, ni en 1988, ni en 1996, parmi les dix plus représentés. Avec des pays tels que l'Afghanistan, la Syrie et l'Irak au sommet, la prise de décision n'est pas devenue plus facile. Le temps est révolu où la plupart des demandeurs d'asile ne pouvaient pas revendiquer une protection internationale.

b. L'expansion des bénéficiaires de protection internationale

A l'époque, il était largement admis que seuls des « réfugiés politiques » entraient en ligne de compte pour une protection. Même les demandeuses d'asile ghanéennes, qui se retrouvaient massivement dans la prostitution, arguaient des histoires politiques. Leur histoire standard était une variation sur le même thème : leur partenaire était soupçonné (souvent à leur insu) d'avoir caché des armes chez elles pour commettre un coup d'Etat (avorté). Ces histoires étaient mal fondées mais pas « manifestement étrangères aux critères de la Convention de Genève ». Il y avait à cette époque aussi des réfugiés reconnus sur base d'autres motifs que leurs « convictions politiques », mais c'était plutôt rare et peu de publicité y était donnée.

De nos jours, ce sont surtout des « réfugiés de guerre » qui revendiquent une protection internationale. A côté du statut de réfugié au sens de la Convention de Genève, un statut - légèrement plus faible - a été introduit en ordre subsidiaire : il s'appelle d'ailleurs « la protection subsidiaire ». Ceci a considérablement étendu le nombre des bénéficiaires potentiels de protection internationale. Ce statut voulait rencontrer les conséquences de l'effet extraterritorial que la Cour de Strasbourg avait accordé à l'article 3 CEDH. Selon la directive qualification (2004) de l'UE, cette protection subsidiaire est en premier lieu introduite pour ceux qui dans leur propre pays risquent « la peine de mort ou l'exécution, ou la torture ou des traitements ou sanctions inhumains ou dégradants ». Toutefois, le nombre des bénéficiaires de protection internationale s'est surtout accru en accordant également la protection subsidiaire en raison de « menaces graves et individuelles contre la vie ou la personne d'un civil en raison d'une *violence aveugle* ou en cas de *conflit armé* interne ou international ». Le nombre de personnes dans le monde qui peuvent se sentir menacées en raison d'une violence aveugle ou en cas de conflit armé se situe aisément dans les millions. Cela n'était pas le cas avec la Convention de Genève.

De nos jours, outre la protection subsidiaire, la protection internationale est aussi souvent demandée au motif de l'« appartenance à un certain groupe social ». C'est le motif dont la description dans la Convention de Genève est la moins précise. La Cour de Strasbourg l'a aussi interprété de manière souple lorsqu'elle y incluait le groupe des femmes qui, en commettant l'adultère, ont transgressé les mœurs sociales. En Belgique, il s'agit souvent de l'orientation sexuelle, de mariages forcés, de l'excision féminine, de la violence sexuelle et de la violence domestique. Certains de ces motifs peuvent être invoqués par de vastes groupes de population. La vérification du risque de persécution, basée sur certains de ces motifs, peut être particulièrement difficile.

c. *La juridictionnalisation de la procédure d'asile*

Jadis, il était parfois dit que le refus de demandeurs d'asile déboutés de retourner dans leur pays d'origine était dû à la qualité déficiente de la procédure d'asile. Quoi qu'il en soit, il n'a pas été démontré qu'un demandeur d'asile refusé par moi, a été persécuté après le retour dans son pays, pour les raisons invoquées dans sa demande d'asile. L'amélioration de la qualité de la procédure d'asile a d'ailleurs été un souci constant : la formation des collaborateurs s'est intensifiée, les auditions durent plus longtemps et les motivations sont devenues plus élaborées. Mais, bien qu'il n'y ait aucune raison de douter de l'indépendance du Commissaire général, il n'est tout de même pas un juge. Pour ceux qui croient que le salut ne peut venir que des juges (le fétichisme judiciaire), c'est un défaut impardonnable.

Durant les dernières années de mon mandat, la juridiction d'asile (la Commission permanente de recours) ne prenait que 10% des décisions finales, positives et négatives. L'Office des étrangers prenait 17% des décisions finales négatives, et moi 72%. Je prenais aussi pour mon compte 90% des reconnaissances. De nos jours, tout refus, même pour raison manifestement mal fondée, est susceptible de recours devant le Conseil du contentieux des étrangers.

Sur l'incitation de l'Union européenne, le ministre de l'Intérieur Patrick Dewael a réalisé en 2006 le rêve du lobby de l'asile et de tous ceux qui croient que les juges sont infaillibles. Le refus d'une demande d'asile ne devenait exécutoire qu'après l'intervention de juges au contentieux des étrangers avec plénitude de compétence. Le Conseil d'Etat était uniquement compétent pour annuler des décisions administratives sans pouvoir se substituer à l'autorité administrative compétente. Depuis 2006, le Commissaire général ne traite plus les recours contre les nombreuses demandes d'asile déclarées manifestement infondées. Ces recours sont désormais aussi traités par des juges au contentieux des étrangers qui sont compétents pour reconnaître eux-mêmes des réfugiés. La Commission de recours n'avait cette compétence que pour les demandes d'asile préalablement déclarées recevables.

Les promoteurs de cette juridictionnalisation assuraient qu'il s'agissait d'une procédure « *light* ». Néanmoins, pas moins de 26 juges des étrangers étaient nommés, chacun assisté de plusieurs collaborateurs. Cette procédure ne se révélait nullement « légère ». Progressivement, le nombre de ces juges grimpait jusqu'à 62. Ceux qui pensaient qu'une fois refusés par une juridiction administrative avec plénitude de compétence, les demandeurs d'asile déboutés monteraient allègrement dans l'avion qui les ramènerait dans leur pays d'origine durent déchanter. La résistance contre les reconduites effectives n'a pas non plus diminué. Les campagnes de dénigrement contre les visites domiciliaires[591] et contre le maintien de personnes accompagnées d'enfants mineurs[592] n'en sont que les manifestations les plus visibles. Que cela attire un nombre disproportionné de mineurs en est une conséquence qu'on semble tolérer.

Entretemps, les demandeurs d'asile peuvent s'adresser à des juridictions pour pas moins de six procédures : au Conseil du contentieux des étrangers pour contester 1) le refus de leur demande d'asile ; 2) le refus de leur régularisation humanitaire ou médicale ; 3) leur éloignement du territoire ; 4) la décision de transfert vers un autre Etat membre de l'UE dans le cadre du règlement Dublin ; aux juridictions du travail 5) pour contester leur attribution à un centre d'accueil géré par Fedasil ; aux juridictions d'instruction (Chambre du conseil et Chambre des mises) 6) pour contester leur maintien en vue de leur éloignement. Un nouveau code de Migration pourrait y mettre un peu d'ordre.

Jusqu'où des juges du Conseil du contentieux des étrangers sont disposés à aller ressort de quelques arrêts de suspension de 2016.[593] Avec ces arrêts, ils voulurent forcer le secrétaire d'Etat à l'Asile et à la Migration, Theo Francken, à faire délivrer par l'ambassade de Belgique à Beyrouth des visas humanitaires à un couple syrien. N'importe qui, où qu'il se trouva dans le monde, devait pouvoir choisir quel Etat-partie à la CEDH devait lui autoriser l'entrée sur son territoire lorsqu'il risquait de subir un traitement contraire à la CEDH. Ce point de vue était renforcé par des astreintes de €1.000 par jour imposées par le Tribunal de première instance et par la Cour d'appel de Bruxelles.[594] Le Secrétaire d'Etat refusa d'y donner suite. Il estima que ces juridictions, en s'avançant dans le domaine de sa compétence discrétionnaire, violaient la séparation constitutionnelle des pouvoirs. Heureusement, ni la Cour de Luxembourg (en 2017), ni la Cour de Strasbourg (en 2020), ne se sont engagées dans la voie indiquée par ces juridictions belges.[595]

2. L'ingérence européenne

En grande mesure, ces changements résultent d'ingérences européennes. Naguère, les crises d'asile en Belgique étaient attribuables aux manquements de la politique d'asile belge. Les Etats membres de l'UE pouvaient, chacun pour soi, prendre les mesures nécessaires pour maîtriser la situation. Ce fut différent avec la crise d'asile de 2015. Celle-là était attribuable aux manquements de la politique d'asile européenne. D'une manière croissante, la réglementation de l'asile fut prise en main par l'Union européenne. C'est donc l'Union qui est responsable de ces conséquences. Certes, la jurisprudence de la Cour de Strasbourg peut être invoquée comme circonstance atténuante. Mais, il appartient à l'Union d'y faire face. Strasbourg, Luxembourg ou Bruxelles, peu importe, c'est toujours l'Europe que le citoyen de l'UE tient pour responsable.

a. La Cour de Strasbourg

La Cour de Strasbourg s'est fort ingérée ces dernières années dans la politique d'asile des Etats membres du Conseil de l'Europe. Lors de mon mandat, c'était encore très limité. Ce n'est qu'en 1991 que la Cour de Strasbourg rendit son premier arrêt en matière d'asile. Ce n'est qu'en 1996 que cette Cour constata pour la première fois une violation virtuelle de l'article 3 CEDH, si un demandeur d'asile était expulsé vers son pays d'origine. C'est alors aussi que la Cour a levé certaines restrictions prévues dans la Convention de Genève : le danger pour la sécurité nationale ou la condamnation pour un crime particulièrement grave ne valent plus comme exception à l'interdiction d'expulsion ; en outre, la persécution ne doit plus émaner d'agents étatiques.

En 2005, la Cour a déclaré que ses mesures provisoires étaient devenues obligatoires. Depuis lors, elle intervient dans la conduite journalière de la politique d'asile. La popularité dont jouissent ces mesures provisoires auprès des demandeurs d'asile a fait considérablement gonfler le nombre des arrêts d'asile. Depuis lors, la Cour a fréquemment constaté des violations de l'interdiction de la torture de l'article 3 CEDH dans le chef de demandeurs d'asile. Cet article est devenu, surtout sous son volet procédural, un instrument favorisant l'immigration illégale. L'application du règlement Dublin a été rendue impossible à l'égard de plusieurs Etats membres de l'UE. Les frontières maritimes des Etats membres du Conseil de l'Europe ont été déclarées ouvertes pour toute personne qui arrive dans un bateau. Pour ceux qui souhaitent demander l'asile pour raisons médicales, la Cour a même prescrit toute une procédure.

Bien que la CEDH ne garantisse pas un droit à l'asile, la Cour de Strasbourg a néanmoins continuellement élevé les exigences qu'elle impose à la procédure d'asile. Le « recours effectif » de l'article 13 CEDH n'exige pas une instance juridictionnelle de recours. Ce recours doit cependant, selon la Cour, avoir un effet suspensif automatique. Dans un arrêt[596] de 2016 dirigé contre la Suède, la Cour se comporte comme si elle était compétente pour agir, en ce qui concerne la procédure d'asile, en tant que législateur pour 47 Etats membres du Conseil de l'Europe.

b. L'Union européenne

Le droit à l'asile n'est inscrit dans aucun des traités universels en matière de droits de l'homme. L'Union européenne a néanmoins inscrit ce droit à l'article 18 de la Charte des droits fondamentaux (Nice, 2000). Fin 2009, en même temps que le Traité de Lisbonne (2007), cette Charte est devenue juridiquement obligatoire pour l'Union européenne. Ceci a consacré dans le droit de l'Union, non seulement un droit à l'asile mais aussi un recours juridictionnel dans la procédure d'asile. L'Union européenne avait déjà prévu dans sa directive qualification (2004) d'imposer cette obligation juridique aux Etats membres. Ce que Strasbourg n'exigeait pas, l'Union européenne se l'imposa à elle-même.

- Les directives de l'asile

Les directives d'asile de l'Union européenne ne se limitent pas à formuler quelques principes généraux auxquels les procédures d'asile nationales doivent satisfaire. Elles ont élaboré une procédure complète de l'asile, un genre de commun dénominateur – à un niveau élevé - des 27 procédures d'asile nationales. Les Etats membres ont essayé de faire reprendre autant que possible des éléments de leurs propres procédures. Le résultat en est un compromis d'une complexité inimaginable. Depuis que la Commission européenne, par suite de la crise d'asile de 2015, s'occupe davantage de cette question, elle commence à comprendre que cette complexité empêche un traitement souple des demandes d'asile. Eu égard au poids du lobby de l'asile, il est à craindre qu'il faille encore pas mal de temps avant que les Etats membres et surtout le Parlement européen y donnent suite.

Les directives européennes n'ont certainement pas simplifié les procédures d'asile. L'harmonisation des critères entre les Etats membres n'a pas donné beaucoup de résultats non plus. L'attractivité des pays qui jouissent de la préférence des demandeurs d'asile, n'en est pas pour autant diminuée. A l'inverse, les pays qui ne jouissent pas de cette préférence ne sont pas devenus plus attrayants. Il est envisagé d'accorder à l'agence européenne de l'asile la compétence de reconnaître le statut de réfugié afin d'arriver à une plus grande uniformité.

L'expérience du Commissariat général belge incite plutôt à un certain scepticisme. En Belgique, il n'y a qu'une instance – ou plutôt une personne - qui reconnaît en première instance le statut de réfugié. Le pourcentage de reconnaissance varie pourtant selon la langue nationale dans laquelle ces décisions sont prises. Ceci est *a fortiori* le cas avec le Conseil du contentieux des étrangers où différents juges individuels prennent les décisions. Le pourcentage de reconnaissances y est dix fois plus élevé en français qu'en néerlandais.[i] Y aura-t-il aussi des juges européens de l'asile ? Comment évitera-t-on que des décisions divergentes soient prises selon la nationalité ou la langue des juges ? L'avenir dira si c'est un pas dans la bonne direction.

---

[i] Le taux de reconnaissance du Conseil du contentieux des étrangers pour la période 2017-2019 s'élève à 12,18% pour les chambres francophones et à 1,20% pour les chambres néerlandophones.

L'attribution de salaires de l'Union européenne ne réduira pas le coût de la procédure.

- La directive retour

La directive retour de l'Union européenne (2008) ne semble pas fondée sur beaucoup d'expérience à surmonter les obstacles avec lesquels une politique effective de retour est confrontée. Dans la plupart des Etats membres de l'UE, cette politique n'en est qu'à ses débuts. C'est un domaine dans lequel la plus-value de l'Union européenne est pourtant plus évidente qu'avec la directive accueil (2003), la directive qualification (2004) et la directive procédure (2005). Pour le retour, la coopération des pays d'origine est indispensable. L'UE et les 27 Etats membres disposent ensemble de beaucoup plus de moyens de pression que les Etats membres pris individuellement. Ce n'est cependant que récemment que l'UE se soit proposée de s'occuper sérieusement de la politique de retour.

- La Cour de Luxembourg

Dans l'application des directives de l'UE, la Cour de Luxembourg remplit un rôle important. Cette Cour est très alerte lorsque la Cour de Strasbourg porte atteinte au principe de la confiance mutuelle entre les Etats membres. Sinon, elle souffre des mêmes maux. Parfois, elle s'engage même dans une compétition avec la Cour de Strasbourg pour obtenir les faveurs des demandeurs d'asile et des défenseurs de leurs intérêts. Cette surenchère n'est pas de nature à faciliter une politique efficace de l'asile et du retour.

c. *La réponse de l'UE à la crise de l'asile*

Les arrêts strasbourgeois de 2011 (*M.S.S.*) et 2012 (*Hirsi Jamaa e.a.*) avaient créé les conditions d'un « chaos d'asile ». La porte était grande ouverte pour ceux qui venaient par la mer. Le risque d'être renvoyé au pays d'entrée était pratiquement éliminé. Il est surprenant que cela ait encore duré jusqu'en 2015 avant de devenir ingérable. La Cour pensait que l'application du règlement Dublin était la cause d'une situation inacceptable en Grèce. Sa non-application causa par la suite des situations inacceptables pour des demandeurs d'asile dans toute une série d'Etats membres du Conseil de l'Europe : l'Albanie, l'Allemagne, l'Autriche, la Bulgarie, la Croatie, la Hongrie, la Macédoine du Nord, la Roumanie, la Serbie et la Slovénie. Il y a maintenant des réfugiés reconnus en Grèce, en Italie ou en Pologne qui viennent en Belgique parce qu'ils estiment que les services sociaux y sont meilleurs que dans le pays où ils sont reconnus ...

Le 31 août 2015, Angela Merkel prononça ses mots célèbres : « *Wir schaffen das* » (Nous le ferons). Dans beaucoup de pays de l'Afrique et du Moyen-Orient jusqu'en Extrême Orient, ceci fut compris comme étant une invitation à venir dans des pays comme l'Allemagne, la Suède et la Belgique. En 2015, le passage à travers l'Europe de ces demandeurs d'asile a mené à un chaos sans précédent. Le vent a vite tourné. Les leaders de l'Union européenne, y compris Angela Merkel, comprirent que la persistance d'un tel afflux était intenable. Qu'il s'agisse d'un changement de cap a été occulté. La crise d'asile avait entretemps provoqué une résurgence de xénophobie. Des forces politiques qui n'ont pas beaucoup de respect pour les droits de l'homme reprirent vigueur. La foi dans le projet européen subit un sérieux contretemps.

L'UE voulait s'attaquer à la crise avec un plan de répartition. Ce plan fut un échec en raison de l'accroissement rapide du nombre des demandeurs d'asile et de la résistance d'un nombre d'Etats de l'Europe de l'Est. Ces Etats sont conscients des expériences pas toujours positives des pays de l'Europe occidentale en matière de migration originaire de Turquie et du Maghreb.[597] A juste titre, ils dirent ne pas être responsables de la crise d'asile. Ce n'étaient pas eux qui avaient omis de respecter leurs obligations de l'UE en n'enregistrant les demandeurs d'asile à leur arrivée. Ce n'était pas eux, non plus, qui avaient attiré cet afflux de demandeurs d'asile.

Le plan de répartition connaissait beaucoup de points faibles : il n'augmentait pas la pression pour mieux surveiller les frontières extérieures ; il n'offrait pas de solution pour l'afflux des migrants irréguliers ; il ne tenait pas suffisamment compte du grand nombre de demandeurs d'asile que certains Etats membres avaient déjà accueilli ; les chiffres proposés n'étaient qu'une fraction des demandeurs d'asile déjà présents dans l'UE, voire de ceux qui souhaitent y venir. En outre, une fois les demandeurs d'asile arrivés dans l'Etat membre auquel ils seront attribués, ils peuvent – grâce à Schengen – se rendre sans plus dans le pays de leur préférence. Pas étonnant que ce plan n'ait pas pu se réaliser.

L'incapacité de l'Union européenne à empêcher ce chaos, n'est pas restée sans suites. Le 23 juin 2016, 51,89% des électeurs britanniques votaient en faveur de la sortie de l'Union européenne. Lors de la campagne sur cette question, la migration a occupé une place importante. Les « *Brexiteers* » reprochaient à la Justice européenne d'empêcher l'expulsion de terroristes. Ce n'était pourtant pas la Cour de Luxembourg mais celle de Strasbourg qui en était responsable.[598] S'il y avait eu 0,95% de voix de plus pour le maintien (au lieu de contre), le Brexit aurait été évité. La crise de l'asile a probablement fait perdre à plus d'un pourcent des Britanniques leur confiance dans l'Union européenne. Moins que cinq mois plus tard, Donald Trump a été élu 45ème Président des Etats Unis. Il avait fait de la lutte contre l'immigration de masse son cheval de bataille. Son successeur le Président Joe Biden sait lui aussi qu'il ne peut pas se permettre de subir passivement la pression migratoire. Déjà en juin 2021, il a envoyé sa vice-présidente Kamala Harris au Guatemala avec le message : « *Do not come !* » (Ne venez pas).

Le 23 septembre 2020, cinq ans après la grande crise d'asile de 2015, la Commission européenne a annoncé un *nouveau pacte sur la migration et l'asile*. La Commission estime qu'il faut surmonter la situation de blocage actuelle. Elle reconnaît que « Le système actuel ne fonctionne plus ». A juste titre, elle fait état des préoccupations des Etats membres (autres que ceux situés aux frontières extérieures) qui craignent que, « si les procédures ne sont pas respectées aux frontières extérieures, leurs propres systèmes nationaux d'asile, d'intégration ou de retour ne soient pas en mesure de faire face en cas de flux importants ». La possibilité d'abandonner le principe de base du règlement Dublin est examinée. C'est une entreprise risquée. Si les demandeurs d'asile peuvent continuer leur voyage jusqu'au pays de leur préférence, les conditions déplorables de Lampedusa et de Lesbos pourraient se déplacer vers ces pays. Beaucoup plus vite qu'on s'y attendait, cette crainte s'est déjà en 2022 avérée fondée à Bruxelles.

Il est question d'un « filtrage préalable à l'entrée de ceux qui franchissent sans autorisation les frontières extérieures ou qui ont été débarqués après une opération de recherche et de sauvetage ». Il s'agit plus concrètement de l'identification, des contrôles sanitaires et de sécurité, du relevé des empreintes digitales et de l'enregistrement dans la base de données. Il faudrait aussi déterminer rapidement si l'intéressé entre en ligne de compte ou non pour obtenir l'asile. Pour cela, il faudra sérieusement adapter la lourde directive sur la procédure d'asile (2013). Il faudra prévoir une procédure rapide – et donc simplifiée – non seulement dans les principaux pays d'arrivée, mais dans tous les Etats membres pour ceux qui ont franchi les frontières de l'UE d'une manière irrégulière.

Il est aussi question d'un « système commun de l'UE en matière de retours » et d'un nouveau « coordinateur de l'UE chargé des retours ». Ceci est absolument nécessaire. Il faut, en effet, que « l'UE et ses Etats membres agissent dans l'unité en recourant à un large éventail d'outils afin de soutenir la coopération avec les pays tiers en matière de réadmission ». Il faudra aussi adapter la directive retour de 2008 afin de rendre possible une politique de retour plus vigoureuse. Eu égard aux multiples obstacles avec lesquels les retours sont confrontés, l'Union a besoin d'une directive qui les facilite plutôt qu'elle ne les complique. Et bien sûr, il faudra améliorer la gestion des frontières extérieures. Il y a encore du travail à faire, beaucoup de travail et du travail difficile. Il serait téméraire d'abandonner le principe de Dublin avant d'avoir réalisé tout cela.

3. Le présent modèle de l'asile est-il tenable ?

De nos jours, c'est devenu beaucoup plus facile de voyager, même à partir de pays lointains. L'accord de Schengen (1985) a levé le contrôle des frontières internes.[599] Cette libre circulation ne devrait pas s'appliquer aux étrangers qui séjournent d'une manière irrégulière sur le territoire. Les contrôler ne devrait pas être obligatoire, mais ne devrait pas non plus être interdit. A une époque antérieure, il était admis que chaque pays contrôlait ses propres frontières. En raison de la mobilité devenue plus grande et de l'absence de contrôle des frontières intérieures, ce n'est plus le cas depuis longtemps. Ceci est d'autant plus vrai que des bandes de trafiquants organisés pilotent - avec la complicité de pays de transit - des cargaisons d'illégaux à travers les frontières extérieures. De là, ils peuvent poursuivre sans être dérangé leur voyage vers les pays de leur préférence. Ces pays, dont la Belgique, en subissent une forte pression.

Dans les prochaines décennies, on ne peut pas s'attendre à ce que le désir d'immigration s'affaiblisse. Ni la pauvreté en Afrique, ni les conflits au Moyen Orient ne disparaîtront rapidement. Le modèle européen de l'asile est bureaucratique, inefficace, lourd et coûteux. En outre, il dépend de la bonne volonté d'Etats tiers pour tenir hors de l'Europe des millions de gens qui se bousculent devant ses portes. Entretemps, l'UE est exposée au chantage de quelques pays voisins. Songez à la Libye (vis-à-vis de l'Italie), au Maroc (vis-à-vis de Ceuta et Melilla), à la Turquie (vis-à-vis de la Grèce et de Chypre) et à la Belarus (vis-à-vis de la Lituanie et de la Pologne). Le présent modèle de l'asile n'est pas tenable lorsque des migrants sont envoyés délibérément pour déstabiliser l'UE. Celle-ci ne peut pas se condamner à subir du chantage. L'opinion publique européenne, les hommes et les femmes politiques et même les juges européens devront s'en rendre compte. Sinon, c'est la survie même de l'UE qui sera en danger. Une répétition de la crise de 2015 pourrait provoquer un tremblement de terre politique dans des pays clés tels que l'Italie, la France et même l'Allemagne. Elle secouerait l'UE jusqu'à ses fondations.

Avons-nous le devoir moral d'accueillir à bras ouverts une partie de l'immigration irrégulière ? Devons-nous prendre en charge toute personne qui réussit à atteindre notre pays ? Pouvons-nous encore déterminer qui nous souhaitons ou non accueillir dans notre pays ? Ou devons-nous abandonner ce choix aux trafiquants d'êtres humains ? Il n'y a pas de mécanisme naturel qui répartisse les étrangers nécessiteux entre les différents pays. Il n'y a rien de naturel à un mécanisme qui est le résultat des activités criminelles des passeurs. Il n'est donc nullement de notre devoir moral de nous soumettre à leur modèle de business lucratif. L'immigration illégale doit être fermement découragée. Plus de moyens pour Frontex ne suffiront pas. Les procédures actuelles d'asile et de retour empêchent une action effective contre l'immigration illégale. Une simplification s'impose. Pourquoi ne pas prévoir que ceux qui entrent illégalement dans l'UE ne puissent pas obtenir un permis de séjour permanent, voire la nationalité d'un Etat membre de l'UE ? Il est surprenant que dans les circonstances actuelles des actions de dissuasion dans certains pays d'origine connaissent parfois un succès (temporaire). Ces actions annoncent que venir illégalement dans l'UE, ne paie pas. C'est un mensonge : ça paie bien. Et ça doit changer.

BIBLIOGRAPHIE

A. Affaires strasbourgeoises

- *Lawless c. Irlande,* 14 novembre 1960
- *De Becker c. Belgique,* 27 mars 1962
- *Amekrane c. le Royaume-Uni, Com.* 11 octobre 1973
- *Becker c. Danemark,* Com. 3 octobre 1975
- *Soering c. le Royaume-Uni* (plén.), 7 juillet 1989
- *Cruz Varas c. Suède* (plén.), 2 mars 1991
- *Vilvarajah e.a. c. le Royaume-Uni,* 30 octobre 1991
- *McCan e.a. c. le Royaume-Uni,* GC, 27 septembre 1995
- *Chahal c. le Royaume-Uni,* GC, 15 novembre 1996
- *Ahmed c. Autriche,* 17 décembre 1996
- *H.L.R. c. France,* GC, 29 avril 1997
- *Coëme e.a. c. Belgique,* 22 juin 2000
- *Jabari c. Turquie,* 11 juillet 2000
- *Dougoz c. Grèce,* 6 mars 2001
- *Čonka c. Belgique,* déc. 13 mars 2001 ; 5 février 2005
- *Mamatkoulov et Askarov c. Turquie,* 6 février 2003 ; GC, 4 février 2005
- *Said c. Pays-Bas,* 5 juillet 2005
- *N. c. Finlande,* 26 juillet 2006
- *Mubilanzila Mayeka et Kaniki Mitunga c. Belgique,* 12 octobre 2006
- *Sultani c. France,* 20 septembre 2007
- *Riad et Idiab c. Belgique,* 24 janvier 2008
- *N. c. le Royaume-Uni,* GC, 27 mai 2008
- *S.D. c. Grèce,* 11 juin 2009
- *Tabesh c. Grèce,* 26 novembre 2009
- *Muskhadzhiyeva e.a. c. Belgique,* 19 janvier 2010
- *A.A. c. Grèce,* 22 juillet 2010
- *M.S.S. c. Belgique et Grèce,* GC, 21 janvier 2011
- *Nunez c. Norvège,* 28 juin 2011
- *Kanagaratnam e.a. c. Belgique,* 13 décembre 2011
- *Yoh-Ekale Mwanje c. Belgique,* 20 décembre 2011
- *Othman (Abu Qatada) c. le Royaume-Uni,* 17 janvier 2012
- *Hartkins et Edwards c. le Royaume-Uni,* 17 janvier 2012
- *M.S. c. Belgique,* 31 janvier 2012
- *Hirsi Jamaa e.a. c. Italie,* GC, 23 février 2012
- *Vinter e.a. c. le Royaume-Uni,* 17 janvier 2012 ; GC, 9 juillet 2013
- *Trabelsi c. Belgique,* 4 septembre 2014
- *Tarakhel c. Suisse,* GC, 14 novembre 1914
- *J. K. e.a. c. Suède,* GC, 23 août 2016
- *Paposhvili c. Belgique,* 17 avril 2014 ; GC, 13 décembre 2016
- *Romeo Castaño c. Belgique,* 9 juillet 2019
- *X et X c. Belgique,* GC, déc. 5 mars 2020
- *A. c. Belgique,* 27 octobre 2020
- *Savran c. Danemark,* 1er octobre 2019 ; GC, 7 décembre 2021

B. Livres

- African Rights, *Rwanda: Death, Despair and Defiance,* Londres, 1995, 1.201 p.
- BARAHINYURA, Shyirambere, *Quinze ans de tyrannie et de tartuferie au Rwanda : 1973-1988, Le général major Habyarimana*, Francfort-a-Main, Ed. Inuba, 1988, 336 p.
- BOSSUYT, Marc, *L'interdiction de la discrimination dans le droit international des droits de l'homme*, Bruxelles, Bruylant, 1976, 262 p.
- _____, *Op het kruispunt van recht en politiek : Een persoonlijke terugblik op 35 jaar mensenrechtenbescherming*, Anvers, Intersentia, 2007, 42 p.
- _____, *Strasbourg et les demandeurs d'asile : des juges sur un terrain glissant*, Bruxelles, Bruylant, 2010, 189 p.
- _____, *International Human Rights Protection : Balanced, Critical, Realistic*, Anvers, Intersentia, 2016, 231 p.
- BRAECKMAN, Colette, *Rwanda : Histoire d'un génocide*, Paris, Fayard, 1994, 344 p.
- BOUDET-SAULNIER, Françoise, & LAFFONT, Frédéric, *Maudits soient les yeux fermés*, Arte Ed. JC Lattès, 1995, 300 p.
- CHRÉTIEN, Jean-Pierre, *Rwanda : les médias du génocide*, Paris, Karthala, 1995, 408 p.
- COOLS, Bob, *Cool(s') parcours*, Anvers, De Vries Brouwers, 2021, 352 p.
- DALLAIRE, Roméo, *J'ai serré la main du diable*, Outremont (Québec), Libre Expression, 2003, 686 p.
- DES FORGES, Alison, *Leave None to Tell the Story: Genocide in Rwanda*, Human Rights Watch & FIDH, 1999, 537 p.
- DE TEMMERMAN, Els, *De doden zijn niet dood – Rwanda, een ooggetuigenverslag*, Grand-Bigard, Globe, 261 p.
- DESTEXHE, Alain, *Qui a tué nos Paras*, Bruxelles, Ed. Luc Pire, 1995, 110 p.
- DEWAEL, Patrick, *Eelt op mijn ziel,* Anvers, Houtekiet, 2007, 180 p.
- DEWULF, Steven, *Europees aanhoudingsbevel*, Wolters Kluwer, APR, 2020.
- ELCHARDUS, Mark, *Reset: Over identiteit, gemeenschap en democratie*, Aalter, Ertsberg, 2021, 606 p.
- FRANCKEN, Theo, & VERMEERSCH, Joren, *Continent zonder grens*, Doorbraak, 2018, 253 p.
- GOFFIN, Alexandre, *Rwanda, le 7 avril 1994 : Dix commandos vont mourir*, Bruxelles, Ed. Luc Pire, 1995, 184 p.
- GORBATCHEV, Mikhail, *Perestroïka : vues neuves sur notre pays et le monde,* Tournai, J'ai lu, 1988, 299 p.
- GOOVAERTS, Leo, *Wat ik zag was ontnuchterend: passage van een penningmeester bij de VLD,* Louvain, Van Halewyck, 2009, 208 p.
- GUICHAOUA, André, *Les crises politiques au Burundi et au Rwanda (1993-1994)*, Univ. Lille, Karthala, 1995, 716 p.
- HANEGREEF, Carmen, *Het Europees aanhoudingsbevel: verholen valkuilen in kaderbesluit 2002/584/JBZ,* Masterproef, UGent, 2014, 127 p.
- KINZER, Stephen, *A Thousand Hills : Rwanda's Rebirth and The Man Who Dreamed It*, Hoboken, NJ, Wiley, 2008, 380 p.
- LANSLOOT, Theo L. R., *Uitzonderlijk diplomatenleven*, De Boekenmaker, 2020, 191 p.

- MARCHAL, Luc, *Rwanda : la descente aux enfers. Témoignage d'un peace keeper : décembre 1993-avril 1994*, Paris, Éd. Labor, 2001, 335 p.
- MARTENS, Wilfried, *De Mémoires : Luctor et emergo,* Tielt, Lannoo, 2006, 936 p.
- MISSER, François, *Vers un nouveau Rwanda ?,* Bruxelles, L. Pire & Karthala, 1995, 168 p.
- MYJER, Egbert, & KEMPEES, Peter, *Jack and the Solemn Promise : A cautionary tale,* Nijmegen, Wolf Legal Publishers, 2010, 48 p.
- MUKAGASANA, Yolande, (avec Patrick MAY), *La mort ne veut pas de moi,* Robert Laffont 1997, 267 p.
- FUNES-NOPPEN, Cristina, *Des hommes, des femmes et des bêtes,* tome II, Aix-en-Provence, Persee, 2012, 257 p.
- _____, *Chroniques impertinentes …,* Bruxelles, 180 éditions, 2021, 342 p.
- NAEGELS, Tom, La nouvelle Belgique : une histoire de l'immigration *1944-1978,* Tielt, Lannoo, 2021, 416 p.
- NSANZUWERA, François-Xavier, *La Battante : Renaître après le génocide des Tutsis,* Fauves Ed., 2018, 170 p.
- PLEYSIER, Bob, *Het Klein Kasteeltje: Een kwarteeuw asielopvang,* 2011, 126 p.
- PRUNIER, Gérard, *The Rwanda Crisis. History of a Genocide,* Londres, Hurst & C°, 1995, 424 p.
- PUIGDEMONT, Charles, *De Catalaanse crisis: Een kans voor Europa. Gesprekken met Olivier Mouton,* Tielt, Lannoo, 192 p.
- REYNTJENS, Filip, *L'Afrique des Grands Lacs en crise,* Paris, Karthala, 1994, 328 p.
- _____, *Rwanda : Trois jours qui ont fait basculer l'histoire,* Paris, Ed. L'Harmattan, 1995, 150 p.
- SANDERS, Hanne, *Handboek van het overleveringsrecht,* Anvers, Intersentia, 2011, 370 p.
- SCHAMP, Wim, *10 jaar Politieke Campagnes : een huurling vertelt,* Anvers, Hadewijch, 1996, p. 254.
- SCHNYDER, Felix, *The Status of Refugee in International Law,* Leiden, Sijthoff, 1966.
- SMET, Miet, *Ik kijk alleen vooruit: Mijn leven als politica,* Tielt, Lannoo, 2018, 200 p.
- SWINNEN, Johan, *Rwanda: Mijn Verhaal,* Amsterdam, Polis, 2016, 598 p.
- THOMPSON, Alan, (Ed.), *The Media and the Rwanda Genocide,* Londres, Pluto Press, 2007, 463 p.
- TIBERGHIEN, Frédéric, *La protection des réfugiés en France* (2ème éd.), P. U. d'Aix-Marseille, 1988, 594 p.
- TINDEMANS, Leo, *Een Politiek Testament: Mijn plaats in de tijd. Dagboek van een minister,* Tielt, Lannoo, 2009, 686 p.
- THATCHER, Margaret, *10, Downing Street : mémoires,* Paris, Albin Michel, 1993, 959 p.
- VAN CAUWELAERT, Rik, *De laatste Gouverneur: Alfons Verplaetse en de Politiek,* Davidsfonds, 2021, 272 p.
- VAN DEN EYNDE, Wim, *Fortisgate : Een stresstest voor justitie,* Louvain, Van Halewyck, 2016, 400 p.

- VERSCHAEVE, François-Xavier, *Complicité de génocide*, Paris, Ed. La Découverte, 1994, 175 p.

C. Articles

- BOSSUYT, Marc, « Les droits de l'homme en tant qu'élément de politique étrangère », *Bulletin des droits de l'homme*, Genève, Nations Unies, 1989, pp. 29-35 ; « Human Rights as an element of foreign policy », *Bulletin of Human Rights*, Geneva, United Nations, 1989, pp. 27-33.
- _____, « La Convention des Nations Unies sur les droits de l'enfant », *Revue universelle des droits de l'homme* », 1990, pp. 141-144.
- _____, « L'incompétence du juge civil des référés en matière d'asile », *Le Journal des Procès,* 8 mars 1994, pp. 18-24, et 1 avril 1994, pp. 12-14 ; « De onbevoegdheid van de rechter in kortgeding inzake asielzoekers », *Rechtskundig Weekblad,* 1993-1994, col. 1249-1256.
- _____, « La Belgique et la Commission des Droits de l'Homme de l'ONU (1986-1991) », La Belgique et 50 ans de Nations Unies, Bruxelles, Vif éd., 1995, pp. 467-477 ; « België en de VN-Commissie Mensenrechten (1986-1991) : een getuigenis », in *België en 50 jaar Verenigde Naties*, Brussel, Knack, 1995, pp. 45-53.
- _____, « Le C.G.R.A. et les personnes déplacées de l'ex-Yougoslavie », *Revue du droit des étrangers*, 1995, pp 467-477 ; « Het CGVS en de ontheemden uit ex-Joegoslavië », *Tijdschrift voor Vreemdelingenrecht*, 1996, pp. 252-259.
- _____, « La Cour d'arbitrage : Contrôle d'égalité ou contrôle d'opportunité ? A propos de la faculté de suspension par le Conseil d'Etat des décisions confirmatives du Commissaire général aux réfugiés et aux apatrides », *Revue trimestrielle des droits de l'homme*, 1996, pp. 467-477 ; « Het Arbitragehof en de opschortingsmogelijkheid door de Raad van State van de bevestigende beslissingen van de Commissaris-generaal voor de vluchtelingen en de staatlozen », in DE FEYTER, Koen, FOBLETS, Marie-Claire en HUBEAU, Bernard, *Migratie en Migrantenrecht : Recente Ontwikkelingen*, Brugge, die Keure, 1995, pp. 75-98.
- _____, « Conséquences néfastes des sanctions économiques sur la jouissance des droits de l'homme », E/CN.4/Sub.2/2000/33, Genève, 2000, 43 p.
- _____, « Procedural Confusion at the Main Committee of the Durban World Conference against Racism », *Human Rights Monitor,* 2001, n° 56, pp. 12-15.
- _____, « Témoignage d'une présence belge au sein des organes des Nations Unies en matière de droits de l'homme », *Revue trimestrielle des droits de l'homme*, 2008, pp. 329-346.
- _____, « L'extension de la compétence de la Cour de Strasbourg aux prestations sociales : sur l'interprétation de l'article 14 de la Convention combiné avec l'article 1er du Protocole n°. 1 dans les affaires *Gaygusuz, Koua Poirrez, Stec et autres, Burden* et *Andrejeva* », *Revue de droit monégasque,* 2009-2010, pp. 91-130 ; « Should the Strasbourg Court exercise more self-restraint ? On the extension of the jurisdiction of the European Court of Human Rights to social security regulations », *Human Rights Law Journal*, 2007, pp. 321-332 ; « De uitbreiding van de rechtsmacht van het Europees Hof van de Rechten van de

- Mens tot socialezekerheidsregelgeving: een rechterlijke revolutie ? », *Rechtskundig Weekblad*, 2007-2008, pp. 842-856.
- _____, « Le rôle de la Cour de Strasbourg à l'égard des demandeurs d'asile. Sur les arrêts *Čonka* et *Mubilanzila Mayeka et Kaniki Mitunga c. Belgique, Mamatkoulov et Askarov c. Turquie, N. c. Finlande, Saidi, N.* et *NA c. Royaume-Uni* et *Saadi c. Italie* », *Revue universelle des droits de l'homme,* 31 décembre 2010, pp. 16-34 ; « Judges on thin ice : The European Court of Human Rights and the Treatment of Asylum Seekers », *Inter-American and European Rights Journal*, 2010, pp. 3-48.
- _____, « Belgium condemned for inhuman or degrading treatment due to violations by Greece of EU Asylum Law, *M.S.S. v. Belgium and Greece*, Grand Chamber, European Court of Human Rights, January 21, 2011 », *European Human Rights Law Review*, 2011, pp. 581-596 ; « België schuldig aan onmenselijke en vernederende behandelingen wegens schending van het EU-asielrecht door Griekenland », *Rechtskundig Weekblad*, 2010-2011, pp. 1707-1712.
- _____, « *You cannot try them, you cannot detain them and you cannot deport them* (Observations sous C.E.D.H., *M.S. c. Belgique,* 31 janvier 2012) », *Journal des Tribunaux*, 2012, pp. 351-355.
- _____, « The Court of Strasbourg as an Asylum Court », *European Constitutional Law Review*, 2012, pp. 203-245.
- _____, « Les droits sociaux : une catégorie spécifique de droits de l'homme ? » in BERG, Leif, ENRICH MAS, Monserrat, KEMPEES, Peter, & SPIELMANN, Dean, [Eds.], *Cohérence et impact de la jurisprudence de la Cour européenne des droits de l'homme : Liber amicorum Vincent Berger*, Oisterwijk, Wolf, 2013, pp. 43-58.
- _____, « Is the European Court on Human Rights on a slippery slope ? », in FLOGAITIS, Spyridon, ZWART, Tom, & FRASER, Julie, [Eds.], *The European Court of Human Rights and is discontents : turning criticism into strength*, Cheltenham, Elgar, 2013, pp. 27-36.
- _____, « Judicial activism in Strasbourg », in WELLENS, Karel (Ed.), *International Law in Silver Perspective: Challenges Ahead*, Leiden, Brill/Nijhoff, 2015, pp. 31-56 ; « Rechterlijk activisme in Straatsburg », *Rechtskundig Weekblad*, 2013/2014, pp. 723-733.
- _____, « The European Court of Human Rights and irreducible life sentences, The *Trabelsi v. Belgium* judgment of 4 September 2014 », *Human Rights Law Journal*, 2014, pp. 269-276.
- _____, « Des limites à la juridiction de la Cour de Strasbourg ? » in LAMBERT ABDELGAWAD, Elisabeth, SZYMCZAK, David, & TOUZÉ, Sébastien, (Ed.) *L'homme et le droit : en hommage au Professeur Jean-François Flauss*, Paris, Pedone, 2014, pp. 117-127.
- _____, « *Tarakhel c. Suisse* : La Cour de Strasbourg rend encore plus difficile une politique commune européenne en matière d'asile », *Revue suisse de droit international et européen*, 2015, pp. 3-6.
- _____, « The European Union Confronted with an Asylum Crisis in the Mediterranean », *European Journal of Human Rights,* 2015/5, pp. 581-605.

- _____, « The principle of 'Mutual Trust' in Opinion 2/13 », in IMAMOVIĆ, Sejla, et al. [Eds.], *The EU fundamental rights landscape after Opinion 2/13*, Maastricht, Maastricht Faculty of Law, 2016, pp. 15-25.
- _____, « Unduly Harsh Treatment of Sweden in Asylum Cases in Strasbourg ? », *Human Rights Law Journal*, 2016, pp. 323-334.
- _____, « La Cour de Strasbourg souhaite que les États parties instaurent une procédure d' 'asile médical' (obs. sous Cour eur. dr. h., Gde Ch., arrêt *Paposhvili c. Belgique*, 13 décembre 2016) », *Revue trimestrielle des droits de l'homme*, 2017, pp. 651-668.
- _____, « Father Ryan, an Irish asylum seeker in Belgium (1988) », in LEMMENS, Koen, PARMENTIER, Stephan, & REYNTJENS, Louise, [Eds.], *Human rights with a human touch : Liber amicorum Paul Lens*, Anvers, Intersentia, 2019, pp. 223-231.
- _____, « The Acquittals of Mr Bemba and Mr Gbagbo by the International Criminal Court », in *Semper Perseverans : Liber amicorum André Alen*, Anvers, Intersentia, 2020, pp. 847-857.
- _____, « Le Deuxième Protocole facultatif se rapportant au Pacte international relatif aux droits civils et politiques, visant à abolir la peine capitale », in MANIRAKIZA, Egide, NIYONKURU, Aimé-Parfait & SAGAERT, Vincent [Eds.], *Etat de droit, droit du développement : Pistes burundaises et leçons d'ailleurs, Mélanges en l'honneur du Doyen Stanislas Makoroka,* Bruxelles, Larcier, 2021, pp. 123-128 ; « The UN Optional Protocol on the abolition of the death penalty », in DEGUZMAN, Margaret, & AMANN, Diane Marie, [Eds.], *Arcs of global justice : essays in honour of William A. Schabas*, Oxford University Press, New York, N.Y., 2018, pp. 109-115.
- _____, « La Cour persiste dans sa volonté de faire instaurer une procédure d''asile médical' » (obs. sous Cour eur. dr. h., Gde Ch., arrêt *Savran c. Danemark,* 7 décembre 2021) », *Revue trimestrielle des droits de l'homme,* 2022, pp. 701-708.
- _____, & DE GEYTER, Lien, « De rol van de asieljurisdicties in de Belgische asielprocedure », in ROZIE, Joëlle, DERUYCK, Filiep, HUYBRECHTS, Luc, & VAN VOLSEM, Filip, [Eds.], *Na Rijp beraad : Liber amicorum Michel Rozie,* Anvers, Intersentia, 2014, pp. 39-52.
- _____, & LEYSEN, Riet, « Het Arbitragehof en het vreemdelingenrecht », in X, *Burgerschap, inburgering en migratie,* Larcier, Bruxelles, 2006, pp. 47-139.
- _____ & VANDEGINSTE, Stef, « The Issue of Reparation for Slavery and Colonialism and the Durban Conference against racism », *Human Rights Law Journal*, 2001, pp. 341-350.
- BRODY & WEISSBRODT, « Major Developments at the 1989 Session of the UN Commission on Human Rights », *Human Rights Quarterly*, 1989, in NEWMAN, Frank, & WEISSBRODT, David, *International Human Right: Law, Policy and Process*, Cincinnati, Anderson, 1990, pp. 133-135.
- CAFLISCH, Lucius, « Provisional measures in the international protection of human rights : the *Mamatkulov* case », *Common values in international law : essays in honour of Christian Tomuschat*, Kehl, N.P. Engel, 2006, pp. 493-515.
- DAS, Hans, & PERTEGÁS SENDER, Marta, « Het dossier Moreno en Garcia : recht en diplomatie », *Vlaams Jurist Vandaag,* mai 1996, pp. 4-5.

- DE BAERE, Geert, « *The Court of Luxembourg acting as an asylum court* » in ALEN, André, JOOSTEN, Veronique, LEYSEN, Riet & VERRIJDT, Willem, *Liberae cogitationes : Liber amicorum Marc Bossuyt,* Anvers, Intersentia, 2013, pp. 107-124.
- DEMBOUR, Marie-Bénédicte, « Françoise Tulkens, indefatigable defender of migrants' human rights », *strasbourgobservers.com*, 28 août 2012.
- DENYS, Luc, « De uitlevering naar het land van oorsprong van een kandidaat-vluchteling, onderdaan van een EG-lidstaat », *Tijdschrift voor Vreemdelingenrecht*, 1994, pp. 39-42.
- DEWULF, Steven, « *The saga finally ends*. Na een trilogie van procedures kon de overlevering van een vermeend ETA-lid alsnog plaatsvinden », *Nullum Crimen*, 2021, pp. 181-190.
- FOBLETS, Marie-Claire, & BERNARD, Frédéric, « L'aide sociale aux étrangers en séjour illégal : la saga de l'ordre de quitter le territoire définitif de l'article 57, §2, de la loi sur les CPAS », *Recente arresten van het Hof van Cassatie*, 1996, n°. 97.
- GERRITSEN, Martin, *Wordt Vervolgd* (Amnesty International – Nederland), juillet-août 1994 ; *Ibid.* « Een hoogst opmerkelijke beslissing ». *Tijdschrift voor Vreemdelingenrecht*, 1994, pp. 31-38.
- GILLET, Eric, « Les candidats réfugiés dans le maquis du référé ». *Jurisprudence de Liège, Mons et Bruxelles,* 1992, pp. 834-846.
- GILLIAUX, Pascal, « Le Conseil d'Etat et le contentieux des étrangers : L'irrésistible attrait de l'inefficace », *Journal des Procès,* 1 octobre 1999, pp. 15-17.
- HEIRMAN, Mark, « Ruanda: Het land van duizend leugens », *IPIS-brochure* n°. 79, Anvers, 1995, 64 p.
- JANSSENS, L., Note sous Cass. 13 avril 2004, « De zaak Moreno-Garcia, een testcase voor het Europees aanhoudingsbevel », *Rechtskundig Weekblad*, 2004-2005, pp. 1260-1262.
- KLAUSER, Nicolas, « Malades étrangers : la CEDH se réconcilie (presque) avec elle-même et l'humanité », *La Revue des droits de l'homme*, février 2017, p. 1 et ss.
- LEMMENS, PAUL, « A Grand Lady Leaves the Court », *strasbourgobservers.com*, 12 septembre 2012.
- MISSER, François, « Radio la mort », *Témoignage chrétien,* 3 juin 1994.
- MYJER, Egbert, « *The European Court of Human Rights is no European Asylum Court* », *Liberae cogitationes, op. cit.,* pp. 419-444.
- RYNGAERT, Cedric, « Het Europees aanhoudingsbevel lastens Moreno-Garcia : de aanhouder wint », *Nieuw Juridisch Weekblad,* afl. 89, pp. 1226-1233, 17 novembre 2004.
- SAGAERT, Vincent, « De betekenis van Marc Bossuyt voor de Burundese rechtstaat. '*Mushingantahe*' als eretitel », *Liberae cogitationes, op. cit.*, pp. 543-557.
- VAN DEN WIJNGAERT, Chris, « La Belgique et l'exception pour délits politiques en matière d'extradition : analyse critique de la pratique judiciaire et administrative », *Revue du Droit Public*, 1979, pp. 833-863.

- VOETEN, Erik, « The Politics of International Judicial Appointments : Evidence from the European Court of Human Rights », *International Organization*, 2007, pp. 669-701.
- VERBRUGGEN, FRANK, « Ook zonder Madrid en Dublin blijft de uitlevering van Moreno en Garcia mogelijk, als Spanje een degelijk dossier heeft », *Panopticon*, 1997, pp. 162-168.
- VERMEULEN, GERT, & VANDER BEKEN, TOM, « Uitlevering Basken aan Spanje : Juridische Bedenkingen bij een Politieke Zaak », *Recente arresten van de Raad van State*, 1995-1996, pp. 221-232.

TABLE DES MATIÈRES

Préface	9
Avant-propos	15
Introduction	17
1. Un job remarquable	17
2. Comment tout cela s'est-il déroulé ?	19
3. Mon récit	21
4. Quelques dossiers sensibles	23
5. Les autres dossiers individuels	25
6. L'audition des demandeurs d'asile	27
7. La « cuisine » d'asile	28
Chapitre I : « *Vox clamantis in deserto* »	33
1. Les préparations en « affaires courantes »	33
2. Mes premiers pas en tant que Commissaire général	35
3. Président de la Commission des droits de l'homme	37
4. Un malentendu chinois	40
5. Filières de demandeurs d'asile ghanéens	41
6. L'accueil « criant vengeance au ciel » à l'Aéroport National	43
a. Les « affaires courantes » sous Martens VII	44
b. Repousser les responsabilités sous Martens VIII	45
7. « La politique des réfugiés s'effondre »	47
8. La crise d'asile en Suisse	48
Chapitre II : Patrick Ryan, un demandeur d'asile irlandais	51
1. La demande d'asile entrecroise la requête d'extradition	51
2. Mon avis : envoyez Ryan en Irlande	52
3. Avis favorable pour l'extradition vers le Royaume-Uni	54
4. Ryan n'est pas extradé au Royaume-Uni : Thatcher est furieuse sur Martens	55
a. Le transfert vers l'Irlande	55
b. Margaret Thatcher furieuse et Jean Gol déchaîné	56
c. Réactions virulentes aux Parlements irlandais et britannique	58
1. La rage britannique empêche un procès équitable : pas d'extradition	59
2. *PS* : Pas de lâcheté mais un partage équitable de Responsabilité	61

Chapitre III : « Les nerfs sont de plus en plus tendus » 65
1. « Le Commissaire général a des idées mais pas de personnel » 65
   a. « Le temps de l'action » 65
   b. « Le Commissaire général au mur des Lamentations » 66
2. « Des grandes hordes d'Européens de l'Est » 67
3. Troisième Rapport annuel : « Une générosité extrême ne résout rien » 70
4. Eloigner les étrangers illégaux et répartir les demandeurs d'asile 71
   a. Les charters d'Edith Cresson 71
   b. Le battage concernant le centre d'accueil à Lint 72
5. La loi du 8 juillet 1991 entre en vigueur 74

Chapitre IV : Walid Bennani, un réfugié islamique de Tunisie 77
1. *Ennahdha* : un fondamentalisme démocratique ? 77
2. Faux passeport : refus d'accès au territoire 78
   a. Mon avis favorable 78
   b. Le Ministre passe outre mon avis favorable 79
   c. Le président du Tribunal vient en aide : interdiction d'expulsion 80
   d. Le Conseil d'Etat aussi apporte son aide : suspension ordonnée 81
3. Accès au territoire, afin de le quitter dans les cinq jours 82
   a. J'invoque tous les arguments possibles 83
   b. Le Ministre persiste 85
   c. Attendre la suspension et l'annulation 87
4. Enfin reconnu, mais la Tunisie continue d'insister 88
5. *PS* : Représentant du peuple en Tunisie 89

Chapitre V : De l'incident des « charters » à une revue 91
1. « Mes charters » 91
   a. Réactions à un « électrochoc » 93
   b. La fermeté apprécié 96
   c. La poussière retombe 96
   d. La Commission de la Justice de la Chambre 97
   e. *PS* : Les « Vols spéciaux » de Frontex 98
2. Le progrès n'a pas pu être maintenu 99
   a. Un afflux d'ex-Yougoslaves 99
   b. Un statut de personne déplacée pour les ex-Yougoslaves 101
3. La Revue du Commissariat général 102
   a. La conférence de presse fictive 102

   b. Un monologue sur les statistiques   104
   c. Les Ghanéens au Petit-Château   105

Chapitre VI : Le couple basque-espagnol Moreno-Garcia   107
1. Avis défavorables aux demandes d'extradition   107
2. « Une gifle » : « examen ultérieur » des demandes d'asile   108
3. Un coup de tonnerre : la présidente du Tribunal les libère   110
4. Soulagement espagnol : Moreno-Garcia non reconnu   113
5. La Commission permanente prend son temps   114
6. Le tournant de Stefaan De Clerck : l'extradition accordée   115
7. « Le Conseil d'Etat siffle le Ministre de retour »   117
8. Le ministre de la Justice recule : l'extradition est retirée   119

Chapitre VII : Ne plus « passer la serpillière
               sous un robinet resté ouvert »   121
1. La rupture de la digue et les sables mouvants   121
2. Mon cri d'alarme est entendu   123
3. Les Sikhs : des cueilleurs de fruits au Sud-Limbourg   125
4. Candidat aux élections européennes   128
5. « Une petite fracture dans le Tourmalet »   131

Chapitre VIII : Ahmed Zaoui,
                un demandeur d'asile islamiste d'Algérie   135
1. Zaoui et le FIS en Algérie   135
2. Première demande d'asile : application de la clause
    d'exclusion   136
3. La CPR confirme l'application de la clause d'exclusion   137
4. Quatre ans avec sursis (Cour d'appel, Bruxelles)   139
5. Deuxième demande d'asile : pas d'éléments nouveaux   142
6. Le « suicide » de Benothmane   143
7. La patate chaude envoyée en Suisse   144
8. Burkina Faso, Malaisie et Nouvelle Zélande   146

Chapitre IX : « Malaise au CGRA » et « demandeuse
              d'asile 'décédée' »   149
1. « Malaise au Commissariat général »   149
   a. Le système d'attribution de points incriminé   149
   b. Ma destitution demandée   151
   c. « Des accusations par ignorance, sinon de mauvaise foi »   153
2. Enfin, des bonnes nouvelles   155
3. « Demandeurs d'asile déboutés mal traités »   156

    a. Des réactions aux accusations du sénateur Germain Dufour 157
    b. « Marie-Louise morte dans les geôles de N'djili » 158
    c. « Je lisais trop de romans policiers » 159
    d. « Marie-Louise ressuscitée » 160
    e. Le Septième Rapport annuel 161

Chapitre X : Séraphin Rwabukumba,
          cousin du Président rwandais 163
1. Un cousin de la veuve du Président Juvénal Habyarimana 163
2. Départ du Rwanda dans un avion militaire français 164
3. Examen ultérieur de sa demande d'asile 164
4. « Pas de terre d'asile » : application de la clause d'exclusion 165
5. « Négationniste » : la CPR confirme la clause d'exclusion 167
6. Un enchevêtrement de demandes d'asile 169
7. L'ordre de quitter le territoire : le Conseil d'Etat souffle le chaud et le froid 170
8. *PS* : Régularisé, et presque citoyen belge 172

Chapitre XI : Je reconnais à la fois trop et pas assez de réfugiés 173
1. « Magouilles au Commissariat général » 173
    a. Perquisitions au Commissariat général 173
    b. Fraude dans la procédure d'asile 175
    c. Sita et la « filière » zaïroise 177
    d. Harb et la « filière » libanaise 179
    e. En fin de compte : ce n'étaient que des pétards mouillés 180
    f. Le premier maréchal des logis et les témoins X 181
2. Des critiques de tout bord 183
    a. Le Centre de Johan Leman 183
    b. L'a.s.b.l. « Aide aux réfugiés politiques » 185
    c. Pieter De Gryse : « embellir » et « noircir » 188

Chapitre XII : Augustin Ndindiliyimana,
          Chef de la Gendarmerie rwandaise 191
1. Mon refus pour omission 191
2. Reconnaissance par la Commission permanente de recours 193
3. Accusé par la procureure du Tribunal pénal 194
4. Le jugement de la Chambre de première instance 194
    a. Le collège Saint-André de Kigali et la paroisse de Kansi 195
    b. La responsabilité de Ndindiliyimana 195
    c. Les circonstances atténuantes 196
5. Acquitté par la Chambre d'appel 197

6. *PS* : Quelques observations 198

Chapitre XIII : Mécontent des « réfugiés économiques »
         et de mon statut 201
1. La déclaration des évêques de Belgique 201
   a. Ma lettre au cardinal 201
   b. « *Quid* des 'refugiés économiques' ? » 202
   c. Des opinions exprimées dans des journaux 203
   d. Les évêques nuancent 204
2. Le Commissaire général à la fois content et mécontent 204
   a. « Content » : mon Huitième Rapport annuel 205
   b. Mécontent de mon statut et de celui de mes adjoints 206
      - Un statut inadapté 207
      - La coupe était pleine 207
3. En route pour la Cour d'arbitrage 208
   a. La Commission et la Cour européennes de Strasbourg .. 209
   b. La procédure de nomination à la Cour d'arbitrage 212
4. Quelques réflexions 213
   a. L'interview de départ : « Beaucoup d'hypocrisie et de
      démagogie » 214
   b. Des critiques sans fin 215

Chapitre XIV : Peixotin, Maiztegui, Moreno-Garcia et Jaione .. 219
1. Encore un Basque : il était en exil au Venezuela 219
   a. Le « parcours compliqué » de Peixotin 220
   b. La demande d'asile de Peixotin est « sans objet » 221
   c. Le déminage fonctionne : Peixotin est autorisé à
      accéder au territoire 222
2. Et encore un Basque : il était en exil au Mexique 223
   a. Tentatives obstinées de reconduite au Mexique 223
   b. Examen ultérieur d'une demande d'asile
      d'un citoyen de l'UE 224
3. Et re-voilà l'Espagne : MAE pour Moreno-Garcia 227
   a. Les faits prescrits : le juge d'instruction refuse les MAE 227
   b. Le refus par les Chambres des mises malgré trois cassations 228
   c. Observations sur les MAE contre le couple Moreno
      et Garcia : soulagement 229
4. La remise de « Jaione » : Strasbourg s'en lave les mains 230

Chapitre XV : Une « quête sans fin » de moyens humains 233
1. Pas à pas vers un progrès 233

    a. Des « économies » qui coûtaient beaucoup d'argent   233
    b. Un premier renfort : trop peu et trop tard   236
    c. Le Ministre Tobback compétent (trop tard) :
       l'effet boule de neige est déclenché   238
  e. Le turbo du Ministre Louis Tobback : de 3.000
    à 1.000 demandes d'asile   241
2. « Ce que nous avons appris »   243
    a. L'« effet boule de neige »   243
    b. Des « économies » coûteuses   245
    c. L' « effet de cascade »   246
    d. Le transfert de la Justice à l'Intérieur   247
    e. La jonction de la responsabilité pour la procédure
       et pour l'accueil   251

Chapitre XVI : La législation sur l'asile : un « ping-pong »
              entre législateur et hautes juridictions   255
1. La loi Gol (14 juillet 1987) :
la Belgique prend en mains sa procédure d'asile   255
    a. Les nouvelles instances de réfugiés (CGRA et CPR) :
       le modèle français   256
    b. La nouvelle loi des réfugiés : une procédure lourde   257
2. La loi Wathelet (18 juillet 1991) : aplanir les angles   258
    a. La limitation de l'intervention ministérielle :
       un pas dans la bonne direction   258
    b. La règle du double cinq pourcent : une tentative originale   260
3. La loi Tobback (6 mai 1993) : une prise en main énergique   264
    a. Le président du tribunal incompétent : un combat
       d'arrière-garde   265
    b. L'exécution nonobstant tout recours :
       une solution ambivalente   266
    c. La suspension devant le Conseil d'Etat rétablie :
       un coup de tonnerre   270
    d. La procédure d'asile devant le Conseil d'Etat :
       des problèmes de toute sorte   272

Chapitre XVII : Le Conseil d'Etat :
              le goulot de la procédure d'asile   275
1. Les lois Vande Lanotte (10 et 15 juillet 1996) :
des grognements dans la marge   275
    a. L'adaptation à Dublin et Schengen :
       pas d'allègement de la procédure   275

  a. Les recours d'asile au Conseil d'Etat :
   un « recours utile » ?   278
2. L'aide sociale : le nerf de l'asile   279
  a. Les obligations à l'égard des étrangers
   séjournant illégalement sur le territoire   279
  b. La loi Onkelinx (30 décembre 1992) :
   confusion à tous les étages   280
   - Un ordre « définitif » : un non-sens en droit administratif 281
   - La Cour de cassation garde la tête froide   282
   - Une loi interprétative   283
3. L'arrêt du 22 avril 1998 :
  la Cour d'arbitrage l'avait compris autrement   284
  a. Aide sociale aussi longtemps que des recours
   au Conseil d'Etat sont pendants   285
  b. Les conséquences de l'arrêt du 22 avril 1998 :
   tous les record battus   286
   - L'hôpital Saint-Pierre : soucis de cœur   287
   - Le dérapage ultime   288

Chapitre XVIII : Semira Adamu, les éloignements
       et les régularisations   293
1. Le décès de Semira Adamu : un drame à Zaventem   293
  a. Semira Adamu : figure de proue
   de la résistance contre les expulsions   293
  b. Son séjour au Centre d'accueil fermé 127*bis*   294
  c. Les réactions au décès de Semira Adamu   295
  d. La démission du Ministre Louis Tobback   296
2. Les suites de Semira Adamu : plus humain et plus efficace 298
  a. Vermeersch I : l'inévitable recours à la violence légitime 299
  b. Le *Tribunal* correctionnel : de lourdes peines   299
  c. Vermeersch II : justification éthique
   des mesures coercitives   302
  d. « Des transmigrants soudanais mal traités » :
   non véridique »   303
  e. La Commission Bossuyt :
   favoriser la transparence et le dialogue   304
   - Le rapport intérimaire : l'ombre levé   304
   - Le rapport final : l'efficacité laisse à désirer   305
3. Les commissions de régularisations : des écueils multiples 306
  a. La régularisation comme faveur   307
  b. La régularisation comme droit subjectif   308

    c. Le statut de candidat-régularisé 309
    d. Une bonne idée seulement en apparence 310

Chapitre XIX : Quelques réflexions 311
1. Les dossiers de demandeurs d'asile célèbres 311
    a. Le terroriste de l'IRA : le Père Ryan 311
    b. Les quatre Basques : Moreno-Garcia, Peixotin et Maitegui 313
    c. Deux fondamentalistes islamistes : Bennani et Zaoui 315
    d. Deux Rwandais : Rwabukumba et Ndindiliyimana 316
2. Quelques anecdotes 317
    a. Fraude des demandeurs d'asile nigérians 317
    b. Rwanda, le pays des mille collines 320
3. Les facteurs *push* & *pull* (répulsion/attraction) 324
    a. Les facteurs *push* 324
        - Les violations des droits de l'homme 325
        - Les conflits armés 326
        - Les inégalités économiques 326
    b. Les facteurs *pull* 327

Chapitre XX : Un extra : critique par un « renégat » 331
1. Des juges sur un terrain glissant 332
2. Les précurseurs de la violation indirecte 334
    a. Le lt-col. marocain *Amekrane c. le Royaume-Uni* 334
    b. Un Allemand de Virginia (*USA*) :
       Soering c. le Royaume-Uni 335
3. La phase de retenue (avant *Mamatkoulov et Askarov*) 336
    a. Les premiers deux arrêts en matière d'asile 336
        - Un Chilien sous Pinochet : *Cruz Varas c. Suède* 336
        - Cinq Tamouls : *Vilvarajah e.a. c. le Royaume-Uni* 337
    b. Une protection dépassant celle de la
       Convention de Genève 337
        - Un séparatiste sikh : *Chahal c. le Royaume-Uni* 338
        - Un Somalien : *Ahmed c. Autriche* 338
        - Un Colombien et des trafiquants de drogue :
          H.L.R. c. France 339
        - Une femme iranienne adultère : *Jabari c. Turquie* 339
    c. Des Roms slovaques : *Čonka c. Belgique* 340
4. *Mamatkoulov et Askarov c. Turquie* : « un excès de pouvoir » 341

Chapitre XXI : La Cour de Strasbourg en tant que cour d'asile 345
1. Un DSP congolais et une Cour crédule : *N. c. Finlande* 345

2. L'accueil dans des centres fermés en Belgique 346
   a. Tabitha : *Mubilanzila Mayeka et Kaniki Mitunga* 346
   b. Deux Palestiniens : *Riad et Idiab* 347
   c. Une mère tchétchène : *Muskhadzhiyeva e.a.* 348
   d. Une mère sri-lankaise : *Kanagaratnam e.a.* 348
   e. Une femme camerounaise : *Yoh-Ekale Mwanje* 349
3. Des affaires belges ayant un lien avec le terrorisme 350
   a. Un terroriste iraquien expulsé vers le Kurdistan : *M.S.* 350
   b. Un terroriste tunisien expulsé vers les *USA* : *Trabelsi* 351
4. Trois arrêts désastreux 353
   a. Un interprète afghan : *M.S.S. c. Belgique et Grèce* 353
   b. Des Africains arrivant par bateau :
      Hirsi Jamaa e.a. c. Italie 355
   c. Un Géorgien illégal : *Paposhvili c. Belgique* 357

Epilogue 363
1. Vingt-cinq ans après 363
   a. L'évolution dans les nationalités 363
   b. L'expansion des bénéficiaires de protection internationale 364
   c. La juridictionalisation de la procédure d'asile 365
2. L'ingérence européenne 367
   a. La Cour de Strasbourg 367
   b. L'Union européenne 368
      - Les directives d'asile 369
      - La directive retour 370
      - La Cour de Luxembourg 370
   c. La réponse de l'UE à la crise d'asile 370
3. Le présent modèle de l'asile est-il tenable ? 373

Bibliographie 375
Table des matières 383
Registre des personnes 393
Abréviations 401
Notes finales 407

Registre des personnes

A

Achten, Dirk	66, 117
Adams, René	93
Adamu, Semira	99, 226, 289, 293-300, 427, 431
Aelvoet, Magda	110
al-Assad, Bashar	356
Albe, le Duc d'	116-118
Albert II, le Roi	132, 152, 212-213, 297
Alliët, Daniel	15
Ancia, Véronique	88
Anciaux, Bert	116, 120, 188
Anciaux, Vic	65
Annan, Kofi	18
Anthierens, Johan	45
Arbenz, Peter	49
Arena, Marie	252
Arnim, Ruprecht von	80
Ashdown, Paddy	59

B

Baudouin, le Roi	12, 69, 124, 152, 249-250
Bayi, Christian	44, 424
Beauthier, Georges-Henri	54, 79, 95, 136, 296
Bekaert, Paul	107, 119-120, 223-226, 229-230
Bemba, Jean-Pierre	198
Ben Ali Zine El Abidine	89, 315
Benavides, Manuel	225
Bendjedid, Chadli	135
Benn, Tony	58-59
Bennani, Walid	24, 76-89, 94, 311, 315-316
Bernstein, Leonard	105
Beyer, Jean-François	321
Biden, Joe	372
Bille, Aimé	173, 177, 181-182
Bizimungu, Augustin	194, 424
Bodart, Serge	242
Bonte, Marc	44, 424
Boon, Herman	293
Bossuyt, Anneleen	322
Bossuyt, Kristien	49
Bossuyt, Kristof	49
Bouasria, Benothmane	143-144
Boudiaf, Mohammed	135
Bourgeois, Geert	115-116
Braeckman, Colette	167, 194, 376, 420-421
Brewaeys, Philippe	158

Bricout, Victor — 33, 407
Brinckman, Bart — 298, 432

C

Caflisch, Lucius — 342, 380, 433
Cameron, David — 351
Carlier, Jean-Yves — 95
Casaroli, Agostino — 38
Ceaucescu, Nicolae — 38
Chebeya, Floribert — 158
Chrétien, Jean — 347
Chrétien, Jean-Pierre — 167, 376, 420
Clark, Helen — 146, 419
Clément de Cléty, Frédéric — 185-186
Clijsters, Edi — 118
Coëme, Guy — 211
Colin, Valérie — 152
Colla, Marcel — 252, 283
Coninx, Michèle — 139
Connerotte, Jean-Marc — 181
Cools, André — 87-88
Cools, Bob — 42, 376, 408
Courard, Philippe — 253
Coveliers, Hugo — 210-211
Cresson, Edith — 71-72, 93, 97

D

Danneels, Godfried — 201
d'Argent, Pierre — 240
De Baets, Patrick — 181-182
De Beys, Xavier — 136, 173, 179, 186, 425
De Block, Maggie — 253, 304-305
De Brouwer, Alain — 193
De Clerck, Stefaan — 114-117, 119-120, 219, 415
De Clercq, Willy — 130
De Craecker, Raymond — 96
De Croo, Herman — 44, 129, 212, 417
De Gryse, Claire — 140
De Gryse, Pieter — 188-189, 214, 217
De Maesschalck, Claudia — 242
de Marneffe, Michel — 288
De Muynck, Boudewijn — 100
De Smet, Luc — 17-18, 24, 88, 171, 182, 223-226, 288, 290, 294, 297, 318, 424-425, 427
De Stoop, Chris — 42, 48
De Temmerman, Els — 167, 376, 420
De Winter, Dirk — 127
De Winter, Filip — 72

Debeuckelaere, Willem	231, 426
Debeuf, Koert	303, 432
Decroly, Vincent	212, 295-296
Dehaene, Jean-Luc	46, 101, 109, 111, 116-117, 119, 121, 196, 208, 211, 238, 250, 252, 296
Dejemeppe, Benoit	175
Del Ponte, Carla	194, 423
Deleuze, Olivier	294, 296, 431
Deltour, Pol	80, 140, 410-411, 415, 424
Demeester, Wivina	44
Depelchin, Luc	37
Derycke, Erik	209, 425
Des Forges, Alison	197, 376, 424
Desmet, Yves	116-118, 296
Destexhe, Alain	191, 376, 422
Detry, Bernard	48
Dewael, Patrick	116, 298, 302, 365, 376, 407, 415
Di Rupo, Elio	253
D'Hondt, Paula	73, 79, 93, 96-97, 100, 103, 235
D'Hondt, Victor	208, 425
Dhoore, Luc	100
Dufour, Germain	156-158, 183, 418
Duquesne, Antoine	289-290

F

Fabiola, la Reine	93
Franck, Nicolette	37, 39
Francken, Theo	253, 298, 303-305, 366, 376
Frencken, Eugène	33-34, 234
Funes-Noppen, Cristina	126, 323, 377

G

Garcia Arranz, Raquel	24, 106-108, 113-120, 219, 222, 227-229, 313, 380-382, 413, 415-416, 427
Gasana, Ndoba	172, 193
Gbagbo, Laurent	198
Gerritsen, Martin	113, 381
Geus, Jean-Claude	209-211
Ghijs, Ann	69, 125, 412
Gillet, Eric	36, 381, 411
Goffin, Alexandre	191, 376, 422
Gol, Jean	18-19, 33, 35, 44, 55-56, 233-234, 243, 255-256
González, Felipe	110, 116
Goossens, Paul	72
Goudé, Blé	198
Goovaerts, Leo	209, 376, 425
Grimberghs, Denis	151, 176

Guichaoua, André 167, 376, 420
Guillaume Ier, le Roi 69

H
Habyarimana, Juvénal 12, 24, 161, 163-165, 172, 191-192, 316, 321-323
Happart, José 18, 233, 407
Harb, Camille 175, 179-180
Harris, Kamela 372
Hassan II, le Roi 334
Haughey, Charles 58, 60
Haulot, Arthur 296
Heirman, Mark 167, 381, 420
Hermanus, Merry 211
Hertoghs, Jan 134
Heyrendt, Alain 98, 111, 125, 140, 411-412, 417, 426
Hocké, Jean-Pierre 35
Horn, Gyula 38-39
Howe, Sir Geoffrey 56

J
Jainone (voy. Juaregui)
Jallow, Hassan Bubacar 194
Javeau, Camille 211
Juaregui Espina, Maria Natividad 219, 230-231

K
Kanziga, Agathe 163
Kebir, Rabah 138
Kestelijn-Sierens, Mimi 130
Kibassa Maliba, Frédéric 178
Kimbulu, Jean-Pierre 157, 160
Kinnock, Neil 60
Klauser, Nicolas 359, 381, 435
Kooijmans, Pieter 109, 116, 413-414
Kovler, Anatoly 342
Kuijpers, Willy 41-42

L
Labeeuw, Ann 203
Labiri, Raouf 83
Lambert, André 203-204
Lansloot, Theo 210, 376, 425
Laporte, Christian 205
Layada, Abdel Haq 142
Lefèvre, Gabrielle 67, 97
Leman, Johan 73, 94, 97, 183-185, 203, 217, 291, 428
Leterme, Yves 252-253

Leyman, Dirk	214
Leysen, Riet	284, 287, 388, 213
Lomaiko, Vladimir	39
Lotti, Helmut	105
Louf, Regina	181
Lozie, Frans	110, 116, 151-152, 158, 177, 182
Lurquin, Vincent	75, 193

M

Mahdi, Sammy	15
Mahoney, Paul	333, 433
Maiztegui Bengoa, Juan Cruz	24, 219, 223-226, 314-315
Mariscal de Gante, Margarita	119
Marteau, Michel	94-96
Martens, Patrick	73, 98
Martens, Wilfried	10, 17-19, 33, 44-45, 55-58, 60-61, 73, 75, 233-235, 246-248, 377, 409
Mårtenson, Jan	18-19
Martí Fluxá, Ricardo	220
Matata, Joseph	193
Matgen, Jean-Claude	62, 73, 95-96, 115, 125, 149, 176-176, 312, 407-408, 412, 421, 424
Mayor Oreja, Jaime	221
Mazy, Jean-Louis	211
Mbonabaryi, Noël	164
Mendiluce, José Maria	112
Merghini, Mohammed	77
Merkel, Angela	356, 371
Michel, Charles	10, 305
Milquet, Joëlle	295, 432
Misser, François	167, 377, 381, 420
Mitterrand, François	12, 323
Mobutu, Joseph-Désiré / Sese Seko	177, 345-346, 418
Moreno Ramajo, Luis	24, 106-108, 113-117, 119-120, 219, 222, 227-229, 313, 382, 413, 415-416, 427
Moureaux, Philippe	56
Moureaux, Serge	116, 119
Moussalli, Michel	34
Moyson, Anne-Françoise	151, 421
Mujyamana, Théoneste	322
Mukagasana, Yolande	193, 377, 422
Murray, John	56
Myjer, Egbert	333, 377, 381, 433-434

N

Nageeye, Abdi	15
Ndindiliyimana, Augustin	24, 189, 191-198, 311, 316-317, 422
Neuckermans, Luc	118

Neyts, Annemie	136
Nsanzuwera, François-Xavier	192, 377, 422
Ntaryamira, Cyprien	161
Nzabahimana, François	177
Nzuwonemeye, François-Xavier	194, 197

O
Onkelinx, Laurette	98, 275, 279-280, 282, 286, 412
Pagoaga Gallateguy, Enrique	219-226, 426
Panneels, Laurent	92-94, 154, 412
Paola, la Reine	297
Pataer, Paul	129, 151-152, 177, 418, 430
Peeters, Jan	26, 252
Peixotin (voy. Pagoaga)	
Philippe, le Roi	68-69
Pignolet, Jacques	174, 181-182
Pinochet, Augusto	104, 336, 433
Pirard, Francis	33
Pirot, Jean-François	173-174, 176-177, 186
Platel, Marc	72
Poutine, Vladimir	290

R
Ramon Rojo, Juan	109, 111, 115, 313, 413-415
Reyntjens, Filip	167, 191-193, 287, 321, 377, 420, 422-423
Rietjens, Paul	38, 407
Rocard, Michel	38-39
Roox, Gilbert	132
Ruys, Manu	57
Rwabukumba, Séraphin	24, 161-172, 191, 316, 419-420
Rwagafilita, Pierre-Célestin	163
Ryan, Patrick	11, 24, 49-65, 222, 224, 311-312, 409-410

S
Sagahutu, Innocent	194, 197, 199
Sagatwa, Elie	163-164, 169-170
Sands, Bobby	57
Santkin, Jacques	251
Schamp, Wim	131, 377, 418
Schewebach, Stéphane	33, 68, 124, 225-226, 249
Schiltz, Hugo	56
Scholliers, Viviane	242
Serubuga, Laurent	164
Servais, André-Marie	150
Simons, Henri	176
Sita Nsoni Zeno, Joseph	174, 177-178, 181
Sleeckx, Jef	100

Smet, Miet	35, 48, 65, 69-70, 73, 125, 235, 247, 258, 377, 429
Smet, Pascal	242, 290-291
Somers, Bart	102
Spreutels, Jean	33-34, 407
Stalport, Jean-Louis	211
Stevaert, Steve	291
Suetens, Louis-Paul	208, 213
Suykerbuyk, Herman	128
Swaelen, Frank	212
Swennen, Henri	287
Swinnen, Johan	196, 322-323, 377

T

Tapie, Paul	266
Taylor, John	128
Thatcher, Margaret	11, 55-61, 312, 377, 409
Thomassen, Wilhelmina	332
Tiberghien, Frédéric	234, 377, 428
Tindemans, Leo	35, 56, 69, 377, 409
Tobback, Louis	73-74, 99, 103-104, 109-110, 121-124, 128-129, 131, 134, 187, 214, 225-226, 238-239, 241, 248-252, 259, 264, 271-272, 281, 288-289, 291, 293, 295-298, 301, 414, 427, 432
Trump, Donald	372
Tulkens, Françoise	11, 211-212, 381, 425, 434
Tura, Will	103
Türmen, Riza	342
Turtelboom, Annemie	252

V

Van Balberghe, Sophie	191
Van Bellinghen, Michel	242
van Boven, Theo	10
Van Brabant, Piet	47
Van den Berghe, Paul	204
Van den Bossche, Luc	226, 289, 291, 297-299, 427
Van den Bulck, Dirk	291, 303-304
Van Den Driessche, Pol	116
Van den Eynde, Francis	116
Van der Kelen, Luc	131
Van der Meersch, Damien	192
Van Hoed, Rudi	33
Van Hout, Birgit	242
Van Istendael, Geert	116
Van Rompuy, Herman	252
Vanbuyten, Alain	98

Vande Lanotte, Johan	121, 134, 141, 143, 151-152, 154, 175-176, 189, 213-214, 220, 223, 241, 252, 259, 272, 275, 277-279, 282, 284, 290-291, 297, 417, 427
Vandemeulebroucke, Martine	66, 82, 86, 94, 121, 125, 150, 158, 160, 408, 412, 419, 431
Vandenbroucke, Frank	73, 138, 156, 418
Vanheule, Dirk	240
Verduyn, Ludwig	297
Vergès, Jacques	140, 418
Verhofstadt, Guy	34, 48, 95, 128, 131, 213, 227, 289-290, 347, 417, 419, 426, 432
Vermeersch, Etienne	293, 298-299, 301-302, 305, 432
Verplaetse, Fons	129, 377, 417
Verschaeve, François-Xavier	191, 378, 422
Verwilghen, Marc	182
Vincent, André	196
Vinikas, Bruno	235

W

Wathelet jr, Melchior	253
Wathelet sr, Melchior	20, 36, 40, 45, 48, 52, 55-57, 62, 66-67, 78, 93-94, 108, 114-115, 214, 234, 247, 249, 257-260, 289, 410, 415
Weytjens, Erik	236

Z

Zaoui, Ahmed	24, 134-147, 315-316, 419
Zapatero, José	227
Zigiranyiraso, Protais	163

ABRÉVIATIONS

Journaux

DM	*De Morgen*
DNG	*De Nieuwe Gazet*
DS	*De Standaard*
FET	*Financieel Economische Tijd*
GvA	*Gazet van Antwerpen*
HLN	*Het Laatste Nieuws*
HN	*Het Nieuwsblad*
HV	*Het Volk*
HvBL	*Het Belang van Limburg*
IHT	*International Herald Tribune*
LDH	*La Dernière Heure*
LLB	*La Libre Belgique*
LM-LL	*La Meuse / La Lanterne*
LNG	*La Nouvelle Gazette*
LS	*Le Soir*
Vl'A	*Vers l'Avenir*

Autres

$	Dollar Etats-Unis
£	Livre sterling britannique
€	Euro
al.	Alinéa
ABC	Bureau Conseil
aCn	Avant la naissance du Christ
Agalev	*Anders gaan leven* (écologistes flamands)
AI	Amnesty International
AIG	Inspection générale de la police fédérale et de la police locale
Ann. parl.	Annales parlementaires
AR	Arrêté royal
Arr. Cass.	Arrêts de la Cour de cassation
art.	Article
Asadho	Association africaine des droits de l'homme
a.s.b.l.	Association sans but lucratif
BBC	*British Broadcasting Corporation*
BMW	*Bayerische Motorwerke*
BRTN	*Belgische Radio en Televisieomroep* (néerlandophone)
BSR	Brigade de recherche et de surveillance de la Gendarmerie
c.	contre
C.	Commission (européenne des Droits de l'Homme)
c.à.d.	C'est à dire

CCFIS	Conseil de coordination du FIS à l'étranger
CdE	Conseil d'Etat
cdH	Centre démocrate Humaniste (chrétiens démocrates francophones)
CD&V	Christen-Democratisch & Vlaams (chrétiens démocrates flamands)
CE	Communautés européennes
CEDH	Convention européenne des Droits de l'Homme
CERD	Comité pour l'élimination de la discrimination raciale
CERIS	Centre d'études des relations internationales et stratégiques
CG	Commissaire général
C.G.R.A.	Commissaire général aux réfugiés et aux apatrides
CJRO	*Collective Joint Return Operation*
CNRO	*Collective National Return Operation*
Col.	*Column*
CPAS	Centre public d'assistance sociale
CPR(R)	Commission permanente de recours (pour les réfugiés)
CRDDR	Comité pour le respect des droits de l'homme et la démocratie au Rwanda
CVP	*Christelijke Volkspartij* (chrétiens démocrates flamands)
DC	*District Columbia*
Doc. parl.	Documents parlementaires
Dr.	Docteur
DSP	Division spéciale présidentielle
DST	Direction générale de la surveillance du territoire
e.a.	Et autres
Eds.	Editeurs
Em.	Emérite
E.N.A.	Ecole nationale d'administration
ETA	*Euskadi Ta Askatasuna*
etc.	*Et cetera*
F	Francophone
FAR	Forces armées rwandaises
FB	Franc belge
FDF	Front démocratique des francophones
FF	Franc français
FIDH	Fédération Internationale des Ligues des Droits de l'Homme
FIS	Front islamique du salut
FPR	Front patriotique rwandais
GC	Grande Chambre
GIA	Groupe islamique armée
GSK	*Gents Studentenkorps*
h.	Heure
HCR	Haut-Commissaire des Nations Unies pour les réfugiés
ibid.	*Ibidem* (même ouvrage que celui cité dans la note précédente)
i.c.	*In casu*

ICTR	*International Criminal Tribunal for Rwanda*
IHEID	Institut de hautes études internationales et du développement
INAD	Personne inadmissible au territoire
INSEAD	Institut européen d'administration des affaires
IPIS	*International Peace Information Service*
IRA	*Irish Republican Army*
IUHEI	Institut universitaire de hautes études internationales
jr	Junior
JRO	*Joint Return Operation*
K.U. Leuven	Katholieke Universiteit Leuven
LiFo	*Last in, First out*
Loc. cit.	Déjà cité antérieurement
Lt.-Col.	Lieutenant-Colonel
LVV	*Liberaal Vlaams Verbond*
M.	Monsieur
MAE	Mandat d'arrêt européen
MB	Marc Bossuyt
M.B.	Moniteur belge
Me	Maître
MINUAR	Mission des Nations unies pour l'assistance au Rwanda
MGL	*Multiple Grenade Lancer*
Mgr	Monseigneur
Mme	Madame
MR	Mouvement réformateur (libéraux francophones)
Mr	*Mister*
MRAX	Mouvement contre le racisme, l'antisémitisme et la xénophobie
MRND	Mouvement national républicain pour la démocratie et le développement
N	Néerlandophone
NJ	New Jersey
n°.	Numéro
NRO	*National Return Operation*
N-VA	*Nieuw-Vlaamse Alliantie* (nationalistes flamands)
OE	Office des étrangers
OFPRA	Office français pour la protection des réfugiés et apatrides
OIM	Organisation internationale pour les migrations
ONG	Organisation non-gouvernementale
OTAN	Organisation du Traité de l'Atlantique du Nord
op. cit.	*Opere citato* (ouvrage déjà cité antérieurement)
p.	Page
par.	Paragraphe
Parl. fl.	Parlement flamand
PNUD	Programme des Nations Unies pour le développement
pp.	Pages

PRL	Parti réformateur libéral (libéraux francophones)
Prof.	Professeur
PS	Parti socialiste (socialistes francophones)
PS	*Post-scriptum*
PSC	Parti social-chrétien (chrétiens démocrates francophones)
PVV	*Partij voor Vrijheid en Vooruitgang* (libéraux flamands)
Q & Rép.	Questions et réponses
RA's	Des refus du statut de réfugié motivé quant au fond
RB	Un refus en raison de non-réponse à une question de renseignements
RC	Un refus en raison de ne pas avoir donné suite à une convocation
RDC	République Démocratique du Congo
RECCE	Escadron de reconnaissance
RER	Réseau express régional
Rev.	Révisé
RTBF	Radio-Télévision belge de la Communauté française
RTL TVI	Radio-Télévision Luxembourg Télévision Indépendante
RTLM	Radio-Télévision Libre Mille Collines
RUCA	Centre universitaire d'Etat d'Anvers
SARM	Service d'action et de renseignements militaires
SIM	*Studie- en informatiecentrum Mensenrechten*
SO	Session ordinaire
S.O.S.	*Save Our Souls*
Spf	Service public fédéral
sr	Senior
SS	Session spéciale
ss.	Suivantes
S. M.	Sa Majesté
SP	*Socialistische Partij (*socialistes flamands)
SP.a	*Socialistische Partij Anders* (socialistes flamands)
SRWT	Société régionale wallonne de transport
STIAS	Stellenbosch Institute for Advanced Study
SVB	*Studentenvakbeweging*
TF1	Télévision française 1
TGV	Train de grande vitesse
UA	Université d'Anvers
UCL	Université Catholique de Louvain
UDPS	Union pour la démocratie et le progrès social
UE	Union européenne
URSS	Union des Républiques soviétiques socialistes
US(A)	Etats-Unis (d'Amérique)
Ugent	Université de Gand
UIA	Institution universitaire d'Anvers
ULB	Université libre de Bruxelles

UMA	Union Maghreb arabe
UNAMIR	*United Nations Mission Assistance Mission for Rwanda*
UNIA	Centre interfédéral pour l'égalité des chances
UNISOP	Institut universitaire de sondage d'opinion
VIH	Virus de l'immunodéficience humaine
VIP	*Very Important Person*
Vl. Bl.	*Vlaams Blok* (extrême droite flamande)
Vl.I.R.	*Vlaamse Interuniversitaire Raad*
VLD	*Vlaamse Liberalen en Democraten* (libéraux flamands)
vol.	Volume
Voy.	Voyez
VTM	*Vlaamse Televisiemaatschappij*
VU	*Volksunie* (nationalistes flamands)
WTC	*World Trade Centrum*

Préambule & Introduction
[1] Voy. VERVAET, Peter, *Op de loop,* Bashir Abdi Sports, 2021, 192 p.
[2] José Happart, bourgmestre des Fourons, militait en faveur du retour de sa commune à la province de Liège.

Chapitre I.
« Vox clamantis in deserto »
[3] Victor Bricout était procureur du Roi à Gand avant (1976-1983) et après (1988-1991). Je l'avais rencontré en sa qualité de juge de paix, lorsque j'étais avocat stagiaire au barreau gantois de juin à septembre 1969. En août 2003, le ministre de l'Intérieur (2003-2006) Patrick Dewael (Open VLD) l'a envoyé en tant que médiateur chez des demandeurs d'asile afghans qui faisaient la grève de la faim dans l'église de la Sainte Croix à Ixelles (*DM*, 8 août 2003). DEWAEL, Patrick, *Eelt op mijn ziel,* Anvers, Houtekiet, 2007, 180 p.
[4] Jean Spreutels fut avocat général (1997-2004) près la Cour de cassation et plus tard un excellent collègue en tant que juge (2004-2013) et président (2013-2018) de la Cour constitutionnelle.
[5] La première à m'accueillir était mon ancienne étudiante Edith Van Den Broeck. Cette magistrate au parquet deviendrait directrice de l'Institut de Formation Judiciaire.
[6] A cette époque, il n'y avait pas encore des présidents de comités de direction de SPF (Services publics fédéraux), l'appellation actuelle des ministères depuis la réforme Copernic.
[7] Deux Citroën BX 1700 à 230.000 FB (= €5.750) chacune. Le ministre de la Justice l'a appelé plus tard le « parc automobile » du Commissariat général.
[8] BRTN 1 Radio Actueel, 17 novembre 1987, RTBF Radio 21, 23 novembre, ainsi que RTL-TVI, 4 février 1988, et RTBF TV1, 26 mars.
[9] Entre ce palais et le Commissariat général se trouvaient les Ets. Emile Bruylant, l'éditeur de ma thèse de doctorat à Genève (voy. *infra*, p. 209, note i).
[10] *DS*, 20-21 juillet 1988.
[11] Voy. « Réfugiés: Amnesty s'émeut », Jean-Claude Matgen, *LLB*, 22 juin 1988 ; « Les parias de Bruxelles-National », Philippe Rombaut, *Le Vif/L'Express*, 1 juillet ; *LS*, 4 juillet.
[12] *Premier Rapport annuel* (année d'activité 1988), pp. 87-91 (Annexe 6).
[13] Accompagné par Me André Jadoul, il ferait des missions de droits de l'homme au Rwanda, deux ans avant le génocide sur les Tutsi (9-17 janvier et 2-5 février 1992).
[14] *DS ; LLB ; HLN ;* Vdm, *LS,* 15 septembre 1988 ; *DM,* 16 septembre.
[15] *HN,* 20 janvier 1988.
[16] La délégation était composée, en outre, par le Représentant permanent adjoint à Genève, Dominique Struye de Swielande (plus tard chef de cabinet, conseiller diplomatique, directeur général et ambassadeur à Berlin, à l'Otan, à Washington D.C. et à Kinshasa), (de New York), Machteld Fostier (actuellement secrétaire de S. M. la Reine Mathilde) et (de Bruxelles) Paul Rietjens (plus tard directeur général du service juridique du SPF Affaires étrangères). Les trois années précédentes, notre homme de New York était Guy Trouveroy (plus tard ambassadeur à New Delhi, le Caire, Moscou

et Londres). Voy. BOSSUYT, Marc, « La Belgique et la Commission des Droits de l'Homme de l'ONU (1986-1991) », La Belgique et 50 ans de Nations Unies, Bruxelles, Vif éd., 1995, pp. 467-477.

[17] BRODY & WEISSBRODT, 1990. BRODY & WEISSBRODT, « Major Developments at the 1989 Session of the UN Commission on Human Rights », *Human Rights Quarterly*, 1989, in NEWMAN, Frank, & WEISSBRODT, David, *International Human Rights: Law, Policy and Process*, Cincinnati, Anderson, 1990, pp. 133-135.

[18] *DS ; HV ; HBvL ; GvA ;* FS, *DM ;* Jean-Pol Marthoz, *LS*, 15 mars 1989.

[19] GORBATCHEV, Mikhail, *Perestroïka: vues neuves sur notre pays et le monde*, Tournai, J'ai lu, 1988, 299 p.

[20] Ces montants variaient entre 80.000 et 150.000 FB (= €2.000 à €3.750).

[21] *GvA*, 19 avril 1989.

[22] L'hebdomadaire estudiantin de Louvain.

[23] COOLS, Bob, *Cool(s') parcours*, Anvers, De Vries Brouwers, 2021, 352 p.

[24] DDC, *DM ;* MVO, *DS ;* Jean-Claude Matgen, *LLB*, 19-20 mars 1988 ; voy. aussi *LS*, 23 mars ; *DM*, 24 et 25 mars.

[25] MS/DDC, *DM*, 26 mars 1988.

[26] DDC, *DM*, 2 décembre 1988 ; C. Ge, *LLB ; LS ; GvA*.

[27] MVO, *HN ;* AL, *DM ; DS*, 21 octobre 1989 ; J.-C. M., *LLB*, 20 octobre.

[28] *HLN ; LLB ;* Pol Van Mossevelde, *HN, DS*, 16 novembre 1989 ; *DS ;* JL, *DM*, 30 novembre.

[29] JL, *DM ;* PVM, *DS*, 1 décembre 1989.

[30] *DS*, 23-25 décembre 1989.

[31] *GvA ; HV ; DM*, 12 mai 1989.

[32] D., *La Cité*, 1 juin 1989.

[33] Martine Vandemeulebroucke, *LS*, 20 janvier 1989.

[34] Le 23 octobre 1993, nous étions ensemble à l'ambassade britannique pour y saluer Diana, *The Princess of Wales*. Cela faisait grande impression. La Princesse, bien entendu.

Chapitre II.
Patrick Ryan, un demandeur d'asile irlandais

[35] *HLN*, 6 juillet 1988.

[36] La requête d'extradition faisait état des infractions suivantes *:* « *On divers days between 21 May 1975 and 1 July 1988 conspired with other persons unknown to murder other persons and between 1 February 1986 and 1 July 1988 to cause by explosive substances explosions of a nature likely to endanger life or cause serious injury to property in the United Kingdom ; on 30 June 1988 had in his possession or under his control certain explosive substances namely 52 switches containing integrated circuits, 5 'Memopark' timing devices, 14 dowels and a 'ROBBE' receiver ;* ».

[37] L'avis a été publié dans le *Premier Rapport annuel*, année d'activité 1988, (*Doc. parl.*, Chambre, 1988/1989, n° 871/1, annexe 1, pp. 98-102), et dans la *Revue belge de droit international*, 1991-1, pp. 200-202.

[38] L'avis « secret » de la Chambre des mises en accusation [Bruxelles (ch. Mises acc. – avis), 17 novembre 1988, (*Ryan P.*)], a été publié dans le *Journal des Tribunaux*, 1989, pp. 125-128.

[39] Complétée par les lois du 15 mars 1874 et du 3 juillet 1985.

[40] Italiques ajoutées.
[41] « Grève de la soif », *LLB* ; *DM,* 25 novembre. Selon *Le Monde* (26 novembre), il avait dit : *« Si l'on m'extrade, ce sera dans un cercueil »* ; *DM,* 2 décembre, et *Tipperary Sun* cité dans *Knack,* 7 décembre.
[42] Chambre, *Actes parl.*, SS 1988, p. 21 (29 novembre 1988).
[43] *LLB,* 30 novembre 1988.
[44] *DS,* 26-27 novembre 1988.
[45] MARTENS, Wilfried, *De Memoires: Luctor et emergo,* Tielt, Lannoo, 2006, p. 793.
[46] TINDEMANS, Leo, *Een Politiek Testament : Mijn plaats in de tijd. Dagboek van een minister,* Tielt, Lannoo, 2009, p. 546.
[47] *Ibid.,* p. 547.
[48] « *Irish Government sources are sceptical of the chances that the extradition will be granted, in view of the vague charges of conspiracy which the British applied to Belgium* ».
[49] *The Times* : « *Belgium angers Thatcher with Ryan decision* » (28 novembre 1988) ; « *Why the decisions have to go to the Belgian cabinet ; when decisions are reached in the political forms, the reasoning is likely to be political ...* » (29 novembre*).* « COWARDS », *The Sun,* cité dans *DM,* 1 décembre. M. Lawrence disait au Parlement britannique le 6 décembre *:* « *We are all shocked and hurt by the cowardly behaviour of our friends, the Belgians. [... The Belgian Government] just did what was necessary to get the problem off their plate, which is as near an act of cowardice as I have ever seen any Government perform* » *(Col. 232).*
[50] *Ibid.*
[51] *LS,* 3-4 décembre 1988.
[52] *LLB,* 3-4 décembre 1988.
[53] Roger Kesteloot, *DM,* 3 décembre 1988.
[54] *Ibid.,* p. 489.
[55] Col. 721.
[56] Col. 722. M. Mates réagissait : « *Strictly, I should have said, 'Ryan is the man the security forces most want in connection with serious terrorist offences'* » (Col. 722). Les membres du Parlement Fraser (Col. 910) et Heffer (Col. 913-914) se référaient également à ces déclarations, le 14 décembre 1988.
[57] Col. 70.
[58] Col. 174.
[59] Col. 177.
[60] La loi irlandaise d'extradition de 1987 requiert de l'*Attorney General* « *to direct that a warrant for the extradition of a person from the State shall not be endorsed unless, having considered such information as he deems appropriate, he is of the opinion that there is a clear intention to prosecute that person, founded on the existence of sufficient evidence* » *(Dáil Eireann,* vol. 385, 13 décembre 1988, p. 1201*).*
[61] *Ibid.,* p. 1202.
[62] *Ibid.,* pp. 1206-1207.
[63] *Ibid.,* p. 1204 : « often *expressed in intemperate language and frequently in the form of extravagantly worded headlines* ».
[64] « *The right to a fair trial includes a right to protection against the creation of prejudice or animosity in the minds of potential jurors* » (*Ibid.,* p. 1205).

[65] Col. 764.
[66] Wathelet : « selon les journaux, bien qu'il ait été arrêté naguère, ni la France, ni les Pays-Bas, ni la Suisse n'avaient extradé Patrick Ryan », *Le Monde*, 1 décembre 1988.
[67] Selon *De Morgen*, la décision concernant Ryan était « très délicate » (26-27 novembre 1988). C'était « un accouchement difficile » (28 novembre 1988).

Chapitre III.
« Les nerfs sont de plus en plus tendus »
[68] Dany Vileyn, *HLN*, 11 janvier 1990.
[69] B.C., *HLN* ; J.-C. M., *LLB*, 2-4 juin 1990.
[70] *DM ; HV,* 29 décembre 1990.
[71] *Le Monde*, 9 juillet 1991.
[72] *Ibid.*, 13 juillet 1991.
[73] *DM,* 9 septembre 1991.
[74] Bert Cornelis, *HLN*, 10 septembre 1991.
[75] A.G.G., *HV*, 28 décembre 1991.

Chapitre IV.
Walid Bennani, un réfugié islamiste de Tunisie
[76] Rapport de la Sûreté de l'Etat du 24 mars 1992.
[77] Pol Deltour, *DM,* 24 février 1992.
[78] Depuis la modification législative du 18 juillet 1991 (entrée en vigueur le 1er octobre), la demande urgente de réexamen n'était, conformément à l'article 63/2, § 2, de la loi sur les étrangers, plus introduit auprès du ministre de la Justice mais directement auprès du Commissaire général (*Quatrième Rapport annuel*, année d'activité 1991, § 55).
[79] Article 1, par. F : « Les dispositions de cette Convention ne seront pas applicables aux personnes dont on aura des raisons sérieuses de penser : a) qu'elles ont commis un crime contre la paix, un crime de guerre ou un crime contre l'humanité, au sens des instruments internationaux élaborés pour prévoir des dispositions relatives à ces crimes ; b) qu'elles ont commis un crime grave de droit commun en dehors du pays d'accueil avant d'y être admises comme réfugiés ; c) qu'elles se sont rendues coupables d'agissements contraires aux buts et aux principes des Nations Unies ».
[80] M. Vdsm, *GvA*, 24 février 1992.
[81] J.-P. C., *LS*, 26 février 1992.
[82] PD, *DM*, 25 février 1992.
[83] *LLB*, 24 février 1992.
[84] *HLN* ; PD, *DM* ; J.-P. C, *LS*, 26 février 1992. Par la loi du 18 juillet 1991, le ministre de la Justice conservait la possibilité de passer outre l'avis du Commissaire général par une décision motivée mais uniquement dans un délai strict de cinq jours ouvrables (*Quatrième Rapport annuel*, année d'activité 1991, §24). Depuis l'entrée en vigueur de cette loi (le 1er octobre 1991), ceci se faisait dans moins de 1% des cas (auparavant dans moins de 10 % des cas) (*ibid.*, § 57). Lorsqu'à partir du 15 juillet 1992, le ministre de l'Intérieur (en lieu du ministre de la Justice) devenait compétent pour la politique des étrangers, il n'est passé outre aucun avis favorable du Commissaire général (*Cinquième Rapport annuel*, année d'activité 1992, § 44).
[85] *LLB*, 26 février 1992.
[86] Gilbert Dupont, *LDH*, 26 février 1992: « *Faux réfugié, vrai terroriste* ».

[87] Pol Deltour, *DM*, 27 février 1992.
[88] *Ibid.*
[89] Amnesty International, « *Urgent Action* », 20 février 1992. Dans son rapport « Tunisie : Détention prolongée au secret et torture » de mars 1992, *Amnesty International* y ajoutait « Des centaines de prisonniers ont affirmé avoir été torturés, leurs plaintes n'ont que rarement fait l'objet d'enquêtes de la part des autorités tunisiennes et n'ont pas entraîné de sanctions ».
[90] Si le Ministre décide de reconduire le candidat-réfugié vers le pays qu'il a fui et où il prétend que sa vie ou sa liberté sont menacée, l'intéressé a la possibilité d'introduire dans les deux jours ouvrables un recours devant le président du Tribunal de première instance. Celui-ci devra alors statuer, selon les formes du référé, dans un délai de 15 jours. Si l'action aboutit à un rejet, le président du Tribunal peut encore accorder à l'étranger un délai d'un mois maximum pour se faire admettre dans un autre pays (*Troisième Rapport annuel*, année d'activité 1990, § 33). Après la modification législative du 18 juillet 1991, cette procédure n'était maintenue que lorsque le Ministre passait outre un avis favorable du Commissaire général (*Quatrième Rapport annuel*, année d'activité 1991, § 55).
[91] PD, *DM* ; B.L., *LS* ; Pol Van Mossevelde, *DS* ; Alain Heyrendt, *LLB*, 10 mars 1992.
[92] CdE, n° 39.015, 17 mars 1992, *Jurisprudence de Liège, Mons et Bruxelles*, 1992, 834-846, note de GILLET, Eric, « Les candidats réfugiés dans le maquis du référé ».
[93] PVM, *DS, HN* ; PD, *DM* ; JDW, *GvA* ; M. Vdm, *LS*, 18 mars 1992 ; B. Franchimont, *LDH*, 19 mars.
[94] Cet article permettait le Conseil d'Etat de prendre provisoirement toutes les mesures nécessaires pour sauvegarder les intérêts des parties ou des personnes qui ont un intérêt dans la solution de l'affaire, à l'exception des mesures qui ont trait aux droits civils. Il a été abrogé par la loi du 20 janvier 2014.
[95] CdE, n° 39.091, 27 mars 1992.
[96] *DS* ; JDW, *GvA*, 26 mars 1992.
[97] JDW, *GvA*, 9 mai 1992.
[98] PVM, *DS*, 8 avril 1992.
[99] PVM, *HN, DS*, 13 mai 1992.
[100] Article 1, par. F, al. b, de la Convention de Genève.
[101] Article 33, par. 2 : « Le bénéfice de la présente disposition ne pourra toutefois être invoqué par un réfugié qu'il y aura des raisons sérieuses de considérer comme un danger pour la sécurité du pays où il se trouve ou qui, ayant été l'objet d'une condamnation définitive pour un crime ou délit particulièrement grave, constitue une menace pour la communauté dudit pays ».
[102] J.D.W., *GvA*, 27 juin 1992.
[103] CdE, n° 43.475, 25 juin 1993.
[104] Baudouin Loos, *LS*, 5-6 octobre 1996.
[105] *Ibid.*
[106] Le Conseil d'Etat décidait dans son arrêt n° 58.979 du 3 avril 1996 la réouverture des débats et fixait une audition le 15 mai.
[107] CdE, n° 68.259, 23 septembre 1997.
[108] CdE, n° 76.011, 30 septembre 1998.

Chapitre V.
De l'incident des « charters » à une revue
[109] *DS*, 25-26 janvier 1992.
[110] C'était la première affaire belge (concernant un journaliste francophone ayant collaboré durant la guerre) et la deuxième de toutes devant la Cour strasbourgeoise. Cette affaire a été rayée du rôle le 27 mars 1962.
[111] *Ibid.*, p. 98.
[112] Diogène, philosophe grec (404 – 323 aCn).
[113] De 1992 à 2014, Laurette Onkelinx exercera sans interruption des fonctions ministérielles, dont Ministre Présidente (1993-1999) de la Communauté française, Vice-Première Ministre (1999-2014), ministre de la Santé (1992-1993 ; 2007-2014), de l'Emploi (1999-2003) et de la Justice (2003-2007) au Gouvernement fédéral.
[114] M. Vdsm, *GvA* ; Laurent Panneels, *HLN*, 29 janvier 1992.
[115] Alain Heyrendt, *LLB*, 29 février 1992.
[116] Benoît Franchimont, *LDH*, 29 janvier 1992.
[117] « Le renvoi collectif requiert l'accord du pays d'origine », P.M., *HBvL*, 29 janvier 1992.
[118] PD, *DM*, 29 janvier 1992.
[119] *GvA* ; MVDS, *DS*, HN ; L.P., *HLN* ; PD, NDB, *DM* ; WA, *FET* ; J.-F. Eg., *LM-LL* ; *La Wallonie* ; Ann Ghijs, *HV* ; Martine Vandemeulebroucke, *LS* ; Jean-Claude Matgen, *LLB*, 19 juin 1992.
[120] *DNG*, 16 novembre 1992 ; *DS*, 19 novembre.
[121] *Sixième Rapport annuel* (année d'activité 1993), p. 43.
[122] *Ibid.*, pp. 14-18.
[123] Voy. *Cinquième Rapport annuel* (année d'activité 1992), §§ 46-74 ; *Sixième Rapport annuel* (année d'activité 1993), §§ 36-54 ; *Septième Rapport annuel* (année d'activité 1994), §§ 34-63 ; *Huitième Rapport annuel* (année d'activité 1995), §§ 40-64 ; *Neuvième Rapport annuel* (année d'activité 1996), §§ 55-73. BOSSUYT, Marc, « Le C.G.R.A. et les personnes déplacées de l'ex-Yougoslavie », *Revue du droit des étrangers*, 1995, pp. 467-477.
[123] *GvA*, 3 avril 1993.
[124] *Ibid.*
[125] Le prénom d'un collaborateur qui traitait des demandes de personnes originaires de pays ayant un taux de reconnaissance très bas.
[126] « RA » se réfère à un refus du statut de réfugié motivé quant au fond.
[127] Durant la première année d'activité (1988) du Commissariat général, les Ghanéens représentaient plus de 25 % du total des demandes d'asile. Ils étaient la nationalité la plus importante en 1988-1989, la troisième en 1990 (après la Roumanie et la Turquie) et en 1991 (après la Roumanie et le Zaïre) et la cinquième en 1992 (après le Zaïre, la Roumanie, l'ex-Yougoslavie et l'Inde). Leur taux de reconnaissance était inférieur à 1 %. Alors qu'en principe les collaborateurs au Commissariat général étaient spécialisés par pays ou région géographique, dans les premières années beaucoup d'entre eux devaient traiter aussi des demandes d'asile ghanéennes.
[128] Un Royaume au Ghana.
[129] Bob Pleysier (*Het Klein Kasteeltje: Een kwarteeuw asielopvang*, 2011, 126 p.) était le directeur du Petit-Château.

Chapitre VI.
Le couple basque-espagnol Moreno-Garcia

[131] Voy. l'ordonnance du 8 décembre 1993 de Godelieve Halsberghe, présidente du Tribunal de première instance, siégeant en référé.

[132] *Tijdschrift voor Vreemdelingenrecht*, 1994, p. 27.

[133] Parce que la Chambre du conseil avait été présidée par le juge Bruno Bulthé, qui en sa qualité de juge d'instruction avait décerné le mandat d'arrêt, la Chambre des mises déclarait l'ordonnance nulle, mais - après évocation - quand même exécutoire (HDK, *DS ;* Nicolas Vuille, *LS*, 22 juillet 1993).

[134] Selon Gert VERMEULEN et Tom VANDER BEKEN (« L'extradition de Basques à l'Espagne: Réflexions juridiques sur une Affaire politique », *Recente arresten van de Raad van State*, 1995-1996, pp. 221-232), cette Convention n'est en vigueur que depuis le 26 mars 1995 entre la Belgique et l'Espagne, de même que l'accord d'exécution Schengen du 19 juin 1990. Ils estiment que l'avis antérieurement donné par la Chambre des mises aurait dû être donné sur base du traité d'extradition bilatéral du 17 juin 1870. Dans ce cas, la demande d'extradition n'aurait pas été admissible, parce que les faits (l'hébergement et le transport) ne tombent pas sous l'article 2 de ce traité bilatéral. Les faits n'auraient été punissable qu'en vertu de l'article 339 du Code pénal (recèlement) pour lequel ce traité ne prévoit pas d'extradition. Ils contestent aussi que ces faits tombaient sous l'article 1er de la Convention européenne sur le terrorisme. S'ils tombaient sous cet article, ils ne pourraient être considérés comme délit politique. D'après le droit belge, les faits ne peuvent être considérés comme « tentative » ou « participation ». L'article 339 du Code pénal ne couvre même pas la participation. Voy. aussi KoV, *DM*, 16 mars 1996, et l'interview de Frank De Moor avec ces deux auteurs dans *Knack* du 13 mars 1996: « Tout le monde s'est trompé ».

[135] Voy. VAN DEN WIJNGAERT, Chris, « La Belgique et l'exception pour délits politiques en matière d'extradition: analyse critique de la pratique judiciaire et administrative », *Revue du Droit Public*, 1979, p. 858 : « l'extradition n'a jamais été accordée après un avis négatif, et souvent l'extradition fut refusée malgré l'avis favorable de la cour d'appel» (cité dans mes décisions du 16 février 1994 refusant à Moreno et Garcia le statut de réfugié).

[136] A partir du 1er juin 1993, mes avis (non-contraignants) sur des « demandes urgentes de réexamen » étaient remplacés par des décisions (contraignantes) d'examen ultérieur (demande recevable) ou confirmatives de refus d'accès ou de séjour (demande irrecevable) sur des « recours urgents ».

[137] La motivation de cette décision d'examen ultérieur a été publiée dans le *Tijdschrift voor Vreemdelingenrecht*, 1994, p. 30.

[138] Ce rapport (E/CN.4/1993/26, § 401, e) du 15 décembre 1992 disait sur Juan Ramon Rojo: « arrêté le 29 janvier 1992 à son domicile de Basauri par des membres de la *Guardia civil*, il a été insulté, menacé de mort avec une arme, traîné par les cheveux et frappé sur les parties sensibles de son corps ».

[139] Le Professeur Pieter Kooijmans était devenu entretemps ministre (1993-1994) des Affaires étrangères des Pays-Bas. Ultérieurement, il devenait juge (1997-2006) à la Cour internationale de Justice.

[140] « Tout Etat partie veille à ce que toute déclaration dont il est établi qu'elle a été obtenue par la torture ne puisse être invoquée comme un élément de preuve dans une procédure, si ce n'est contre la personne accusée de torture pour établir qu'une déclaration a été faite ».

[141] *HN, HV,* & *DS,* 5 novembre 1993. Je trouvais qu'il était excessif de considérer que ma décision constituait une gifle pour l'Espagne. En me référant aux décisions de recevabilité prises par l'OE et moi-même depuis le 1er février 1988, je disais : « J'aurais déjà donné 21.000 gifles à 108 pays » (LBX, *DM,* 5 novembre). Se référant à ces propos, le ministère espagnol des Affaires étrangères faisait savoir, le 16 novembre 1993, à l'ambassadeur belge à Madrid, Thierry Muûls, qu'il était inacceptable qu'un Etat membre de l'Union européenne soit mis sur pied d'égalité avec l'ensemble des Etats de la planète.

[142] Louis Tobback, ministre de l'Intérieur depuis 1988, était compétent pour la politique des étrangers depuis le 15 juillet 1992 (par le transfert de la politique des étrangers de la Justice à l'Intérieur).

[143] *DM,* 5 novembre 1993.

[144] *Knack,* 24 novembre 1993.

[145] CB, *DS,* 30 novembre 1993.

[146] RB, *HN,* 1 décembre 1993.

[147] PVDD, *HN,* 3 décembre 1993. Chambre, 2 décembre 1993.

[148] Chambre, *Ann.*, SO 1993-1994, 2 décembre 1993.

[149] A.G.G. : « Un recours de l'Etat contre une reconnaissance de réfugié est très inhabituel ».

[150] Wim De Neuter, *DM,* & *LS,* 3 décembre 1993. Voy. aussi Misjoe Verleyen, *Knack,* 17 novembre 1993.

[151] *Tijdschrift voor Vreemdelingenrecht,* 1994, pp. 27-30, avec note de DENYS, Luc, « L'extradition vers le pays d'origine d'un candidat-réfugié, ressortissant d'un Etat membre de la CE » (pp. 39-42). Selon *Vers l'Avenir* du 10 décembre 1993, le ministre de la Justice s'est pourvu en appel contre cette ordonnance. Le 7 décembre 1994, la Cour d'appel de Bruxelles a confirmé l'ordonnance de la présidente du Tribunal.

[152] Chambre, *Ann. Parl.* SO 1993-1994, 9 décembre 1993.

[153] *"[L]a indignación que produce la decisión de una juez de Belgica, por cuanto se funda en el inadmisible cuestionamiento de la seguridad del sistema judicial de España* ».

[154] Le 2 novembre 1992, le Gouvernement espagnol avait communiqué au professeur Pieter Kooijmans que des blessures n'avaient été constatées chez aucun des 28 prisonniers (dont Juan Ramo Rojo) à propos desquels il avait demandé des informations.

[155] *Wordt Vervolgd* (Amnesty International – Nederland), juillet-août 1994.

[156] *Ibid.* « Une décision très remarquable ». *Tijdschrift voor Vreemdelingenrecht,* 1994, pp. 31-38.

[157] 16 mars 1994.

[158] Dans une lettre du 13 décembre 1993 au ministre (1992-1994) des Affaires étrangères Willy Claes (SP), avec copie au Premier Ministre (en vue du sommet de l'Union européenne à Bruxelles le week-end suivant), je l'avais mis en garde qu'une décision éventuelle d'extradition – par le ministre de la Justice au mépris de l'avis de la Chambre des mises – risquait d'être annulée ou tout au moins suspendue par le Conseil d'Etat. Je me plaignais que le Gouvernement belge ait suscité l'impression d'avoir plus confiance dans les instances espagnoles que dans les instances belges. Dans la même lettre, je demandais à savoir ce qu'il en était concernant Juan Ramon Rojo. Selon Misjoe Verleyen (*Knack,* 24 janvier 1996), cette demande a été transmise

à l'Espagne, le 3 février 1996. Ma décision et celle de la Commission permanente de recours ont été prises sans avoir obtenu de réponse des autorités espagnoles.

[159] En se référant au *Rapport annuel 1993* d'*Amnesty International* (p. 384) et au rapport (E/CN.4/1994/31, §§482-499 et en particulier les §§ 485-487) de (depuis 1998 Sir) Nigel Rodley, Rapporteur spécial des Nations Unies sur la torture. Celui-ci devenait ultérieurement membre (2001-2016) du Comité des droits de l'homme des Nations Unies.

[160] *DS*, 18 février 1994 : « Dix mois d'indécision sur la demande espagnole d'extradition ».

[161] Voy. aussi Van Mossevelde, *HNB*, 25 mars 1994: « Les Basques errent: A Pâques, le jeune fils vient en visite ».

[162] US State Department, Washington D.C., 1995, pp. 969-973.

[163] Cité littéralement dans la Chambre (*Ann. parl.*, SO 1995-1996, p. 1073), le 25 janvier 1996, par le ministre de la Justice. Le 18 janvier 1996, le Ministre avait qualifié ces décisions « particulièrement bien motivées » (*ibid.*, p. 1018).

[164] *DS, GvA, LS, El País*, 13 janvier 1996 ; *LLB*, 15 janvier. Stefaan De Clerck, ministre de la Justice (1995-1998 et 2008-2011).

[165] Le 23 juin 1995, Melchior Wathelet devenait ministre de la Défense jusqu'au 3 septembre 1995. Le 18 septembre 1995, il devenait juge à la Cour de Justice de l'Union européenne à Luxembourg. Stefaan De Clerck était fortement critiqué pour cette nomination.

[166] *HLN*, 23 janvier 1996 ; Geert Van Hecke (*HN*, 23 et 24 janvier, *DS*, 25 janvier).

[167] *DS*, 26 janvier 1996.

[168] *HLN*, 26 janvier 1996.

[169] Chambre, *Ann. Parl.*, SO 1995-1996, p. 1018 (18 janvier 1996). Le 17 janvier 1996, 21 parlementaires flamands (des partis politiques CVP, SP, VLD, Agalev et Volksunie) avaient insisté sur la non-extradition (*DS* et *GvA*, 18 janvier).

[170] *Ibid.*, p. 1017. Voy. aussi Pol Deltour, *DM*, 13 janvier 1996 (avec une photo de cette lettre dans *DM* du 16 janvier) ; HEC, *DS,* 17 janvier ; Geert Van Hecke, *HN*, 23 janvier.

[171] Arrêté en 1992, Juan Ramon Rojo a été libéré en 2013.

[172] Geert Van Hecke, *DS*, 19 janvier 1996 ; Véronique Kiesel, *LS ;* KoV, *DM,* 20 janvier.

[173] Geert Van Hecke, *HN*, 24 janvier 1996.

[174] Sénat, Compte rendu, SO 1995-1996, 23 janvier 1996.

[175] Ce sont surtout les critiques d'un membre de la majorité qui demandait la démission du ministre qui ont pesé : « De Clerck dans des serrures serrées » (Filip Verhoest, *DS ;* Luc Demullier, *HV ;* L.P., *HLN ; GvA*, 26 janvier 1996).

[176] Chambre, *Ann. parl.*, pp. 1066-1078 (25 janvier 1996).

[177] *Ibid.*, pp. 1067 et 1068. Patrick Dewael disait : « le dossier Moreno-Garcia est politiquement chargé au point que le gouvernement et plus particulièrement le Premier Ministre [Jean-Luc] Dehaene préfère de ne pas y être confronté » (*ibid.*, p. 1068).

[178] *Ibid.*, 1072. Geert Van Hecke (*DS* en *HN*, 19 janvier 1996), ainsi que Koen Vidal, *DM*, et Véronique Kiesel, *LS,* 20 janvier 1996.

[179] Chambre, *Ann. parl.*, *loc. cit.*, p. 1075.

[180] Paul Demeyer, *HN*, 29 janvier 1996.

[181] *DM, HLN, LLB*, 27 janvier 1996. Les journaux de ce jour écrivaient que le ministre espagnol de la Justice aurait donné des garanties pour une nouvelle procédure et que

les avocats du couple avaient introduit une requête auprès de la Cour européenne des Droits de l'Homme.

[182] Dirk Achten, *DS* : « Sifflé en retour » ; S.V., *HLN*: « Le Conseil d'Etat siffle le ministre de la Justice en retour » ; PD, *DM* ; *LLB* ; *El País*, 2 février 1996.

[183] CdE., n°s 57.973 et 57.974, 1 février 1996.

[184] *LS*, 6 février 1996.

[185] Il s'agissait des considérations suivantes : a) la définition des faits énumérés dans le mandat d'arrêt international et de ceux qui sont à la base de l'arrêté d'extradition - les faits de l'article 1er, e) et f), de la Convention sur le terrorisme - ne correspondaient pas et b) l'arrêté attaqué ne donnait pas les raisons pour lesquelles les faits ne devaient pas être qualifiés de délit politique. Selon Gert VERMEULEN et Tom VANDER BEKEN (*loc. cit.*, p. 225) et Frank VERBRUGGEN, *Panopticon*, 1997, p. 165), il y avait confusion entre les faits et la qualification qui y avait été donnée. Voy. aussi DAS, Hans, et PERTEGÁS SENDER, Marta, « Le dossier Moreno et Garcia : droit et diplomatie », *Vlaams Jurist Vandaag*, mai 1996, pp. 4-5.

[186] CdE., n°s 58.012 et 58.013, 5 février 1996.

[187] Dans un commentaire, VERBRUGGEN (*loc. cit.*, p. 168) écrivait ultérieurement que, puisque le Conseil d'Etat avait seulement constaté que le Ministre n'avait pas suffisamment expliqué pourquoi il ne s'agissait pas d'un délit politique, l'extradition de Moreno et Garcia restait possible, « si l'Espagne avait un bon dossier ». Il estimait que, si l'Espagne n'avait qu'une déclaration de témoins inadmissible, elle n'avait aucun appui auquel se tenir et qu'avec sa demande d'extradition, elle avait fait une sérieuse faute politique.

[188] *HLN* ; Caspar Naber, *DS* ; KoV, *DM* ; *GvA* ; *LLB* ; *El País*, 6 février 1996.

[189] *HN.*, 6 février 1996.

[190] *DM*, 7 février 1996.

[191] Pascale Bourgaux, *LLB*, 15 février 1996.

[192] Peter De Backer, *DS* ; *IHT*, 7 février 1996 : *« Spain Recalls Belgium Envoy After Basque Extradition Move »*.

[193] *El País*, 6 février 1996 : « *Espana suspende la cooperación judicial con Bélgica* ». Réaction du *HLN* : « Nos bandits sont en sécurité en Espagne » ; *LLB*, J.-C. M., « c'est l'escalade », Pascale Bourgaux, « L'Espagne hausse encore le ton » ; *DM*, 10 février, « L'Espagne suspend l'Accord Schengen avec la Belgique » ; voy. surtout *El País*, 10, 13, 17 en 18 février.

[194] Filip Verhoest, *DS, HN* ; P.V., *LLB* ; Paul Geudens, *GvA*, 9 février 1996.

[195] FR, *DM*, 9 février 1996.

[196] Chambre, *Ann. parl.*, SO 1995-1996, p. 1177.

[197] *El País* ; *VL'A*, 25 mai 1996 ; *DS,* 26 mai.

[198] *GvA* ; Michel De Muelenaere, *LS,* 28 septembre 1996: « L'Europe est de moins en moins une terre d'asile ». VERBRUGGEN (*loc. cit.*, p. 163) était particulièrement critique à l'égard de cette Convention: « une confiance aveugle dans des institutions étrangères témoigne d'une naïveté téméraire ».

[199] PD, *DM*, 27 septembre 1996: « Le sort des Basques n'est pas en danger par l'accord ».

[200] Sénat, *Ann. parl.*, 24 octobre 1996.

[201] CdE., n°s 66.363 et 66.364, 22 mai 1997.

[201] La capitale des Ashanti et la deuxième ville en importance du Ghana.

Chapitre VII.
Ne plus « passer la serpillière sous un robinet resté ouvert »
[202] VANDE LANOTTE, Johan, *Machtspoliticus pur-sang,* Gent, Borgerhoff & Lamberights, 2021, 185 p.
[203] En 1993, le nombre des demandes d'asile en France descendait avec 3,6 % à 26.507 (*Le Monde*, 26 janvier 1994).
[204] Ann Bats, *HLN*, 19 mai 1993.
[205] La Sécurité publique coiffait aussi bien l'Office des étrangers que la Sûreté de l'Etat.
[206] *Sixième Rapport annuel* (année d'activité 1993), § 138.
[207] « Printrak combat la fraude : Une comparaison des empreintes digitales doit débusquer la fraude de demandeurs d'asile » (*HLN*, 1 octobre 1993). Sur question écrite du député Claude Eerdekens (PS) du 27 octobre 1993, le ministre de l'Intérieur communiquait que la fraude d'identité a été constatée surtout chez les Indiens (23,5 %), les Roumains (18 %), les Zaïrois (14%), les Ghanéens (14%) et les Nigérians (11 %).
[208] PD, *DM*, 15 octobre 1993.
[209] « Moins de demandeurs d'asile nouveaux » (P.M., *HBvL*, 15 octobre 1993).
[210] PD, *DM*, 15 octobre 1993.
[211] « Il y en a encore 36.050 qui attendent avant vous » (A.G.G., *HV*, 15 octobre 1993 ; Alain Heyrendt, *loc. cit.*
[212] PD, *DM*, 15 octobre 1993.
[213] *HBvL*, 14 avril 1994.
[214] *Ann. parl.,* SO 1993-1994, Chambre, 10 novembre 1993 ; *ibid.*, Sénat, 2 décembre 1993. Voy. aussi la circulaire du 26 avril 1994 concernant les permis provisoires d'emploi pour les candidats-réfugiés (demandeurs d'asile) (*B.*, 30 avril 1994).
[215] JVR, *DM*, 10 août 1994.
[216] P.M., *HBvL*, 14 avril 1994. Voy. aussi Erik Raspoet, *Knack*, 13 avril 1994.
[217] Guido Tastenhoye, *GvA*, 2 juin 1994.
[218] PD, *DM*, 2 juin 1994.
[219] Guido Tastenhoye, *GvA,* 6 septembre 1994.
[220] *DS*, 11 janvier 1994.
[221] FVG, *DS*, 12 janvier 1994.
[222] *DS*, 12 janvier 1994.
[223] Chambre, *Actes parl.,* SO 1993-1994, 12 janvier 1994.
[224] LNS, *DS*, 29 janvier 1994.
[225] Réaction de l'hebdomadaire satirique *Père Ubu* du 28 avril 1994 : « Le VLD, parti de M. De Croo. Voilà qui va améliorer les rapports entre Herman [De Croo] et Guy [Verhofstadt] ».
[226] VAN CAUWELAERT, Rik, *De laatste Gouverneur : Alfons Verplaetse en de Politiek*, Davidsfonds, 2021, 272 p.
[227] Après avoir siégé six ans (1986-1991) à la Commission des droits de l'homme en tant que chef de la délégation belge. Les huit ans (1992-1999) à la Sous-Commission seraient suivis par quatre ans (2000-2003) de membre du Comité des Nations Unies pour l'élimination de la discrimination raciale (CERD). Puis, de nouveau trois ans (2004-2006) de membre de la Sous-Commission, pour y finir en tant que président de sa dernière session (2006). La Sous-Commission a été remplacée à partir de 2008 par un Comité consultatif du Conseil des droits de l'homme. Ce Conseil remplaçait la

Commission en 2006. Après ma présidence (2007-2014) de la Cour constitutionnelle, je suis redevenu membre (2014-2019) et puis vice-président (2020-2021) du CERD.
[228] SCHAMP, Wim, *10 jaar Politieke Campagnes : een huurling vertelt*, Anvers, Hadewijch, 1996, p. 254.
[229] *HLN*, 2 juin 1995.
[230] HVS, *DM*, 11 octobre 1994.
[231] J.-F. Pl., *LLB* ; Ph. M., *Vl'A*, 12 janvier 1994.
[232] Sur interpellation de Maurice Didden (CVP), avec des interventions de Nelly Maes (VU), Paul Pataer (SP), Germain Dufour (Ecolo), Jef Ulburghs (Agalev) et Ludo Dierickx (Agalev), *Actes parl.*, Sénat, 3 février 1994, p. 1070.
[233] Johan Wets (K.U. Leuven), qui estimait qu'il y avait des formulations malheureuses, insistait sur un langage correct (*DS*, 3 mai 1994).
[234] PD, *DM* ; *LLB* ; Guido Tastenhoye, *GvA*, 2 juin 1994 ; *Vl'A*, 3 juin.
[235] PD, *DM*, 15 juillet 1994 ; J.F.D., *LLB*, 16 juillet.
[236] LNS, *DS* ; PD, *DM* ; *LS*, 16 juillet 1994.
[237] Sous le titre : « Si Mobutu s'enfuit en Belgique, il reçoit immédiatement l'asile politique. Ses victimes presque jamais ».

Chapitre VIII.
Ahmed Zaoui, un demandeur d'asile islamiste d'Algérie
[238] Amnesty International, « Algérie, Dégradation des droits de l'homme sous l'état d'urgence », mars 1993.
[239] « Sept individus, impliqués dans des actions terroristes, ont comparu, hier, devant la Cour spéciale d'Alger » (*El Moudjahid*, 28 juillet 1993).
[240] Depuis le 31 mai 1993, les « demandes urgentes de réexamen » qui donnaient lieu à un avis du Commissaire général étaient remplacées par des « recours urgents » qui donnaient lieu à une décision du Commissaire général.
[241] Voy. *supra*, p. 411 , note 101.
[242] R.V., J.-C. M., *LLB*, 9 mars 1995.
[243] Alain Guillaume, J.-C. M, *LLB*, 8 mars 1995.
[244] *DS* ; *Vl'A* ; *GvA* ; R.V., J.-C. M., *LLB*, 9 mars 1995.
[245] Frank Vandenbroucke était ministre des Affaires étrangères du 10 octobre 1994 au 22 mars 1995.
[246] *GvA*, 9 mars 1995.
[247] L'article 14, § 2 : « Ce droit [de chercher asile et de bénéficier de l'asile en d'autres pays] ne peut être invoqué dans le cas de poursuites réellement fondées sur un crime de droit commun ou sur des agissements contraires aux buts et aux principes des Nations Unies ».
[248] *DM* ; *GvA*, 6 juillet 1995.
[249] FKD, *DS*, 6 septembre 1995.
[250] Jean-Pierre Borloo, *LS* ; Alain Guillaume, *LLB*, 4 octobre 1995.
[251] La Cour était présidée par Francine De Ceuleneer, le Ministère public était représenté par l'avocat général René Marchal et la défense était tenue par les trois mêmes avocats bruxellois ; Me Jacques Vergès était annoncé mais n'est pas venu.
[252] John De Wit, *GvA* ; Jean-Pierre Borloo, *LS* ; 7 novembre 1995.
[253] A la recherche d'un pays tiers, des tentatives étaient entreprises pour l'envoyer au Soudan mais sans succès (Caspar Nabar, *DS*, 21 février 1996 ; Eric de Bellefroid, *LLB*, 8 mars 1996).

[254] *DM ; DS ;* S.V., *HLN ;* Jean-Pierre Borloo, *LS,* 13 juillet 1996.
[255] « La Cassation casse la réclusion du chef GIA » (*DM ; DS ; HN ; Vl'A*, 2 novembre 1996).
[256] « Le chef allégué du Gia ne mange plus » (CN, *HN,* 5 novembre 1996).
[257] *DS ; GvA ;* Jean-Pierre Borloo, *LS,* 21 novembre 1996 ; *DM,* 22 novembre.
[258] *LLB ; DM,* 11 décembre 1996.
[259] *DM ; GvA ; Vl'A ;* A. Gn., *LS ;* Bart Beirlant, *DS ;* Gilbert Dupont, *LDH,* 27 juillet 1996 ; *GvA ; LLB ; HLN,* 29 juillet.
[260] Baudouin Loos, *LS,* 17 août 1997.
[261] Didier De Hoe, *Vl'A,* 22 janvier 1997.
[262] « Algérie confidentiel' », cité par Alain Lallemand, *LS,* 26 novembre 1997.
[263] https://en.wikipedia.org/wiki/Ahmed_Zaoui.
[264] Alain Lallemand, *LS,* 2 septembre 2003.
[265] Helen Clark, Première Ministre (1999-2007) de Nouvelle-Zélande ; Administratrice du Programme des Nations Unies pour le Développement (PNUD) (2009-2017).

Chapitre IX.
« Malaise au CGRA » et « demandeuse d'asile 'décédée' »
[266] *LS,* 17 en 25 novembre 1994.
[267] *LS ; HLN ;* H.V., *GvA ;* Filip Verhoest, *DS,* 8 décembre 1994.
[268] *Septième Rapport annuel* (année d'activité 1994), Annexe I, pp. 118-126.
[269] De 14.340 en 1994 par rapport à 26.883 en 1993. Déjà le 10 janvier 1995, ceci était rapporté dans *La Libre Belgique* (J.-C. M. : « Asile : c'est la chute libre ») et le 28 janvier dans *De Morgen* (HVS: « Le nombre des demandes d'asile réduit de moitié »).
[270] De 35.475 au 1er octobre 1993 à 25.750 au 31 décembre 1994.
[271] Les pays étrangers vus des Pays-Bas ne se différent pas vraiment de ceux vus de la Belgique.
[272] Martine Vandemeulebroucke, *LS,* 7 février 1995.
[273] Marie-France Cros, *LLB,* 8 février 1995.
[274] *GvA ; HLN ; LNG,* 8 février 1995.
[275] Je me référais aussi aux lettres que j'avais écrites à ce sujet au ministre de la Justice, le 10 décembre 1991, et au ministre de l'Intérieur, le 30 mars 1993. Après une réunion au cabinet du ministre de l'Intérieur le 19 avril 1993, j'insistais, les 7 et 29 juillet 1993, pour recevoir du ministre des Affaires étrangères davantage d'informations.
[276] *Very Important Person* (Personne très importante).

Chapitre X.
Séraphin Rwabukumba, cousin du président rwandais
[277] Rapport de la Sûreté de l'Etat du 9 janvier 1995 concernant Séraphin Rwabukumba. La Sûreté de l'Etat me donnait, le 11 avril 1995, son accord pour me référer à ses notes dans cette affaire.
[278] Rapport fait au nom de la Commission d'enquête parlementaire concernant les événements au Rwanda, par MM. Mahoux et Verhofstadt le 6 décembre 1997, Sénat, *Doc. parl.,* 1997-1998, 1-611/7, Annexe 2, C, pp. 13-146 (Extraits de PRUNIER, Gérard, *The Rwanda Crisis. History of a Genocide*, Londres, Hurst & C°, 1995).
[279] *Ibid.,* p. 141.

²⁸⁰ WVDV, *FET*, 20 août 1997 : « Le consul honoraire belge en République centrafricaine, Etienne Lamarche, a délivré, après le génocide rwandais en 1994, un visa belge à Séraphin Rwabukumba sans avoir suivi les procédures prescrites. Rwabukumba est considéré comme un des cerveaux du génocide. Lamarche, consul honoraire à Bangui depuis mi-mai 1994, a délivré des visas à quelques Rwandais suspects d'avoir joué un rôle dans le génocide. Dans une réaction téléphonique, Lamarche dit ne se souvenir de rien. Il ne peut plus consulter les dossiers parce que, lors des troubles en République centrafricaine, le consulat honoraire a été pillé ».

²⁸¹ Sur *RTLM*, voy. THOMPSON, Alan, (Ed.), *The Media and the Rwanda Genocide*, Londres, Pluto Press, 2007, 463 p.

²⁸² Voy. *supra*, p. 410, note 79.

²⁸³ BRAECKMAN, Colette, *Rwanda : Histoire d'un génocide*, Paris, Fayard, 1994, p. 104.

²⁸⁴ CHRÉTIEN, Jean-Pierre, *Rwanda : les médias du génocide*, Paris, Karthala, 1995, p. 23 & pp. 43 et 47.

²⁸⁵ REYNTJENS, Filip, *L'Afrique des Grands Lacs en crise*, Paris, Karthala, 1994, p. 190.

²⁸⁶ GUICHAOUA, André, *Les crises politiques au Burundi et au Rwanda (1993-1994)*, Univ. Lille, Karthala, 1995, pp. 268 & 765.

²⁸⁷ African Rights, *Rwanda : Death, Despair and Defiance*, Londres, 1995, p. 64 & pp. 66 & 102.

²⁸⁸ DE TEMMERMAN, Els, *De doden zijn niet dood – Rwanda, een ooggetuigenverslag*, Grand-Bigard, Globe, p. 88.

²⁸⁹ MISSER, François, *Vers un nouveau Rwanda ?*, Bruxelles, L. Pire & Karthala, 1995, p. 23, & « Radio la mort », *Témoignage chrétien*, 3 juin 1994.

²⁹⁰ HEIRMAN, Mark, « Ruanda: Het land van duizend leugens », *IPIS-brochure* n°. 79, Anvers, 1995, pp. 32 & 51.

²⁹¹ SCHNYDER, Felix, *The Status of Refugee in International Law*, Leyde, Sijthoff, 1966, p. 277.

²⁹² Koen Vidal, *DM*, 17 juillet 1998 : « Séraphin Rwabukumba est considéré comme étant le banquier du régime génocidaire. Il a été à la tête du département des devises de la Banque centrale rwandaise. Il extorquait systématiquement les hommes d'affaires. Selon le gouverneur de la Banque nationale, il était la figure pivot dans le trafic d'armes et de drogue. Il était aussi un des actionnaires les plus importants de 'l'émetteur de la haine', Radiotélévision des Mille Collines (RTLM). Il maintient son innocence : 'Ces jours-là, j'avais 40° de fièvre et je me trouvais au lit'. Lors de son audition par la Commission permanente de recours, il s'est tiré une balle dans le pied en mettant en question le génocide ».

²⁹³ En se référant au rapport susmentionné de la Sûreté de l'Etat, *op. cit.*, p. 141.

²⁹⁴ Je me référais à la décision (n° 50266) de la Commission de recours française concernant Madame Jean-Claude Duvalier, l'épouse de l'ancien Président d'Haïti (voy. aussi CdE, France, 3 juillet 1992, rég. 81962).

²⁹⁵ L'article 36 de la Convention d'application du 19 juin 1990 de l'Accord de Schengen du 14 juin 1985 relatif à la suppression graduelle des contrôles aux frontières communes (*M.B.*, 15 octobre 1993) : « Toute Partie Contractante responsable du traitement de la demande d'asile peut, pour des raisons humanitaires, fondées notamment sur des motifs familiaux ou culturels, demander à une autre Partie Contractante de reprendre cette responsabilité pour autant que l'intéressé le souhaite ».

[296] CdE, n°. 73.957, 29 mai 1998.
[297] CdE, n°. 77.386, 4 décembre 1998.
[298] CdE, n°. 78.447, 28 janvier 1999.
[299] « *Regio kort. Rwanda* », *DM,* 18 avril 2002.
[300] *HLN*, 27 octobre 2009. En 2009, il déclarait disposer d'une autorisation de séjour à durée indéterminée (Le carnet de Colette Braeckman, *LS*, 20 août 2009).

Chapitre XI.
Je reconnais à la fois trop et pas assez de réfugiés
[301] Article 29, § 1. « Toute autorité constituée, tout fonctionnaire ou officier public […] qui, dans l'exercice de ses fonctions acquerra la connaissance d'un crime ou d'un délit, sera tenu de donner avis sur-le-champ au procureur du Roi ». Voy. Jean-Claude Matgen, *LLB*, 5 mai 1995.
[302] Voy. Jean-Pierre De Staercke, *Vl'A*, 23 mars 1995 : « Coup de filet dans la '*zairian connection*' ».
[303] Un sous-officier de la BSR de la Gendarmerie avec rang de premier sergent.
[304] Jeroen Wils, 22 février 1995.
[305] *Ibid.*
[306] *Ibid.*
[307] GVL, *DM*, 22 février 1995.
[308] C.D.B., *LS,* 22 février 1995.
[309] Jeroen Wils, *loc. cit.*
[310] P.Hx., *LNG*, 13 avril 1995, « Printrak traque les tricheurs » : « Printrak a débusqué 560 fraudes sur 21.015 empreintes ». Printrak était le système informatique qui depuis un an et demi identifiait les empreintes digitales.
[311] Nancy Ferroni, *LDH*, 13 décembre 1994.
[312] Anne-Françoise Moyson, *La Cité*, 1 décembre 1994.
[313] « Certaines personnes travaillant dans les arcanes du pouvoir opèrent en cachette pour le compte de l'UDPS en leur fournissant des renseignements ».
[314] J.-C. M., *LLB*, 23 mars 1995 : « Filière et 'trafic' de dossiers : du personnel impliqué *?* ».
[315] Marc Dutroux a été arrêté le 13 août 1996 et condamné à la perpétuité le 22 juin 2004.
[316] Sénat, *Actes parl.* 23 décembre 1999.
[317] Guido Fonteyn, *DS ;* E.D.B, *LLB*, 1 juillet 1994.
[318] *DS*, 1 et 15 juillet 1994.
[319] *LS*, 17 décembre 1994.
[320] Exposé des motifs de la loi du 14 juillet 1987 apportant des modifications à la loi des étrangers (*Doc. parl.* Chambre, 1986/1987, n° 689/1, p. 15).
[321] *GvA*, 22 décembre 1994.
[322] Article 233 Code pénal : « Lorsque des mesures contraires aux lois ou à des arrêtés royaux auront été concertées, soit dans une réunion d'individus ou de corps dépositaires de quelque partie de l'autorité publique, soit par députation ou correspondance entre eux, les coupables seront punis d'un emprisonnement d'un mois à six mois ».
[323] *Vl'A*, 1 juillet 1995.
[324] Voy. sur cette loi, entrée en vigueur le 1er juillet 1994, le *Huitième Rapport annuel* (année d'activité 1995), pp. 64-68. En ce qui concerne l'indication du nom, de la

qualité, de l'adresse et du numéro de téléphone du fonctionnaire traitant (article 2, 3°, de cette loi), j'estimais que mes collaborateurs, tout en n'ayant pas de pouvoir de décision, devaient être protégés contre de possibles pressions externes. Depuis longtemps, les décisions mentionnaient les possibilités de recours (article 2, 4°).

[325] FVG, *DS*, 12 janvier 1994.

[326] CdE., n° 46.256, 23 février 1994.

[327] CdE., n° 56.225, 13 novembre 1995 (*Journal des Tribunaux*, 28 septembre 1996) : le Conseil d'Etat y a ajouté « que la décision attaquée ne statue ni sur le bien-fondé d'une accusation en matière pénale, ni sur les droits civils de la requérante ; que l'article 6 de la Convention de sauvegarde des droits de l'homme et des libertés fondamentales n'est pas applicable en la matière ».

[328] Sénat, Q. et Rep., 8 avril 1997, Demande n°. 62. Le pourcentage de reconnaissance s'élevait pendant les premiers dix mois de 1995 à 29,9% (par rapport à 30,0 % en 1994). Les décisions prises en novembre et décembre 1995 faisaient monter ce pourcentage à 30,8 % (+0,9 %).

[329] « Fuir n'est plus possible ? », Droit de réponse du Commissaire général, *Humo*, 14 mai 1969.

Chapitre XII.
Augustin Ndindiliyimana, chef de la Gendarmerie rwandaise

[330] DESTEXHE, Alain, *Qui a tué nos Paras*, Bruxelles, Ed. Luc Pire, 1995, p. 182.

[331] VERSCHAEVE, François-Xavier, *Complicité de génocide*, Paris, Ed. La Découverte, 1994, p. 104.

[332] Le Comité pour le Respect des Droits de l'Homme et la Démocratie au Rwanda, Bruxelles, note du 9 mai 1995.

[333] REYNTJENS, Filip, *Rwanda : Trois jours qui ont fait basculer l'histoire*, Paris, L'Harmattan, 1995, pp. 55 en 76.

[334] GOFFIN, Alexandre, *Rwanda, le 7 avril 1994 : Dix commandos vont mourir*, Bruxelles, Ed. Luc Pire, 1995, p. 100.

[335] African Rights, *Rwanda: Death, Despair and Defiance*, Rev. Ed., Londres, 1995, p. 11.

[336] Le 22 mars 1995, François-Xavier Nsanzuwera quittait le Rwanda pour la Belgique. Il y donnait une conférence de presse, le 11 mai 1995 (GVL, *DM*, « Procureur de Kigali cherche refuge en Belgique » ; Véronique Kiesel, *LS*, « Le procureur de Kigali 's'exile' à Anvers », 12 mai 1995). A partir de 1997, il étaitsecrétaire général de la Fédération Internationale des Ligues des Droits de l'Homme (FIDH) jusqu'en 2004, lorsqu'il était engagé par le Tribunal pénal international pour le Rwanda à Arusha.

[337] BOUDET-SAULNIER, Françoise, & LAFFONT, Frédéric, *Maudits soient les yeux fermés*, Arte Ed. JC Lattès, 1995, 300 p.

[338] Marc Hoogsteyns, « Accusés : Rwandais en Belgique », *DM*, 23 avril 1999.

[339] Selon Koen Vidal (*DM*, 2 février 2002), le juge d'instruction a déclaré lors d'une séance à huis clos de la Commission Rwanda du Sénat que Ndindiliyimana n'avait pas assumé les responsabilités de sa fonction.

[340] Koen Vidal, « Un ex-général rwandais peut rester en Belgique », *DM*, 17 juillet 1998.

[341] MUKAGASANA, Yolande, (avec Patrick MAY), *La mort ne veut pas de moi*, Robert Laffont, 1997, 267 p.

³⁴² Conseiller de l'Internationale démocrate chrétienne.
³⁴³ MARCHAL, Luc, *Rwanda : la descente aux enfers. Témoignage d'un peace keeper: Décembre 1993-Avril 1994*, Paris, Éd. Labor, 2001. Ce colonel belge commandait le contingent belge de la Mission des Nations Unies pour l'assistance au Rwanda (MINUAR) ; en anglais: UNAMIR.
³⁴⁴ Cette juriste suisse était depuis 1999 Procureure des Tribunaux pénaux internationaux pour le Rwanda (jusqu'en 2003) et pour l'ex-Yougoslavie (jusqu'en 2007).
³⁴⁵ Ce Tribunal, établi par la résolution 955 du Conseil de sécurité des Nations Unies le 8 novembre 1994, a cessé ses activités le 31 décembre 2015. Le Tribunal a conclu avec 61 condamnations et 14 acquittements.
³⁴⁶ « Les personnes qui ne participent pas aux hostilités, y compris les membres de forces armées qui ont déposé les armes et les personnes qui ont été mises hors de combat par maladie, blessure, détention, ou pour toute autre cause, seront, en toutes circonstances, traitées avec humanité, sans aucune distinction de caractère défavorable basée sur la race, la couleur, la religion ou la croyance, le sexe, la naissance ou la fortune, ou tout autre critère analogue ».
³⁴⁷ Cet acte concernait aussi Protais Mpiranya, qui était le commandant du bataillon de la Garde présidentielle. Il y figurait comme étant « en fuite ». Il a été établi en mai 2022 qu'en octobre 2006 il a succombé sous un faux nom à une attaque cardiaque au Zimbabwe.
³⁴⁸ Ce juriste de la Gambie succédait à Carla Del Ponte en 2003. Il avait été mon collègue, en tant que Représentant (1989-1992) de son pays, à la Commission des droits de l'homme des Nations Unies.
³⁴⁹ Composée du président Asoka de Silva (Sri Lanka) et des juges Taghrid Hikmet (Jordanie) et Seon Ki Park (République de Corée).
³⁵⁰ Général major et chef d'état-major des Forces armées rwandaises depuis le 19 avril 1994. Il avait reçu une formation au Centre d'entraînement de commandos de Marche-les-Dames (1974/1975). Il a suivi des cours à l'Institut royal supérieur de défense à Bruxelles (1982). Il a été arrêté en Angola en août 2002.
³⁵¹ Ce major (depuis 1990), formé en République populaire démocratique de Corée (du Nord) (1979) et à l'Ecole belge des administrateurs militaires (1986 et 1988), était commandant du bataillon d'élite de reconnaissance RECCE. Il a été arrêté en France le 15 février 2000.
³⁵² Ce capitaine commandait un escadron du bataillon RECCE. Deux de ses caporaux auraient brisé la résistance des quatre, ou deux, derniers casques bleus belges en utilisant un LGM (Lance-grenades multiple) qu'il leur avait fourni ou pour lequel il avait donné son approbation pour qu'ils le prennent dans son bureau (§ 1887). Il a été arrêté au Danemark le 15 février 2000.
³⁵³ Le professeur Filip Reyntjens a réagi avec indignation à ce jugement : « *This is unprecedented and this is shocking. This is not serious. This is an acquittal in disguise. Can refraining from sacrificing oneself be considered as guilt ?* » (*Radio Netherlands Worlwide*, 23 mars 2011).
³⁵⁴ Il était le chef de la coopération technique militaire belge à Kigali.
³⁵⁵ DALLAIRE, Roméo, *J'ai serré la main du diable*, Outremont (Québec), Libre Expression, 2003, 686 p. Ce militaire canadien se trouvait à la tête de la MINUAR.

[356] C.B., *LS*, 26 avril 2000 : « sa réputation sinon de 'modéré' du moins d''ami de la Belgique' vient du fait qu'après la mort des dix casques bleus belges, c'est lui qui veilla à ce que leurs dépouilles reçoivent une toilette mortuaire ».

[357] DES FORGES, Alison, *Leave None to Tell the Story: Genocide in Rwanda*, Human Rights Watch & FIDH, 1999.

[358] Composée du président Theodor Meron (USA) et des juges Liu Daqun (République populaire de Chine), Carmel Agius (Malte), Khalida Rachid Khan (Pakistan) et Bakhtiyar Tuzmukhamedov (Fédération de Russie).

[359] L'arrêt dans l'affaire n°. ICTR-00-56-A contient 162 p. Le 7 février 2014, la Chambre d'appel a décidé de disjoindre l'appel du général major Augustin Bizimungu de cette affaire. Le 30 juin 2014, la même Chambre d'appel a confirmé sa condamnation à 30 ans de prison.

Chapitre XIII.
Mécontent des « réfugiés économiques » et de mon statut

[361] Dans mon *Cinquième* (année d'activité 1992), § 219, et *Sixième Rapport annuel* (année d'activité 1993), § 154.

[362] *HV* ; CA, *FET* ; Pol Van Mossevelde, *DS ;* Laurent Belot, *LDH*, 18 janvier 1996.

[363] P. M., *HBvL*, 18 janvier 1996.

[364] Vl'A ; P.M., *HBvL* ; AL. G., *LS* ; Pol Van Mossevelde, *DS* ; Ann Bats, *HLN* ; Jean-Claude Matgen, *LLB*, 18 janvier 1996.

[365] Pol Deltour, *DM*, 18 janvier 1996.

[366] Al. G., *LS*, 18 janvier 1996.

[367] *Ibid.* ; CA, *FET* ; Vl'A, 18 janvier 1996.

[368] PVM, *DS*, *HN* ; Jean-Claude Matgen, *LLB*, 18 janvier 1996.

[369] La même contribution a été publiée également dans *Dimanche* du 11 février 1996 sous le titre « *Migrants et réfugiés parmi nous* ».

[370] Jos Vranckx, *GvA,* 19 février 1996 : « *Les évêques nuancent* ».

[371] LVDE, *DS*, 19 février 1996.

[372] *LLB*, 27 février 1996.

[373] Le Rapport annuel suivant (le *Neuvième*, année d'activité 1996) sera encore publié sous ma responsabilité et signé le 5 février 1997. Puisque je devenais juge à la Cour d'arbitrage le 6 février, il a été publié par mon successeur Luc De Smet (le 9 juillet 1997).

[374] La loi requiert des envois recommandés. Beaucoup de demandeurs d'asile n'ont pas de pièces d'identité valables et ne peuvent pas recevoir ces lettres recommandées. Pour toute éventualité, une copie était envoyée par envoi non-recommandé. Il est d'ailleurs inimaginable de voir combien de papiers contiennent les dossiers de ceux qu'on appelle des « *sans-papiers* ».

[375] « Sinon, nous n'aurions pas pu accorder l'asile à 1.500 Turcs et 700 Rwandais » (*HBvL* ; *FET* ; *LS*).

[376] Seuls, les trois premiers rapports annuels ont été présentés au Parlement. Le 7 février 1996, j'ai fait à la Chambre une présentation du fonctionnement de la procédure d'asile *anno* 1996 (Chambre, *Doc. parl.,* n° 364/8, 1995/1996, pp. 3-20), dans le cadre des audiences concernant les projets de loi qui ont mené aux lois des 10 et 15 juillet 1996 (*B.S.*, 5 octobre 1996).

[377] Ma nomination entrait en vigueur le 4 novembre 1988 ; pour les Commissaires-adjoints, Christian Bayi (F) et Marc Bonte (N), c'était le 1er février 1989. Le 9 octobre

1991, ils ont été nommés respectivement assesseur (F) et président de chambre (N) à la Commission permanente de recours. A partir du 1er août 1992, Xavier De Beys était nommé Commissaire adjoint (F) (AR, 31 juillet 1992, *M.B.*, 12 août 1992). L'AR faisait erronément état de la nomination « *du* Commissaire *général* adjoint » au lieu « *d'un* Commissaire adjoint » (*Erratum, M.B.*, 30 août 1992). Sans Commissaire adjoint j'étais, pendant près de dix mois, le seul à pouvoir signer les avis et les décisions (en 1992 un millier par mois). A partir du 3 novembre 1992, j'étais à nouveau nommé Commissaire général pour une nouvelle période de cinq ans (AR, 31 juillet 1992, *M.B.*, 15 octobre 1992). A partir du 1er septembre 1994, Luc De Smet était nommé Commissaire adjoint (N) (AR, 24 août 1994, *M.B.*, 7 septembre 1994). Ce mandat avait été vacant durant presque trois ans.

[378] L'article 105 du décret sur les universités de la Communauté flamande. Une modification de ce décret, le 18 mai 1999, porterait cette période à huit années académiques.

[379] *Doc. parl.*, Chambre, 1986/1987, 689/1, p. 11.

[380] *Premier Rapport annuel* (année d'activité 1988), § 139.

[381] *M.B.*, 2 août 1990, pp. 15.159-15.160. *Troisième Rapport annuel* (année d'activité 1990), § 139 : « l'urgence » était motivée par la nécessité de nous permettre d'entrer en fonction au plus vite. Ce n'est qu'après intervention du chef de cabinet du ministre de la Justice, que les présidents de chambre et moi-même avons pu en 1991 donner un avis au Conseil de direction sur les candidats à promotion qui appartenaient à nos services ou qui y sollicitaient (*Quatrième Rapport annuel,* année d'activité 1991, par. 128-129).

[382] J'estimais que pour nous un règlement était nécessaire concernant la pension, l'assurance groupe et la prime de démission (*Ibid.*, §§ 161-166). La loi du 6 mai 1993 nous assujettissait au système de sécurité sociale des employés salariés. Ceci résultait dans une baisse du salaire net des Commissaires-adjoints. On ignorait quel système était applicable pour le calcul de ma pension de retraite et de survie (*Septième Rapport annuel,* année d'activité 1994, § 168).

[383] Entre autres au ministre de l'Intérieur le 13 octobre 1994 et le 13 janvier 1995.

[384] *Huitième Rapport annuel* (année d'activité 1995), §§ 183-185.

[385] *Neuvième Rapport annuel* (année d'activité 1996), § 211.

[386] Ce système, inventé au 19ème siècle par Victor D'Hondt, est utilisé pour repartir les sièges disponibles dans un système électoral proportionnel.

[387] GOOVAERTS, Leo, *Wat ik zag was ontnuchterend : passage van een penningmeester bij de VLD,* Louvain, Van Halewyck, 2009, 208 p.

[388] Erik Derycke deviendra un excellent collègue à la Cour constitutionnelle (2001-2019).

[389] LANSLOOT, Theo L. R., *Uitzonderlijk diplomatenleven*, De Boekenmaker, 2020, 191 p.

[390] CdE., arrêt n° 44.936, 17 novembre 1993.

[391] CdE., arrêt n° 44.399, 7 octobre 1993.

[392] Voy. VOETEN, Erik, « The Politics of International Judicial Appointments: Evidence from the European Court of Human Rights », *International Organization*, 2007, pp. 669-701. Françoise Tulkens prenait dans l'ordre en matière d'activisme judiciaire, en 2007 déjà, la troisième place sur 97 juges strasbourgeois, derrière Loukis Loukaidis (Chypre) et Jan De Meyer (Belgique) (*Ibid.*, p. 686 : Figure 2 : « Estimates of levels of activism EHCR judges »). Voy. aussi BOSSUYT, Marc, « Judicial activism

in Strasbourg », in WELLENS, Karel, (Ed.), *International Law in Silver Perspective: Challenges Ahead,* Leiden, Brill/Nijhoff, 2015, pp. 31-56.

[393] D'une moyenne de 950 demandes par mois en 1995 à une moyenne de 1.076 lors du troisième trimestre de 1996 (*DM ; HLN ; GVA,* 10 octobre 1996).

[394] Il ressort d'un communiqué de presse du 29 novembre 1996 que le VLD était indigné par le refus des partis de la majorité de déroger à la procédure de nomination existante. Guy Verhofstadt avait introduit une proposition de loi prévoyant une « commission de sages » indépendante qui formulerait un avis qualifié sur les candidats à la nomination de juge à la Cour d'arbitrage.

[395] Willem Debeuckelaere est devenu juge au Tribunal de première instance, conseiller à la Cour d'appel et président de la Commission pour la protection de la vie privée. Avant, il avait été président de la Ligue (flamande) des droits de l'homme. Actuellement, il est président du Fonds Vermeylen et secrétaire exécutif de l'Institut fédéral pour les Droits de l'Homme.

[396] *M.B.*, 11 février 1997, p. 2.746.

Chapitre XIV.
Peixotin, Maiztegui, Moreno-Garcia et Jaione
[397] Misjoe Verleyen, *Knack,* 19 juin 1996.
[398] *Ibid.*
[399] E.d.B., *LS,* 29 mai 1996.
[400] GVL, *DM,* 29 mai 1996.
[401] *DM ; GvA ; HLN ; LS,* 30 mai 1996.
[402] *El País ; GvA ; VL'A,* 1 juin 1996.
[403] *DS ; GvA ; El País ; HLN ; LLB ;* Alain Heyrendt, *LS,* 8 juin 1996 : « Un Basque entre ici et nulle part ».
[404] Sa famille, ses amis et le bourgmestre de son village étaient venus à Bruxelles (*ibid.*). Un avocat basque était venu promptement d'Espagne en avion (*Knack, loc. cit.*).
[405] *Ibid.*
[406] « *ETA llama desde Bruselas al retorno al País Vasco de sus 50 deportados* ».
[407] *El País,* 5 juin 1996 : « *Ni cinco minutos voy perder con Peixoti*n ».
[408] *Loc. cit.*
[409] « Le gouvernement [français] met fin à l'action des réfugiés basques à Bayonne » (*LM*) ; « Les cadeaux basques de Jacques] Chirac [le Président français] à l'Espagne. Six nationalistes expulsés vers Madrid sans intervention judiciaire. La France fait du zèle » (*Libération,* 10 juin 1996).
[410] Voy. l'arrêt du 5 mars 1991 dans l'affaire *Panagiotis Giagounidis,* CJUE, n°. C-376/89, *Jur.,* 1991, p. I-1069.
[411] Rapport du Comité des droits de l'homme, A/37/40, 1982, §§ 174-177.
[412] Article 12, § 2 : « Toute personne est libre de quitter n'importe quel pays, y compris le sien ».
[413] Voy. CJUE, 30 mai 1991, *Commission c. Pays-Bas* n°. C-68/89, *Jur.,* p. I-2637.
[414] Cité littéralement dans *DM,* 28 juin 1996.
[415] Le 27 juin 1996, Pagoaga demanda au Conseil d'Etat, en extrême urgence, la suspension de cette décision et de la décision du ministre de l'Intérieur du 30 mai.
[416] *El País ; LS,* 29 juin 1996.

[417] Le 9 juillet 1996, le Conseil d'Etat a acté par son arrêt n°. 60.818 le désistement du 3 juillet par le requérant de sa demande du 27 juin.
[418] *GvA*, 1 juillet 1998.
[419] Gilbert Dupont, *LDH* ; P. Ma, *LS*, 1 juillet 1998.
[420] Luc de Smet m'avait succédé à partir du 6 février 1997. A partir de ce jour, j'étais devenu juge à la Cour d'arbitrage (depuis le 7 mai 2007 appelée « Cour constitutionnelle »).
[421] Louis Tobback avait succédé le 24 avril 1998 à Johan Vande Lanotte en tant que ministre de l'Intérieur. Ce dernier avait démissionné à cause de l'évasion le 23 avril 1998 de Marc Dutroux. Cinq mois plus tard (le 27 septembre 1998), Louis Tobback démissionnerait à cause du décès de Semira Adamu le 22 septembre 1998.
[422] CdE., n . 75.554, 6 août 1998.
[423] *GvA* ; *LS* ; 7 juillet 1998 ; *El País*, 7 et 8 juillet ; *Knack*, 12 juillet.
[424] *DM*, 7 juillet 1998.
[425] CdE., n°. 75.579, 10 août 1998.
[426] *Belga*, 19 août 1998.
[427] B. DL., *LLB* ; *El País*, 21 août 1998.
[428] Pascale Martin, *LS*, 27 août 1998.
[429] *DS*, 27 août 1998.
[430] Pascale Bourgaux, *LLB*, 27 août 1998.
[431] Johan Faber, *DM* ; *VL'A*, 27 août 1998.
[432] *IHT*, 27 août 1998.
[433] Pascale Bourgaux, *LLB*, 16 septembre 1998.
[434] *Ibid.* : « Luc de Smet : 'Je n'ai de leçon de démocratie à recevoir de personne' ».
[435] Le Protocole énumère les cas dans lesquels des demandes d'asile de ressortissants d'un autre Etat membre peuvent être prises en considération ou déclarées admissibles pour instruction par un autre État membre : a) si cet État membre a invoqué la clause de dérogation de l'article 15 CEDH ; b) si la procédure prévue à l'article F.l, § 1, du Traité sur l'UE a été déclenchée ; c) si le Conseil a constaté l'existence d'une violation grave et persistante par cet État membre de principes énoncés à l'article F, §1 ; d) si cet État membre a pris une décision unilatérale, en a informé immédiatement le Conseil et traite la demande sur la base de la présomption qu'elle est manifestement non fondée.
[436] Le Haut-Commissariat des Nations Unies avait exprimé sa préoccupation profonde face à cette restriction de l'accès à l'asile de citoyens de l'UE. Il craignait surtout que d'autres suivraient et qu'ainsi l'instrument de la protection internationale de réfugiés pourrait être affaibli. Le Haut-Commissariat disait qu'il ne partageait pas la thèse du préambule du Protocole selon lequel celui-ci respectait la Convention de Genève.
[437] Luc Van den Bossche était ministre de l'Intérieur du 28 septembre 1998 au 11 juillet 1999.
[438] Le résumé de cette jurisprudence est fondé sur RYNGAERT, Cedric, « Het Europees aanhoudingsbevel lastens Moreno-Garcia : de aanhouder wint », *Nieuw Juridisch Weekblad*, afl. 89, pp. 1226-1233, 17 novembre 2004 ; voy. aussi JANSSENS, L., Note sous Cass. 13 avril 2004, « De zaak Moreno-Garcia, een testcase voor het Europees aanhoudingsbevel, *Rechtskundig Weekblad*, 2004-2005, pp. 1260-1262. Sur le MAE, voy. SANDERS, Hanne, *Handboek van het overleveringsrecht*, Anvers, Intersentia, 2011, 370 p. ; HANEGREEF, Carmen, « Het Europees aanhoudingsbevel: verholen valkuilen in kaderbesluit 2002/584/JBZ », thèse de Master, Université de Gand, 2014,

127 p. ; DEWULF, Steven, « Europees aanhoudingsbevel », Wolters Kluwer, *APR*, 2020.
[439] Cette loi a été adaptée en exécution de la décision-cadre 2002/584/JAI relative au mandat d'arrêt européen et aux procédures de remise entre les pays de l'UE.
[440] Lode Delputte, 28 mai 2004.
[441] JANSSENS (*loc. cit.*, 1261) signale que le législateur belge a fait de la prescription un motif de refus obligatoire.
[442] Art. 7, § 1, du Titre préliminaire du Code de procédure pénale : « [Tout Belge ou toute personne ayant sa résidence principale sur le territoire du Royaume] qui, hors du territoire du Royaume, se sera rendu coupable d'un fait qualifié crime ou délit par la loi belge pourra être poursuivi en Belgique si le fait est puni par la législation du pays où il a été commis ».
[443] Ceci correspond, selon JANSSENS (*loc. cit.*, p. 1261), avec les travaux préparatoires de la loi du 8 août 2003 qui a modifié l'article 7 dudit Titre préliminaire.
[444] Il s'agit de la loi du 16 juin 1993 relative à la répression des violations graves du droit international humanitaire, modifiée par les lois des 10 février 1999, 10 avril et 23 avril 2003 et abrogée par la loi du 5 août 2003.
[445] Cass. 13 avril 2004, AR P.04.0513.N, *Arr. Cass.*, 2004, ép. 4, p. 631 ; Cass. 26 mai 2004, AR P.04.0660.N, *Arr. Cass.*, 2004, ép. 5, p. 931 ; Cass. 8 juin 2004, AR P.04.0842.N.
[446] RYNGAERT (*loc. cit.*, p. 1228) sur l'arrêt du 26 mai 2004 de la Chambre des mises en accusation de Bruxelles.
[447] RYNGAERT (*ibid.,* p. 1232) parle ici d'un « raisonnement artificiel ».
[448] Art. 7, § 2, dudit Titre préliminaire : « Si l'infraction a été commise contre un étranger, la poursuite ne pourra avoir lieu que sur réquisition du ministère public et devra, en outre, être précédée d'une plainte de l'étranger offensé ou de sa famille ou d'un *avis officiel* donné à l'autorité belge par l'autorité du pays où l'infraction a été commise ».
[449] 2005, ép. 117, p. 3.
[450] *DM*, 24 juin 2004.
[451] Cass., 19 novembre 2013, P.13.1765.N.
[452] Cass., 17 juillet 2016, P.16.0847.N.
[453] Cass., 17 novembre 2020, P.20.1127.N. Pour un commentaire approbateur, voy. DEWULF, Steven, « *The saga finally ends*. Après une trilogie de procédures la remise d'un membre présumé de l'ETA pouvait avoir lieu », *Nullum Crimen*, 2021, pp. 181-190.

Chapitre XV.
Une « quête sans fin » de moyens humains
[454] *Deuxième Rapport annuel* (année d'activité 1989), § 173.
[455] Voy. *supra,* p. 406, note finale 2.
[456] *Premier Rapport annuel* (année d'activité 1988), pp. 83-84 (Annexe 4).
[457] TIBERGHIEN, Frédéric, *La protection des réfugiés en France* (2ème éd.), P. U. d'Aix-Marseille, 1988, p. 38.
[458] Le Commissariat royal serait succédé en 1993 par le Centre pour l'égalité des chances et la lutte contre le racisme. Johan Leman, le chef de cabinet de la Commissaire royale, en devenait le directeur. En 2007, le Centre était succédé par

UNIA (le Centre interfédéral de l'égalité des chances) et Myria (le Centre fédéral Migration). En 2018, le budget de l'UNIA, s'élevait à € 8,1 millions.

[459] En 1989 500 millions FB (€ 12,5 millions) (*Deuxième Rapport annuel*, § 116) et en 1990 1 milliard FB (€ 25 millions) (*Troisième Rapport annuel*, § 121 : Rapport d'audit de la Fonction publique du 26 avril 1990, p. 1).

[460] *Deuxième Rapport annuel*, §84. Cette indisponibilité montait de 32,75% au premier semestre de 1988 à 39,80 % au premier semestre de 1990 (*Troisième Rapport annuel*, § 107).

[461] *Deuxième Rapport annuel*, § 123.

[462] Il avait étudié à la *Georgia Institute of Technology* (1987-1989). Il obtiendrait en 1991/1992 un MBA à l'INSEAD (la *business school* française à Fontainebleau).

[463] *Quatrième Rapport annuel* (année d'activité 1991), §§ 102-109.

[464] Le nombre d'auditions de demandeurs d'asile qui n'avaient pas eu lieu dans le mois de l'introduction de leur demande au Petit-Chateau monterait de 109 fin janvier à 4.583 fin décembre 1992 (*Cinquième Rapport annuel,* année d'activité 1992, § 23).

[465] *Ibid.*, §§ 75-92.

[466] AR du 13 juillet 1992, *M.B.*, 15 juillet 1992.

[467] Circulaire du 30 mars 1992, *M.B.*, 2 avril 1992.

[468] *Cinquième Rapport annuel*, pp. 102-114 (annexe II). J'avais érigé les services de soutien suivants : documentation, demandes urgentes, interprètes, informatique, classement, correspondance (réception et expédition), secrétariat, réception, personnel, infrastructure, huissiers et chauffeurs.

[469] *Ibid.*, § 142.

[470] Les compétences ayant trait au Commissariat général et à la Commission permanente de recours, appartenaient encore au ministre de la Justice jusqu'au 31 décembre 1993 (*M.B.*, 1 janvier 1994).

[471] Pour ces quatre nationalités prises ensemble, le taux de recevabilité à l'Office des étrangers avait baissé depuis le 1er octobre 1991 de 29 % à 2,8 %. Malgré une hausse du nombre de mes avis favorables (de 2,6 % à 6 %), ceci résultait dans une baisse du taux de recevabilité final de 31,6 % à 9 %. De pair avec une baisse du nombre des demandes d'asile introduites par des demandeurs d'asile de ces nationalités, il y avait une baisse sextuplée du nombre de ces demandes à examiner quant au fond (*Cinquième Rapport annuel*, §§ 32-33 et les notes 4 et 7).

[472] Voy. *supra*, p. 429, note 464.

[473] *Sixième Rapport annuel* (année d'activité 1993), § 91.

[474] *Septième Rapport annuel* (année d'activité 1994), § 158.

[475] *Huitième Rapport annuel* (année d'activité 1995), §§ 155-173.

[476] *Neuvième Rapport annuel* (année d'activité 1996), pp. 194-205 (annexe I).

[477] *Deuxième Rapport annuel* (année d'activité 1989), § 21.

[478] Grâce à l'évolution des contaminations du covid-19, davantage de gens connaissent la différence entre une croissance linéaire ou exponentielle.

[479] Selon Miet SMET (*Ik kijk alleen vooruit: Mijn leven als politica*, Tielt, Lannoo, 2018, 200 p.), le thème des réfugiés était inscrit au Conseil des ministres la première fois le 29 octobre 1986 (p. 82). Ce ne serait pas la dernière fois.

[480] Voy. *supra*, p. 235.

[481] *DS*, 10 septembre 1991.

[482] *GvA*, 19 décembre 1991.

[483] *Deuxième Rapport annuel* (année d'activité 1989), §§ 131-132.

[484] En mai 1993, il y avait 2.234 demandeurs d'asile à charge du CPAS d'Anvers.
[485] En février 1994, il y avait 4.283 demandeurs d'asile à charge du CPAS de Liège, dont 1.559 (36 %) étaient déboutés.
[486] *Cinquième Rapport annuel* (année d'activité 1992), § 164.
[487] *Sixième Rapport annuel* (année d'activité 1993), § 132.

Chapitre XVI.
La législation sur l'asile : un « ping-pong » entre législateur et hautes juridictions
[488] Ce n'est qu'avec la loi du 10 juillet 1996 (l'art. 2 et l'art. 8, § 2, de la loi sur les étrangers) que l'emploi des langues en matière d'asile serait réglé d'une manière plus appropriée (voy le *Neuvième Rapport annuel,* année d'activité 1996, §§ 237-259).
[489] *Doc. parl.*, Chambre, 1986-1987, n° 689/1, p. 2.
[490] *M.B.*, 18 juillet 1987.
[491] *Doc. parl.*, Chambre, 1986-1987, n° 689/1, p. 5.
[492] Année d'activité 1988, §§ 36-44.
[493] Il s'agissait des sénateurs SP Paul Pataer, Fred Erdman, Orphale Crucke et Maxime Stroobant (*Doc. parl.,* Sénat, 1989/1990, n° 801/1).
[494] Il s'agissait des sénateurs Fred Erdman, Robert Gijs, France Truffaut, Pierre Wintgens, Jef Valkeniers et Willy Seeuws (*Doc. parl.*, Sénat, 1990/1991, n° 1076/1).
[495] *Quatrième Rapport annuel* (année d'activité 1991), pp. 87-89 (Annexe II).
[496] *Doc. parl.,* Chambre, 1990/1991, n° 1647/4, p. 8.
[497] *Quatrième Rapport annuel* (année d'activité 1992), pp. 13-14.
[498] PD, *DM*, 20 février 1992.
[499] Directive 2005/85/CE du Conseil du 1er décembre 2005 relative à des normes minimales concernant la procédure d'octroi et de retrait du statut de réfugié dans les États membres.
[500] Directive 2013/32/UE du Parlement européen et du Conseil du 26 juin 2013 relative à des procédures communes pour l'octroi et le retrait de la protection internationale.
[501] *M.B.*, 21 mai 1993.
[502] CdE, n° 46.086, 8 février 1994.
[503] CdE, n° 46.443, 7 mars 1994.
[504] CdE, n°s 44.445-44.449, 11 mai 1994.
[505] CdE, n°s 47.153, 47.873, 47.877, 47.879, 10 juin 1994.
[506] Voy. supra, p. 134, note i.
[507] Article 20 des lois coordonnées sur le Conseil d'Etat, introduit par la loi du 15 décembre 2006.
[508] Dans son arrêt *Čonka c. Belgique* du 5 février 2002, la Cour strasbourgeoise dirait que l'article 13 CEDH exige un recours suspensif : « les exigences de l'article 13 […] sont de l'ordre de la garantie, et non du simple bon vouloir ou de l'arrangement pratique » (§ 83).
[509] Plus précisément : 34 % en 1988, 31 % en 1989, 35 % en 1990, 25 % en 1991, 18,5 % en 1992, 17 % en 1993, 21,8 % en 1994, 33,6 % en 1995 et 22,1 % en 1996.

Chapitre XVII.
Le Conseil d'Etat : le goulot de la procédure d'asile
[510] *Doc. parl.*, Chambre, 1995/1996, n° 364/8.
[511] *Doc. parl.*, Chambre, 1992/1993, n° 555/1, p. 47, point 4, § 4.

[512] *Neuvième Rapport annuel* (année d'activité 1996), p. 36, note 49.

[513] Voy. les arrêts de la Cour d'arbitrage n° 203/2004 du 21 décembre 2004 (« l'Etat ne doit pas se reconnaître, face aux besoins de ceux qui séjournent illégalement sur le territoire, les mêmes devoirs qu'à l'égard de ceux qui séjournent légalement sur le territoire » (B.11.5) et n° 66/2006 du 3 mai 2006 (« pour les étrangers qui séjournent illégalement en Belgique, la même aide sociale [ne doit être] accordée que pour ceux qui séjournent légalement dans le pays » (B.6.3.).

[514] *Tijdschrift voor Vreemdelingenrecht*, 1994, p. 314.

[515] *Ibid.*, p. 326.

[516] Des recours introduits pour bénéficier des avantages de la durée longue d'une procédure y compris la prolongation de l'aide sociale.

[517] Cass. 4 septembre 1995, S.94.0133.F, *Arr. Cass.* 1995, p. 734.

[518] Cass. 4 décembre 1995, S.95.0038.N, *Arr. Cass.* 1995, p. 1070.

[519] Pour un commentaire sur ces deux arrêts, voy. FOBLETS, Marie-Claire, & BERNARD, Frédéric, « L'aide sociale aux étrangers en séjour illégal : la saga de l'ordre de quitter le territoire définitif de l'article 57, § 2, de la loi sur les CPAS », *Recente arresten van het Hof van Cassatie*, 1996, n° 97.

[520] Cass. 21 octobre 1996, S.96.0021.N, *Arr. Cass.* 1996, p. 941.

[521] Cass. 7 novembre 1996, S.96.0088.F, *Arr. Cass.* 1996, p. 1019.

[522] Dans cet arrêt n° 51/94 du 29 juin 1994, la Cour n'a pas constaté de discrimination dans la limitation à l'aide médicale urgente de l'aide sociale aux étrangers qui avaient reçu un ordre définitif de quitter le territoire.

[523] Voy. GILLIAUX, Pascal, « Le Conseil d'Etat et le contentieux des étrangers : L'irrésistible attrait de l'inefficace », *Journal des Procès,* 1 octobre 1999, pp. 15-17.

[524] « In memoriam », *Wereldbeeld*, 2006/1, pp. 5-7.

Chapitre XVIII.
Semira Adamu, les éloignements et les régularisations

[525] PG/RG, 24 septembre 1998.

[526] Alain Lallemand, *LS,* 30 septembre 1998 ; *DS ; DM,* 1 octobre ; Annemie Bulté, *DM,* 3 octobre.

[527] *Ibid. :* « Les mille visages de Semira Adamu ».

[528] Vdm, *LS ;* An.H, *LLB,* 27 juillet 1998 ; Katherine Butler, *The Independent*, 30 juillet.

[529] Voy. la décision confirmative de refus du Commissaire général du 7 avril 1998 : « Le récit de la demandeuse n'est pas précis sur plusieurs points. Elle ne pouvait pas préciser quel était le nom de famille de l'ami de jeunesse chez qui elle logeait. Elle n'a non plus pu préciser la date à laquelle elle s'était enfuie de Lagos. On peut aussi s'étonner qu'elle est allée fin 1997 chez son ami à Lagos pour échapper au mariage et y aurait séjourné plusieurs mois, alors que sa famille et sa future belle-famille l'auraient trouvé là ». (Annemie Bulthé, *DM,* 3 octobre 1998).

[530] D.K., *LS,* 22 juillet 1998.

[531] *DS ;* Koen Vidal, *DM ;* Désirée De Poot, *GvA ;* Martine Vandemeulebroucke, *LS ;* Annick Hovine, *LLB,* 23 juillet 1998.

[532] Olivier Deleuze était député (1981-1986 ; 1995-1999 ; 2010-2012), secrétaire d'Etat à l'Energie (1999-2003) et actuellement (depuis 2012) il est bourgmestre de Watermael-Boitsfort.

[533] Martine Vandemeulebroucke, *LS,* 31 juillet 1998.

[534] Désirée De Poot, *GvA*, 24 juillet 1998.
[535] Annemie Bulthé, *DM*, 3 octobre 1998.
[536] *LDH*, 23 septembre 1998.
[537] De 2008 à 2014, Joëlle Milquet serait vice-première, combinée avec l'Emploi jusqu'à 2011 et puis avec l'Intérieur.
[538] Bart Brinckman, *DM*, 24 septembre 1998.
[539] An. H., *LLB*, 24 septembre 1998.
[540] « Chez le ministre aux cris de 'Tobback, assassin !!!' », Gilbert Dupont, *LDH*, 23 septembre 1998.
[541] « La lutte de Semira se trouve sur vidéo. La Nigériane décède lors de sa sixième expulsion », Désirée De Poot, *GvA*, 23 septembre 1998.
[542] *DM*, 24 septembre 1998.
[543] *DS*, 24 septembre 1998.
[544] *GvA ; LLB ; LS ; DM*, 25 septembre 1998.
[545] *Ibid.*
[546] René Haquin, *LS*, 29 septembre 1998.
[547] *HLN*, 22 septembre 1918.
[548] *M.B.*, 29 septembre 1998.
[549] *Dimanche Matin*, 27 septembre 1998. *DS ; DM ; LS ; LDH*, 28 septembre.
[550] *DS*, 29 septembre 1998.
[551] Etienne Vermeersch, professeur ordinaire à l'Université de Gand (depuis 1967), était vice-recteur de cette université de 1993 à 1997. Il est décédé le 18 janvier 2019.
[552] La Commission Vermeersch I était, en outre, composée des professeurs Stephan Parmentier (rapporteur) et Léon Cassiers, d'un lieutenant-colonel, d'un lieutenant et d'un maréchal de logis de la gendarmerie et de représentants de l'Inspection aérienne, de la Sabena et de l'Association belge des pilotes.
[553] Le professeur émérite Etienne Vermeersch deviendrait un membre particulièrement actif de la Commission « Normes et Valeurs », constituée par le ministre flamand (2004-2009) de l'Intérieur Marino Keulen, et présidée par moi. Cette Commission était, en outre, composée de Ludo Abicht, Abied Alsulaiman, Naima Charkaoui, Marie-Claire Foblets et Rik Torfs. Le 4 mai 2006, cette Commission sur le contenu des cours d'orientation sociale a présenté son rapport au Parlement flamand (Parl. fl., *Doc. parl.*, 2005-06, n° 860-1, 17 p.).
[554] La Commission Vermeersch II était, en outre, composée des professeurs Stephan Parmentier (rapporteur) et Léon Cassiers, ainsi que de représentants du ministre de l'Intérieur, du SPF Intérieur, de l'OE, de la Police fédérale, de l'AIG (l'Inspection générale de la Police fédérale et de la Police locale), du Directorat-général Aviation, de l'Association belge des pilotes et de SN Brussels Airlines.
[555] Koert Debeuf, un ancien collaborateur au cabinet (2003-2008) du Premier Ministre Guy Verhofstadt, est directeur du Tahrir Institute for Middle East Policy et rédacteur en chef d'EU-Observers. De 2011 à 2014, il habitait au Caire.
[556] *HLN*, 20 décembre 2017.
[557] https://www.cgvs.be/nl/actueel/soedan-rapport.
[558] Bart Brinckman, *DS*, 28 octobre 2020 ; Koert Debeuf, *DS*, 2 novembre.
[559] https://dofi.ibz.be/sites/dvzoe/FR/Documents/Def-Rapportinterimaire_Fr.pdf.
[560] Ce Pacte a été adopté sans vote à Marrakech le 13 décembre 2018. La résolution approuvant ce Pacte a été adoptée le 19 décembre 2018 par l'Assemblée générale des Nations Unies par 152 voix contre 5 (Etats-Unis, Hongrie, Israël, Pologne et

République tchèque) et 12 abstentions (Algérie, Australie, Autriche, Bulgarie, Chili, Italie, Lettonie, Libye, Liechtenstein, Roumanie, Singapore et Suisse). La Slovaquie et 23 autres pays n'ont pas pris part au vote.

[561] Stephan Parmentier, *DS*, 21 janvier 2017 et 12 mars 2018.

[562] https://dofi.ibz.be/sites/dvzoe/FR/Documents/CommissionBossuyt_Rapport-Final_FR.pdf.

[563] Art. 9*bis* : « Lors de circonstances exceptionnelles et à la condition que l'étranger dispose d'un document d'identité, l'autorisation de séjour peut être demandée auprès du bourgmestre de la localité où il séjourne, [...] ».

[564] Art. 9*ter* :« L'étranger [...] qui souffre d'une maladie telle qu'elle entraîne un risque réel pour sa vie ou son intégrité physique ou un risque réel de traitement inhumain ou dégradant lorsqu'il n'existe aucun traitement adéquat dans son pays d'origine ou dans le pays où il séjourne, [...] ».

Chapitre XIX.
Un extra : critique par un « renégat »

[565] J'en ai publié un résumé en français (« Le rôle de la Cour de Strasbourg à l'égard des demandeurs d'asile. Sur les arrêts *Čonka* et *Mubilanzila Mayeka et Kaniki Mitunga c. Belgique*, M*amatkoulov et Askarov c. Turquie, N. c. Finlande, Saidi, N. et NA c. le Royaume-Uni et Saadi c. Italie* », *Revue universelle des droits de l'homme*, 31 décembre 2010, pp. 16-34) et en anglais (« Judges on thin ice: The European Court of Human Rights and the Treatment of Asylum Seekers », *Inter-American and European Rights Journal*, 2010, pp. 3-48).

[566] Egbert Myjer a été avocat général (1991-1996) près de la Cour de La Haye et procureur général suppl. (1996-2004) près de la Cour d'Amsterdam. Il est l'auteur de nombre de publications et, avec Peter Kempees, d'un conte de fées magnifique (applicable à la Cour) : MYJER, Egbert, & KEMPEES, Peter, *Jack and the Solemn Promise : A cautionary tale,* Nijmegen, Wolf Legal Publishers, 2010, 48 p.

[567] Paul Mahoney a été (depuis 1974) fonctionnaire et puis greffier adjoint et greffier (2001-2005) de la Cour de Strasbourg et (le premier) président (2005-2011) du Tribunal de la fonction publique de l'Union européenne à Luxembourg.

[568] Le résumé de ces affaires et de ces arrêts jusqu'en juin 2010 est fondé sur BOSSUYT, *supra*, p. 95, note i.

[569] Le général Augusto Pinochet, Président (1974-1990) du Chili.

[570] Article 36 du règlement intérieur de la Commission disposait : « La Commission ou, si elle ne siège pas, le Président peut indiquer aux parties toute mesure provisoire dont l'adoption paraît *souhaitable* dans l'intérêt des parties ou du déroulement normal de la procédure ». Actuellement, l'article 39 du règlement intérieur de la Cour parle « d'indiquer aux parties toute mesure provisoire que [la chambre, ou le cas échéant, son président] estiment *devoir* être adoptée ».

[571] Il était professeur de droit international public et directeur de l'IUHEI (maintenant IHEID) à Genève, conseiller juridique du ministère suisse des Affaires étrangères, juge à Strasbourg (1998-2006) et président de la Commission de droit international des Nations Unies. CAFLISCH, Lucius, « Provisional measures in the international protection of human rights: the *Mamatkulov* case », *Common values in international law: essays in honour of Christian Tomuschat*, Kehl, N.P. Engel, 2006, pp. 493-515.

[572] Dans l'annexe à la déclaration du 11 février 2011 du président de la Cour, il y a même question de 4.786 demandes. Le document *Interim Measures:*

Rule 39 Decisions by year (2008-2011) de la Cour mentionnait 3.755 demandes. Il ne donne aucune explication pour cette différence de chiffres.
573 Repris de *M.S.S. c. Belgique et Grèce*, 21 janvier 2011, § 334.
574 Pour le démontrer, je publiais dans la *European Constitutional Law Review* (pp. 203-245) une analyse des arrêts de la Cour en matière d'asile sous le titre « *The Court of Strasbourg acting as an asylum court* ». Egbert MYJER y répondait dans mon *Liber amicorum (op. cit.,* pp. 419-444), en publiant un article sous le titre « *The European Court of Human Rights is no European Asylum Court* ». Dans le même *Liber amicorum* (pp. 107-124), Geert DE BAERE demandait à juste titre plus d'attention pour une autre cour : la Cour de Justice de l'Union européenne. Il y publiait un article sous le titre « *The Court of Luxembourg acting as an asylum court* ».

Chapitre XX.
La Cour de Strasbourg en tant que cour d'asile
575 Ljiljana Mijović (Bosnie-Herzégovine) et Vincent A. de Gaetano (Malte).
576 Art. 5.1, f, CEDH : « s'il s'agit de l'arrestation ou de la détention régulières d'une personne pour l'empêcher de pénétrer irrégulièrement dans le territoire, ou contre laquelle une procédure d'expulsion ou d'extradition est en cours ».
577 La Cour s'était montrée très méfiante à l'égard de telles assurances diplomatiques en cas d'extraditions ou d'expulsions vers la Tunisie ou vers les anciens Etats de l'ex-Union soviétique.
578 Voir surtout l'arrêt *Othman (Abu Qatada) c. le Royaume-Uni* du 17 janvier 2012 (huit jours avant). Sur base d'un *Memorandum of Understanding* avec le Gouvernement jordanien, l'expulsion d'Othman ne violerait pas l'article 3 CEDH. Pourtant, son extradition ne pouvait pas avoir lieu. La Cour avait décidé d'accorder un effet extraterritorial à l'article 6 CEDH. Il y aurait un risque que pendant son procès des pièces de conviction seraient admissibles quoiqu'obtenues de tierces personnes sous la torture.
579 Dans *Harkins et Edwards c. le Royaume-Uni* (17 janvier 2012) (§ 38), mention est faite de la référence du juge britannique Lord Hoffmann (°1934) à l'affaire *Napier v. Scottish Ministers* (2005) SC 229, dans lequel l'utilisation d'un sceau de toilette dans une cellule de prison écossaise était jugée contraire à l'article 3 CEDH. Dans un contexte d'extradition, celle-ci deviendrait impossible vers un Etat où les conditions en prison seraient équivalentes (ou pires).
580 Pour une critique (antérieure) de ce développement, voy. BOSSUYT, Marc, « L'extension de la compétence de la Cour de Strasbourg aux prestations sociales : sur l'interprétation de l'article 14 de la Convention combiné avec l'article 1er du Protocole n° 1 dans les affaires *Gaygusuz, Koua Poirrez, Stec et autres, Burden* et *Andrejeva* », *Revue de droit monégasque,* 2009-2010, pp. 91-130 ; voy. aussi « Les droits sociaux: une catégorie spécifique de droits de l'homme ? » in BERG, Leif, ENRICH MAS, Monserrat, KEMPEES, Peter, & SPIELMANN, Dean, [Eds.], *Cohérence et impact de la jurisprudence de la Cour européenne des droits de l'homme: Liber amicorum Vincent Berger*, Oisterwijk, Wolf, 2013, pp. 43-58.
581 Les juges Françoise Tulkens, Giovanni Bonello (Malte) et Dean Spielmann (Luxembourg).
582 Les juges Danutė Jočienė (Lituanie), Françoise Tulkens, Dragoljub Popović (Serbie), Işıl Karakaş (Turquie), Guido Raimondi (Italie) et Paulo Pinto de Albuquerque (Portugal). Cet espoir était entretenu en ordonnant – malgré l'arrêt *N.*

c. le Royaume-Uni - des mesures provisoires qui interdisaient l'expulsion de personnes malades.

583 « Il y *aurait eu* violation si le requérant *avait été éloigné* sans que les autorités belges *eussent* évalué le risque encouru et l'impact de l'éloignement ».

584 L'arrêt *Paposhvili* est difficilement conciliable avec l'arrêt *M'Bodj c. Etat belge* (C-542/13) du 18 décembre 2014, dans lequel la Grande Chambre de la Cour de Justice de l'Union européenne à Luxembourg a jugé qu'un État membre n'est pas tenu de faire bénéficier de la protection subsidiaire « l'étranger qui souffre d'une maladie entraînant un risque réel pour sa vie ou son intégrité physique ou un risque réel de traitement inhumain ou dégradant, lorsqu'il n'existe aucun traitement adéquat dans le pays d'origine de cet étranger ». Selon la Cour de Luxembourg, la problématique médicale continue de relever de l'appréciation discrétionnaire des Etats membres.

585 KLAUSER, Nicolas, « Malades étrangers : la CEDH se réconcilie (presque) avec elle-même et l'humanité », *La Revue des droits de l'homme*, février 2017, p. 1 et ss.

586 Voy. *supra*, p. 433, note 564.

587 La majorité de la Chambre était composée par le président de chambre Paul Lemmens (Belgique) et les juges Faris Vehabović (Bosnie-Herzégovine), Carlo Ranzoni (Liechtenstein) et Jolien Schukking (Pays-Bas).

588 Les juges Jon Fridrik Kjølbro (Danemark), Iulia Motoc (Roumanie) et Stéphanie Mourou-Vikström (Monaco).

589 Le juge chypriote Georgios Serghides.

590 Les juges Jon Fridrik Kjølbro, Dmitry Dedov (Fédération de Russie), Branko Lubarda (Serbie), Armen Harutyunyan (Arménie), Gabriele Kucsko-Stadlmayer (Autriche) et Alena Poláčková (Slovaquie).

Epilogue
591 Rapport final de la Commission Bossuyt (*supra*, p. 433, note 562), pp. 22-24.

592 Rapport intérimaire de la Commission Bossuyt (*supra*, p. 433, note 559), pp. 79-83.

593 Dans des arrêts (francophones) de suspension des 7, 14 et 20 octobre 2016.

594 Dans un jugement (francophone) du 25 octobre et un arrêt (francophone) du 7 décembre 2016.

595 Voy. l'arrêt du 7 mars 2017 de la Grande Chambre de la Cour de Luxembourg dans l'affaire *X et X c. Etat belge* (C-638/16 PPU), sur question préjudicielle posée par un arrêt d'assemblée générale du Conseil du contentieux des étrangers du 8 décembre 2016, et la décision du 5 mai 2020 de la Grande Chambre de la Cour de Strasbourg sur requête du 10 janvier 2018 du couple syrien (affaire *N. e.a. c. Belgique)*.

596 Voy. l'arrêt de la Grande Chambre du 23 août 2016 dans l'affaire *J. K. e.a. c. Suède* ; voy. BOSSUYT, *supra*, p. 360, note i.

597 Voy. NAEGELS, Tom, *La nouvelle Belgique : une histoire de l'immigration 1944-1978*, Tielt, Lannoo, 2021, 416 p.

598 Voy. surtout l'arrêt *Othman (Abu Qatada) c. le Royaume-Uni, supra*, p. 434, note 578.

599 Actuellement, la zone Schengen s'étend au territoire de 22 Etats membres de l'UE (sans la Bulgarie, Chypre, la Croatie, l'Irlande et la Roumanie), ainsi que de l'Islande, du Liechtenstein, de la Norvège et de la Suisse.

STRUCTURES ÉDITORIALES
DU GROUPE L'HARMATTAN

L'Harmattan Italie
Via degli Artisti, 15
10124 Torino
harmattan.italia@gmail.com

L'Harmattan Hongrie
Kossuth l. u. 14-16.
1053 Budapest
harmattan@harmattan.hu

L'Harmattan Sénégal
10 VDN en face Mermoz
BP 45034 Dakar-Fann
senharmattan@gmail.com

L'Harmattan Congo
219, avenue Nelson Mandela
BP 2874 Brazzaville
harmattan.congo@yahoo.fr

L'Harmattan Cameroun
TSINGA/FECAFOOT
BP 11486 Yaoundé
inkoukam@gmail.com

L'Harmattan Mali
ACI 2000 - Immeuble Mgr Jean Marie Cisse
Bureau 10
BP 145 Bamako-Mali
mali@harmattan.fr

L'Harmattan Burkina Faso
Achille Somé – tengnule@hotmail.fr

L'Harmattan Togo
Djidjole – Lomé
Maison Amela
face EPP BATOME
ddamela@aol.com

L'Harmattan Guinée
Almamya, rue KA 028 OKB Agency
BP 3470 Conakry
harmattanguinee@yahoo.fr

L'Harmattan Côte d'Ivoire
Résidence Karl – Cité des Arts
Abidjan-Cocody
03 BP 1588 Abidjan
espace_harmattan.ci@hotmail.fr

L'Harmattan RDC
185, avenue Nyangwe
Commune de Lingwala – Kinshasa
matangilamusadila@yahoo.fr

Nos librairies
en France

Librairie internationale
16, rue des Écoles
75005 Paris
librairie.internationale@harmattan.fr
01 40 46 79 11
www.librairieharmattan.com

Librairie des savoirs
21, rue des Écoles
75005 Paris
librairie.sh@harmattan.fr
01 46 34 13 71
www.librairieharmattansh.com

Librairie Le Lucernaire
53, rue Notre-Dame-des-Champs
75006 Paris
librairie@lucernaire.fr
01 42 22 67 13

www.ingramcontent.com/pod-product-compliance
Lightning Source LLC
Chambersburg PA
CBHW050151230526
45470CB00001B/45